國家古籍整理出版專項經費資助項目

姚廣孝全集

一

（明）姚廣孝◎著　詹緒左◎校點

安徽師範大學出版社
·蕪湖·

圖書在版編目(CIP)數據

姚廣孝全集 / (明) 姚廣孝著;詹緒左校點. —蕪湖:安徽師範大學出版社,2019.3 (2023.11重印)

ISBN 978-7-5676-3829-7

Ⅰ. ①姚… Ⅱ. ①姚… ②詹… Ⅲ. ①詩集—中國—當代 Ⅳ. ①I227

中國版本圖書館CIP數據核字(2018)第244159號

安徽高校人文社會科學研究重點項目"姚廣孝全集"(SK2015A024)資助

姚廣孝全集 (明)姚廣孝◎著 詹緒左◎校點

YAOGUANGXIAO QUANJI

選題策劃:孫新文
責任編輯:孫新文 牛 佳 李慧芳
責任印製:桑國磊
裝幀設計:丁奕奕
出版發行:安徽師範大學出版社
蕪湖市九華南路189號安徽師範大學花津校區
網 址:http://www.ahnupress.com/
發 行 部:0553-3883578 5910327 5910310(傳真)
印 刷:安徽新華印刷股份有限公司
版 次:2019年3月第1版
印 次:2023年11月第2次印刷
規 格:850 mm ×1168 mm 1/32
印 張:27.25
字 數:655千字
書 號:ISBN 978-7-5676-3829-7
定 價:270.00圓(全四册)

如發現印裝質量問題,影響閱讀,請與發行部聯繫調換。

姚廣孝畫像

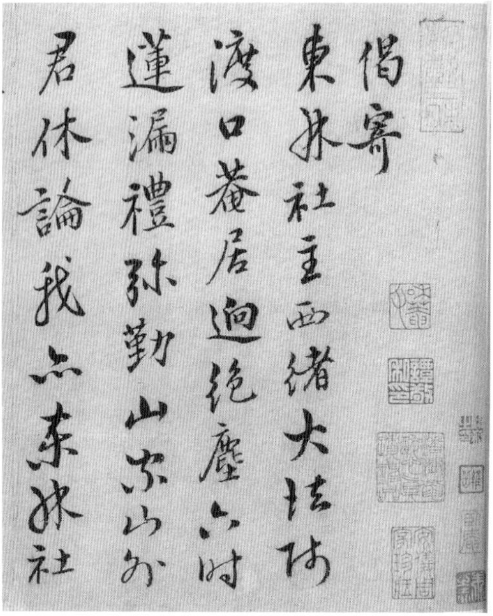

偈寄
東林社主西緒大法師
渡口菴居迴絶塵六時
蓮漏禮彌勤山家山外
君休論我亦東林社

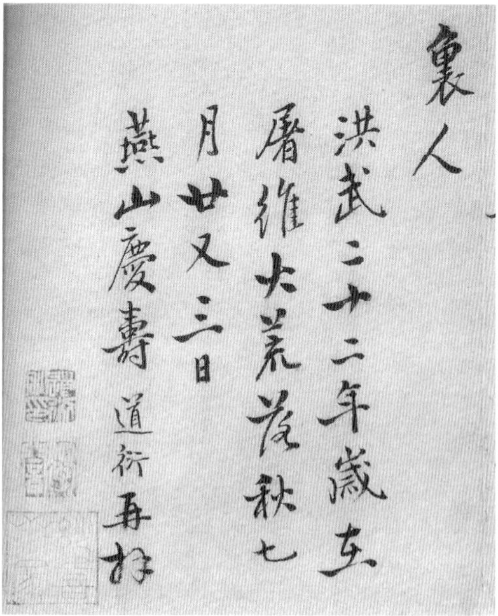

裏人
洪武二十二年歲在
屠維大荒落秋七
月廿又三日
燕山慶壽 道衍再拜

姚廣孝手蹟

序

李時人

姚廣孝（1335—1418），因其是一個頗具争議的人物，歷來『為儒者所羞稱』（《四庫提要》），所以關注者甚少，更遑論對其人其作進行研究了。我在撰寫《中國文學家大辭典·明代卷》（中華書局，2017年）時，對『姚廣孝』曾有過如下的評介：

姚廣孝（1335—1418）初名天僖，為僧後名道衍，字斯道，號獨庵，又號逃虚子。蘇州府長洲（今江蘇蘇州）人。本醫家子，顧不肯學醫，喜為儒者博貫該通之學。元至正八年（1348）年十四，削髮入相城之妙智庵。又師事里中靈應觀道士席應真，讀書學道，得其陰陽術數之學。洪武初選高僧，以病免，又詔試禮部，不受官而還。十五年（1382）十藩王之國，太祖命各選一高僧侍王，燕王朱棣與其語甚合，請於帝，因隨之北上，住持北平慶壽寺。太祖卒後，力贊朱棣反，又參贊兵機，朱棣卽位，録功第一，拜資善大夫、太子少師，復姓賜名。帝命蓄髮再三，終不肯。卒於永樂十六年（1418）三月二十八，年八十四，贈榮國公，謚恭靖。永樂初曾監修《太祖實録》，並與修《永樂大典》。又能詩畫，早歲居吴，與高啓等遊，啓列其為『北郭十友』。其先有《獨庵集》，高啓甚贊，宋濂、蘇伯衡亦推獎之，然未見傳。現存明范氏卧雲山房抄本《逃虚子詩集》十卷《續集》一卷。又有清抄本多種，其中《逃虚子詩集》十卷《續集》一卷《逃虚類稿》五卷《逃虚子道餘録》一卷《逃虚子集補遺》一卷《詩集補遺》一卷最為完備。内《逃虚類稿》(《獨庵稿》)五卷為文集，《逃虚子集補遺》一卷詩文雜收。徐泰《皇明風雅》卷二六録其詩一首。俞憲《盛明百家詩》後編録其詩一百二十餘首為《姚少師集》。顧起綸《國雅》卷三録其詩十三首。李騰鵬《皇明詩統》卷一〇録其詩二十一首。釋正勉、釋性浵《古今禪藻集》録其詩四十五首。毛晉《明僧弘秀集》卷一三録其詩五十四首。曹學佺《石倉歷代詩選》録其詩十八首。錢謙益《列朝詩集》閏集録其詩五十五首。彭孫貽《明詩鈔》録其詩六首。清王夫之《明詩評選》録其詩一首。清朱彝尊《明詩綜》卷一七録其詩四首。清沈德潛《明詩别裁集》録其詩一首。清張豫章等《御選宋金元明四朝詩》録其詩三十八首。《四庫全書總目》著録《逃虚子集》十一卷《類稿補遺》八卷，《提要》云：『其詩清新婉約，頗存古調，然與嚴嵩《鈐山堂集》同為儒者所羞稱，是非之公，終古不可掩也。附載《道餘録》二卷，持論尤無忌憚。《姑蘇志》曰：姚榮國著《道餘録》專詆程朱，少師亡後，其友人張洪謂人曰：少師與我厚，今死矣，無以報之，但每見《道餘録》輒為焚棄云云，是其書之妄謬，雖親昵者，不能曲諱矣。』清邵伯英輯《海虞文徵》録其詩一首、文一篇。清末陳田《明詩紀事》乙籤卷三録其詩十六首。清王昶《明詞綜》卷一録其詞一首。生平見朱棣《姚廣孝神道碑》

（《國朝獻徵録》卷六）、王鏊《恭靖姚公傳》（《國朝獻徵録》卷六）、王兆雲《皇明詞林人物考》卷二、清張廷玉等《明史》卷一四五。

其實我在撰寫該條目時，就已然感到這方面研究資料的匱乏。《四庫總目》雖著録其《逃虚子集》十一卷、《類稿補遺》八卷、《逃虚子道餘録》一卷、《逃虚子集補遺》一卷、《詩集補遺》一卷，遼寧省圖書館也收藏其《獨庵外集續稿》五卷（《遼寧省圖書館孤本善本叢刊》第一輯，線裝書局，2003年），但均未見有人系統整理研究過。所以我的學生劉廷乾在《江蘇明代作家研究》（東南大學出版社，2010年）中亦因研究資料的闕如而未加論列。

後見商務印書館出版了《姚廣孝集》（欒貴明編，2016年），雖皇皇五大本，卻又訛誤太多，難以卒讀（其中涉『佛』作品的問題最多），其監修的《太祖實録》（足足占四册之巨）竟也入選，而（日）伊藤松輯，王寶平、郭萬平等編《鄰交徵書》（上海辭書出版社，2007年）中收其序文二篇，卻未收列，《逃虚子集補遺》中的作品有些明顯並非姚廣孝所作，卻也未加辨析。故其參考價值不能不大打折扣。今聞詹緒左教授（我長期的合作者，我們一起合作的《遊仙窟校注》《崔致遠全集》《全唐五代小説全編》等，主要都是由他點校的）在審校完《明僧弘秀集》（安徽師範大學出版社，2015年）之後，便對姚廣孝的作品産生濃厚的興趣，他在文本校理、搜遺補缺上注力尤多（這本來就是他的擅長），有意整理姚廣孝的著述，並囑我作序。我自然十分樂意。本想借此寫序的機會好好深化、細化一下對姚廣孝其人其著述的認識，無奈身體多病，難以凝聚心力，所以只能勉強寫此小序，説説我對緒左君這一部整理稿的總體感受，同時表達一下我對他的這一研究成果的祝賀。

在我看來，緒左君的這部整理稿的價值主要有以下幾點：一是收羅殆盡，就連殘句、佚文也不放過，此可謂『全』；二是認真校理，所出異文多多，還指出許多抄本、刻本之訛誤和誤植，此可謂『精』；三是對《逃虚子集補遺》中的作品細加審定，對他人作品羼入者一一注明，此可謂『善』；四是對今人誤讀姚廣孝作品中的一些問題作了具體而微的研究，如其校後記中的考論即是很好的例子，此可謂『深』。至於該書的出版對姚廣孝的研究，對明代文學、明代佛教的研究以及對中、日佛教交流史的研究，其價值自不待言。

2017年12月於上海寓所

《姚廣孝全集》總目

《逃虚子詩集》十卷，《續集》一卷，《逃虚類稿》五卷，《補遺》一卷，《道餘録》一卷，馬氏鈔本。資善大夫太子少師吴郡姚廣孝。廣孝釋名道衍，字斯道，俗姓姚氏，長洲之相城里人。本醫家子，不肯學醫，喜為儒學。至正間，削髮居相城妙智庵。里中靈應觀道士席應眞通兵家言，嘗師事之，深自退藏，惟王止仲深知之。嘗寓嵩山寺，袁珙相之曰：『公非常僧，劉秉忠之儔也。』洪武初，以高僧徵。十五年十王之國，道衍在燕籍中住持慶壽寺。靖難兵起，贊助祕密。永樂卽位，召至京，欲官之，辭為僧，録左善世。東宫立，特授太子少師，復姓賜名，輔太子。南京監修《高皇帝實録》。命畜髮不肯，賜宫人不近。以賑濟歸吴，徒步閭里，以賜金散宗黨。永樂六年，仍居北京慶壽寺。病篤，車駕臨視，問後事，對曰：『出家人復何所戀。』明日逝。年八十四。追封榮國公，謚恭靖，賜塋在房山縣東北，御製碑銘。道衍初與高啓為北郭十友之一，所著初名《獨庵集》，沒後，吴人合刻之曰《逃虚子集》。詩則清新婉約，頗有古趣；文則皆方外之作；尚有《别集》，乃應酬世俗之文。彼教中所謂《外集》，今不傳。《道餘録》皆詆程、朱，尤無忌憚。其友人張洪謂人曰：『少師與我厚，今死無以報之。但每見《道餘録》，輒為焚棄。』孰知死後五百年焚之不盡，其不能掩惡益可儆矣。此本出自舊鈔，有翰林院印，册面有乾隆三十八年四月兩淮鹽政李質穎送到馬裕家藏姚廣孝《逃虚子集》壹部計書肆本朱字木記。清丁丙《善本書室藏書志》卷三十六

目録

《逃虚子詩集》

卷第一（一）

五言古詩

【校記】

〔一〕原作『第一卷』，據下面目録統一。

〔二〕此標題原闕，據正文補。

〔三〕此標題原闕，據正文補。

〔四〕清泠閣：正文作『清泠閣』。詳該詩校記。

卷第二

【校記】

〔一〕題中『中泠泉』，正文作『中冷泉』。詳該詩校記。
〔二〕題中『貫』，底本誤作『革』，據正文改。詳該詩校記。

卷第三

七言古詩

【校記】

〔一〕題中『佳』，底本誤作『住』，據正文改。詳該詩校記。

〔二〕題中『玘』，原作『玘』，俗寫二者不拘，此徑改為正體。詳該詩校記。下不另出校。

〔三〕此標題原闕，據正文補。

〔四〕題中『采薖』，原作『來薖』，據正文改。詳該詩校記。

卷第四

卷第五

五六言律詩

【校記】

〔一〕治城山：正文作『冶城山』。詳該詩校記。
〔二〕詩題原闕，據正文補。
〔三〕詩題原在『登冶城山』詩下，據正文理順。
〔四〕題中『邵袠』，原誤作『邵袁』，徑改。詳該詩校記。

卷第六

【校記】

〔一〕題中『毘廬寺』，正文作『毘盧寺』。
〔二〕題中『薛十二穆』，原誤作『薛七二穆』，據正文標題改。
〔三〕詩題正文作『晚過師子林』。
〔四〕詩題正文作『送印法師之海寧講經』。
〔五〕題中『莫』，正文作『暮』。
〔六〕題中『二子』，原誤作『二字』，據正文標題改。
〔七〕詩題正文作『寄王光庵』。
〔八〕詩題正文作『騶虞詩并序』。

〔九〕詩題正文作『奉簡宋學士』。

〔一〇〕詩題正文作『送戴醫師元禮還金華』。

〔一一〕詩題正文作『送堅上人歸瀘溪』。

〔一二〕詩題正文作『張山人適見訪，暮歸口號』。

卷第七

七言律詩

【校記】

〔一〕詩題正文作『三月旦日駕幸太學』。

〔二〕題中『二月二十日』，正文作『三月二十日』。

〔三〕題中『莫』，正文作『暮』。

〔四〕『羊祐』，原誤作『羊祐』，據《古今禪藻集》卷二十四、《吴都文粹續集》卷四十九改。詳該詩校記。

〔五〕題中『見詒』，正文作『見貽』。

〔六〕詩題正文作『題吴原範墓銘後』。

〔七〕詩題正文作『遊西湖登玉泉洞』。

〔八〕題中『歸』，正文作『還』。

〔九〕詩題正文作『春雪寄友』。

〔一〇〕題中『紫椹』，正文作『紫菌』。二者義同。詳該詩校記。

卷第八

五六言絶句

【校記】

〔一〕詩題正文作『次韻荅天平復庵師二首』。

〔二〕題中『莫』，正文作『暮』。

〔三〕詩題正文作『全室禪師使西天竺取經回朝奉賀』。

〔四〕詩題正文作『寄趙御醫彦如』。

〔五〕題中『贊善』，正文作『右贊善』。

〔六〕『子』字原闕，據正文詩題補。

〔七〕題中『一十二』，正文作『十二』。

〔八〕詩題正文作『支硎山十三詠為韓山人蒙庵賦』。

卷第九

七言絶句

【校記】

〔一〕詩題正文作『題班婕妤題扇圖』。

〔二〕題中『蒙宥』句，正文作『蒙恩宥釋歸事姑』。

〔三〕詩題正文作『客次讀高啓詩集二首』。

〔四〕題中『潘肅』，正文作『潘蕭』。

〔五〕詩題正文作『黑梅寄周玄初』。

〔六〕詩題正文作『過聽松庵悼真禪師』。

〔七〕詩題原闕，據正文補。

卷第十

附録

樂府

歌行

【校記】

〔一〕詩題正文無『題』字。
〔二〕詩題正文作『題畫菓』。『菓』字誤，詳該詩校記。
〔三〕詩題正文作『月漉漉篇』。
〔四〕詩題正文作『飲馬長城窟行』。
〔五〕詩題正文無『三首』。
〔六〕詩題正文作『鶴瓢歌并序』。
〔七〕詩題正文作『祥老草書歌』。

《逃虚子詩續集》

《逃虚類稿》（《獨庵稿》）

卷一

賦頌

記

卷二

碑塔銘表墓銘

序

卷三

讚銘説

銘

説

卷四

雜著

傳行狀祭文

祭文

【校記】

〔一〕此書正文作『與止仲書』。
〔二〕此書正文作『與黄中父書』。
〔三〕此行狀正文作『徑山第五十三代住持明辯正宗廣慧禪師愚庵及和尚行狀』。

卷五

書題跋

疏

【校記】

〔一〕此標題正文無『經』字。
〔二〕此標題正文無『書』字。
〔三〕此標題正文作『題華光《梅》二首』。
〔四〕題中『茜經』，正文録作『茜涇』。
〔五〕題中『積慶禪寺』，正文録作『積慶寺』。
〔六〕題中『修』，正文録作『脩』。
〔七〕此標題正文有『并序』。

《逃虛子道餘録》

《逃虛子集補遺》

《逃虛子詩集補遺》

附録

《獨庵外集續稿》

附録

卷第一

詩

【校記】

〔一〕此標題正文録作『次韻荅天平復庵禪師二首』。
〔二〕此標題原在《續稿》目録第二卷『與書經諸友夜坐』之下，依正文理順。
〔三〕此標題原在第二卷，依正文理順。
〔四〕此標題原在第二卷，依正文理順。

卷第二

詩

【校記】

〔一〕此標題正文録作『初六日值大雪，賦二首簡書經諸友』。

〔二〕題中『林下』，正文作『林中』。

〔三〕此標題正文録作『送李鍊師原脩還吴』。

〔四〕此標題正文録作『寄蘇臺滕用』。

卷第三

碑

卷第四

序

偈

贊

銘

卷第五

傳

雜著

書

題跋

疏榜

【校記】

〔一〕此標題原在『二燕説』之下，依正文理順。

〔二〕此標題原在『二燕説』之下，依正文理順。

〔三〕此標題原在『二燕説』之下，依正文理順。

新輯作品

諸上善人詠

《逃虚子詩集》

卷第一

資善大夫　太子少師吴郡姚　廣孝

五言古詩

雜詩八首〔一〕

仲尼昔在魯，里呼東家丘。誰知百王師，聖德與天侔。要令臣子懼，筆削成春秋。遺經勸後來，一變乃從周。

二

祖龍〔二〕并六國，勢大莫與争。欲愚世上人，肆暴阬〔三〕儒生。群經化灰燼，法令從吾行。劇政若牛毛，哀哉苦疲氓。鴻鵠驟一舉，四海如沸鐺。不逢赤帝子〔四〕，天下誰能平。

三

翩翩豪遊子，錦衣耀〔五〕青春。時來洛陽陌，走馬不動塵。百金一朝盡，惟仗劍隨身。氣驕誰敢犯，睚眦猶殺人。遇主固應難，何由樹奇勳。白日倏而逝，青雲志莫伸。有恩非不報，不報婦人仁。

四

逍遥緑髪翁，服食金光草。朝游上瑤池，暮宿返蓬島。蟠桃幾見花，朱顔不知老。真常曾未觧，眇質徒自保。何如趍聖途，悠悠樂天造。

五

曾聞青雲士，馳聲似奔雷。闔國人仰共〔六〕，岱宗高崔嵬。吁彼蓬蓽徒，砥行更多才。居然不得遇，老死良可哀。

六

幽花在深井，夭夭艷春蚤〔七〕。獨有兒女憐，不及路旁草。一朝凉飇〔八〕至，繁枝盡枯槁。自嗟〔九〕生處偏，非是色不好。

七

志士守苦節，達人滯玄言。苦節不可貞，玄言豈其然。出處固〔一〇〕有定，語默非無緣。伯夷量何隘，宣尼智何圓。所以古君子，安命乃為賢。

八

威鳳不常有，來時必覽德。祥麟不常生，待聖乃一出。二物非最靈，應世曾弗急。堂堂美丈夫，寧肯事干謁。際遇會有時，何須重感激。

【校記】

〔一〕此組詩《古今禪藻集》卷十八收第一、二、三、六、七、八首。

〔二〕祖龍：指秦始皇。《史記·秦始皇本紀》：『（三十六年）秋，使者從關東夜過華陰平舒道，有人持璧遮使者曰：「為吾遺滈池君。」因言曰：「今年祖龍死。」』裴駰《集解》引蘇林曰：『祖，始也；龍，人君象。謂始皇也。』

〔三〕阬：《古今禪藻集》作『坑』。

〔四〕赤帝子：指漢高祖劉邦。《史記·高祖本紀》：『高祖被酒，夜徑澤中，令一人行前。行前者還報曰：「前有大蛇當徑，願還。」高祖醉，曰：「壯士行，何畏！」乃前，拔劍擊斬蛇。蛇遂分為兩，徑開。行數里，醉，因卧。後人來至蛇所，有一老嫗夜哭。人問何哭，嫗曰：「人殺吾子，故哭之。」人曰：「嫗子何為見殺？」嫗曰：「吾子，白帝子也，化為蛇，當道，今為赤帝子斬之，故哭。」人乃以嫗為不誠，欲告之，嫗因忽不見。』舊謂漢以火德王，火赤色，因神化劉邦斬蛇的故事，稱劉邦為『赤帝子』。

〔五〕耀：明范氏卧雲山房鈔本《逃虚子詩集》作『輝』。

〔六〕仰共：卧雲山房鈔本作『共仰』。

〔七〕蚤：《古今禪藻集》作『早』。

〔八〕猋：《古今禪藻集》作『飈』。

〔九〕自嗟：《古今禪藻集》作『自絶』。

〔一〇〕固：卧雲山房鈔本作『自』。

雜詩二首〔一〕

夜蛬〔二〕鳴已寂，陰火欻凝寒。寥寥林莽間，悄坐復何歡。掩卷念同心，去我良會難。不憂山川隔，但傷日易殘〔三〕。何如東流水，寫此長恨端。

玄冬正慘慄〔四〕，林氛凝更滋。寒冰沍磵壑，凉飈中夜吹。重衾尚砭骨，無褐當何為。嗟彼倦游子，間関惜群離。微吟坐待旦，巡簷望朝曦。

【校記】

〔一〕《古今禪藻集》卷十八收第一首。

〔二〕蛬：《古今禪藻集》作『蛩』。

〔三〕殘：底本誤作『踐』，據詩意及《古今禪藻集》改。

〔四〕慘慄：寒極貌。《素問·至真要大論》：『歲太陽在泉，寒淫所勝，則凝肅慘慄。』王冰注：『慘慄，寒甚也。』《古詩十九首·孟冬寒氣至》：『孟冬寒氣至，北風何慘慄。』

擬古六首〔一〕

同心復同邑，一會還一歡。如何去萬里，杳杳會面難。昔為比目鱗，今作孤飛翰。日夕慮不息，離緒入雲端。攬帶未暇結，腰瘦傷圍寬。兹時在遠道，霜霰日已寒。諒無同心友，誰為勸加飡。

二

良辰念難遇，開筵當綺户。會我同門友，言咲一何膴。素弦發清商〔二〕，餘響繞樽俎。緩舞出吳姬，輕謳來越女。但欲客揥醉，觥籌那肯數。流年嘆猋〔三〕馳，有力誰得阻。人生須歡樂，勿使長辛苦。

三

晨露散庭樹，衆葉何旖旎。繁陰蔽階除，蔚若張緑綺。行將掇其芳，欲以貽〔四〕彼美。彼美與我違，迢迢〔五〕萬餘里。微物固非珍，意遠亦可喜。奈何時不待，徒使人興喟。

四

還車候明發，靡靡經山谷。念兹道路難，况彼時序促。昔驚桑葉枯，今顧蕙叢緑。榮華非可貴，飄忽卽過目。人能保貞德，流芳亦自足。毋將日虛棄，腐化同草木。

五

遠行惜無侶〔六〕，煢煢出都闉。不念人减舊〔七〕，但見墓多新。松楸未成拱，樵牧〔八〕已侵頻。悲風日蕭蕭，逝魄豈長存。踟蹰起歸思，寧免淚沾巾。

六

林埛〔九〕氣蕭瑟，歘驚已深秋。月色生夜寒，象緯光不流。零露團衰蕙，居人念重裘。蛬〔一〇〕聲階下泣，雁影波間浮。嗟彼意中人，倏塗苦淹留。諒非樂新知，遂令棄舊游。箕斗去雖遠，牛女會有由。浮名蹔時事，不如共綢繆。

【校記】

〔一〕此組詩又見《古今禪藻集》卷十八。

〔二〕商：底本多作『商』，俗字。此據《古今禪藻集》録作正字。下不另出校。

〔三〕焱：《古今禪藻集》誤作『猋』。

〔四〕貽：底本誤作『眙』，據詩意及明范氏卧雲山房鈔本《逃虚子詩集》、《古今禪藻集》改。

〔五〕迢迢：《古今禪藻集》作『迢遙』。

〔六〕侶：底本誤作『佀』，據詩意及卧雲山房鈔本、《古今禪藻集》改。

〔七〕舊：底本誤作『蕉』，據詩意及卧雲山房鈔本、《古今禪藻集》改。

〔八〕樵牧：《古今禪藻集》作『樵木』。

〔九〕林埛：卧雲山房鈔本作『林坰』。

〔一〇〕蛬：《古今禪藻集》作『蛩』。

初登雞鳴山二首

秋山路梯空，一磴復一磴。游人不倦行，因貪境多勝。顧我不羈流，吟觀盡餘興。

重関無客來，紅葉擁林路。幽禪不出嶺，雲屋高低住。忽遇解空人，喚我喫茶去。

陪方厓翁緑水園游矚〔一〕

熟游境已常，偶到興偏適。園廬依古闤，閑扉〔二〕埽塵迹。芳景變清和，群植忻〔三〕滋息。雲綿〔四〕曲渠水，苔沍〔五〕陰堦石。叢�減舊緑，蔓草餘新碧。游蜂却乘霽，歸禽自知夕。臨幽憩煩蹋，遙思展芳席。雖怡静邊趣，未達喧中寂。兹因逢高士，庶以樂無斁。

【校記】

〔一〕此首詩又見《吳都文粹續集》卷四十九詩。同書卷十七祠廟園池第宅：『緑水園，在孫老橋東，故為朱勔別墅。元至正中，廬山陳惟寅惟允兄弟購得之，取杜詩「名園依緑水」之句，更此名。』

〔二〕閑扉：《吳都文粹續集》作『門扉』。

〔三〕忻：《吳都文粹續集》作『欣』。

〔四〕綿：《吳都文粹續集》作『浮』。
〔五〕沍：《吳都文粹續集》作『瀆』。

陪方厓翁重游緑水園

林園方新雨，夏氣鬱已浮。環池芳草積，緑水自悠悠。葵心注旭媚，蕙葉轉風幽。相從昨日人，重作今日遊。蹊蘚承步屐，陳蹤猶未收。深搆足容與，水雲共綢繆。欲乘隱君暇，賞詠為淹留。

奉荅高啓季廸〔一〕

清晨長松下，聽禽坐逾深。蘭章忽遠寄，光華麗空林。諷詠得密意，展玩慰離心。春晴見猶簡，况兹逢暮陰。

【校記】

〔一〕此首詩又見《吳都文粹續集》卷四十九詩。

寄谿上諸友〔一〕

獨坐白雲深，常懷二三子〔二〕。幽齋俯花竹，長溪渺煙水。迢迢〔三〕不可到，惻惻那有已。尋訪定何時，短櫂秋風裏。

【校記】

〔一〕此首詩又見《古今禪藻集》卷十八、《明僧弘秀集》卷十三。

〔二〕子：《明僧弘秀集》誤作『字』。

〔三〕迢迢：底本、《明僧弘秀集》作『迢迢』，俗字。此據《古今禪藻集》録作正體。

海上回，與芝雲法師遊龍井，次辯才法師寄東坡翁韻〔一〕

遠行適瀛海，長嘯揖浮丘。葛衣掛白月，鐵錫横清秋。煙霞已成性，塵寰豈容留。大鵬奮玄極，神龍躍靈湫。所以辯才師，飄然居井頭。蘿龕雲影合，竹閣泉香浮。堂堂大蘇公，曾賞此境優。豈知百年後，山荒水空流。兹行景先賢，題詩紀清遊。因悟無所住，不起人間憂。

【校記】

〔一〕此首詩又見《明僧弘秀集》卷十三。

奉荅楊基孟載〔一〕

悽悽〔二〕泊城南，春深抱幽獨。餘花猶綴紅，衆樹已滋緑。茲因塵内居，始憶山中屋。何時陪騎遊，吟看舊題竹。

【校記】

〔一〕此首詩又見《四朝詩》明詩卷三十五五言古詩二十、《明詩綜》卷十九、《吴都文粹續集》卷四十九詩。《四朝詩》《明詩綜》題作『荅楊孟載』。

〔二〕悽悽：《四朝詩》《明詩綜》作『棲棲』，《吴都文粹續集》作『恓恓』。三者同詞異寫。

妙上人習静軒〔一〕

嵐嶺照深屋，雲松翳閑門。鳥啼驚曙白，花氣覺春温。以茲迥塵境，自可澄真源。冥觀了無法，何有寂與喧。

【校記】

〔一〕此首詩又見《明詩紀事》乙籤卷三。

送友人之松江得『曙』字〔一〕

潮來沙磧平，月落海門曙。汀莆〔二〕轉風葉，堤柳搖煙絮。江頭春可憐，天涯人獨去。有歌送君行，無酒留君住。雪浪沒沙鷗，雲帆出江樹。回首讀書堆〔三〕，青山不知處。

【校記】

〔一〕此首詩又見《列朝詩集》閏集卷一、《古今禪藻集》卷十八、《四朝詩》明詩卷三十五五言古詩二十、《明詩綜》卷十九、《吳都文粹續集》卷四十九詩、《石倉歷代詩選》卷三百二十二明詩初集四十二。《明詩綜》題作『送友人之松江』，《吳都文粹續集》題作『送友之松江得曙字』。

〔二〕莆：《列朝詩集》《古今禪藻集》《四朝詩》《明詩綜》《吳都文粹續集》《石倉歷代詩選》作『蒲』。

〔三〕堆：《石倉歷代詩選》作『聲』。

宿福智精舍懷南鄰張羽來儀〔一〕

我客悵無依，君居欣在邇。清談夕散歸，獨卧松軒裏。露香檻前桂，月色池上水。懷爾正沉沉，不知暮鍾〔二〕起。

【校記】

〔一〕此首詩又見《列朝詩集》閏集卷一、《四朝詩》明詩卷三十五五言古詩二十。

〔二〕鍾：《四朝詩》作『鐘』。

蠡口夜歸〔一〕

日沒渡口昏，水風著人熱。漁燈帶螢火，微光互明滅。舟人報水程，路遠行欲歇。故山不分明，目盡心力絶。遙想山中人，待人仍待月。

【校記】

〔一〕此首詩又見《列朝詩集》閏集卷一、《四朝詩》明詩卷三十五五言古詩二十、《明詩鈔》明詩五言古、《石倉歷代詩選》卷三百二十二明詩初集四十二。

分金墩〔一〕

夷吾坐〔二〕窮乏，叔牙計餘贏。託友心相知，義重黄金輕。得利詎敢私，當道分還平。獨遺一抔〔三〕土，尚寄千載名。氣和〔四〕産靈草，秀色常青青。至今往來者，因之感交情。

【校記】

〔一〕此首詩又見《古今禪藻集》卷十八。《明一統志》卷八有節録。又，該書《蘇州府》『分金墩』條下云：『在府城西南三十五里，相傳管、鮑分金處。』

〔二〕坐：《明一統志》作『生』。

〔三〕抔：《古今禪藻集》《明一統志》作『坏』。按：『抔土』謂一捧之土，極言其少。『坏土』指墳堆。

〔四〕氣和：明范氏卧雲山房鈔本《逃虛子詩集》《古今禪藻集》作『和氣』。

鳴琴磵〔一〕

磵上松瑟瑟，磵下水涓涓。山人來磵阿，宴坐拂冰絃。松風共流水，一奏一泠然。

【校記】

〔一〕此首詩又見《明僧弘秀集》卷十三。題中『磵』，《逃虛子詩集》目録作『澗』。

清泠閣〔一〕

緑池湛無底，高閣凌空明。虛幌映嶼竹，曾檐翳堤檉。遠林接澮灩，輕飈日夜生。夏深炎氣薄，秋迴涼氣清。鏡空留鳥影，檻曲繞波聲。芳辰潔華觴，嘉賓肅塵纓。賞詠既自適，寧慕世上名。吾欲時來此，縱目一開情。

【校記】

〔一〕題中『泠』，《逃虚子詩集》目録作『泠』。《吴都文粹續集》卷十七祠廟園池第宅：『緑水園……中有來鴻軒、清泠閣、蘿徑等名。』『清泠閣』，清馮桂芬《（同治）蘇州府志》卷四十五作『清泠閣』。

蘿逕為陳惟寅賦〔一〕

聲騎隘難通，縈縈循磵曲。蔓引紆樵步，葉密邀禽宿。影分夜蟾白，色帶春煙緑。何當携孤琴，閑行追妙躅〔二〕。

【校記】

〔一〕此首詩又見《吴都文粹續集》卷四十九詩。題中『蘿逕』，一般寫作『蘿徑』，是『緑水園』中一景觀名。『陳惟寅』，《吴都文粹續集》作『陳維寅』。

〔二〕躅：《吴都文粹續集》作『躅』。

茶軒為陳惟寅賦〔一〕

千苞凛氷雪，一樹當窓几。晴旭曉微烘，游蜂掠芳蕊。澹香勻密露〔二〕，繁艷照煙水。幽人賞詠遲，每恨殘紅委。

【校記】

〔一〕此首詩又見《列朝詩集》閏集卷一、《四朝詩》明詩卷三十五五言古詩二十、《廣群芳譜》卷四十一花譜。

〔二〕密露：《列朝詩集》《四朝詩》作「蜜露」。

訪震師不遇〔一〕

波澄一谿雲，霜紅半山樹。荒煙滿空林，疎鍾在何處。不遇採〔二〕樵人，復抱孤琹去。

【校記】

〔一〕此首詩又見《列朝詩集》閏集卷一、《四朝詩》明詩卷三十五五言古詩二十、《明詩紀事》乙籤卷三、《明僧弘秀集》卷十三。

〔二〕採：《列朝詩集》《四朝詩》《明詩紀事》《明僧弘秀集》作「采」。

鍾秀閣

依巒結曾〔一〕搆，芳辰集霞氛。朱甍際遙漢，碧瓦〔二〕翳春雲。陰厓黯故跡，陽岡煥新文。繁條晨泫露，野水夕含曛。眷予久忘世，羈禪遠離群。願欲尋佳士，撫闌陳舊聞。

【校記】

〔一〕曾：即『層』。

〔二〕瓦：底本誤作『几』，據詩意及明范氏卧雲山房鈔本《逃虚子詩集》改。

和徐一夔游龍山雜賦六首〔一〕

遠過桃花関，欲上桃花嶺。関深嶺亦峻，雲鳥樂幽静。窮高見市煙，始悟在人境。

前山低易登，後山陟〔二〕難度。亂石礙僧扉，藂�隘樵路。行行倦欲歇，寧待日西暮。

倐倐一禪宮，樓臺隱金碧。松関掩唄音，花龕鎖雲迹。群僧禮祖餘，香燈自長夕。

崇壇起芳郊，山川勢增壯。神來氣氤氳，神去風澹蕩。奠享不移時，庶以荅靈貺。

路入龍岡來，一澗復一磵。迢迢花石邊，孤猱度雲棧。深處忽逢仙，相携坐談幻。

出崦不逢山，長江波淼淼。落日下遙汀，寒雲翳沙鳥。延佇目難窮，孤帆來樹杪。

【校記】

〔一〕此組詩《列朝詩集》閏集卷一、《石倉歷代詩選》卷三百二十二明詩初集四十二選録第三、第六首，《古今禪藻集》卷十八選録第二首，《四朝詩》明詩卷三十五五言古詩二十選録第六首。

〔二〕陟：《古今禪藻集》作「陡」。

登錦峰〔一〕

奇峯起蒼旻，秀色鬱可采。靈石麗文華，晴空炫霞彩。斕斑〔二〕駁〔三〕青暈，絪緼雜芳靄。朝陽映猶輝，夕陰膏還藹。或云神州仙〔四〕，鞭驅過滄海。不經野火焚，詎逐歲年改。肅展〔五〕曉飛陟，昂然立如待。延矚洞幽抱，架广〔六〕時有在。

【校記】

〔一〕此首詩又見《吳都文粹續集》卷四十九詩、《（正德）姑蘇志》卷十四、《（同治）蘇州府志》卷六。《（同治）蘇州府志》云：「錦峰山在陽山西南，產石，紫赤色而秀潤，故名。」

〔二〕斕斑：《吳都文粹續集》《（正德）姑蘇志》作「爛斑」，《（同治）蘇州府志》作「爛班」。按：三者同詞異寫，指色彩錯雜貌。

〔三〕駁：《（同治）蘇州府志》作『剝』。
〔四〕神州仙：《吳都文粹續集》作『神丹仙』。
〔五〕屐：《吳都文粹續集》作『履』。
〔六〕广：《吳都文粹續集》作『元』，《（正德）姑蘇志》作『文』，明范氏臥雲山房鈔本《逃虛子詩集》、《（同治）蘇州府志》作『户』。按：『广』指依山崖建造的房屋。唐韓愈《陪杜侍御遊湘西兩寺》詩：『剖竹走泉源，開廊架崖广。』作『户』義近。作『元』、『文』者，乃形近而誤。

題《種牧圖》

維時届芒種，原野鳴布穀。朝來山雨晴，農事日應促。移秧平田〔一〕間，戽水清谿曲。彼姝且饁餉，之子當放牧。頓忘塵鞅纏，自樂淳厖俗。天意恤我勞，年年有秋熟。

【校記】

〔一〕平田：明范氏臥雲山房鈔本《逃虛子詩集》作『半田』。

初春晚，坐南軒，喜王山人過訪〔一〕

春陽勢未舒，林深暮還冷。開軒悵久坐，獨對青松影。石龕沍閑雲，苔井響寒綆。鶩客鳥翻翻，照佛燈耿耿。華軥辱遠過，襍還破幽静。臨風笑語温，相慰不及警。交遊情未洽〔二〕，道念心已領。忘彼區中緣，樂此塵外境〔三〕。諒惟高世士，元非翫光景。遥送出林扉，新月懸西嶺。

【校記】

〔一〕此首詩又見《列朝詩集》閏集卷一、《四朝詩》明詩卷三十五五言古詩二十。

〔二〕《列朝詩集》《四朝詩》無『相慰』二句。『洽』，底本誤作『治』，據詩意及明范氏卧雲山房鈔本《逃虚子詩集》改。

〔三〕《列朝詩集》《四朝詩》無『忘彼』二句。

味苦詩為一初賦〔一〕

甘腴衆所歆〔二〕，苦毒吾乃喜。味之曾勿厭，八珍同其美。單瓢〔三〕能久如，鍾鼎豈常爾。昔賢有遺戒，刀蜜不可舐〔四〕。願言膏粱〔五〕人，於斯當染指。

【校記】

〔一〕此首詩又見《古今禪藻集》卷十八、《明僧弘秀集》卷十三。

〔二〕歆：底本誤作『歆』，據詩意及明范氏卧雲山房鈔本《逃虚子詩集》《古今禪藻集》《明僧弘秀集》改。

〔三〕單瓢：卧雲山房鈔本、《古今禪藻集》《明僧弘秀集》作『簞瓢』。按：二者同詞異寫，指盛飯食的簞和盛飲料的瓢。

〔四〕此句語本《四十二章經》：『佛言：財色之於人，譬如小兒貪刀刃之蜜，甜不足一食之美，然有截舌之患也。』喻貪小失大，利少害多。

〔五〕梁：底本誤作『粱』，據詩意及卧雲山房鈔本、《古今禪藻集》《明僧弘秀集》改。

石經山并序〔一〕

石經山在燕之范陽郡，峯巒秀拔，若天竺山，故稱曰『小西天』。隋大業間，有法師静琬者，處是山，愳聖教有難，不能流通，於是發願，募緣鳩工，鑿石為板，刊造一《大藏經》，儲積于山，以俻〔二〕其後。法師首〔三〕刊，至唐貞觀初，僅成《大涅槃》一部，而法師乃卒。其後子孫繩繩，化億萬人，乞錢粟刊造餘部。歷遼與金，然後完此一《大藏》。貯于巖洞者七，地穴者二。洞以石門閉之，穴以浮屠鎮之。自隋、唐、遼、金及元，碑碣森列，照映巖野。然而累經干戈，無秋毫之犯。洪武二十一年，歲在戊辰春正月廿一日，余奉旨往觀，念法師之願力宏大堅固，是山之泉石靈異清勝，故賦是詩，鐫于華巖堂〔四〕之壁，雖未足彰法師之幽光，庶以紀兹行之歲月，而托其不朽也。詩曰：

峩峩石經山〔五〕，蓮峯吐金碧。秀氣鍾愳〔六〕題，勝槩擬西域。竺墳五千卷，華言百師譯。琬公懼變滅，鋟筆寫蒼石〔七〕。片片青瑤光，字字太古色。功非一代就，用籍萬人力。流傳鄙簡編，堅固陋板刻。深由〔八〕地穴藏，高從巖洞積。初疑神鬼工，乃著造化迹。延洪勝汲塚，防虞猶孔壁。不畏野火燎，詎愁蘚苔蝕。兹山既無盡，是法寧有極。如何大業間，得此至人出。幽明獲爾利，乾坤配其德。大哉弘法心，吾徒可為則。

【校記】

〔一〕此首詩又見《明僧弘秀集》卷十三、《古今禪藻集》卷十八、《列朝詩集》閏集卷一、《四朝詩》明詩卷三十五五言古詩二十、《石倉歷代詩選》卷三百二十二明詩初集四十二、《明一統志》卷一、《帝京景物略》卷八、《日下舊聞考》卷一三一、《柳亭詩話》卷十五有節録。

〔二〕脩：明范氏卧雲山房鈔本《逃虚子詩集》作『脩』。

〔三〕首：底本原闕，據《明僧弘秀集》《古今禪藻集》《列朝詩集》《四朝詩》《石倉歷代詩選》等補。

〔四〕華巖堂：《明僧弘秀集》《古今禪藻集》《列朝詩集》《四朝詩》《石倉歷代詩選》等作『華嚴堂』。

〔五〕石經山：底本誤作『經石山』，據詩題及《明僧弘秀集》《古今禪藻集》《列朝詩集》《四朝詩》《石倉歷代詩選》等改。

〔六〕毖：《列朝詩集》《四朝詩》作『太』。按：據《柳亭詩話》引顔師古注，毖卽古莎字。

〔七〕寫蒼石：《明僧弘秀集》《列朝詩集》作『蒼蒼石』。

〔八〕由：《列朝詩集》作『山』，《帝京景物略》誤作『田』。

萬歲山

超然出海上〔一〕，巍巍與天齊。仰看衆山拱，始悟泰華低。瑞靄散蒼翠，靈光發虹霓。琪樹曉瑟瑟，瑤草春萋萋。蓬萊在人間，梯磴乃可躋。上有廣寒殿，凌虛立罘罳。斗星繞朱甍，雲龍護旋題〔二〕。明時奉聖主，長夕耀〔三〕文奎。亡金事酣宴，殘元貯哥姬。不德天靡輔，所以帝業隳。大明務恭儉，親王鑒在兹。千秋與萬歲，端拱樂無為。

【校記】

〔一〕上：底本誤作『止』，據詩意及明范氏卧雲山房鈔本《逃虛子詩集》改。

〔二〕旋題：亦作『璇題』『琁題』。玉飾的椽頭。《文選·揚雄〈甘泉賦〉》：『珍臺閒館，琁題玉英。』李善注引應劭曰：『題，頭也。榱椽之頭，皆以玉飾，言其英華相燭也。』

〔三〕耀：卧雲山房鈔本作『擢』。

海子

海子乃天池，舊聞為太液。泉源出地底，湛湛深莫測。上有蓬萊山，下有鮫人室。清秋起凉飆，天水惟一碧。波心芰荷浄，岸口菰蒲密。魴鱮縱游泳，筌釣豈能及。煙霧晚空濛，落日鳧雁集。量寬渺江漢，何年滿愁溢。龍舟泛雙櫂，虹梁跨千尺。瑤池未足侔，靈沼應難匹。帝子勤古道，為樂知無逸。出游自有度，豈待時日吉。

居庸關

兩崖青入雲，關設天下險。一人自足守，萬夫徒勇敢。山高壁壘危，野曠旌旗閃。天寒軍指墮，霜〔一〕重皷聲慘。虎豹動成群，雄勢破鬼膽。况彼遠行子，驚悼愁坎壈。朔漠萬里外，胡虜已席卷。從今不用關，北南歸一覽〔二〕。

【校記】

〔一〕霜：明范氏卧雲山房鈔本《逃虚子詩集》作『雷』。

〔二〕此句底本『北』上衍一『南』字，據詩意及卧雲山房鈔本删。

燕臺驛

燕城舊都會，館宇廣且深。萬方來使客，四座雜言音。停車粉垣下，立馬翠柳陰。池流出潛鯽，庖煙起鷺禽。前王好賢〔一〕者，築臺置黄金。黄金未足貴，所貴待士心。茲駬〔二〕乃有由，禮遇古猶今〔三〕。他邑量〔四〕難並，過者加敬欽。

【校記】

〔一〕賢：底本多作『𡙇』，俗寫體，此録作正體。下不另出校。

〔二〕駬：明范氏卧雲山房鈔本《逃虚子詩集》作『驛』。按：二者義同，指驛站。

〔三〕今：底本誤作『令』，據詩意及卧雲山房鈔本改。

〔四〕量：卧雲山房鈔本作『諒』。

婁桑村

悠悠范陽郡，蔚蔚婁桑村。村深民居稠，鷄犬日相聞。閭巷輿〔一〕揖讓，古來風俗淳。猗嶼〔二〕蜀先主，皇矣漢祖孫。孰知生此地，一日乘風雲。武侯〔三〕既道合，關張乃君尊。不逢權與掾，天下豈三分。英雄為時出，功德被生民。邈焉千載後，遺廟今尚存。丹青圖素壁，凛凛如生神。煙蘿覆其宇，雲松翳其門。秋風重過客，感激復何言。

【校記】

〔一〕輿：底本多作『㒷』，俗寫體，此録作正體。下不另出校。

〔二〕猗嶼：明范氏卧雲山房鈔本《逃虚子詩集》作『猗歟』。按：二者同詞異寫，亦作『猗與』。嘆詞，表示讚美。

〔三〕武侯：三國蜀諸葛亮死後謚為忠武侯，後世稱之為武侯。

拒馬河〔一〕

大河擬長淮，湍急去如瀉。未足限南北，猶能拒胡馬〔二〕。牛羊飲其濱〔三〕，鮫龍〔四〕蟄其下。洶湧拍遠天，漫演〔五〕散平野。中流漁子多，兩岸居人寡。從來燕趙間，紛紛戰争者。以兹壯其國〔六〕，固守〔七〕曾不舍。河伯願揚靈，終古保民社。

【校記】

〔一〕此首詩又見《日下舊聞考》卷一百二十八。

〔二〕胡馬：《日下舊聞考》作『戎馬』。

〔三〕飲其濱：《日下舊聞考》作『顧其湑』。

〔四〕鮫龍：《日下舊聞考》作『蛟龍』。『龍』，底本多作『龙』，簡俗字，此録作正體。下不另出校。

〔五〕漫演：明范氏卧雲山房鈔本《逃虛子詩集》作『漫渲』。

〔六〕國：底本多作『国』，簡俗字，此録作正體。下不另出校。

〔七〕守：《日下舊聞考》作『舍』。

駐蹕寺〔一〕

太宗真英主，赫赫龍鳳〔二〕姿。天策四海空〔三〕，況復有東夷。親征渡遼水，曾此駐旌麾。後來好事人，乃以名招提。晴園景澄霽，曉殿香霏微。林深埃𡏖遠，僧子多禪栖。幾經干戈際，荆榛委頹基。功業今何在，蒼苔綉斷碑。

【校記】

〔一〕駐蹕寺：明范氏卧雲山房鈔本《逃虚子詩集》作『駐驆寺』。

〔二〕鳳：底本多作『风』，簡俗字，此録作正體。下不另出校。

〔三〕空：卧雲山房鈔本作『定』。

盧溝橋

溝水自山出，到海一何遥。浸淫〔一〕逢秋霖，泛溢〔二〕如春潮。宋師五十萬，北來事攻遼。駐此不得進，攸貫慙徒勞。金源重遊幸，鞭石起危橋。橋上亂輿騎，橋下衮鼉鮫。闌干雲霧濕，関栅氣勢高。征裘行曉月，仙旆度良宵。至今燕南門，極目誇雄豪。俛仰成陳迹，流水自滔滔。

【校記】

〔一〕淫：底本作『滛』，亦卽『淫』之訛俗字，此録作通行字體。下不另出校。

〔二〕泛溢：明范氏卧雲山房鈔本《逃虛子詩集》作『泛濫』。

劉文貞公墓〔一〕

良驥色同群，至人迹混俗。知己苟不遇，終世不怨讟。偉哉藏春公，簞〔二〕瓢樂巖谷。一朝風雲會，君臣自心腹。大業計已成，勛名照簡牘。身退卽長往，川流去無復。佳城百年後，鬱鬱盧溝北。松楸烟靄青，翁仲〔三〕蘼蕪緑。强梁不敢犯〔四〕，何人敢樵牧。王侯墓壘壘，廢不待草宿。惟公在民望，天地同傾覆。斯人不可作，再拜還一哭。

【校記】

〔一〕此首詩又見《明詩紀事》乙籤卷三、《静志居詩話》卷六、《明詩綜》卷十九。按：《静志居詩話》等謂該詩『蓋早以藏春子自况矣』。

〔二〕簞：底本誤作『箄』，據詩意及《静志居詩話》《明詩綜》改。《明詩紀事》誤作『簟』。

〔三〕翁仲：傳説秦始皇初兼天下，有長人見於臨洮，其長五丈，足跡六尺，仿寫其形，鑄金人以象之，稱為『翁仲』。見《淮南子·氾論訓》高誘注。後遂稱銅像或石像為『翁仲』。

〔四〕《静志居詩話》《明詩綜》無『鬱鬱盧溝北』四句。

文丞相祠堂〔一〕

凛凛宋忠臣，赫赫元世祖。禮遇各有道，聲光照千古。舊祠燕城東，松栢森牖户。英靈貫日月，勁氣皷雷雨。有司奉朝命，維時薦芳醑。客來拜庭除，欲退復延佇。

【校記】

〔一〕此首詩又見《日下舊聞考》卷四十五、《帝京景物略》卷一。《日下舊聞考》題作『謁文丞相祠』。

金太祖武元帝陵〔一〕

金源古肅慎，太祖當龍興。滅遼如反掌，想見武且英。嗚呼大宋國，在德不在兵。未遂并吞志，六年〔二〕卽殂崩。瞻彼涿鹿山，埋玉起高陵。長松擁夜臺，重巒蔽佳城。秋風嘶石馬，夜雨泣山靈。蕪沒已百年，今幸遇皇明。蒭蕘不敢入，楸梧喜再青。歲時營一祭，亦足慰幽明。

【校記】

〔一〕此首詩又見《古今禪藻集》卷十八，題作『金太祖武元帝陵，久經荒圮，近奉詔修護，歲時致祭，感而有作』。

〔二〕六年：《古今禪藻集》作『五國』。

分菊〔一〕

嗜菊詎成性，仍非慕前脩。籬邊夏雨足，芳叢生已稠。分蒔携短鍤，溉灌戽清流。白黄因葉知〔二〕，間列自成幽。英後百卉落，苗隨衆草抽。不有今日勞，那得慰深秋。

【校記】

〔一〕此首詩又見《藝菊志》卷四詩。

〔二〕此句《藝菊志》闕『知』字。

移竹〔一〕

客居悵無竹，尋植得佳本。乘兹烟雨餘，解帶親荷畚。苔壤夙所資，留護根不損。離叢蹔失恃，揷楥〔二〕恐風偃。旭篩影散新，雲沍色迷遠。君來俗遽消，延賞愧移晚。

【校記】

〔一〕此首詩又見《明僧弘秀集》卷十三。

〔二〕楥：《明僧弘秀集》作『援』。按：二者義同。指籬笆。五代徐鍇《説文繫傳》：『又籬楥多作援……楥即籬落之柱也，所以助籬，故謂之援。』

送護西堂還武林〔一〕

昨朝武林來，今朝武林去。流水與行雲，何曾知去住。雁送秋風帆，蟬鳴夕陽樹。悵望天東南，青山眇〔二〕何處。

【校記】

〔一〕此首詩又見《古今禪藻集》卷十八、《明僧弘秀集》卷十三。

〔二〕眇：《古今禪藻集》《明僧弘秀集》作『渺』。

晚步〔一〕

晚步出門去，林端見新月。牛羊下嶺來，踈鍾何處歇。行行且復佇，遥對西山雪。

【校記】

〔一〕此首詩又見《列朝詩集》閏集卷一、《四朝詩》明詩卷三十五五言古詩二十。

寄前太常寺丞袁柳莊

幽〔一〕居南城下，老年得所依。既遠市井諠，況復賓客稀。古槐蔭苔砌，蒼筠護荆扉。朝光旭掩映，夕氣烟霏微。芸窓宿蠹銷，梅梁舊燕歸。散慮飲壺漿，怡情整琴徽。優游随静躁，消遙〔二〕亡是非。嗟我屬知深，抱病長相違。

【校記】

〔一〕幽：底本多作『𢈩』，俗寫體，此録作正體。下不另出校。

〔二〕消遙：明范氏卧雲山房鈔本《逃虚子詩集》作『消摇』。按：二者同詞異寫。

偶會柳莊寺丞〔一〕

同居一城中，經歲不獲見。雲山千里外，信知難會面。今朝忽相逢，握手情眷戀。呼兒〔二〕急置酒，丁寧休厭勸。要須醉復醉，觥籌奚暇筭。此會豈易得，但恐聚卽散。彼此皆皓首，滄桑頃刻變。

與君且盡歡，莫問日蚤晏。

【校記】

〔一〕此首詩又見《古今禪藻集》卷十八，題作『偶會柳莊袁寺丞』。

〔二〕兒：《古今禪藻集》作『童』。

寄天禧前堂竹庵上人〔一〕

終朝理清衆，不出長干山。奈此秋風高，何似白雲閑。亂蟬鳴竹塢，孤鳥度松關。愧我老病翁，無緣能往還。

【校記】

〔一〕此首詩又見《明僧弘秀集》卷十三。

奉寄張天師二首

共唯無為子，玄玄道之精。虬髯劍森張，神眸電争明。號令屏鬼妖，叱咤驅風霆。静遊浮黎土，妙樂芙蓉城。屢刼洞化元，長年守黄寧。翰采昭雲漢，文藻敷天英。道義金玉〔一〕重，聲利塵毛輕。

奉先秉教樞，尊榮列仙卿。左肩拍洪厓，右袂挹初平。微生亦有幸，相遇得真情。

又

余少頗好異，每慕神仙家。惟子守止一，與世逐群邪。玉池奧常清，金庭瑩無瑕。靈液濯丹苞，顥氣毓黃芽。煉烹肅水火，採擷凌烟霞。道畎秀嘉禾，玄圃豔珍葩。恢漠弘鴻範，冲虛去浮華。五炁〔二〕自凝合，八靈相要遮。環坐鑰雲扃，游遨駕星槎。消搖居物表，瀛閬〔三〕又何加。

【校記】

〔一〕玉：底本誤作『王』，據詩意徑改。『金玉』喻珍貴和美好。《詩·小雅·白駒》：『毋金玉爾音，而有遐心。』晉葛洪《抱朴子·鈞世》：『今文雖金玉，而常人同之於瓦礫也。』

〔二〕炁：『氣』的古字。

〔三〕瀛閬：瀛洲與閬苑。指神仙的住處。唐陸龜蒙《奉和襲美公齋四詠次韻》：『何由振玉衣，一舉棲瀛閬。』

故友張羽畫《金華山居圖》〔一〕

張君留侯孫，游心在雲山。飄飄神仙姿，濁世孰可扳〔二〕。廿年不相見，或云髩成斑。豈期歘長往，墓土埋黃管〔三〕。幽明既敻隔〔四〕，何由聞佩環。死生知有數，大丹空九還。縱成千歲翁，寧出虛無間。爭如尋竺仙，為叩黃龍関。一法〔五〕不可學，且須尊孔顏。

【校記】

〔一〕此首詩又見《吳都文粹續集》卷二十五題畫，題作『題故友張羽《金華山居圖》』。

〔二〕扳：《吳都文粹續集》作『攀』。

〔三〕管：底本作『菅』，俗字。此據《吳都文粹續集》録作正字。『黄管』指黄色筆管。漢蔡邕《筆賦》：『圓和正直，規矩之極也；玄首黄管，天地之色也。』

〔四〕敻隔：《吳都文粹續集》作『敻絶』。

〔五〕一法：明范氏卧雲山房鈔本《逃虚子詩集》《吳都文粹續集》作『二法』。

卷第二

笠澤舟中讀陶詩〔一〕

扁舟泛烟渚，凉飆襲我裳。推篷〔二〕坐其下，四顧心茫茫。斯須展陶集，諷詠殊未央。儼同千載上，携手游柴桑。先生得真樂，厥志出羲皇。回眎晉宋人，萬萬空相望。况彼後來者，應多瞻孔墻。身栖草澤中，心存名利埸。乃欲學其言，擬和誠斐狂。未諳織組工，何能雲漢章。里婦效西矉〔三〕，可咲醜愈張。應物趣頗合，子瞻才足當〔四〕。允言究臻極，二子在其旁。偉哉梁蕭統，至論何昭彰。

於焉天地間，萬古垂休光。

【校記】

〔一〕此首詩又見《古今禪藻集》卷十八。

〔二〕篷：底本作『蓬』，俗寫二者不拘，此據《古今禪藻集》録作正字。

〔三〕西矉：明范氏卧雲山房鈔本《逃虚子詩集》作『西嬪』。按：二者同詞異寫。典出《莊子·天運》：『故西施病心而矉其里，其里之醜人見而美之，歸亦捧心而矉其里。』

〔四〕當：底本誤作『嘗』，據詩意及卧雲山房鈔本、《古今禪藻集》改。『才足當』謂才能足堪勝任。

登真定龍興寺閣

南行由鎮陽，暫息登高閣。欻焉眼境寬，頓使胸懷廓。金容照天宇，璇題俯城郭。宿雲羃牕紗，微猋震檐鐸。霜林出遠樹，霞空送孤鶴。四山當衽〔一〕席，千里在掌握。宋祖昔龍興，應運成傑作。净深真梵剎，巍峩儼靈岳。上共天齊壽，下與民同樂。嗟我後來人，臨風徒感作。

【校記】

〔一〕衽：底本作『衽』，『袵』的訛俗字，此録作正字。

題洪崖先生像〔一〕

昔聞絶世士，独羨洪崖翁。心存白雲外，迹混紅塵中。常時跨雪精〔二〕，千里走西東。或携六角扇，或握九節笻。搴霞陟王屋，披雲上空同。肩拍赤松子，袂挹浮丘公。湌芝飲沆瀣，千歲顔如童〔三〕。世俗曾未識，高明〔四〕動玄宗。圖形金殿上，萬古揚真風。

【校記】

〔一〕此首詩又見《獨庵外集續稿》卷一。『洪崖』作『洪厓』。

〔二〕雪精：指白驢。明陳繼儒《筆記》卷一：『洪崖跨白驢曰雪精。』明王世貞《謝寄洪崖圖》詩：『自穿丹井隱，不跨雪精歸。』

〔三〕此句底本『童』上衍『同』字，據詩意及明范氏卧雲山房鈔本《逃虚子詩集》《獨庵外集續稿》删。

〔四〕高明：卧雲山房鈔本、《獨庵外集續稿》作『高名』。

送昶公還越

昶公越中來，耽詩似靈徹。不同世内人，皎皎如冰雪。昨朝遠過我，開口論生滅。孰知道理勝，頓使塵心歇。興盡即還山，去路忘秋熱。

夏四月，余因清理佛教事自燕還吳，客于西麓主者家，事忙不暇問於花木也。今歲後山復生靈芝，庭蘭忽結寔，秋海棠多被豪取，堦下鳳仙叢生如蓬麻，瑞香被蝸牛傷其嫩莖。余課佛之暇，因感而賦詩五首〔一〕

靈芝本無根，其生豈定方。昔聞産函〔二〕德，為瑞世乃昌。嗟彼野人家，屢歲發崇岡。焉知〔三〕衆草沒，秀色不得彰。樵子忽采送，燁燁粲金光。諒無善可感，何以致嘉祥。

二

猗猗庭下蘭，花開正春日。幽香自襲人，乃〔四〕有君子德。詎知雨露滋，今年結其寔〔五〕。青青疑佳果，園丁曾未識。何如南畝〔六〕稼，可給飢人食。為物不適用，雖貴有何益。

三

娟娟秋海棠，人言斷腸草〔七〕。神農有圖〔八〕經，誰能為稽考。處陰乃榮茂，近陽則枯槁〔九〕。其毒過於鴆，不經亦可曉。如何富貴家，盆盎争尋討。不畏能殺人，但愛顔色好。

四

鳳仙匪名品，草中亦幽花。白者如璚玉，紅者如丹砂。今年子散漫，滿地猶蓬麻。不理奈荒穢，芟去念佳葩。愼擇留數本，照眼發清華。載看秋雨餘，芳敷媚山家。

五

瑞香壓衆藹，春初已爭芳。花開錦熏籠，馥鬱且異常。豈但兒女愛，亦使蜂蝶忙。山中有佳本，培養乃乖方。蝸牛果何物，新條被其傷。柔良難自持，在人能保障。

【校記】

〔一〕此組詩又見《獨庵外集續稿》卷一。《古今禪藻集》卷十八選録第二、三首，題中無『堦下鳳仙叢生如蓬麻，瑞香被蝸牛傷其嫩莖』二句。《水西全集》卷二選録第三首。題中『問』，《獨庵外集續稿》作『理』。『復生』，底本誤作『後生』，據《獨庵外集續稿》《古今禪藻集》及《逃虚子詩集》目録改。『結寔』，《獨庵外集續稿》《古今禪藻集》《逃虚子詩集》目録作『結實』。

〔二〕函：《獨庵外集續稿》作『涵』。

〔三〕焉知：《獨庵外集續稿》作『烏知』。按：二者義同，指哪知。

〔四〕乃：《獨庵外集續稿》作『迺』。

〔五〕寔：《獨庵外集續稿》作『實』。

〔六〕畆：《獨庵外集續稿》作『畝』。

〔七〕草：《獨庵外集續稿》作『屮』。

〔八〕圖：《獨庵外集續稿》作『啚』。

〔九〕槁：《水西全集》作『稿』。

白蜆江阻風，夜宿江口兼懷徐賁〔一〕

顛風江渡〔二〕難，停櫓依茭〔三〕葑。濤烟翳暝光〔四〕，灘月侵〔五〕寒夢。漁歸候火明，鳧眠忌〔六〕蘆動。遇險更思君，陡〔七〕覺離愁重。

【校記】

〔一〕此首詩又見《列朝詩集》閏集卷一、《吳都文粹續集》卷二十四山水、《百城烟水》卷四、《周莊鎮志》卷一。

〔二〕江渡：《吳都文粹續集》《百城烟水》《周莊鎮志》作『渡江』。

〔三〕茭：《吳都文粹續集》作『菱』。

〔四〕此句底本作『濤煙依翳暝光』，據明范氏卧雲山房鈔本《逃虛子詩集》《列朝詩集》《吳都文粹續集》《百城烟水》删『依』字。

〔五〕侵：《吳都文粹續集》《百城烟水》《周莊鎮志》作『浸』。

〔六〕忌：《吳都文粹續集》作『忘』。

〔七〕陡：《百城烟水》誤作『陟』。

題友《鶴軒圖》〔一〕

幽人適埜意，崇軒起山隈。涼風響澗木〔二〕，晴霞〔三〕明砌苔。荆扉夕不掩，多應放鶴來。

【校記】

〔一〕此首詩又見《列朝詩集》閏集卷一、《四朝詩》明詩卷三十五五言古詩二十、《明僧弘秀集》卷十三、《題畫詩》卷一百一十四宮室類、《佩文齋咏物詩選》卷四百二十四鶴類。

〔二〕木：《四朝詩》作「水」。

〔三〕晴霞：底本誤作「精霞」，據明范氏卧雲山房鈔本《逃虚子詩集》《列朝詩集》《四朝詩》《明僧弘秀集》《題畫詩》《佩文齋咏物詩選》改。

劍池〔一〕

湛盧埋伏深，涯際立危壁。波含金氣清，苔吐鉄華碧。龍光日夕浮，蛙黽俱潛迹。臨翫復何時，吟餘溉〔二〕今昔。

【校記】

〔一〕此首詩又見《吳都文粹續集》卷四十九詩。

〔二〕溉：明范氏卧雲山房鈔本《逃虚子詩集》《吳都文粹續集》作『慨』。

琴臺〔一〕

崇臺起雲岑，夫差日游宴。七弦石上彈，閑花落餘片。風清松荅響〔二〕，烟茸草成薦。至今想餘音，泠泠散秋院。

【校記】

〔一〕此首詩又見《列朝詩集》閏集卷一、《四朝詩》明詩卷三十五五言古詩二十、《吳都文粹續集》卷四十九詩。

〔二〕此句《吳都文粹續集》作『風清答松響』。

百花洲〔一〕

水灎接横塘，華多礙舟路。波紅晴漾霞〔二〕，沙白寒棲〔三〕鷺。緣汀漁網集，隔渚〔四〕菱歌度〔五〕。不見昔游人，風烟自朝暮。

【校記】

〔一〕此首詩又見《列朝詩集》閏集卷一、《四朝詩》明詩卷三十五五言古詩二十、《明一統志》卷八、《雙槐歲鈔》卷三、《堯山堂外紀》卷八十一國朝、《佩文齋咏物詩選》卷一百洲類。

〔二〕晴漾霞：《明一統志》作「映晴霞」，《雙槐歲鈔》《堯山堂外紀》作「晴漾日」。

〔三〕棲：明范氏卧雲山房鈔本《逃虚子詩集》作「接」。

〔四〕渚：《雙槐歲鈔》《堯山堂外紀》作「浦」。

〔五〕度：《明一統志》作「渡」。

上方〔一〕

蓮宫據山椒〔二〕，岧嶤去天咫。風香花雨新，僧行白雲裏。幽沉樹樂〔三〕静，蕭散煙鐘〔四〕起。人登石路迷，依依緣澗水。

【校記】

〔一〕此首詩又見《列朝詩集》閏集卷一、《四朝詩》明詩卷三十五五言古詩二十、《明僧弘秀集》卷十三、《吴都文粹續集》卷二十三、《吴都文粹續集》卷三十二寺院、《欽定古今圖書集成博物彙編神異典》第一百十七卷。

〔二〕椒：底本誤作『樹』，據詩意及《列朝詩集》《四朝詩》《明僧弘秀集》《欽定古今圖書集成博物彙編神異典》改。《吳都文粹續集》作『杪』。按：『山椒』謂山頂。《文選·謝莊〈月賦〉》：『菊散芳於山椒，雁流哀於江瀨。』李善注：『山椒，山頂也。』『山杪』義同。

〔三〕樂：《吳都文粹續集》卷三十二作『籟』。

〔四〕鐘：《吳都文粹續集》卷二十三作『中』，《列朝詩集》作『鍾』。

白雲泉〔一〕

陰泄自溶溶，綿〔二〕流仍脉脉。輸練隔山青，飛璚混天白。澗草帶幽香，壁蘚漬餘澤。昔曾汲飲來，依松駐金策。

【校記】

〔一〕此首詩又見《吳都文粹續集》卷四十九詩。

〔二〕綿：《吳都文粹續集》作『錦』。

澼溪〔一〕

青山兩岸分，夕渡舟横口。夏雨欲生蓮，秋風先到柳。聲殘烟寺鍾，香餘茆店酒。相見無别人，唯逢耕釣叟。

【校記】

〔一〕此首詩又見《列朝詩集》閏集卷一、《四朝詩》明詩卷三十五五言古詩二十、《古今禪藻集》卷十八、《吴都文粹續集》卷三十七市鎮墳墓。

竹院聽渭公琴〔一〕

虚齋倚脩〔二〕竹，七絃彈更幽。欻如一葉落，萬壑皆驚秋。依微寒鴻〔三〕帰，窅渺湘水〔四〕流。無管〔五〕自深聽，澹然忘去留。

【校記】

〔一〕此首詩又見《南屏净慈寺志》卷八著述，題作『蘂玉軒聽清遠兄琴』。

〔二〕脩：《南屏净慈寺志》作『修』。

〔三〕寒鴻：《南屏净慈寺志》作『塞鴻』。

〔四〕湘水：《南屏净慈寺志》作『湘雲』。

〔五〕管：底本作『菅』，俗寫二者不拘，據《南屏净慈寺志》録作正體。

師林精舍遇盈師夜坐〔一〕

空林長掩關，閑〔二〕雲去無迹。偶來值禪侶，清談忘永夕。坐久磬聲沉，松堂〔三〕一燈寂。

【校記】

〔一〕此首詩又見《列朝詩集》閏集卷一、《四朝詩》明詩卷三十五五言古詩二十、《明僧弘秀集》卷十三、《明詩紀事》乙籤卷三、《石倉歷代詩選》卷三百二十二明詩初集四十二。

〔二〕閑：《明僧弘秀集》誤作『閉』。

〔三〕松堂：《列朝詩集》作『空堂』。

送靈隱欽老〔一〕

昔從冷泉遊，今見冷泉主。迢遰來石城，袈裟帶松雨。去住自無意，何暇計出處。官舍晚相看，竹邊不知暑。尚論古人心，還舉尊宿語。歘爾返故廬，惆悵獨延佇。

【校記】

〔一〕此首詩又見《石倉歷代詩選》卷三百二十二明詩初集四十二。

奉訓王右史蘊德

少時事孔學，長日遊儒林。朝披手中卷，暮横膝上琴。無成卽從佛，浄業乃所任。棲遲樂巖谷，交游喜冠簪。君多〔一〕妙文藝，聲價重球琳。行藏雖異迹，言咲却同心。相忘隣里間，携詩夕還尋。窗明透垣月，庭喧争樹禽。展席白雲際，啜茗青松陰。幽情既有得，外物詎容侵。會當效支許〔二〕，悠然時對吟。

【校記】

〔一〕君多：明范氏卧雲山房鈔本《逃虚子詩集》作『多君』。

〔二〕支許：謂晉高僧支遁和高士許詢，兩人友善，皆善談佛經與玄理。見南朝宋劉義慶《世説新語·文學》。後以喻僧人和文士之交誼。

春日過廼忠墓

維時春服成，縱步城南路。逶迤繞水流〔一〕，來尋乃忠墓〔二〕。阡隧非往昔，川原豈如故〔三〕。蕭條惟荆杞〔四〕，慘默雜烟霧。翁仲不可見，日午走狐兎。憶昔龍鳳姿，四海服威怒。東征勢小沮，忠良苦顛仆。君臣既一心，死者寧不慕。遺骸瘞兹壤，期如金石固。焉知大化中，天地同旅寓。事業水上漚，功名草頭露。死生諒莫測，榮華何足顧。不如保貞德，歌歡自朝暮。

【校記】

〔一〕水流：明范氏卧雲山房鈔本《逃虚子詩集》作『流水』。

〔二〕乃忠墓：卧雲山房鈔本作『廼忠墓』。

〔三〕此句底本『川』下衍『昔』字，據詩意及卧雲山房鈔本删。

〔四〕杞：底本作『杞』，二者俗寫不拘，此徑録作正字。按：『荆杞』，皆野生灌木，帶鉤刺，每視為惡木。因亦用以形容蓁莽荒穢、殘破蕭條之景象。唐杜甫《塞蘆子》詩：『邊兵盡東征，城内空荆杞。』

恒岳廟〔一〕

五嶽峙坤維，獨恒最卑小。名與泰華齊，庶類〔二〕安敢藐。靈氛通紫極，神耀爍玄昊。尊崇自古禮，封建乃鴻造。彤宫凌烟霞，瑶堦映芝草。翬翬揚霓旌，鶺鶺集靈鳥。香靄繞重扃，蒼松蔭方沼。登覽人盡恭，進謁我肯少。極目仰天高，縱步忘路杳。郡侯時奠享，庭燎燭清曉。黔黎賴真貺，灾祥每虔禱。惟神既昭彰，國社當永保。

【校記】

〔一〕此首詩又見於《獨庵外集續稿》卷二。題中『岳』作『嶽』。

〔二〕類：底本誤作『数』，據詩意及明范氏卧雲山房鈔本《逃虚子詩集》《獨庵外集續稿》改。按：『庶類』謂萬物，萬類。《國語·鄭語》：『夏禹能單平水土，以品處庶類者也。』《魏書·高祖紀》：『今東作方興，庶類萌動。』

春雪

青陽始交泰，瑞雪來天庭。整斜奔逐隊，高下積隨形。點梅疑並白，封苔訝妬青。長空飛漫散，回風舞娉婷。地温銷易見，人静響偏聽。鳥愁無哺啄，農喜斷蝗螟。高樓歌未歇，豪家酒不停。慙同韓吏部，搜吟思入冥。

自阜平縣過大泒山二百里抵五臺遊覽成詠〔一〕

阜平從西來，大山與連谷〔二〕。曾〔三〕岡歷千重，一磵過百曲。劍鋩露遠峯，練色舒〔四〕寒瀑。虎跡屢驚人，鳥道長仄足。霞光閃危嶠，雲氣沍崇麓。亂蟬咽陰吹，幽禽響佳木。斷徑鳴孤猱，平坡走群鹿。萬藹雜紅紫，衆葉紛青緑。木皮野客衣，石广山氓屋。遐方日尋勝，空林暮投宿。漫遊許自知〔五〕，縱覽厭所欲。會當登五臺，清凉我心目。

【校記】

〔一〕此首詩又見《獨庵外集續稿》卷二、《明僧弘秀集》卷十三、《石倉歷代詩選》卷三百二十二明詩初集四十二。題中『縣』，底本作『県』，簡俗字。此據《明僧弘秀集》《石倉歷代詩選》及明范氏卧雲山房鈔本《逃虚子詩集》等録作通行字體。『大泒山』，《逃虚子詩集》目録作『大派山』。

〔二〕谷：底本誤作『斧』，據詩意及卧雲山房鈔本、《獨庵外集續稿》《明僧弘秀集》《石倉歷代詩選》改。

〔三〕曾：《石倉歷代詩選》作『層』。

〔四〕舒：卧雲山房鈔本、《明僧弘秀集》《石倉歷代詩選》作『紓』。

〔五〕許自知：《石倉歷代詩選》作『知自許』。

館中公暇，讀王維、孟浩然、韋應物、柳子厚詩四首〔一〕

輞川治別業，來往少簪纓。幽遠勝柴桑，泉石有餘清。揮灑自為樂，吟詠得真情。邈焉千載下，孰不慕高名。

二

襄陽耆舊間，放情獨夫子。蹇驢城市中，短褐風塵裏。有時詩興發，高山共流水。閑澹意有餘，鮑謝焉足儗。

三

少時事豪横，中年道頗知。焚香日宴〔二〕坐，隨處樂無為。交游泉石間，感物自成詩。古淡豈易學，五字真吾師。

四

愚溪非舊業，幽棲亦超然。放逐豈不畏，所樂乃在天。寓意一於詩，出語何清妍〔三〕。恨不生同世，日夕與周旋。

【校記】

〔一〕此組詩又見《明詩紀事》乙籤卷三。

〔二〕宴：《明詩紀事》作『晏』。

〔三〕妍：《明詩紀事》作『研』。

寄題聽松庵〔一〕

俗士嗜繁管，哲人尚焦桐。聞心雖不二〔二〕，所聞諒難同。嗟哉彼上人，堂堂性海翁。夙習了如幻〔三〕，耳根具圓通。頓忘世喧啾，惟聽泉上松。築廬倚雲巖，繞屋蟠虬龍。森森挺髯戟，日夕來清風。蒼陰翳崇丘，翠濤撼長空。大音寔希世，非商亦非宮。聲來本無始，聲去寧有終。禪翁已深悟，焉能動乎中。我也山澤臞，年老耳叵〔四〕聰。何由撥塵緣，竟歲長相從。團莆共深夜，寂聽開心聾。今我客千里，緬想孰有窮。詩成聊一咲，奚用托冥鴻。

【校記】

〔一〕此首詩又見《獨庵外集續稿》卷一。
〔二〕不二：《獨庵外集續稿》作「不一」。
〔三〕此句原脱「夙」字，據《獨庵外集續稿》補。
〔四〕叵：底本誤作「巨」，據《獨庵外集續稿》改。

游龍泓洞〔一〕

偶携虎林僧，潛入龍泓洞。盤桓竟忘返，游矚從教縱〔二〕。泉聲風籟襍，雲氣烟嵐共。寄跡由人成，靈瑞乃天送。巖深匿猨蹤，竇曲應樵哢。壁仄小蟲〔三〕蟄，石〔四〕罅古苔凍。不來寧免思，乍到翻疑夢。踟蹰感舊遊，令人欲悲慟。

【校記】

〔一〕此首詩又見《明詩紀事》乙籤卷三。

〔二〕此句《明詩紀事》作『遊矚從所縱』。
〔三〕小蟲：《明詩紀事》作『微蟲』。
〔四〕石：底本誤作『不』，據詩意及明范氏卧雲山房鈔本《逃虚子詩集》《明詩紀事》改。

謝金山長老惠中冷泉〔一〕

金山天下奇，江心一拳石。水雲相回環〔二〕，氣勢王京國。中藏古道場，土者多名德。于今有衡老，長年樂禪寂。或云頗好事，曾不混塵迹。惠我中冷泉，瓶置誇座客。石鐺沸松風，香味壓康谷。瀹茗試一常〔三〕，令人踈〔四〕毛骨。詩成為寄謝，感慈意難得。與我掃泉頭，尋訪當有日。

【校記】

〔一〕題中『冷』，底本作『泠』，俗寫二者不拘。此據下文録作正字。《逃虚子詩集》目録亦誤作『泠』。按：明文森有《登金山酌中冷泉》詩。
〔二〕回環：底本誤作『面環』，據詩意及明范氏卧雲山房鈔本《逃虚子詩集》改。
〔三〕常：疑當作『嘗』。
〔四〕踈：疑當作『竦』。《逃虚子詩集》卷八《寒泉》詩有『令人毛骨竦』，可證。

張真人《墨竹》為蔣用文題

墨竹衆所好，識者余自許。吁嗟近代人，紛紛幾堪取。房山端可尚，薊丘誠足鄙。惟竹本清物，俗狀竹亦耻。無為寫遠枝〔一〕，此意頗相委。蔣子索余題，寒窓正風雨。

【校記】

〔一〕此句底本『遠』下衍『心』字，據詩意及明范氏卧雲山房鈔本《逃虛子詩集》删。

送璟師赴杭之下天竺住持

春來苦積陰，長空凍雲鎖。委巷斷行人，雪泥深没軻。嗟余老而衰，病足似驢疲〔一〕。且效維摩詰，終日杜門坐。鬔蓬奚暇櫛，頭寒帽重裹。輟席棄簡册，垂幕附爐火。璟師重道義，冒雨來投我。告别之武林，即日駕輕軻。緇白競板送〔二〕，豪接車虛左。靈山據猊床，來參儔敢惰。对衆闡宗乘，徵異天花墮。野鹿獻奇藹，山猨捧弥菓。頻伽送妙音，蓉峰呈小朶。慈雲肆冥蔭，去住自無祸。愧余不能往〔三〕，問道求印可。請〔四〕師堅願輪，高名期遠播。

【校記】

〔一〕疲：明范氏卧雲山房鈔本《逃虚子詩集》作『跛』。

〔二〕板送：當作『扳送』，亦即『攀送』，指攀住車馬，依依送别。

〔三〕住：卧雲山房鈔本作『往』。按：作『往』似優。

〔四〕請：卧雲山房鈔本誤作『情』。

滸溪草堂

徐侯家吴下，舊業依滸溪。作堂溪之深，復以滸溪題。靈巖峙其東，具區漾其西。據兹山水窟，宜與柴桑齊。曲流自回環，列岫相高低。陰陰松桂林，藹藹桃李蹊。磵草猗蘭芳，池樹枯楊梯。前陂時網釣，後壠春鋤犂。編籬護茗園，課竪翻蔬畦。溉花汲古井，溺水〔一〕脩長堤。茆茨竹露潤，草逕蘿烟迷。風晴喧燕雀，沙煖眠鳧鷖。晝檻緑陰繞，曉庭黄鳥啼。常時有弦誦，經歲無鼓鼙。營家羨令子，内饋誇賢妻。襟懷好賓朋，門巷填輪蹄。留連且為樂，歡呼惟恐暌。庖羞剪春韭，盤飣烹黄鷄。殷壓〔二〕出鱸膾，咄嗟〔三〕辦萍虀。既有酒如澠，何妨醉如泥。縱情忘白首，散步扶青藜。身安得地利，心游乃天倪。頃承天子詔，重上青雲梯。榮達紆組綬，顯貴交簪珪。行當報國恩，慎毋思舊栖。

【校記】

〔一〕溺水：明范氏臥雲山房鈔本《逃虛子詩集》作『瀦水』。按：作『瀦水』似優。『瀦水』謂蓄水。
〔二〕殷厘：即『殷勤』。二者同詞異寫。
〔三〕咄嗟：猶呼吸之間。謂時間短卒；迅速。元喬吉《小桃紅·紹興于侯索賦》曲：『一郡居民二十萬，報平安，秋糧夏稅咄嗟兒辦。』

送王琦還天台侍親

王君赤城來，燁燁露文燄。一見心已歡，久語不小厭。結為方外友，余老亦無忝。朝尋及暮訪，敬愛情恐歉。東軒頗幽闃，柴榻每分占。謭謭論釋儒，同異欲明驗。君偏我得攻，我病君能砭。此道期有成，志在捄昏墊。有時杖青黎，散步衣從襜。循林引鶴舞，俯水觀魚噞〔一〕。踈槐結雲陰，幽葵帶煙艷。欻然動高興，浩浩孰能斂。豪吟恣揮灑，健筆快霜劍。篇章埽石壁，寧待出鉛槧。或壯如雷轟，或疾如電閃。或清如霜華，或滿如川灩。圓瑩珠絶類〔二〕，塹失圭有玷。諷詠共忻躍，延歎乏醲釅。一朝奉親歸，告別成噫欠。到家必戲綵〔三〕，豈但甘旨瞻〔四〕。留君君勿留，念我我還念。握手不忍違，聯翩過山店。

【校記】

〔一〕此二句底本作『循林引鶴俯觀魚噞』，據明范氏卧雲山房鈔本《逃虚子詩集》補。

〔二〕類：疑當作『纇』，指瑕疵。

〔三〕戲綵：亦作『戲彩』。《藝文類聚》卷二十引漢劉向《列女傳》：『老萊子孝養二親，行年七十，嬰兒自娱，著五色采衣。嘗取漿上堂，跌仆，因卧地為小兒啼。』後用為孝養長輩之典。

〔四〕瞻：疑當作『贍』。

陳節婦

亭亭陽岡竹，矯矯陰壑松。吁彼節婦心，凛若松竹同。年方二十餘，懿德一何崇。良人樂行商，四海一舶通。烟濤計習慣，容易逾飛鴻。豈期陽侯怒，沒入蛟鼉宫。訃聞邈難得，魂歸亦夢夢。譬彼雙棲鸞，欻爾雌失雄。躃踊地欲裂，迸血春發洚。膝前兩小兒，嬌騃未成童。孤婺命苟活，蚕織日不空。即乖偕老願，粧臺任塵蒙。慟懷迷歲月，何能抹青紅。用躡共姜誓，之死天〔一〕勿重。倘恍〔二〕頋微影，惨惨羃房櫳。望歸每憑高，注目扶桑東。遙逝等黄鶴，安得奮翼從。海波無盡日，此恨何時終。只今已六十，雙髩如秋蓬。子喜慕先哲，滫瀡時親供。高堂春菲菲，戲綵悦慈容。婦節子能孝，死者憾亦鎔。幸逢太史筆，作傳垂無窮。余才愧荒陋，頌德焉能工。

【校記】

〔一〕天：明范氏卧雲山房鈔本《逃虚子詩集》作『矢』。

〔二〕倘恍：卧雲山房鈔本作『惝恍』。按：二者同詞異寫，亦作『惝怳』。

園隱為方山人賦

方君厭卑喧，構墅依别島。鋤耘遂初心，賞咏適冲抱。幽境在人設，奇處屬天造。峯鬟耸峩峩，溪練紓皓皓。磴險足艱躋，泉清耳宜澡。春明物倍鮮，秋高氣逾顥。雨盈沃菑澮，雲連護村堡。谷風夕陰陰，林曦朝杲杲。尚朴茆作堂，取美蘭為橑。扉蘿謝客扳，砌蘚卻童埽。熎閴臭聚蠅，蚕室垢生蚤。鳩巢互遷居，蟻壘競征討。花淚凝湘娥，鳥語學蠻獠。�森屯翠幄，桑大撑羽葆。松秧倩工蒔，菊本索譜考。爵舌味新茶，鵁心識團棗。蕙芬陋麝臍，梅韻等龍腦。沿途發細薤，漫壠熟香稻。初萌忌羔踐，餘芳惜蜂惱。渚燕晴掠芹，池鯽寒潛藻。風承墮水鳶，浪起眠沙鴇。犢負褌服田，驥脱轡淹皂。嚇兒嗾山尨，笄女會村媪。膾鯉樂親知，刑羊祀神保。籩蔬獻陳新，庖肴進鮮薨。剪韭循斷畦，采蘋涉行潦。佇吟撫磵杉，坐酌藉庭草。歌罷琴孤調，酒罄尊雙倒。檢書臨夜窓，舞雩向晴昊。積薪供火然，儲秔借泉擣。不憂飢無糧，已喜寒有襖。紅鮮女裙茜，素濯仙氅縞。非惟慕人賢，亦乃羨烏好。賓以禮為羅，隣以善為寶。古澹足怡神，放曠〔二〕能達道。心侔竹共虚，身儗木同槁。

人生年易衰〔二〕，我歸志已浩。欲從乞餘基，卜居以終老。

【校記】

〔一〕放曠：即『放曠』，指豪放曠達，不拘禮俗。

〔二〕此句底本『人』上衍『槁』字，據明范氏卧雲山房鈔本《逃虚子詩集》删。

送僧榮歸日東

榮子日東人，姿性穎而妙。英年過中國，尋師乞禪要。挾囊乘風艘，絶海快霜鷂。洪濤曉鯨奔，神山夕烽耀。渺漭天莫辯〔一〕，巖島鬼雜嘯。簸蕩失所依，出入仰靈曜。鉅商與信使，過者輒驚叫。諒彼何人斯，蹈險足不掉。應知為求法，急若救眉燎。便欲走康莊，何暇但循徼。已鮮離言説，無復誦周邵。遍游謁碩宿，僻不遺蓬藋。葛衣獵風烟，川谷入窅窕〔二〕。名山古勝幢，九到靡待召。首參登乳竇，岌岌度雲嶠。入門問三玄，當機通一竅。以兹守藏鑰，應不愧年少。雖瞻衆星輝，未睹孤月照。重來吴城西，雲巖覺危峭。試將劍鋩拂，再覓虎頭料。偉哉熙怡叟，一藥衆痾療。從游幾經歲，謦欬亦頗肖。分坐禪月堂，中外譽無誚。孤高擬松崖，清匀越琴調。今年動歸興，恨肘無翼翮。相逢龍河上，賤迹同⿰鬲亢⿰鬳亢。煮茶邀我坐，不語惟一咲。將違返鄉國，欲餞不飲釂。短章聊贈行，祖道宜自劭。

【校記】

〔一〕辯：通『辨』。

〔二〕窅窕：即『窈窕』。二者同詞異寫。深遠貌。

送王彝太史還祁川

大朝定九牧，汲汲求英髦。旁搜復遠索，不使巖穴韜。彝也負偉器，亦乃人中豪。神觀清而奇，華岳秋争高〔一〕。心胸羅萬卷，辨〔二〕口欺霜刀。僑居祁川上，為樂從畊陶。一朝往應詔，光風曳輕袍。正欲纂元史，椽筆遅爾操。爾能法春秋，一字為貶褒。有如鑒當空，媸妍〔三〕不可逃。衆口共稱良，遷固宜與曹。或乃勸之仕，擺首辭復搔。我嘗問其故，云有親二毛。予昔侍親側，何曾遠游遨。但得饘粥奉，寧受州縣勞。史畢即告還，無計留空嘷。不冐走官騎，一棹衝烟濤。歸家拜堂下，譬若跪乳羔。殷厘〔四〕為親壽，捧觴進兩鰲〔五〕。庶以慰朝夕，吾方自囂囂。釣魚臨西沚，觀稼循東皋。不為楚之原，窮野吟離騷。子才時所望，豈容老蓬蒿。

【校記】

〔一〕此句底本脱『高』字，據明范氏卧雲山房鈔本《逃虚子詩集》補。

〔二〕辨：通『辯』。
〔三〕媸妍：卧雲山房鈔本作『妍媸』。
〔四〕殷厘：卧雲山房鈔本作『殷勤』。
〔五〕兩鰲：卧雲山房鈔本作『兩螯』。

寄王助教達善

乾坤果何物，開闔從古有。舉世孰非客，離會豈云偶。嗟予蓬蒿人，鄙猥匿林藪。自慚駑蹇姿，寧學牛馬走〔一〕。吳山窈而深，養性甘老朽。且共木石居，冰檗〔二〕志堅守。人云鳳栖枳，豈同魚在罶。藿藜〔三〕充我腸，衣敝露兩肘。夔龍在高位，誰來問可否。盤旋草莽間，樵牧日相叩。嘯詠僻寒山，惟以道自負。不忍強塗抹，乞媚效里婦。山靈不容藏，辟歷破岡阜。出門睹天日，行也焉肯苟。一舉卽北上，親藩待惟久。天地忽大變，神龍起冰湫。萬方共忻躍，率土戴元后。召我來南京，爵賞恩加厚。常時荷天眷，因愛不知醜。光縈〔四〕人所歆，且慰平生友。王君鄉中彥，為善詫衆口。力學三十年，曾不悲含糗。文章乃所尚，製作誠老手。清雄過籍湜，嚴謹抗韓柳。能聲揚湖江，疇克當其右。僑居梁溪上，置彼宮一畝。嘉植覆晴簷，芳葩照寒牖。閑散日無事〔五〕，呼朋〔六〕樂琹酒。行高景伯鸞，來往褋村叟。昔余客雙〔七〕戕，一見恨何後。論文多脗合，定交如杵臼〔八〕。留連恐分袂，時踰午及酉。豈期別我去，北行共誰某。沙陀苦寒地，土屋猶甕瓿。讀書咲豪俠，冒雪縱鷹狗。迢遞各天涯，一别年逾九。夜光沉泥中，識者還見取。孰知遇昏主，砂礫混瓊玖。胡為棄黄鍾，反欲鳴瓦缶。胡為寶康瓠，反欲賤殷卣。惡少曾無知，屢屢興讒詬。使子困卑秩，局促如鉗杻。朝欷及暮唶，沉坐情獨愀。時來遇聖明，鶚薦爾為首。光芒忽顯著，皎皎星中斗。登庸入史館，筆削何赳赳。聖寵日已新，使我心亦懰。行將見喬〔九〕擢，量〔一〇〕應宜大受。喜子髩尚玄，我老願同壽。它年會諸生，大好陳組綬。

【校記】

〔一〕此句底本脱『學』字，據明范氏卧雲山房鈔本《逃虚子詩集》補。

〔二〕冰檗：底本誤作『冰孽』，據卧雲山房鈔本改。按：『冰檗』，亦作『冰蘗』『冰蘗』。喻寒苦而有操守。唐劉言史《初下東周贈孟郊》詩：『素堅冰蘗心，潔持保賢貞。』宋蘇軾《次韻王定國南遷回見寄》：『十年冰蘗戰膏粱，萬里煙波濯紈綺。』

〔三〕藋藜：卧雲山房鈔本作『藜藋』。

〔四〕光縈：卧雲山房鈔本作『光榮』。按：作『光榮』似優。

〔五〕此句底本衍一『閑』字，據卧雲山房鈔本删。

〔六〕朋：卧雲山房鈔本作『童』。

〔七〕雙：底本作『雙』，俗字。《字彙·隹部》：『雙，俗雙字。』此録作正字。

〔八〕杵臼：卧雲山房鈔本作『臼杵』。按：『杵臼』指春秋晉人公孫杵臼。晉景公佞臣屠岸賈殘殺世卿趙氏全家，滅其族，復大索趙氏遺腹孤兒。趙氏門客公孫杵臼舍出生命保全了趙氏孤兒。事見《史記·趙世家》。

〔九〕喬：底本作『高』，俗字。此録作正字。

〔一〇〕量：底本作『量』，俗字。此録作正字。

東遊别鄉中諸友

我生四方志，不樂鄉井中。茫乎宇宙内，飄轉如秋蓬。孰云無所挾，耿耿存吾胸。忍為魚止濼，肯作禽囚籠。三登及九到，欲與古德同。去年客淮楚，今往浙水東。竦身入雲衢，一錫如游龍。笠衝霏霏霧，衣拂颼颼風。行李惟詩囊，佩之得黄童。四明共天台，曾儗華與嵩。中有聖道塲，青瑶削群峰。欲尋白足僧，為謁黄眉翁。豈愁海波濤，何畏山穹窿。逶迤路莫盡，盤桓興無窮。江天正秋清，山水亦改容。沙鳥烟際白，嶼葉霜前紅。梯空向高絶，極覽舒雙瞳。優游平生友，恨不長相從。遥知當此日，念我情千重。後夜有佳信，好託南來鴻。

與袁廷玉、戴元直及庭玉子忠教游小西天馬上賦〔一〕

春來已一月，寒威尚侵肌。閉門不敢出，猥坐如蹲鴟。忽逢二三子，欲赴同襟期。邀我西山遊，孰謂非其時。游行未足樂，所樂新相知。聯騎曉出城，積雪盈堦墀。涉野睹莽蒼，梯山歷層危。戴君乃秀士，遠志尚未衰。安行保遺體，緩轡任馬遲。袁君抱英才，勁氣吐虹霓。見佛或止酒，立馬每賦詩。胸中何磊魄，出語猶崛奇。阿教年十五，膂力勝胡兒。走馬愛長坂，翕欻如星馳。嗟我山澤臞，跨鞍亦相隨。坡陀苦登頓，寬袖風披披。翻思支道林，馬癖良可嗤。争如據槁梧，嗒焉坐忘機。豈期遂嬾性，倦游卽言歸。回途值新霽，極目心神怡。落日照大野，山翠横雙眉。飛鳶逐我馬，游絲縈我衣。但恐分手去，明朝各天涯。此行難再得，堪咲還堪悲。

【校記】

〔一〕題中『庭』，《逃虚子詩集》目録作『廷』。

江貫道《百牛圖》〔一〕

江君畫百牛，變態詎能測。嵩筆工是師，獻墨誤非式。金籠驅可恔，桃林放堪則。幻乃有生意，妙豈在顔色。群猶奚販售，夥或頓滋殖。毛攢蝟毶毶，角聚鹿䴥䴥〔二〕。便金許伐〔三〕蜀，尾火陣全墨。九十犉無騂，八百里多犆。濕濕樹能化，昂昂氣難食。罷畊穉犂褌〔四〕，出囤縱髮纆。喘月夕亂歸，眠雲午才息。止撩鼻擔衡，禦觸角横楅。奪行步參差，捄鬪〔五〕進扶服。吐舌相罔功，枵腹牧廢戢。犢童未駁黄，犉〔六〕老漸翻黑。腯堪宗庿享，瘠俾田翁盡〔七〕。坎坑任驣驤，坡陀恣超陟。後先小隨大，行次斜復直。迅遠千里蹄，任重九夫力。牴厓疑礪砆，傍樹猶繫杙〔八〕。逢溪浴清漪，遇草啖香芳。隻鳴或求偶，並立似相翼。首垂氣欲喪，尾掉行不亟。轉如逐磨旋，奔若加鞭逼。寅咂耳摑項，疥癢角揩肋。駟或〔九〕學安徐，虎反畏剛愎。鬭野為争雄，同闌豈相得。懶散童莫拘，怒奮儔能抑。夜飢飯思蒭，暑渴飲尋湜。過嶺驚跳梁，倒地訝僵踣。春陰雨乍歇，東事日已卽。非爾勞畎畝，何以歛稼穡。邦興籍〔一〇〕后土，天産助神稷。斯圖殊有靈，後世詎無識。祐陵錫璽書，翰苑進文飾。願師勿容易，子孫共珎匿。

【校記】

〔一〕此首詩又見《清河書畫舫》卷十下、《式古堂書畫彙考》卷四十四畫十四。『江貫道』，《逃虛子詩集》目録誤作『江革道』。

〔二〕鬌鬌：《式古堂書畫彙考》作『鬖鬖』。

〔三〕伐：《清河書畫舫》作『代』。

〔四〕禪：《清河書畫舫》作『樿』，《式古堂書畫彙考》作『揮』。

〔五〕鬪：《清河書畫舫》《式古堂書畫彙考》作『鬭』。下同。

〔六〕牸：《清河書畫舫》《式古堂書畫彙考》作『特』。

〔七〕盡：《清河書畫舫》作『盡』，《式古堂書畫彙考》作『食』。

〔八〕杙：底本誤作『栈』，據明范氏卧雲山房鈔本《逃虛子詩集》《清河書畫舫》《式古堂書畫彙考》改。按：『杙』

指繫牲之木樁。《左傳·襄公十七年》：『以杙抉其傷而死。』《尚書大傳》卷二：『纍黿者有容，椓杙者有數。』鄭玄注：『杙者，繫牲者也。』

〔九〕或：底本誤作『戍』，據卧雲山房鈔本、《清河書畫舫》《式古堂書畫彙考》改。

〔一〇〕籍：《清河書畫舫》《式古堂書畫彙考》作『藉』。

送完上人還武林

我性如野鶴，好入雲林游。雲林無佳士，雖往不得留。哲人固多愛，庸鄙終見讎。以兹所到處，識熟恒難周。憶昔往錢塘，湖山縱探幽。朅來天竺上，岌岌高斗牛。濯彼泉石清，蓊然山木稠。祥靄曉氤氲，意此多名流。維時用拙翁，大坐闡玄猷。群英自圍繞，教聚如魯郢〔一〕。鼓鍾震巖谷，奔走公與侯。再揮魯陽戈，聲光藹南州。完也翁之孫，清美〔二〕欺琳璆。好古衆所慕，力學曾無休。奇材擬楩楠，逸足超驊騮。青年志何壯，德業邁前脩。世称穎沙彌，秀拔莫與儔。行峻道應輝，寔果名不浮。况爾樂嘉賓，欵顧揚青眸。我來欻相見，一語鍼芥〔三〕投。携我坐澗石，呼我登巖樓。庭跪瞻聖容，野步聆樵謳。松堂延深夜，孤燈樹再〔四〕篝。篆香烟裊鼎，茗華雪凝甌。殷勤留信次，燠寒候衣裘。應知念老友，義均骨肉優。但恨各天涯，常時會無由。一朝翁應詔，説法近冕旒。戒途學星馳，子能侍行輈。始登鳳凰臺，載上白鷺洲。旅泊古禪林，俄爾逾三秋。嗟余由外學，被召誠堪羞。挾筴〔五〕來京師，見子卽鮮憂。相看龍河上，終日與綢繆。肆言暢我懷，罄倒如傾湫。詩章勝舊作，絢爛珊瑚鈎。形儀更清楚，字畫猶勁遒。我喜殊尋常，抃舞病亦瘳。似逢荆山璞，如獲棠溪鏐。幸從共道聚，欲遂終身謀。豈期翁奉旨，賜還樂林丘。子遽理行囊，日夕催歸舟。天高秋氣迥，凉風暮颼飀。菊荒擁古道，荷老欹深溝。征鴻影歷歷，倦鳥聲啾啾。此時作遠別，如何不興愁。人生苦無根，漂漂水中鷗。誰云瞬息間，離會亦難籌。况兹十年内，世事何悠悠。我歌送子行，令人成白頭。

【校記】

〔一〕魯郢：明范氏卧雲山房鈔本《逃虚子詩集》作『魯鄒』。按：作『魯鄒』優。
〔二〕清美：卧雲山房鈔本作『清俊』。
〔三〕芥：底本誤作『芬』，據卧雲山房鈔本改。按：此句謂話語投機。
〔四〕再：卧雲山房鈔本作『問』。
〔五〕筞：底本誤作『荣』，據詩意及卧雲山房鈔本改。按：『挾筞』猶攜杖。

次韻荅張天師

久别思一見，急若農望歲。昨朝睹〔一〕高標，連雨忽逢霽。不期自偶合，宛同執右契。嗟余衰病翁，過蒙俯青睇。蹇拙何足取，齒録加品第。丈人〔二〕蓬壺仙，不肯忘道義。神章遠寄我，望鋒竪降幟。光燄赫日月，金篦除眼翳。實此古罍洗，遂將瓦礫棄。辭意兩非凡，拳拳見誠至。好並金玉堅，陋彼瑠瑀〔三〕脆。久飢得美饌，渴心豈不慰。走也好於文，土炭病所嗜。老而不知休，何如性姜桂。引流固用渠，入鑿必為枘。居官已皓首，行倦思小憩。甚欲從赤松，且孳蠅〔四〕附驥。微眇果何物，有幸得沫呴。茫茫宇宙間，帝德能廣被。願言留侯孫，永矣昌本系。

【校記】

〔一〕睹：底本誤作『賭』，據詩意及明范氏臥雲山房鈔本《逃虛子詩集》改。

〔二〕丈人：底本誤作『文人』，據詩意及臥雲山房鈔本改。

〔三〕瑠瑀：卽『琉璃』之異構。臥雲山房鈔本卽作『瑠璃』。

〔四〕蠅：底本誤作『純』，據臥雲山房鈔本改。蚊蠅附在馬的尾巴上，可以遠行千里。比喻依附先輩或名人之後而成名。《史記·伯夷列傳》：『顏淵雖篤學，附驥尾而行益顯。』司馬貞索隱：『按：蒼蠅附驥尾而致千里，以譬顏回因孔子而名彰也。』又，《逃虛子詩集》卷六《奉簡宋學士》：『欲效蠅隨驥，曾同螘慕羶。』『蠅隨驥』義同。

贈金山愷公長老〔一〕

我昔游金山，秋盡空江寒。西風忽作惡，扁舟畏驚湍。雖隔一帶水，對面千里看。斯須風始定，到岸愁乃寬。翩然遂入山，倉皇整衣冠。山僧出遠接，慰我心方安。塵緣苦羈絆，勝境遇亦難。世事當暫輟，登臨且盤桓。扳蘿與陟磴，要盡平生歡。主者更愛我，泉頭坐團欒。為施三昧手，剸〔二〕

泉烹月團。中澑一品貴，舊井雙龍蟠。矗矗雲巘〔三〕碧，煒煒霜楓丹。江山趣無盡，我興何由闌。留題記歲月，苦吟雕肺肝〔四〕。安能繼蘇子，佳句青瑤刊。别來已十載，每想興長嘆。顧我七旬餘，白首居京官。愷公欻來訪，觸熱無他干〔五〕。高致似文暢，為慕昌黎韓。才氣浩江漢，文采奇鳳鸞。兹山得是翁，景物愈可觀。載游當有日〔六〕，紓懷寫琅玕。更上〔七〕妙高臺，長嘯一憑欄。

【校記】

〔一〕此首詩又見《明僧弘秀集》卷十三。
〔二〕斞：底本『斗』旁誤作『卩』，據詩意及明范氏卧雲山房鈔本《逃虚子詩集》《明僧弘秀集》改。
〔三〕巘：底本誤作『巚』，據詩意及《明僧弘秀集》改。卧雲山房鈔本作『巚』。
〔四〕肺肝：底本誤作『肺肺』，據詩意及卧雲山房鈔本、《明僧弘秀集》改。
〔五〕干：《明僧弘秀集》闕。
〔六〕日：《明僧弘秀集》誤作『目』。
〔七〕上：《明僧弘秀集》誤作『土』。

卷第三

七言古詩

河清詩

黄河通天淼無極，遠過龍門由積石。巍峩砥柱屼中流，疏鑿神工存禹迹。盤回〔一〕九曲東入海，古來周武沉曾璧〔二〕。何似當今聖人出，飛龍在天沛天澤。自古渾渾今見清，良由信德天人格。圓淵浪静緑如苔，野曠風平天一碧。或凝長江如練净，遠暎晨霞形岸赤。叔鮪王鱣〔三〕可窺蹤，掠水群禽弄輕翮。雲駛虹揚神鬼駭，熒光五色歡河伯。有虞之世今復見，會看黄龍負圖册。聖人曾不恃功德，異瑞奇祥冠今昔。微臣作頌獻宸庭，萬姓嵩呼手加額。

【校記】

〔一〕回：底本誤作『四』，據詩意及明范氏卧雲山房鈔本《逃虚子詩集》改。

〔二〕沉曾璧：卧雲山房鈔本作『曾沉璧』。

〔三〕叔鮪王鱣：謂小的鮪魚（亦即鱘魚）、大的鱣魚。晉郭璞《江賦》：『魚則江豚、海狶、叔鮪、王鱣。』

白象

金精孕靈象中美，南海蕃王獻天子。魁然其形移玉山，雪色毛鮮湛秋水〔一〕。脩牙因雷花眩目，咲彼灰褐空多肉。朝飫香芻飲清泚，正色寒芒照林麓。此日牽來仙仗裏，百獸歡驚緣異已。鑾奴喝拜卽低頭，馴良有禮天顏喜。敕歸上苑揚嘉声，周宣白狼〔二〕奚足榮。惟此奇祥古無有，普天率土歌昇平。

【校記】

〔一〕此二句清陳田《明詩紀事》乙籤卷八引用。

〔二〕白狼：白色的狼。古時以為祥瑞。《國語·周語上》：『王不聽，遂征之，得四白狼、四白鹿以歸。』韋昭注：『白狼、白鹿，犬戎所貢。』

題《太白觀月圖》〔一〕

我觀謫仙非小仙，胸隘八極空塵緣。金鑾揮毫天子前，一飲斗酒詩百篇。歸來江上披雲烟，水光月色相嬋娟。横琴偃仰蒼松邊，醉看明月懸青天，掀髯一咲三千年。

【校記】

〔一〕此首詩又見《古今禪藻集》卷二十。

贈鄭叔美

海宇生民餘萬姓，義門猶有金華鄭。宗族千口惟一心，廿世同居豈天定。浦陽上邑是其家，自古相傳山水勝。青蘿山峯擁若翠，白麟溪水明如鏡。草木清妍巖壑奇，宜爾此中文物盛。春官宗伯髩成雪，帝念其衰令致政。年來問學更老成，開卷常時对賢聖。與我同庚呪同志，但恨不能長侍聽。叔美英年乃親姪，脩纂赴京承上命。始登館閣一相見，楚楚冠裳猶可敬。家規敦守不少懈，肯貴聲勢相奔競。鄧林之木材不凡，昆岡之玉色終瑩。胸終〔一〕經史既淹貫，下筆有神才力横。文章浩汗抗籍湜〔二〕，妙得灊溪派頭正。天下和平要用賢，黼黻皇猷子應稱。青雲志遂已有期，四海聲揚顯家乘。

【校記】

〔一〕胸終：明范氏卧雲山房鈔本《逃虚子詩集》作『胸中』。

〔二〕籍湜：唐代文學家張籍和皇甫湜的並稱。兩人都是韓愈的學生。宋蘇軾《潮州韓文公廟碑》詩：『追逐李杜參翱翔，汗流籍湜走且僵。』

與王止仲游穹隆山留題顯忠寺〔一〕

堤楊飛花三月後，殘紅已無濃緑有。湖山風物尚可人，登臨又喜同心友。巒回逕仄不用輩，凌空曳杖盤旋走。峯飛天外曉雲騰，瀑流谷底春雷吼。烟蘿葉蔽啼鳥羽，風林果落飢猱手。望中隱隱蘭若出，僧子相逢信非偶。蹔留倦作〔二〕憩孤榻，欲豁吟眸啓虚〔三〕牖。詩聯美景意逾畫，乳攪新茶味勝酒。咲歌俯仰真自得，盤桓不計時交酉。去來奚足住余心〔四〕，臧否何曾掛君口。却嗟昔日不羈人，今得微官即鉗杻。我於奇勝儘窮討，再理謝屐君須趣。只恐天公忤人意，風雨顛連不堪久。明當歸去草堂眠，輕橈仍繫沙邊柳。

【校記】

〔一〕此首詩又見《吳都文粹續集》卷四十九詩。『王止仲』誤作『王正仲』，『穹隆山』作『穹窿山』。

〔二〕倦作：明范氏卧雲山房鈔本《逃虚子詩集》《吳都文粹續集》作『倦足』。按：作『倦足』似優。

〔三〕虚：《吳都文粹續集》作『孤』。

〔四〕住余心：《吳都文粹續集》作『滯予心』。

《江湖夜雨圖》為王生題

三江微茫五湖暝，水雲倦舒〔一〕風不定。到夜俄驚黑雨鳴，扁舟遠客那堪聽。風聲颯颯雨聲急，魚龍勝波鬼神泣。鷗星漸沒雜葦荒，漁火不明短蓬〔二〕濕。烟樹低垂舟亦重，攲枕孤眠寧敢動。悽悽忽起十年愁，耿耿難成五更夢。自説平生為遊宦，冷落光陰歷曾慣。何似歸家載酒行，趂取柳塘春水漫。

【校記】

〔一〕倦舒：明范氏卧雲山房鈔本《逃虚子詩集》作『卷舒』。

〔二〕短蓬：即『短篷』。指小船。元薩都剌《次韻與德明小友》之一：『煙雨短篷水口，人家亂石山前。』

五色雀并序

洪武三年〔一〕春正月六日，余病才起，試步庭除，小憩晴檐下。俄有雀身被五色，飛鳴于前。坐客咸奇之，而謂余曰：『此雀五色，文明之象。子病起而遇之，異日文章當有大進矣。』余因咲而賦是詩云：

五彩全彰欺衆鳥，肯求燕伴離雲表。斐然自喜不同群，何慮此身盈握小。日煖風輕長戢翼，耻向籬根鳴唧唧。銜書呈異漫誇朱，却火蒙恩徒羨黑。綺翰曾拂瑶池水，未嘗生子空城裏。形微敢並丹丘鸞，文明已似山梁雉〔二〕。午出庭除幸相遇，燁燁光輝來又去。野田飽粟縱高飛，他年佇看栖瓊樹。

【校記】

〔一〕三年：明范氏卧雲山房鈔本《逃虚子詩集》作『五年』。

〔二〕山梁雉：典出《論語·鄉黨》：『山梁雌雉，時哉時哉！』劉寶楠正義：『山梁，則山澗中橋，以通人行也。』

登夕佳樓〔一〕

西湖西上餘林塘，北南相望山蒼蒼。風晴雨雪景俱好，惟有日夕殊尋常。殘陽明滅樹間影，衆峯紫翠烟凝光。道人結樓依勝処，要縱天眼窮遐荒。雲淙散響吟牖寂，徑樾移蔭禪龕凉。樵眠不出愛月早，鶴帰無侶愁天長。此時此景豈易致，非有静者疇能當。我蹔乘閑一登覽，心便與境俱相忘。悠然坐久不知去，忽聽疎鍾來上方。

【校記】

〔一〕詩題中的『佳』，《逃虚子詩集》目録誤作『住』，徑改。按：元張雨《句曲外史貞居先生詩集》卷二有《明静院夕佳樓晋卿秘監絶宗法師同賦》。

讀書室

山人嗜古忘榮寵，竹素〔一〕随身事周孔。結屋臨流任打頭〔二〕，松桂林高翠陰擁。竹床烏几兩幽幽，縹帙牙籤紛揔揔。閉門不出手披卷，朝誦夕吟神鬼竦。破窓風鳴韻雜弦，空堦月過光流汞。悠然樂此竟忘倦，學慮無成心每恐。推求奥理似尋源，剖析嚴詞如決壅。不馳虚遠務誠寔，要擇精華去繁冗。遇惡思懲等驅病，見善欲為嘗賈勇。有時掩卷出池上，齒嗽寒泉毛髮動。幽栖既已得真趣，石渠天禄名徒重。囊螢聚雪今無人，知君欲繼前賢踵。

【校記】

〔一〕竹素：猶竹帛。多指史册、書籍。《三國志·吴志·陸凱傳》：『明王聖主取士以賢，不拘卑賤，故其功德洋溢，名流竹素。』

〔二〕打頭：指碰頭。宋蘇軾《戲子由》詩：『常時低頭誦經史，忽然欠伸屋打頭。』

煮石山房

山人采山惟采石，倚石為糧供日食。室幽逾斗鐺半升，硐底荆薪課童捨〔一〕。爐炎鐺沸松風清，香聞隔屋知青精。純真自可全六氣，澹泊足以驅三彭。不似人間飫魚肉，自然室内生珠玉。滄芝啖枣姿莫亞，商皓安期可奴僕。吳淞蓴羹豈足高，蕪蔞豆粥空成豪。功名千古長已矣，正味一飽忘貪饕。詎特令人顏色好，石既無窮身不老。煮砂成饌非我為，肯覓刀圭上瑶島。

【校記】

〔一〕捨：明范氏卧雲山房鈔本《逃虚子詩集》作「拾」。

雨中過西湖，訪演福玘法師，復游靈隱，謁天鏡禪師，留别一首〔一〕

踏雨尋幽度湖曲，履滑泥深阻行躅。心事忽忽〔二〕眼眩花，熟路〔三〕不知重問牧。遂經麦嶺〔四〕披荒烟，却投靈石參臞禪。筵轝送我疾於馬，不讓猋馭蓬壺仙。四山雲氣晴拖練，九里松風凉拂面。磵橋泉合走龍蛇，林葉陰分露臺殿。到門欻爾聞鍾〔五〕聲，舉頭頓覺消凡情。扳蘿〔六〕陟巘恣游歷，一身不抵孤猿輕。拉伴入巖求石乳，還訪冷泉泉上主。試將蘚磴作禪床，更折松枝代談塵。羨師氣岸摩雲霄，此日不數杭之標。兹山增重良可貴，高名已似山岧嶢。顧余晚進知無術，青眼相看論文筆。三生緣契非偶然，留題要訂重參日。

【校記】

〔一〕此首詩又見《明僧弘秀集》卷十三。題中『玘』，底本作『⿰王巴』，俗寫二者不拘，此據《明僧弘秀集》改為正體。按：『玘』指玉名。多用於人名。宋陳鵠《耆舊續聞》卷五：『王氏之琪、珪、玘、琰，器盡璠璵；韓氏之綜、絳、縝、維，才皆經緯，非蔭而得，由學而然。』

〔二〕忽忽：《明僧弘秀集》作『怱怱』。

〔三〕熟路：《明僧弘秀集》作『愁路』。

〔四〕麦嶺：《明僧弘秀集》作『夌嶺』。

〔五〕鍾：《明僧弘秀集》作『鐘』。

〔六〕扳蘿：明范氏卧雲山房鈔本《逃虚子詩集》作『披蘿』。

題《雪擁藍関圖》〔一〕

千山一雲〔二〕亂飛雪，藍関蕭蕭行迹絶。可憐倔强韓退之，匹馬度関腸亦結。嬌妻稚子無復窺，罷奴老僕能相隨。得失於人既有命，文章驚世將何為。孰謂當年憲宗惑，覼縷千言陳佛骨。若云佛怒禍斯人，佛也為人誠可忽。潮陽去此八千程，冠蓋已失春花榮。作詩示姪成一咲，披圖千載為含情。

【校記】

〔一〕此首詩又見《古今禪藻集》卷二十。

〔二〕雲：《古今禪藻集》作『片』。

白雲泉次芝雲法師韻〔一〕

白雲飛來化為水，欻然湧出蒼厓底。初疑銀潢自空墮，忽驚瓊沫因風起。流來磵曲隨方圓，有時不動為雲眠。氣通昆阜石中玉，光挹泰華〔二〕峯頭蓮。斗星倒影清可數，小池分出開榛莽。渴麋下飲跪兩足，靈禽並潔敷雙羽。雨餘更覺清〔三〕且深，雪際欲汲〔四〕應難尋。溶溶散野豈有意，滔滔出岫曾無心。嗟我重遊不知處，應喜樵人引來路。霞裾沾〔五〕潤帶天香，從兹領得山中趣。遂傾一勺調枯桐，千劫熱惱須臾空。期與雲泉作老友，日日來此聽松風。

【校記】

〔一〕此首詩又見《明僧弘秀集》卷十三。

〔二〕泰華：明范氏卧雲山房鈔本《逃虚子詩集》誤作『秦華』。

〔三〕清：底本原闕，據卧雲山房鈔本、《明僧弘秀集》補。

〔四〕汲：底本誤作『汳』，據卧雲山房鈔本、《明僧弘秀集》改。

〔五〕沾：《明僧弘秀集》誤作『沽』。

苦寒至正庚子年作

歲十二月當窮冬，頊冥司權奮威雄。左指蜚廉肆暴兇，右麾滕六相加攻。玄陰霪霿八表同，神愁鬼泣民呻恫。獰猋怒發為先鋒，勢拔若木撼衡崧。急雪歷亂來群戎，矛戟銛瑩〔一〕紛長空。雲旗錯雜殺氣濃，堂堂之陣孰可衝。霾没曦馭仆六龍，鱗甲冰脱髯蕤毦。熒惑热屬深潛淙，何由睹爾神之融。乾坤閉塞江湖封，千巖萬壑俱夢夢。僵彼赤豹兼黃熊，詎數狐兎獐猴猣。鸞鶴闒茸鶥鴟籠，啁哳群爵死萱藁〔二〕。蛟鯨鼋鼍凍深洪，鰷鱨那有來噞喁。飛蠕蠢動無所容，豈曰爾數遭其終。群材摧殘無梓橦，壠坂草髮如飛蓬。囷櫝若蛸駒脱駿，方舟閣櫓車膠釭。長安富兒羔羊縫，軟纊觸體猶金銅。縮形鉗口不露風，沸酒尚未開喉嚨。誰能穩坐居房櫳，窈窕促膝圍爐紅。雖爾烈焰胸可烘，頂背如銕堅難鎔。況乃貧士桑樞中，多年布褐空重重。腸胃凍結氣不通，安得湯餅朝熱充。鼻流酸涕兩耳聾，齒牙交戛疑磨礱。巾櫛不暇心忡忡，奴僕血指慵樵舂。我居局促如寒蛩，中宵行吟西復東。吟肩如山足音跫，那得插羽學羽鴻〔三〕。力排閶闔〔四〕投帝宮，泣訴上帝哀微衷。未知疇能代天功〔五〕，坐使恩光沾有窮。

【校記】

〔一〕瑩：明范氏臥雲山房鈔本《逃虚子詩集》作『塋』。

〔二〕菅蒯：臥雲山房鈔本作『管蒯』。

〔三〕羽鴻：臥雲山房鈔本作『冥鴻』。

〔四〕閶闔：即『閶闔』，指傳説中的天門。『閶』同『閶』。《龍龕手鑑·門部》：『閶，新藏作閶。』

〔五〕天功：臥雲山房鈔本作『天工』。

題恬上人《松風閣圖》〔一〕

萬松蒼蒼蟠嶺峻〔二〕，久向耶谿誇絶境。道人曾〔三〕搆萬松間，宴坐長年樂深静。靈飆欻來巖谷口，髯君忽作蛟鼉吼。喧豗直得〔四〕嶺猨驚，振迅或令山鬼走。須臾瑟瑟復蕭蕭，初如笙竽載〔五〕如韶。裂石聲欺匡阜瀑，犇雷勢壓錢塘〔六〕潮。清奇自適烟霞侶，冷落豈宜筝篴〔七〕耳。長夜寥寥四壁空，贏得此心如止水。黄鶴中山〔八〕净名老，援筆圖成過荆浩。金華太史製雄文，秋色南山兩相好。須知道人曾返聞，六根旋復消聲塵。我待明年試登閣，無絃琹奏桃花春。

【校記】

〔一〕此首詩又見《明僧弘秀集》卷十三、《石倉歷代詩選》卷三百二十二明詩初集四十二、《題畫詩》卷一百一十四宫室類。

〔二〕嶺峻：明范氏卧雲山房鈔本《逃虚子詩集》《明僧弘秀集》《石倉歷代詩選》《題畫詩》作「峻嶺」。

〔三〕曾：《石倉歷代詩選》《題畫詩》作「層」。

〔四〕直得：《石倉歷代詩選》《題畫詩》作「直遣」。

〔五〕載：《石倉歷代詩選》《題畫詩》作「再」。按：二者義同。

〔六〕錢塘：《明僧弘秀集》作「錢唐」。

〔七〕箏篴：《石倉歷代詩選》《題畫詩》作「箏笛」。

〔八〕中山：卧雲山房鈔本、《明僧弘秀集》《石倉歷代詩選》《題畫詩》作「山中」。

采薖為余唐卿賦〔一〕

余君抱奇言不誇，種菜擬學元脩家。臨溪築廬競誅草，傍路樊圃多編葭。長鑱短钁自成列，不與文筆相交加。畦界條條任衡縮，溝澮一一隨紆斜。種多不減三十品，分苗撒子時無差。溉灌未能親抱甕，設計巧欲為〔二〕翻車。一畦既傳渤海薤，五色更接東陵瓜。新菘脆美初斫膾，嫩瓠肥白纔燖豝。馬齒忽驚齊發莧，牛乳始識駢垂茄。芳心纏絲惡網蛛，老葉畫籀〔三〕忻涎蝸。自能墾土不蕪穢，便可應候登柔嘉。長奴芟夷脚自赤，老婢採擷頭還髽。不令筐筥混葵藿，反任鼎俎兼魚蝦。蒓羹自適頗豪邁，蓱虀可辨何咄嗟。誰云小摘畏傷指，我欲大嚼嘗搖牙。何時携杖叩君室，且需木耳并槐芽。苟能真率見情親，奚鄙酒薄兼尊汙。一飡自足飽空腹，豈特薑桂烹鷄鴽。丈夫不能知此味，五鼎日食成淫奢。君今措事慕諸葛，蔓菁隨処為生涯。

【校記】

〔一〕此首詩又見《列朝詩集》閏集卷一、《四朝詩》明詩卷四十九七言古詩十四、《明詩紀事》甲籤卷八。題中『采薖』，《逃虛子詩集》目録誤作『來薖』。

〔二〕為：底本脱漏，據《列朝詩集》《四朝詩》《明詩紀事》補。

〔三〕籀：底本作『籒』，『籒』的訛字，據《列朝詩集》《明詩紀事》等録作正字。

題《三香圖》〔一〕

湘江水寒天雨霜，梅兄礬弟〔二〕嗟同芳。當年山谷曾有詠，趙子儗作圖三香。瓊妃綽約如冰雪，翠袖輕盈弄明月。江干寂寞〔三〕抱天真，寒影微波共清絶。故山惜花埋衆草，年来零落誰能保。我生已鮮色是空，到處何曾被花惱〔四〕。客邊莫謂無相知〔五〕，采美尋芳還自怡。午窓夢破鳥聲寂，披

圖一咲為題詩。

【校記】

〔一〕此首詩又見《古今禪藻集》卷二十。

〔二〕礬弟：山礬花的簡稱。俗名椗花。花白而香，葉密枝肥，木高數尺。宋林正大《括朝中措》詞：『寂寞歲寒為伴，藉他礬弟梅兄。』

〔三〕寂寞：《古今禪藻集》作『寂莫』。二者同詞異寫。

〔四〕此句底本脱『被』字，據明范氏卧雲山房鈔本《逃虛子詩集》《古今禪藻集》補。

〔五〕此句底本脱『邊』字，據卧雲山房鈔本、《古今禪藻集》補。

山行〔一〕

山前雨晴山後陰，槿籬花繁蘿逕深。燒烟無數人烟〔二〕少，樵子兩三來遠林〔三〕。斷橋流水不可度，落日孤猨空候吟。

【校記】

〔一〕此首詩又見《古今禪藻集》卷二十、《列朝詩集》閏集卷一、《四朝詩》明詩卷四十九七言古詩十四。

〔二〕人烟：《列朝詩集》《四朝詩》作『人家』。
〔三〕遠林：《列朝詩集》《四朝詩》作『遠村』。

卷第四

題玘法師《還山圖》

法師雙瞳秋水清，妙鮮卓絶淩台衡。講筵高張羅俊彦，自言為法非干名。前年首膺天子詔，挾徒乘驛朝華京。貝書箋成古無及，義路廣辟愉皇情。天厨美膳玉盂溢，御爐祥靄羅袍縈。湖江奔波走龍象，宜爾道俗心皆傾。賜還吳山樂舊業，一舸直入秋濤輕。山容蒼蒼沙樹碧，日色杲杲谿花明。猨啼鶴舞巖谷震，弟子歡咲船頭迎。倏然如雲自來去，能使人間塵夢驚。松高欲擬南山壽，蓮香好結東林盟。會汲冲泉煮春茗，對床共聽風篁聲。

呂梁洪

呂梁之險昔耳聞，誰料老來今眼見。岸旁亂石插狼牙，灘下奔流飛羽箭。百步衝開散烟霧，千夫噪動驚鳧雁。連行鉅艦若蟻接，衆挽長繩駕牛牽。莫將來往等尋常，須信安危争一線。慣經壯士亦神懾，乍見鄙夫宜膽顫。馬馳蜀棧未足稱，龍透禹門方可羨。此生此險不再逢，過眼流光如掣電。

且停寺并引

寺在内丘縣西山中，晉佛圖澄之所建也。奇峰喬林，清泉脩竹，境致幽絶，非他山可並。昔號太子於寺駐馬曰：『且停。』從是人呼為『且停寺』，有碑在焉〔一〕。

老年落魄猶非昔，破帽遮頭誰識得。不問水郭與山村，杖藜到處尋陳迹。西丘地勢一何壯，建國當年誇石勒。竺師頼有佛圖澄，問道從容降詞色〔二〕。至今禪刹遺磵阿，松扉晝掩縈烟蘿。水流涓涓水樂奏，山木黯黯山禽歌。樵人牧竪不敢到，竹逕雲斷惟僧過。有碑千年字漫滅，忍使老眼空摩挲。神僧去久山無主，誰聽塔上風鈴語。古往今來一笑間，不用悲歌淚如雨。

【校記】

〔一〕此首詩又見《古今禪藻集》卷二十、《石倉歷代詩選》卷三百二十二明詩初集四十二。《石倉歷代詩選》無『從是人呼為且停』七字。

〔二〕詞色：《古今禪藻集》作『辭色』。

留題頓悟寺

我愁三月羈塵市，尋幽直入深村裡。村村門巷盡柴桑，不獨無山更無水。無山何以豁吾目，無水何由洗吾耳。欻然歸路見佳林〔一〕，中有蓮宮倚雲〔二〕起。但想松筠且共清，豈期山水能兼美。我如久旅得歸家，足未到門心已喜。山中衲子六七輩，相見寒温通古禮。驅童開逕掃莓苔，呼我循渠看秋蘬。須臾興發寫長句，筆底雲烟驚滿帋。好待春風花盛時，再整青鞋重踏此。

【校記】

〔一〕佳林：明范氏卧雲山房鈔本《逃虚子詩集》作『嘉林』。

〔二〕倚雲：卧雲山房鈔本作『傍雲』。

折杏花一枝寄白范兼懷東鄰故友〔一〕

庭前兩杏〔二〕春搖蕩，未到清明花已放。鶴軒初訝火雲張，禪室恍驚霞綺障。林深自無狂蝶戀，物外乃有幽人望。爛然差勝碎錦坊，丹青妙筆愁難狀。去年折花寄鄰叟，今年鄰叟無何有。可憐見花不見人，腸斷東風繞花走。但願東風休作惡，且使北人相與守。一枝送爾表情親，侑花得句何須酒。

【校記】

〔一〕此首詩又見《古今禪藻集》卷二十。

〔二〕兩杏：底本誤作『雨杏』，據《古今禪藻集》改。

看杏花有感，奉荅童中州見寄之什次韻〔一〕

江南三月清明節，萬紫千紅鬧阡陌。遊人秉燭夜忘歸，香輿畫舫從行樂。我來燕城將十春，城北城南盡葵麦。閉門不出日高卧，惟恐黄塵污雙脚。獨有牕前杏兩株〔二〕，歲歲春深慰離索。前年吟翫得數子，瑰奇総是文章伯。恬庵兄弟真機雲，妙句立就壓元白。舒君吟肩亦高聳，月下花前猶雀躍。葉顧二子更風流，興來岸幘髯如戟。歡呼豪叫鬼神泣，放浪曾嫌天地窄。今年數子各西東，杏花爛熳渾如昨。緗葩含㕭怯曉寒，梢頭向日紅先折。雨中穠豔應更好，簇簇鮮明錦初濯。貧居不有碧紗籠，只恐顛風便零落。金華先生老而逸，欲作山中看花客。野鶴樊籠亦蹔羈，病裡吟懷殊不惡。寄來長律氷雪清，往往丁寧看花約。花堪供奉意有餘，莫怪對花無大嚼。

【校記】

〔一〕題中『奉』，底本誤作『舉』，據題意及《逃虚子詩集》目録改。

〔二〕兩株：底本誤作『雨株』，據詩意徑改。按：本卷下一首《再次韻荅童中州兼簡梅雪居士》中有『山中何年植雙杏』，『雙杏』義同『杏兩株』。

附録

和衍公約看杏花詩韻〔一〕

客鄉不識花時節，官舍蕭條如巷陌。閉門猶恐迎朔風，况復看花事行樂。前年又得殷師疾，往往空中聞打麥。回思少年真一夢，幸免〔二〕泥塗陷雙脚。非無萬里封侯志，膽落繩橋懸度索。亦欲州縣謀斗升〔三〕，東帶晨趨謁方伯。坐是蹉跎四十年，不知兩鬢如霜白。東鄰有子早〔四〕宦游，駿馬雕鞍日馳躍。西鄰有客亦從軍，十載歸來門列戟。書生半世成何事，出門却笑天地窄。南北驅馳今幾年，猶喜青衫尚如昨。去冬十月上燕薊，朔風入懷衣縫折。敝裘〔五〕百日走黄沙，縱有清泉誰浣濯。平生故人幸相值，一一襟懷皆磊落。四海誰非兄弟親，百年同是乾坤客。興來載酒數相過，如此客懷良不惡。昨宵〔六〕忽作鄉山夢，便欲飛書謝婁約。來春玉版行可參，擬約參寥同大嚼。明童冀《尚絅齋集》卷五《北遊集》

【校記】

〔一〕此首詩又見《列朝詩集》甲集卷十七、《四朝詩》明詩卷三十八七言古詩三。題作『和衍公約看杏花韻』。

〔二〕幸免：《列朝詩集》作『倖免』。

〔三〕斗升：《四朝詩》作『升斗』。
〔四〕早：《四朝詩》作『蚤』。
〔五〕敝裘：《列朝詩集》作『弊裘』。
〔六〕昨霄：《列朝詩集》《四朝詩》作『昨宵』。

再次韻荅童中州兼簡梅雪居士

春來已過中和節，雨雪漫漫暗衢陌。一歲韶華夢裏過，不知何處堪行樂。遼廟金城成土丘，但見東風搖燕麦。朝來跨驢出門去，雲未頭横雨垂脚。興盡而還也自歌，翻笑啟期行帶索。自家樂地知有餘，不用借酒為歡伯。山中何年植雙杏，花發後先紅映白。貧僧愛看杖屨支，貴介游探馬頻躍。中州老人似少年〔一〕，胸次森嚴展戈戟。招邀衆友共過我，坐處却言禪榻窄。前年吟賞多搢紳，豈意今朝又如昨。天生此花真可惜，嫩蕋愁寒未全拆。山桃日下漫夭夭，池柳雨餘空濯濯。但得東君肯見憐，不使相隨衆芳落。看花感激付一笑，誰道坐中俱是客。梅雪風流似蘇子，有語應嘲主人惡。得意從教載酒過，乘興何須賦詩約。此詩强和莫細觀，蠟味本無空咀嚼。

【校記】

〔一〕少年：明范氏卧雲山房鈔本《逃虚子詩集》作『年少』。

附録

再次衍公約看杏花韻〔一〕

我生獨後邵康節，白首黄塵走阡陌。興來猶作山水游，不減當年謝康樂。歸來讀書茅屋底，不悟庭中雨漂麥。往年為客上湘水，萬里不異僧行脚。東還苕霅又十年，日夜思歸嘆蕭索。移舟五湖弔范蠡，釃酒三高祠太伯。豈無蒼弁晴嵐翠，亦有洞庭秋月白。不問烏飛與兎走，自樂鳶飛共魚躍。去年買舟上吕梁，横波利石森戈戟。狂吟不信風濤險，浩飲祗恐滄溟窄。眼中往往逢故人，謾説人民已非昨。去年二月到燕城，官河水動冰初拆。解裝孤館深閉門，塵纓未暇滄浪濯。城西招提雙杏樹，聞道花開亦將落。湯休妙語數見招，憐我同是江南客。嗟予〔二〕卧病已旬浹，出門不耐〔三〕東風惡。西家蹇驢許相借，明日無風便如約。政使〔四〕飄零滿地香，共拾殘英帶冰嚼。明童冀《尚絅齋集》卷五《北遊集》

【校記】

〔一〕此首詩又見《列朝詩集》甲集卷十七、《四朝詩》明詩卷三十八七言古詩三。題作『再次衍公約看杏花』。

〔二〕予：《列朝詩集》作『餘』。

〔三〕不耐：《列朝詩集》《四朝詩》作『不奈』。

〔四〕政使：《四朝詩》作『正使』。

附録

衍師見和因再次韻

少年一鼓氣方作，出語驚人走氷雹。詞林無日不吟哦，騷壇有敵皆奔却。怵心劌腎良亦苦，抵掌掀髯方自樂。中年始悟學術偏，閉門默坐聽息肩。徒知出處亦漫爾，未信行藏非偶然。畊田而食鑿井飲，豈有奪攘并矯虔。暮年忽作弦上箭，楚水吳山得相見。孤帆一日下渚溪，十年不覩廬山面。今年又復上燕山，回首家山路逾遠。東林邂逅逢遠公，常時嚮我憂心忡。祇園共踏寒月白，禪林許看春花紅。客鄉慎勿生嘆慨，老境情懷須自戒。萬里休嗟路遠遙，百年但願身長在。秋風旋雁將南飛，尺書先報雲山知。明年春雨黃獨肥，釀泉待我山中歸。明童冀《尚絅齋集》卷五《北遊集》

畫松為相士袁廷玉賦〔一〕

江南地煖松多直，參天嬌嬌〔二〕逾千尺。豊腴有似富家子，膏粱養就非凡質。朔方之地多苦寒，蒼松下作蛟虬蟠。局促何如蓬蓽士，肢躰困折精神癯。蘇公此論亦可咲，物形天賦誰能料。清奇古怪陋與妍，達人大觀無不妙。我觀此松何偃蹇，畫手渾疑董北苑。掛君高堂素壁間，只恐風雷一夕捲。

【校記】

〔一〕此首詩又見《古今禪藻集》卷二十。

〔二〕嬌嬌：《古今禪藻集》作『矯矯』。

題趙原臨高彥敬《青山白雲圖》〔一〕

前朝畫師那有數，衆中獨數房山高。房山氣勢凌八極，下筆每見胸中豪。白雲萬重山萬疊，烟嵐拂翠如春濤。長松落子〔二〕礀走瀑，掩耳不聽孤猨嗥。小亭獨坐誰氏子，超然好似帰田陶。人間何處得此境，錢塘門外多林皋。趙君愛畫〔三〕亦無匹，縑楮積桉寧辭勞。廼知房山與神會，點綴不到無秋毫。吳中名家每見畫，惟有此幅宜加褒。為題長句付一笑，春風兩鬢飛霜毛。

【校記】

〔一〕此首詩又見《古今禪藻集》卷二十。

〔二〕子：底本原作『中』，旁改為『子』，《古今禪藻集》亦作『子』。

〔三〕晝：底本多作『昼』，俗字，據《古今禪藻集》録作正字。下不另出校。

訪席鍊師〔一〕

杖錫出門天尚早，度水尋仙秋正好。道院無塵多桂花〔二〕，福地有香皆藥艸。垂蘿縣〔三〕石雲自護，落葉滿壇風為埽。童顛磵水濕青衣，鶴瘦秋風凋素縞。道人曾悟此性空，對客不愁雙鬢皓。風流豈學賀監狂，钁鑠〔四〕已欺彭祖老。但於到處作兒嬉，那用此身同木槁。瓢隨常飲似蜜醪，盤出或獻如瓜枣。我本浮屠自有師，疇肯空同來問道。欲將耳目廣見聞，要使心胸盡傾倒。雖然未暇學長生，暫許從游上蓬島。

【校記】

〔一〕此首詩又見《古今禪藻集》卷二十。

〔二〕桂花：底本作『挂苍』，均俗體，此據《古今禪藻集》録作正體。

〔三〕縣：即『懸』，古今字。

〔四〕钁鑠：《古今禪藻集》作『矍鑠』。按：二者同詞異寫。

秋日遊潭柘山禮祖塔〔一〕

蚤〔二〕悟人生如寄耳〔三〕，不計流行與〔四〕坎止。只緣山水窟中人，此心未肯忘〔五〕山水。策蹇看山朝出城，葛衣已怯秋風清。白雲横谷微有影，黄葉墮磵寒無聲。乍登峻嶺〔六〕寧知倦，古寺重經應〔七〕戀戀。潭龍蟄水逾千丈，空鳥去天才一線。老禪寂滅無處尋，孤塔如鶴栖喬林。巖巒幛開豁病目〔八〕，嵐霧翠滴消塵襟〔九〕。燕山如此超〔一〇〕物表，下眎群峰一拳小。它年乞地息餘踪〔一一〕，不學鳥窠居木杪。

【校記】

〔一〕此首詩又見《古今禪藻集》卷二十、《帝京景物略》卷七、《存硯樓二集》卷二十三。

〔二〕蚤：《帝京景物略》《存硯樓二集》作『早』。

〔三〕耳：《帝京景物略》《存硯樓二集》作『爾』。

〔四〕與：明范氏卧雲山房鈔本《逃虚子詩集》《古今禪藻集》作『并』。

〔五〕忘：《帝京景物略》《存硯樓二集》作『負』。

〔六〕峻嶺：《存硯樓二集》作『峻嶒』。

〔七〕應：《帝京景物略》《存硯樓二集》作『心』。

〔八〕豁病目：《帝京景物略》《存硯樓二集》作『豁耳目』。

〔九〕消塵襟：《帝京景物略》《存硯樓二集》作『濡衣襟』。

〔一〇〕超：《帝京景物略》《存硯樓二集》作『越』。

〔一一〕此句《帝京景物略》《存硯樓二集》作『何時乞地息餘年』。句中『它年』，《古今禪藻集》作『他年』。

白起廟〔一〕

將軍廟前多古木，黄沙茫茫瞇人目。釃酒燒錢遠近來，千載猶能作盛福〔二〕。當年〔三〕趙卒四十萬，犬羊纍纍甘受戮。至今坑土血未干〔四〕，雨濕天陰鬼群哭。豪傑一時無與比，豈料後來秦失鹿〔五〕。等閑鴻鵠舉〔六〕秋風，天下紛紛競馳逐。將軍功業今何在，庭下殘碑蘚痕〔七〕緑。古來成敗不須論，邯鄲夢斷黄粱熟。

【校記】

〔一〕此首詩又見《古今禪藻集》卷二十。

〔二〕盛福：《古今禪藻集》作『威福』。

〔三〕當年：《古今禪藻集》作『當時』。

〔四〕坑土血未干：明范氏卧雲山房鈔本《逃虛子詩集》作『坑上血未乾』。

〔五〕失鹿：底本誤作『火鹿』，據卧雲山房鈔本、《古今禪藻集》改。
〔六〕舉：底本多作『𦦨』，此録作正字。下不另出校。
〔七〕蘇痕：底本誤作『蘇痕』，據卧雲山房鈔本、《古今禪藻集》改。

櫛隱

隱農長慮輸官苦，隱商亦憂擡市估。或隱漁樵更可憐，水畏風波山畏虎。爭如張生櫛隱高，不居丘樊住城府。得錢糊口卽往櫛，肯擇蓬門與朱户。卑謙玩世無人知，長年自得如春熙。有時弄笛入短巷，山月皎皎風披披。陳留市隱可同傳，涪翁見此能無詩。昨朝過我通消息，彈鋏高歌倚竹枝。

送李錬師還吴〔一〕

薦紳吴下真淵藪，獨欣東郭多交友。我着〔二〕田衣共頡頏，形服〔三〕相忘歲年久。閑止文章力追古，宗常問學曾無苟。來儀才廣班馬倫，從衡〔四〕筆下蛟龍走。吹臺倜儻如達夫，豈特百篇成斗酒。菜薖〔五〕讀書猶滿腹，議論風飛鉗衆口。幼文詞翰俱清俊，處敬温潤渾如琇。仲廉居富曾無驕，為學孜孜能謹守。吁嗟諸子皆妙年，自信黄鍾〔六〕非瓦缶。一時聲譽震乾坤，萬丈光芒射牛斗。鶴瓢先生清且秀，深探道術持樞紐。山房每與吾儕會，茫然共入無何有。我念披緇道不同，豈知見愛情尤厚。何如簡寂慕慧遠〔七〕，至竟〔八〕高名傳不朽。原脩〔九〕廼〔一〇〕是先生姪，道學向知〔一一〕能授受。

先生尸解已多年，不意原脩今白首。余客朔方將廿稔，故交零落存誰某。形影相看我尚留，命危脆若驚霜柳〔一二〕。原脩忽作燕山遊，此會須知信非偶。鐙〔一三〕前咲語不肯歇，舊好難忘長〔一四〕握手。今秋欲返江南去，鶴馭凌風如馬趣。嗟我老矣不同歸，雨淚如傾風怒吼〔一五〕。

【校記】

〔一〕此首詩又見《獨庵外集續稿》卷二、《吳都文粹續集》卷四十九詩。詩題《獨庵外集續稿》作『送李鍊師原脩還吳』。

〔二〕着：《吳都文粹續集》《獨庵外集續稿》作『著』。

〔三〕形服：《吳都文粹續集》作『形骸』。

〔四〕從衡：《吳都文粹續集》作『縱橫』。

〔五〕萊藹：《吳都文粹續集》作『萊過』。按：當作『采藹』。《逃虛子詩集》卷三有《采藹為余唐卿賦》。

〔六〕黃鍾：《吳都文粹續集》作『黃鐘』。

〔七〕慧遠：《吳都文粹續集》作『惠遠』。

〔八〕至竟：《吳都文粹續集》作『至今』。

〔九〕原脩：《吳都文粹續集》作『原修』。下同。

〔一〇〕迺：《吳都文粹續集》作『乃』。

〔一一〕知：《吳都文粹續集》作『之』。

〔一二〕驚霜柳：《吳都文粹續集》作『經霜柳』。又，句中『命』，底本多作『㑹』，俗字，此録作正體。下不另出校。
〔一三〕鐙：《吳都文粹續集》作『燈』。
〔一四〕長：《吳都文粹續集》作『常』。
〔一五〕此句《吳都文粹續集》作『雨泣如傾風夜吼』。

題觀音巖

高閣淩虚如履地，長江萬里來無際。世人可到不可留，只許禪僧深夏住。亂帆來往逐雲飛，隔岸淮山擁翠微。大士巖間常宴坐，一燈夜照客船歸。

贈筆生陸繼翁〔一〕

吳興筆生誰第一，陸家孫子今無匹。湖海知名購者多，惟有能書始能識。取材妙選中山毫，揮觚圓轉猶霜刀〔二〕。快如飢蚕〔三〕食老葉，驟若巨峽翻秋濤。助賢喜得中書力，稱心奚問千金直。縱使材良製未工，玉堂蘭茝空名色。陸生遺我老兔毛，得之貴比瑛瓊瑤。嗟余好書夂成癖，細寫咲作鶯歌嬌。薦紳先生多刮目，文章迭贈牛腰軸。今朝忽過索吟篇，筆底生花夢方熟。

【校記】

〔一〕此首詩又見《古今禪藻集》卷二十、《吳興藝文補》卷五十六。

〔二〕霜刀：底本誤作『霜力』，據詩意及明范氏卧雲山房鈔本《逃虛子詩集》《古今禪藻集》《吳興藝文補》改。按：『霜刀』指雪亮鋒利的刀。唐杜甫《觀打魚歌》：『饔子左右揮霜刀，鱠飛金盤白雪高。』宋張元幹《醉花陰·詠木犀》詞：『霜刀剪葉呈纖巧，手撚迎人笑。』

〔三〕飢蚕：卧雲山房鈔本、《古今禪藻集》《吳興藝文補》作『飢蠶』。

題《江行風浪圖》〔一〕

憶昔絶江適荆楚，高浪觸舩難著艣。黑雲黯黯北風顛，篙師魄喪惟呼天。世人知險是風波，那識人心險更多。人心對面九疑山，一笑殺人俄頃間。貧賤安居良不惡，名利奔馳有何樂。此日披圖心為驚，老年無事不江行。

【校記】

〔一〕此首詩又見《古今禪藻集》卷二十。

題曹霸《百馬圖》

古今畫馬知幾人，唐朝獨數曹將軍。南薰殿上拂輕素，欻忽落筆生風雲。開元一見誇雄壯，催賜黄金盛稱賞。八尺龍媒〔一〕苦逼真，況乃驊騮并驌驦〔二〕。故人示我百馬圖，殊相奇形絶代無。會須善守此家寶，傳遠不在神靈扶。

【校記】

〔一〕龍媒：典出《漢書·禮樂志》：『天馬徠龍之媒。』顔師古注引應劭曰：『言天馬者乃神龍之類，今天馬已來，此龍必至之效也。』後因稱駿馬為『龍媒』。

〔二〕驊騮：亦作『驊駵』。周穆王八駿之一。後泛指駿馬。《荀子·性惡》：『驊騮騹驥纖離緑耳，此皆古之良馬也。』楊倞注：『皆周穆王八駿名。』《史記·秦本紀》：『造父以善御幸於周繆王，得驥、溫驪、驊駵、騄耳之駟，西巡狩，樂而忘歸。』唐耿湋《上將行》：『櫪下驊騮思鼓角，門前老將識風雲。』驌驦：亦作『驌驦』。良馬名。《後漢書·馬融傳》：『登于疏鏤之金路，六驌驦之玄龍。』李賢注：『驌驦，馬名。《左傳》云，唐成公有兩驌驦馬。』今本《左傳》作『肅爽』。《晉書·郭璞傳》：『昆吾挺鋒，驌驦軒髦。』唐杜甫《秦州雜詩》之五：『聞説真龍種，仍殘老驌驦。』

八月二十日，出城西，眺望過楓橋，登天平山白雲寺謁圭上人。翌日到西麓，時林園靚深，庭桂盛開，天香滿屋可愛，因懷韓奕先生不得共玩，遂賦此詩以寄〔一〕

我年已老宜逍遥，北還未得心搖搖〔二〕。盡言山中秋正好，眺望不待山人招。清晨拂衣出城去，籃輿直過江村橋。橋西衆山〔三〕環紫翠，壠坂〔四〕惟見芃芃苗。人家門巷盡桑苧，經過始竟先蕭條〔五〕。沿流路狹曲難認，僕子每問肩柴樵。厜㕒深伏樹蓊蔚，龍門斗起山岧嶤。白雲泉頭暫〔六〕游目，飛樓湧殿凌曾霄〔七〕。珪翁〔八〕留我共禪悦，且向竹裡〔九〕開山寮。菓傳石鉢貯圓眼，飯來香積炊長腰。盤桓自足世外樂，兩髩不計清霜凋。行行又復過西麓，山深那得聞喧囂。松坐〔一〇〕晝閑人不到，庭桂〔一一〕花發蘿烟消。沄沄泉底日影動，冉冉雲外天香飄。此時獨恨無良友，豪吟誰浪從通宵。蒙庵先生舊曾約，路遠忍使兒童邀〔一二〕。先生有道我所愛，睎身不寋如芭蕉。逃禪往往入深谷，交往霅晝〔一三〕并杭標。何由乘興忽來此，把手歡咲今應饒。便當沽酒效慧遠，且留靖節傾山瓢。

【校記】

〔一〕此首詩又見《吳都文粹續集》卷四十九詩。詩題作『登天平白雲寺』。《獨庵外集續稿》卷一亦收此篇。

〔二〕搖搖：《吳都文粹續集》作『遙遙』。

〔三〕衆山：明范氏卧雲山房鈔本《逃虚子詩集》作『聚山』。

〔四〕壠坂：《吳都文粹續集》作『隴坂』。
〔五〕蕭條：《獨庵外集續稿》卷一作『蕭條』。
〔六〕暫：《獨庵外集續稿》卷一作『蹔』。
〔七〕凌曾霄：《吳都文粹續集》作『凌層霄』。
〔八〕珪翁：《吳都文粹續集》作『主翁』。
〔九〕竹裡：《吳都文粹續集》作『竹所』。
〔一〇〕松坐：《吳都文粹續集》作『松堂』。按：『坐』即『堂』的古字。
〔一一〕桂：底本作『挂』，俗體。此據《吳都文粹續集》録作正體。
〔一二〕邀：《吳都文粹續集》作『要』。
〔一三〕雪晝：《吳都文粹續集》作『雪晝』。

賀琇公住徑山〔一〕

徑山主席〔二〕非公誰，山靈但恨公來遲。今年山中王氣廻〔三〕，公忽自至逢其時。凌霄峯頭日杲杲，喝石巖畔風披披〔四〕。當年國一心為喜，冥與諸老相追隨〔五〕。陞堂妙闡〔六〕第一義，緇白圍繞如春熙。諸天散花無路入，老龍獻供伸鬚眉。棋槃〔七〕石剝舊苔蘚，洗硯〔八〕池發清漣漪。僧殘屋老固非昔，入門尚見穹然〔九〕碑。坐看檀越施金粟，飛樓湧殿重維持。嗟余老病不出戶，終日兀坐如蹲鴟。安得乘雲到山頂，援筆載和蘇公詩。

【校記】

〔一〕此首詩又見於《明僧弘秀集》卷十三、《徑山集》下，《吳都法乘》卷五下、《(同治)蘇州府志》卷一三四有節録。《徑山集》題作『琇公禪師新命住持徑山禪寺，無以為贈，故賦是詩以駕之情見乎辭也』。又，『徑山』，《逃虛子詩集》目録作『逕山』。

〔二〕主席：《徑山集》作『主帝』。

〔三〕此句《徑山集》作『今年中□旺氣回』。

〔四〕披披：《明僧弘秀集》作『佊佊』。

〔五〕此二句《徑山集》置於『陞堂』二句下。句中『冥』，《徑山集》作『宜』。

〔六〕妙闡：《徑山集》作『提唱』。

〔七〕棋槃：《明僧弘秀集》作『横槃』，《徑山集》作『碁盤』。

〔八〕硯：《明僧弘秀集》作『研』。

〔九〕穹然：《明僧弘秀集》作『穹肰』，《徑山集》作『窮然』。

紫竹杖贈翰林典籍梁用行〔一〕

高節亭亭如紫玉，昔日移栽自西麓。春雨年來長子孫，旃檀林裡無他木。霜饕雪壓色愈鮮，陋彼猗猗淇上緑。中虛有似古君子，天然性直誰能曲。裁成拄杖何奇哉，入手輕輕奚忍觸。貞堅有力可扶老，吾得長年慰幽獨。偏宜仙翁與釋子，雅稱芒鞵并艸服。有旹卓地金石鳴，招雲引鶴相隨逐。漢家靈壽空可貴，太乙青藜焉足録。不學湘江帶淚痕，自有光華照人目。嗟余愛之如伴侣，何日能同走山谷。却咲庸人不知貴，規圓方竹何其俗。今朝贈子永為福，玉堂歸來脱帽屋。置酒花前夜未央，對月揞頤吟亦足。

【校記】

〔一〕詩題《逃虛子詩集》目録作『紫竹杖贈梁典籍用行』。

三月初一日，與諸友期遊靈谷，因公務不得遂其往，故賦此詩

塵土流光嗟忽忽，况是難逢好時日。得來山水窟中游，窮探須儘平生力。偉哉靈谷天下無，氣勢硉矹雄皇都。禪林虛朗白月浄，佛座高廣青蓮敷。最愛入門風景好，清池照我須眉皓。此身却訝在滄洲，獨坐憑闌藉瑤草。老禪出迎貌古蒼，便仝携手行長廊。壁間名畫絢霞彩，碑上妙畫滋玄

光。僧子養高真實所，日上東林聽粥鼓。擡眸不見圓悟関，開口且論玄沙虎。磵東雲樹深復深，茂林脩竹如山陰。便欲投閑謝塵事，草庵借榻求安心〔一〕。今朝諸友期游賞，公務羈縻不能往。從來世事人難料，搔首踟躕空鞅掌。何當再約陪軒蓋，得遂此游方暢快。詩成寫寄一掀髯，好把芳尊且寬待。

【校記】

〔一〕安心：明范氏卧雲山房鈔本《逃虛子詩集》作『心安』。

乘化室并叙

山東提刑按察司僉事晏璧，預卜壽藏于故鄉之麒麟原，名曰『乘化室』，徵余文。故賦此詩以貽之。

堪輿鴻茫萬物郭，化機肇啟紛生落。滄海桑田俄頃間，濁舌貪夫幾能覺。古來達士皆聽天，處舌如客隨推遷。劉伶荷鍤到處瘞，奚問螻螘并烏鳶。人生讀書既知命，一去一來當委順。漆園梦蝶惟自然，翼浩高談長華兢。東齊晏子儒之雄，經史萬卷蟠胸中。官居僉憲氷壺月，名動朝野生清風。年踰耳順人皆仰，預卜窀穴存歸想。麒麟原上近先塋，芝蘭叢生松柏長。羡公之高邁等倫，生順死安期古人。聞説生平多種德，宜爾傳芳有子孫。

卷第五

五六言律詩

天界寺〔一〕

香刹依天極，彤雲擁地維。龍蟠新賜額，龜負舊刊碑。金鐸鳴風殿，珠幢影月墀。遥瞻晨祝罷，處處藹春熙。

【校記】

〔一〕此首詩又見於《石倉歷代詩選》卷三百二十二明詩初集四十二。

登樓二首

迢遰〔一〕來南國，登樓破旅顔。目隨天共遠，心與鳥俱閒。雨意吴宫樹，雲情楚甸山。故園如有信，一棹復東還。

自昔辭家日，曾期萬里遊。半生同泛梗，今日獨登樓。山靄風前合，江烟雨後收。何由乘小艇，隨意狎輕鷗。

【校記】

〔一〕迢遰：底本作『遰遰』，俗字，此録作正字。

龍河逢祥師〔一〕

自恨長為别，逢時袂惜分。道交非在酒，禪悦不須文。草宿龍河雨，松留鳳閣雲。夜窓承演訬，默默似無聞。

【校記】

〔一〕此首詩又見於《古今禪藻集》卷二十二。

送友人之越

雪晴江路濶，擊鼓送行舸。柳色沙頭酒，谿聲棹尾歌。烟花隨地少，山水近城多。君去邉仍定，登臨奈醉何。

舟次松陵〔一〕

一上松陵道，秋懷便不同。檮鳴漁浦雨，簾曳酒家風。沙鳥雙飛白，江楓半帶紅。離人千萬意，都在短亭中。

【校記】

〔一〕此首詩又見於《吳都文粹續集》卷四十九詩。

送鏡上人

山館暮蕭蕭，扉烟淡〔一〕欲消。歲鶩殘臈盡，人憶去程遙。屐度還衝雪，杯浮肯待潮。自緣身在客，離思不勝饒。

【校記】

〔一〕淡：明范氏臥雲山房鈔本《逃虚子詩集》作『澹』。

黄三謫欽州，死於途次，哀之以詩〔一〕

萬里携妻去，危亡恨昨非。身應隨地葬，魂擬故鄉歸。天末人家少，雲深鳥道微。招之不可得，徒自〔二〕涙沾衣。

【校記】

〔一〕此首詩又見於《古今禪藻集》卷二十二。

〔二〕徒自：明范氏卧雲山房鈔本《逃虚子詩集》《古今禪藻集》作『徒有』。

次寒山

暝色連群壑，孤舟促去程。寒山惟塔在，古路斷人行。弱燕風停〔一〕舞，殘農雨罷耕。慚同問津者，奔走去〔二〕餘生。

【校記】

〔一〕停：明范氏卧雲山房鈔本《逃虚子詩集》作『亭』。

〔二〕去：卧雲山房鈔本作『老』。按：作『老』似優。

送友人之武林〔一〕

我住城西寺，君歸湖上山。馬聲知驛路，樹色認鄉關。遠戍霜鴻慘，荒汀雪鷺閑。自憐堤畔柳，愁緒不禁扳〔二〕。

【校記】

〔一〕此首詩又見於《古今禪藻集》卷二十二、《石倉歷代詩選》卷三百二十二明詩初集四十二。

〔二〕扳：《古今禪藻集》《石倉歷代詩選》作『攀』。按：『扳』同『攀』。

寄陳二

淹留城下寺，臈盡又經春。舊是尋芳客，今為避亂人。清江明雪柳，紫陌暗兵塵。自覺艱虞際，相看意益親。

與畧、勉二師登南屏天鏡樓〔一〕

歲月度如流，江湖浪作游〔二〕。相逢俱在客，此日共登樓。雲氣千峰合，林香一雨收。只因〔三〕歸思促，無復為遲留。

【校記】

〔一〕此首詩又見於《南屏净慈寺志》卷八著述。

〔二〕浪作游：《南屏净慈寺志》作『作浪游』。

〔三〕只因：《南屏净慈寺志》作『只愁』。

春日遊靈谷寺，逢高節庵、楊宗㬌同登眺

春來靈谷寺，緣逕百花明。飛鳥迎人語，遊蜂趂馬行。境幽忘路遠，心净覺池清。幸得逢佳友，登臨具盡情。

養魚池

野水通深處，應多畜細鱗。波心縈緑藻，岸口亂青萍〔一〕。分食每從主，投竿不許賓。誰能了機事，觀濠慕昔人。

【校記】

〔一〕青萍：明范氏卧雲山房鈔本《逃虚子詩集》作『青蘋』。

晚霽郊行

雨到西郊歇，人家起暮烟。夕陽低苑樹，歸鳥後谿船。白水平田外，青山古渡邉。閑行因感舊，吟步亦茫然。

重經常熟縣〔一〕

鉅邑當吳北，官無接送勞。水多歸海近，城半在山高。僧寺餘庭栢，人家盡野蒿。重遊逢日莫〔二〕，惆悵促回舠。

【校記】

〔一〕此首詩又見《明僧弘秀集》卷十三、《列朝詩集》閏集卷一、《古今禪藻集》卷二十二、《吳都文粹續集》卷四十九詩。

〔二〕莫：『暮』的古字。

荅張文學

君家婁水上，絃誦自頻年。詩寄相知後，名傳未識前。交心擬石結，定社意圖蓮。此日玄譚處〔一〕，多應在竹邊。

【校記】

〔一〕此句明范氏卧雲山房鈔本《逃虚子詩集》作『比日譚玄處』。

鄭氏山莊

水石幽奇處，何年結草堂。新畬偏種秫，廢壤却栽桑。渚晚魚潛煖，林春蝶探芳。客來無異欵，應只在琴觴。

重過師子林〔一〕

開扉近水邊，竹石捻堪憐。遠想渾如夢，重游却信緣。蝶翻紅藥雨，鳥度碧蘿烟。卽境自忘慮〔二〕，何須更習禪。

【校記】

〔一〕此首詩又見於《明僧弘秀集》卷十三、《吳都法乘》卷二十二上之上。

〔二〕忘慮：《吳都法乘》作『亡慮』。

登治城山〔一〕

旅懷無可遣，尋山〔二〕治城山。禁宫霄漢上，禪刹水雲間。窮高始縱目，遇勝暫開顔。從茲發幽興，日莫〔三〕不知還。

【校記】

〔一〕治城山：《逃虚子詩集》目録作『治城山』。按：《逃虚子詩集》卷九有『九日登治城山逢潘肅』。

〔二〕山：明范氏卧雲山房鈔本《逃虚子詩集》作『上』。

〔三〕莫：卧雲山房鈔本作『暮』。二者古今字。

題虞邵庵《鶴巢詩墨迹》

上疏辭丹闕，歸耕樂故山。鶴巢詩有在，蟻國夢無還。光燄明天上，聲華藹古間。嗟余後來者，瞻咏似承顔。

野航

曉濟人何少，飄飄一葉輕。蘆灣愁水急，柳港喜風清。蕩漾無拘繫，紆迴不計程。何由得似汝，蕭散過餘生。

新秋

江净横銀漢，天空散素烟。雲峰才變巧，荷翠欲傾圓。凉色含風樹，商音帶雨蟬。如何蕭瑟意，偏是客驚先。

寄高編修季廸〔一〕

濟濟登明日，雍雍際盛時。朝迴仍載酒，講罷卽〔二〕删詩。尋竹思龍阜，看花戀鳳池。自忘形服外，游咏不須期〔三〕。

【校記】

〔一〕此首詩又見於《吴都文粹續集》卷四十九詩。『修』，《逃虚子詩集》目録作『脩』。

〔二〕卽：《吴都文粹續集》作『却』。

〔三〕此句『游』下闕四字，據明范氏卧雲山房鈔本《逃虚子詩集》《吴都文粹續集》補。

過澗東贈馬生〔一〕

素抱厭塵緣，林居自澹然。鳥啼清澗〔二〕曲，樵唱莫鐘〔三〕邊。香几流松雨，書帷閟竹煙。常時賓客至，随意煮山泉。

【校記】

〔一〕此首詩又見於《石倉歷代詩選》卷三百二十二明詩初集四十二。

〔二〕清澗：明范氏卧雲山房鈔本《逃虛子詩集》作『清磵』。

〔三〕莫鐘：卧雲山房鈔本作『暮鐘』，《石倉歷代詩選》作『暮鐘』。

壽春李德瞻父子四十年不見，一日來北平相見，同歸閩中〔一〕

李君賢父子，白髮〔二〕異鄉愁。路隔五千里，年逾四十秋。久離情共切，忽會淚雙收。想到高堂上，歡觴不計籌。

【校記】

〔一〕此首詩《逃虛子詩集》目録次於『題虞邵庵《鶴巢詩墨迹》』下。

〔二〕髮：底本多作『髪』，俗體，此録作正字。下不另出校。

訪道權上人宿城南〔一〕

遠尋應不憚，況爾只〔二〕同城。一榻留人處，孤燈照雨明。稿添新覔句，琴變舊彈聲。此夕諧歡笑，元非狥〔三〕俗情。

【校記】

〔一〕此首詩又見於《石倉歷代詩選》卷三百二十二明詩初集四十二。

〔二〕只：《石倉歷代詩選》作『祗』。

〔三〕狥：《石倉歷代詩選》作『徇』。

折梅

蒼蘚護巖梅，遙尋折半開。手分孤影去，袖引遠香來。催藥林翁惜，扳枝野鳥倩。莫將千里寄，留取作詩材。

五九菊〔一〕

采采葉風〔二〕裏，英英復傲霜。占先縈〔三〕午日，應候媚重陽。早晚還同色，炎凉不改香。兩開看揔喜，知爾越羣芳。

【校記】

〔一〕此首詩又見於《古今禪藻集》卷二十二、《藝菊志》四卷詩。

〔二〕葉風：明范氏卧雲山房鈔本《逃虚子詩集》《古今禪藻集》《藝菊志》作「薰風」。按：作「薰風」似優。

〔三〕縈：《古今禪藻集》《藝菊志》作「榮」。按：作「榮」似優。

諼草

草類萱猶貴，何如向背栽。近闌依紫藥，穿土破青苔。鵑背應頻吐，雞冠不並開。自無憂可觧，非為看渠來。

薝蔔

林下親移植，今年始著葩。心黄存正色，膚素絶纖瑕。六出應堪貴，孤開更可誇。縱萎香亦在，自足勝群花。

蜀葵

佳本傳西蜀，何年别遠林。動人知異態，傾日見芳心。曄曄敷霞艷，層層間翠陰。自將容色露，不恡蝶蜂尋。

芭蕉〔一〕

清高與道合，僧舍樹宜稠。凉葉春陰積，虚心夜氣浮。題嫌風處碎，畫喜雪時幽。有物皆凋謝，非惟不耐秋。

【校記】

〔一〕此首詩又見於《古今禪藻集》卷二十二。

贈邊將

結髮來從戰，當年獨鮮圍。試弓山石裂，刺劍嶺泉飛。塞月明丹幟，邊塵暗銕衣。封侯應有日，莫殺已降歸。

五溪逢鶴瓢山人施藥

逸思知無匹，迢迢過水陰。禦妖常佩劍，訪病不携琴。既有通神術，能忘濟物心。相逢坐深處〔一〕，重賦鶴瓢吟。

【校記】

〔一〕深處：明范氏卧雲山房鈔本《逃虛子詩集》作『深夜』。

夕次同川〔一〕

長江接遠天〔二〕，一望一茫然。夕靄迷沙樹，寒鴻〔三〕落渚田。林香通佛寺，岸語到商船。野路偏難識，經過〔四〕況隔年。

【校記】

〔一〕此首詩又見於《吳都文粹續集》卷三十七市鎮墳墓、《百城烟水》卷四。

〔二〕接遠天：明范氏卧雲山房鈔本《逃虛子詩集》《吳都文粹續集》作『遠接天』。

〔三〕寒鴻：《吳都文粹續集》《百城烟水》作『寒鴉』。

〔四〕經過：卧雲山房鈔本、《吴都文粹續集》《百城烟水》作『經遊』。

送邵衷〔一〕

還家因憶母，十月出燕城。去轂雲同遠，行裝雪共清。水深〔二〕知過處，山色記來程。落葉兼飛鳥，紛紛揔别情。

【校記】

〔一〕題中『邵衷』，《逃虚子詩集》目録誤作『邵袁』。按：『邵衷』，金華人，與作者交厚。
〔二〕水深：明范氏卧雲山房鈔本《逃虚子詩集》作『水聲』。

陳怡過禪室夜坐

懶應前朝聘，閑依古寺僧。烟霞同一室，風雪共孤燈。煮茗忻爐火，題詩恨硯冰。無心元是道，不用問三乘。

詶柳

輕柔不足貴，栽處易成林。雨後猶加色，霜餘竟減陰。喜兼雙燕舞，愁帶亂蟬吟。無那離情〔一〕

畔，花飛攪別心。

【校記】

〔一〕離情：明范氏卧雲山房鈔本《逃虚子詩集》作『離亭』。

贈虎溪僧〔一〕

家住虎溪邊，相尋信偶然。念兹一夜話，知是幾生緣。爐靄花間霧，琴聲竹下泉。明歸無可贈，聊賦碧苔篇。

【校記】

〔一〕此首詩又見《明僧弘秀集》卷十三。

石林為金道遠賦

衆石何森列，蒼然自古成。過雲騰玉氣，長日斷樵聲。嵐逼衣裳冷，苔侵几案清。他時來借坐，對此説無生。

陳山人與淳禪師遠訪，臨別口占

詞客共禪翁，期行往返同。蹋島辞海上，相鶴到山中。黄葉沾衣雨，青蘋拂櫂〔一〕風。此回非蹔別，應是恨無窮。

【校記】

〔一〕櫂：底本作『擢』。二者俗寫不拘。此録為正體。

别山

巍然偏入望，秀色自重重。清絶非天姥，孤高異雪峰。過田分磵響，隔岸斷樵蹤。不與他山並，須知有伏龍。

贈道遐書記

長日浄塵襟，禪居山寺深。白雲林鶴影，青靄磵松陰。古教偏留意，虚名不動心。秋風殘暑退，杖策一來尋。

送蘇州府都綱還吴〔一〕

綱教臨吴郡，安僧自有方。北山松桂秀，茂苑芰荷香。杖錫辭天闕，袈裟上野航。相看嗟別去，渺渺水雲鄉。

【校記】

〔一〕此首詩又見《吴都文粹續集》卷四十九詩。

卷第六

題張山人適樂圃林館一十首〔一〕

去官歸故里，僑隱倚高林。花月尊前友，松風席上琴。幽通西崦曲，涼入北牕〔二〕深。此處堪清賞，時來一觧襟。

二

巷僻無車馬，閒扉掩薜蘿。籠馴傳信鶴，池畜〔三〕換書鵞。開逕曾妨竹，移梁欲避荷。子雲曾〔四〕好古，載酒屢相過。

三

虛舘何幽絶，深藏世少知。柳雲堆夕檻，蘭雨積春池。戀客瓶存酒，頤神局罷棋〔五〕。餘生無一事，不用慕安期。

四

室中無異物，左右盡圖書。不共漁樵侶，還同水竹居。弟曾呈蠟鳳，客〔六〕欲棄銀魚。我獨長來此，清談得緒餘。

五

開牖依林樾，迢迢去市遥。翠低承雨竹，緑碎受風蕉。夕嶺還侵户，春流欲斷橋。主人緣愛客，時為出山瓢。

六

遠遠依山郭，荆扉向竹開。聚螢兒懶出，相鶴客頻來。坐飲杯浮月，行吟屐破苔。春深花滿逕，蜂蝶為遲徊。

七

花逕斜通巷，榆林遠隔溪。曉庭輕騎集，春閣亂鶯啼。野水流城北，雲山峙屋西。晚來吟興發，獨往杖青藜。

八

一軒開小圃，近水更悠然。杏棟縈花霧，芸窓宿篆烟。竹藏鳩子哺〔七〕，苔襯鶴雛眠〔八〕。此地多風景，幽深〔九〕似輞川〔一〇〕。

九

松桂圍林屋，遥知處士家。踈簾〔一一〕宵進〔一二〕月，虚幌曉〔一三〕承霞。藥味園中木〔一四〕，詩材檻外花。尋幽須到此〔一五〕，毋惜去程賒。

十

林居無俗韻，琴史引來賓。逕狹難容轍，池深可縱鱗〔一六〕。登山新製屐，漉酒舊裁巾。我亦耽幽者，他年願托隣。

【校記】

〔一〕此組詩又見於《吳都文粹續集》卷四十九詩。《明詩紀事》甲籤卷二十選録第一、五、九、十四首，《列朝詩集》閏集卷一、《四朝詩》明詩卷六十六五言律詩十七選録第五、八二首，《古今禪藻集》卷二十二、《石倉歷代詩選》卷三百二十二明詩初集四十二選録第五首。

〔二〕北牕：《吳都文粹續集》作『北風』。

〔三〕畜：《吳都文粹續集》作『養』。

〔四〕曾：《吳都文粹續集》作『真』。

〔五〕棋：《吳都文粹續集》作『碁』。
〔六〕客：底本誤作『容』，據詩意及明范氏卧雲山房鈔本《逃虚子詩集》《吳都文粹續集》改。
〔七〕哺：《列朝詩集》作『晡』。
〔八〕眠：《列朝詩集》作『遙』。
〔九〕幽深：《吳都文粹續集》作『悠然』。
〔一〇〕輞川：底本誤作『網川』，據《吳都文粹續集》《列朝詩集》《四朝詩》改。按：『輞川』即輞谷水。諸水會合如車輞環湊，故名。在陝西省藍田縣南，源出秦嶺北麓，北流至縣南入灞水。唐詩人王維曾置别業於此。
〔一一〕簾：底本誤作『廉』，據卧雲山房鈔本、《吳都文粹續集》《明詩紀事》改。
〔一二〕進：《明詩紀事》作『受』。
〔一三〕曉：《吳都文粹續集》作『晚』。
〔一四〕木：《明詩紀事》作『朮』。
〔一五〕須到此：《吳都文粹續集》作『來到此』。
〔一六〕鱗：《吳都文粹續集》作『禽』。

玄明精舍訪呂山人志學

閑房近竹邊，行李亦精妍〔一〕。避客因妨俗，依僧為夅禪。陰堦偏積雨，風樹不藏烟。别去仍題壁，留君慰目前。

【校記】

〔一〕精妍：明范氏卧雲山房鈔本《逃虚子詩集》作『清妍』。

闉城中登瑞光塔望舊遊諸山〔一〕

寶塔乍〔二〕登臨，靈焱〔三〕蕩夕陰。故山俱對眼，此日獨游心。遠水勞歸楫〔四〕，長空倦去禽。自非嬰世難，何不遂幽尋。

【校記】

〔一〕此首詩又見於《吴都文粹續集》卷二十九寺院、《吴都法乘》卷九。詩題《吴都文粹續集》無『闉』字。

〔二〕乍：《吴都法乘》作『作』。

〔三〕靈焱：《吴都法乘》作『靈焱』。

〔四〕楫：《吴都法乘》作『揖』。

讀孤山法師《閑居編》〔一〕

孤山無復見，展卷已知心。落落潛夫詠，皇皇古劍吟。江雲陰遠嶠，野雪霽高林。莫謂千年後，人間絶賞音。

【校記】

〔一〕此首詩又見《古今禪藻集》卷二十二。題中『編』，底本誤作『篇』，據《逃虚子詩集》目録、《古今禪藻集》改。

題紙扇〔一〕

越楮新裁素，齊紈欲競鮮。掩歌聲不散，障月影同圓。染翰宜增價，塗鴉〔二〕却未便。霜晨非可近，那用恨人捐。

【校記】

〔一〕此首詩《明詩紀事》乙籤卷三、《古今名扇録》、《罪惟録》卷之三十二中有節録。

〔二〕鴉：明范氏卧雲山房鈔本《逃虚子詩集》作『鷃』。

湯泉

源流常滾滾，何代藴炎精。氣蒸成霧彩，波沸襍松聲。浴令嬴女健，飲使渴麋驚。不同傾國污，蓮花漫有名。

贈吴山樵者

生涯惟一斧，採処不同群。浪迹來吴岫，歸心入楚雲。獨負出林見，長歌隔澗聞。還醉茆屋底，落葉暮紛紛。

登天平山訪圭禪師〔一〕

遠歸吴下寺，重上白雲泉。勝地游非偶，名山到是緣。僧行晴雪裏，鳥嘯夕陽邊。開士情何厚，茶餘話昔年。

【校記】

〔一〕此首詩又見《吴都文粹續集》卷三十三寺院、《吴都法乘》卷二十二中。題中『圭禪師』，《逃虚子詩集》目録作『圭禪老』。

毘盧寺二首〔一〕

禪宮城市裏，世事幾曾聞。素壁搖春浪，踈欞宿莫雲。隔林傳磬響，緣石起爐氛。齋後無來客，經行到夕曛。

其二

城下千年寺，鍾聲自曉昏。一燈明古殿，衆鳥集閑門。宋世碑猶在，金源栢尚存。惜無陶謝輩，來此共清論。

【校記】

〔一〕題中『毘盧寺』，《逃虛子詩集》目録作『毘盧寺』。

重遊白雲觀

琳館經年别，重遊喜可知。狹蹊樵競路，高樹鳥争枝。井碧〔一〕燒丹井，花紅向日葵。子因耽僻静，宴坐每移時。

【校記】

〔一〕井碧：明范氏卧雲山房鈔本《逃虛子詩集》作『泉碧』。

與薛十二穆過壽寧精舍得『歌』字〔一〕

同是山中客，尋幽入薜蘿。草香疑〔二〕蕙萼，鳥韻識鶯歌。暖日花陰少，晴濤樹杪多。不緣經歲約，那得此相過。

【校記】

〔一〕此首詩又見於《吳都文粹續集》卷二十九寺院、《吳都法乘》卷二十二中。詩題《逃虛子詩集》目録作『與薛七二穆過壽寧精舍得「歌」字』，『七』字誤。

〔二〕疑：《吳都文粹續集》作『凝』。

鳴皋亭

苔堦流素月，桂宇泊閒雲〔一〕。霜禽寒自唳，山客醉還聞。徑烟籠竹影，林吹度蘭氛。能容方外士，清讌坐宵分。

【校記】

〔一〕閒雲：明范氏卧雲山房鈔本《逃虛子詩集》作『開雲』。

詠燈

良夕然晝〔一〕字，緹幕護春融。縷縈烟裊素，花殘粟墜紅。光敷渾助月，影動蕎驚風。微熒一室內，難與九華同。

【校記】

〔一〕晝：明范氏卧雲山房鈔本《逃虛子詩集》作『晝』。

雨中題山館

暫駐遊方屐，羈孤動客心。歡時〔一〕春意謝，愁狹雨聲沉。山暝花含夕，林寒樹積陰。埽苔尋舊句，一一為重吟。

【校記】

〔一〕時：明范氏卧雲山房鈔本《逃虛子詩集》作『將』。

晚過師子林〔一〕

無地堪逃俗，乘昏復到林〔二〕。半山雲遏磬，深竹雨留禽。觀水通禪意，聞香去染心。叩門〔三〕驚有客，想亦為幽尋。

【校記】

〔一〕此首詩又見於《古今禪藻集》卷二十二、《列朝詩集》閏集卷一、《四朝詩》明詩卷六十六五言律詩十七、《明詩鈔》明詩五言律、《味水軒日記》卷七、《古今詩删》卷二十五、《吳都文粹續集》卷三十七市鎮墳墓、《吳都法乘》卷二十二上之上、《百城烟水》卷四、《愛日吟廬書畫録》卷一、《（正德）姑蘇志》卷二十九。《古今詩删》《明詩鈔》題作「晚過獅子林蘭若」，《（正德）姑蘇志》題作「晚過師林」，《逃虚子詩集》目録作「過師子林」。

〔二〕此句《味水軒日記》作「乘閒復至林」。

〔三〕叩門：《味水軒日記》作「扣山」。

悼立禪師二首〔一〕

一衲老雲深，迢迢訃寂音。不離生滅相，已絶去來心。壁冷孤峯影，龕閑雙樹陰。夕陽依磬響〔二〕，依舊滿空林。

二

未列〔三〕高僧傳，名先入祖圖。燈殘窓下瞑〔四〕，履剩榻前孤。宿靄封新塔，餘香起舊爐。蒼蒼泉上石，遥對想加趺〔五〕。

【校記】

〔一〕此首詩又見於《古今禪藻集》卷二十二。

〔二〕依磬響：《古今禪藻集》作「清磬響」。

〔三〕列：《古今禪藻集》作「刻」。

〔四〕瞑：《古今禪藻集》作「暝」。

〔五〕加趺：《古今禪藻集》作「跏趺」。按：二者同詞異寫。

訪震上人

不辭江路遠，尋子興何濃。桐院傳秋詠，苔扉掩暮鍾。沙痕驚鳥迹，林氣訝雲蹤。應許同來客，禪餘共聽松。

秋日重遊穹窿山海雲精舍十首〔一〕

昔年曾駐錫，此日〔二〕喜重遊。樹影兼雲合，蟬聲帶雨收。澗循松下砌，峯繞竹邊樓。後到〔三〕嗟難偶，吟蹤去復留。

二

歷歷青山〔四〕裏，曾匡〔五〕倚曲房。竹雲時駐影，桂露夕團香。未暮先垂瞑〔六〕，方秋已荐涼。莫言今〔七〕索莫，自可勝它〔八〕鄉。

三

巖棲還傍塢，複嶺自層層。叩户頻來佃，尋溪每到僧。苔深終隱甃，樹老尚縣〔九〕藤。但可行吟處，題詩記我曾。

四

林屋藏深〔一〇〕密，盤盤石逕〔一一〕斜。過樵驚睡犬，廻牧亂鳴鴉。垣碧蘿攢〔一二〕葉，籬紅槿綴花。到時須放浪，莫問是他家。

五

迢遰青村外，崎嶇紫邏間。過林才〔一三〕見日，到渡不逢山。一室依巖險，雙扉傍竹閒。曾看雲際鶴，向暮〔一四〕自〔一五〕飛〔一六〕還。

六

勝地〔一七〕初遊日，長疑別有天。樓開扉納月，庖接筧通泉。鍾散群峰外，禽回雙樹邊。也知宜眺望，不獨可安禪。

七

地遠塵難到，人家半隔溪。放禪〔一八〕還候磬，起曉却凴雞。雲度隨山窈，泉行赽澗底〔一九〕。披蕠尋薜壁，更為刻新題。

八

積雨秋初霽，林園薜護扉。葵妖〔二〇〕花愈盛，橘病實還稀。逕露香沾屐，嵐烟翠上衣。山翁能引客，徐步向斜暉。

九

一逕通林遠，時聞長者來。水光搖定室，松影落香臺。楥〔二一〕為防彪設，軒因放鶴開。若將吟適興，滿眼是詩材〔二二〕。

十

山人無所事，沿堵〔二三〕只栽松。黄葉深深屋，青烟遠遠峰。苔蹊屯鳥迹，石广〔二四〕宿雲蹤。留客同迂步〔二五〕，乘昏欲聽鍾。

【校記】

〔一〕此組詩又見於《吳都文粹續集》卷三十三寺院。《列朝詩集》閏集卷一、《四朝詩》明詩卷六十六五言律詩十七選録第五、七二首，《佩文齋咏物詩選》卷二百三十二佛寺類選録第五首，《吳都法乘》卷二十二中選録八首，題作『秋日重遊海雲精舍八首』。『穹窿山』，《逃虛子詩集》目録作『穹隆山』。另，《逃虛子詩集補遺》收四首，題作『海雲庵四首』。

〔二〕此日：《吳都文粹續集》《吳都法乘》作『此地』。

〔三〕後到：《吳都文粹續集》《吳都法乘》作『到後』。

〔四〕青山：《逃虚子詩集補遺》作『春山』。

〔五〕曾厓：《吳都文粹續集》作『層崕』，《逃虚子詩集補遺》作『曾崕』。

〔六〕暝：底本誤作『瞑』，據《吳都文粹續集》改。

〔七〕今：《逃虚子詩集補遺》作『金』。

〔八〕它：《吳都文粹續集》《逃虚子詩集補遺》作『他』。

〔九〕縣：《吳都文粹續集》《吳都法乘》作『懸』。按：二者古今字。

〔一〇〕藏深：《吳都法乘》作『深藏』。

〔一一〕石逕：《吳都法乘》作『石徑』。

〔一二〕攢：《吳都文粹續集》作『藏』。

〔一三〕才：《四朝詩》作『方』。

〔一四〕暮：《逃虚子詩集補遺》作『莫』。按：二者古今字。

〔一五〕自：《逃虚子詩集補遺》《吳都文粹續集》《吳都法乘》《列朝詩集》《四朝詩》《佩文齋咏物詩選》作『獨』。

〔一六〕飛：明范氏臥雲山房鈔本《逃虚子詩集》作『獨』。

〔一七〕勝地：《吳都文粹續集》《吳都法乘》作『勝處』。

〔一八〕放禪：《吳都法乘》作『放船』。

〔一九〕底：《吳都文粹續集》《列朝詩集》《四朝詩》《吳都法乘》作『低』。按：作『低』似優。

〔二〇〕妖：《吳都文粹續集》作『妍』。

〔二一〕棱：《吳都法乘》作『桴』。

〔二二〕詩材：《逃虛子詩集補遺》作『詩林』。

〔二三〕沿堵：《吳都法乘》作『沿渚』。

〔二四〕石广：《吳都文粹續集》作『石厂』，臥雲山房鈔本、《吳都法乘》作『石磴』。

〔二五〕迂步：底本誤作『迂少』，據詩意及臥雲山房鈔本、《吳都法乘》《吳都文粹續集》改。按：『迂步』猶緩步。

八月十四夜雙塘口待潮

海昏潮未至，久待野塘邊。候問曾來客，濤驚乍到船。風生聲逐後，月上勢争先。自咲門行〔一〕險，還同利役牽。

【校記】

〔一〕門行：明范氏臥雲山房鈔本《逃虛子詩集》作『閑行』。按：作『閑行』優。

送印法師之海寧講經〔一〕

旅館獨淹留，那堪送別愁。江通雲際寺，城掩雨中樓。分袂嗟人遠，弘經喜地幽。故山惟老檜，寒盡望歸舟。

【校記】

〔一〕詩題《逃虚子詩集》目録作『送印法師之海寧』。

過房山清安精舍

寂寂前朝寺，林深一逕分。鶯花含夕雨，龍石起春雲。照佛燈微見，呼僧磬遠聞。老禪因愛客，同步向斜曛。

沙河道中

古道繞河濱，平沙浸棘薪。水雲汀宿雁，風雨路行人。杳杳家林遠，依依伴侣親。艱難為尋勝，寧肯一酸辛。

日暮沙上口號〔一〕

寂寂村深路，人家盡掩扉。平沙縈鳥篆，踈樹絡雲衣。無興從南去，多情向北歸。老年行履倦，宿不待斜暉。

【校記】

〔一〕此首詩又見《列朝詩集》閏集卷一。題中『暮』，《逃虛子詩集》目録作『莫』。

寄周鶴林〔一〕

廿載離吳下，人傳少俊豪。久羇燕地遠，長想鶴林高。池影涵秋月，松聲鼓夜濤。南還如有日，尋訪肯辭勞〔二〕。

【校記】

〔一〕此首詩又見於《吳都文粹續集》卷四十九詩。《獨庵外集續稿》亦收，題作『寄錬士周鶴林』。

〔二〕勞：底本漶漫不清，據明范氏卧雲山房鈔本《逃虛子詩集》《獨庵外集續稿》《吳都文粹續集》校定。

登惠山觀泉

古寺連西郭，尋泉步澗苔。為憐僧獨迓，因喜客重來。晴鳥臨流集，秋花夾岸開。盤桓須盡興，隨処有茶杯。

初夏過城南神樂觀訪張真人無為

遠訪無為子，琳宫路入雲。緑陰移席就，黄鳥隔簾聞。清賞消凡慮，玄言發妙熏。賦歸非盡興，高樹閣斜曛。

遊甘露寺〔一〕

欲上唐朝寺，先登北固山。天涯青嶂遠，樹杪〔二〕白雲閑。烟磬兼潮遠〔三〕，風帆趂〔四〕鳥還。祇曰多景致，過客自開顏。

【校記】

〔一〕此首詩又見《京口三山志》卷三集詩一。

〔二〕杪：《京口三山志》作『秒』。

〔三〕兼潮遠：《京口三山志》作『並潮響』，明范氏卧雲山房鈔本《逃虚子詩集》作『兼潮響』。
〔四〕趂：《京口三山志》作『趁』。

柳胥莫歸〔一〕

歸城心欲速，短艇夜還乘。僧寺烟中磬，漁家水際燈。遙天昏訝靄，高樹聳疑陵。隔岸山偏好，徐看想舊臺〔二〕。

【校記】

〔一〕此首詩又見於《吳都文粹續集》卷三十七市鎮墳墓，題中『莫』作『暮』。
〔二〕舊臺：明范氏卧雲山房鈔本《逃虚子詩集》《吳都文粹續集》作『舊登』。按：作『舊登』似優。

常春堂

淑氣滿庭户，時時二月天。炎凉無復見，華柳自長妍。和暢慈親樂，芳菲過客憐。斯祥知孝感，宜爾子孫賢。

舟中懷年、慧二子〔一〕

相違纔半日，相憶近中宵。兩處同看月，孤舟獨待潮。漁人歸浦急，雁旅〔二〕入雲遥。欹枕愁方集，清吟遣易消。

【校記】

〔一〕題中「二子」，《逃虚子詩集》目録誤作「二字」。

〔二〕雁旅：明范氏卧雲山房鈔本《逃虚子詩集》作「雁侣」。

深翠軒〔一〕

芳構〔二〕依苔竹，幽深六月寒。蘿烟〔三〕迷翡翠，松露挹〔四〕琅玕。秀色侵帷畔，清氛〔五〕集座端。晚來無客過，琴詠自成歡。

【校記】

〔一〕此首詩又見《六研齋筆記》卷一。

〔二〕芳構：《六研齋筆記》作「華搆」。

〔三〕蘿烟：《六研齋筆記》作『茗煙』。
〔四〕挹：明范氏卧雲山房鈔本《逃虚子詩集》《六研齋筆記》作『浥』。
〔五〕清氛：《六研齋筆記》作『清芳』。

耆山庵為張真人賦

耆山高莫極，絶似丈人〔一〕峰。虎踞巖前石，龍蟠磵底松。有仙多著迹，無俗可留蹤。為愛庵中趣，吾儕亦願從。

【校記】

〔一〕丈人：底本誤作『文人』，據詩意徑改。按：『丈人』誤作『文人』，又見於《逃虚子詩集》卷二《次韻荅張天師》。

寄王光庵〔一〕

學優何不仕，奉母向桑榆。今古書千卷，乾坤宅一區。竹臨窓更密，蘿繞徑偏紆。坐上賓朋少，無營且自娱。

【校記】

〔一〕此首詩又見《吳都文粹續集》卷四十九詩。詩題《逃虛子詩集》目録作『寄隱士』。按：《逃虛子集補遺》有『王光庵傳』，可參。

晚過池上南軒

南軒人少到，緑池水自深。荷香偏戀客，雲影不隨禽。竹逕回風響，蘿龕宿雨陰。閑來為乘興，遲坐且〔一〕長吟。

【校記】

〔一〕且：明范氏卧雲山房鈔本《逃虛子詩集》作『日』。

初夏登鷄鳴山訪定巖〔一〕

蕭寺〔二〕鎖烟蘿，遊人襪〔三〕珮珂。半山紅艷盡，一塢緑陰多。探勝時應到，乘閑暮亦過。禪翁深祖道〔四〕，誰解問如何。

【校記】

〔一〕此首詩又見《金陵梵刹志》卷三，題作『初夏訪定巖禪寺』。

〔二〕蕭寺：《金陵梵刹志》作『肅寺』。

〔三〕褋：明范氏卧雲山房鈔本《逃虛子詩集》作『離』。

〔四〕祖道：《金陵梵刹志》作『阻道』。

新柳〔一〕

裊裊臨江郭，依依傍苑墻。眼舒春後雪，眉蹙曉來霜。蠻舞腰争細，鶯遷色並黄。低垂連草帶，亂拂和梅香。雨滯〔二〕枝猶弱，烟牽縷共長。隋堤千萬樹，目斷意淒凉。

【校記】

〔一〕此首詩又見《古今禪藻集》卷二十五。

〔二〕滯：《古今禪藻集》作『殢』。按：二者義同，指滯留。

瓜圃

辟地成瓜圃，綿綿傍碧淙。東陵〔一〕名有在，西域種難逢。蔓緑迷烟遠，花黄帶露重。夏成先薦祖，春播却隨農。棘護人難盜，籃盛稚每供。知君貴閒適，無意李孫鍾。

【校記】

〔一〕東陵：明范氏卧雲山房鈔本《逃虚子詩集》作『東凌』。

紫牡丹

得名非數本〔一〕，魏紫〔二〕最堪誇。絶艷知川種，穠芳訝洛花。争開緣向日，微動欲流霞。晝斷紅粧看，宵還翠幄遮。天香同玉版，國色異硃砂。燁燁應多暈，熒熒絶點瑕。不居桃李下，難使蝶蜂賒。彼美貧猶愛，非惟富貴家。

【校記】

〔一〕本：底本作『夲』。《廣韻·上混》：『本……俗作「夲」。』此録為正體。

〔二〕魏紫：牡丹花名貴品種之一。相傳為宋時洛陽魏仁浦家所植，色紫紅，故名。

欽賜玉帶

聖恩新賜帶，玉潤出藍田。采擇知惟允，攻磨喜至圓。珎良欺角賤，精密勝金堅。圍体恩光重，凝眸雪色鮮。鮮遟曰永日，懸久為朝天。自足彰斯任，非惟壯老年。寵榮嗟異等，瞻顧識尋賢〔一〕。帝德將何報，徒慙賦短篇。

【校記】

〔一〕尋賢：明范氏臥雲山房鈔本《逃虛子詩集》作『尊賢』。

嘉禾

聖主安天下，嘉禾瑞正宜。殊丘天靡間，聯蕙〔一〕雨時滋。玉粒香偏美，紅鮮色更奇。姬周曾記〔二〕異，炎漢特〔三〕名垂。差勝花雙萼，何如麥兩岐。豐年人飽飯，農父不知疲。

【校記】

〔一〕蕙：明范氏臥雲山房鈔本《逃虛子詩集》作『穗』。

〔二〕記：臥雲山房鈔本作『紀』。

〔三〕特：卧雲山房鈔本作『持』。

騶虞詩并序〔一〕

上卽位之三載，永樂二年歲在甲申秋八月，騶虞見于河南，皇弟周王殿下獲之。九月八日，親獻于朝，闔國歡頌。臣聞騶虞似虎，白質黑文，形狀偉傑，不啖生物，不踐生草，仁獸也。非君王有至信之德，則不出見于世。所以秦漢以來，至唐宋及元，而未嘗見之也。惟我聖朝太祖高皇帝，繼天立極，子養萬民，成一大統。皇帝陛下，紹隆祖業，平治海寓，親親仁民，善善惡惡，以孝友至信之德，感乎天地人神，草木昆虫之類。嘉祥異瑞，莫不迭興；四夷八蠻，莫不爭貢。今騶虞見于周國，是彰上之同氣孝友，至信之德也哉！太子少師臣姚廣孝，翦才陋學，備員文職，睹兹盛事，無以稱頌，謹稽首頓首，惶恐百拜，陳之以詩曰：

騶虞不易出，自古獸中珍。應世為奇兆，彰君有至仁。昔賢曾記〔二〕異，曠代不逢真。間出還因地，潛藏亦有辰。貴聞名在德，强致力非人。剛克威無猛，柔居性本純。啖餐寧食活，行履不萌新。猊首應欺豸，貓聲亦怖麕。玄文光異墨，素質色如銀。不使倀為導，還凴廌作鄰。圖形謄白讚，獻尾瀆姬身。貞觀曾無見，熙寧豈有臻。聖朝宏至化，星象應秋旻。皇弟因蒐獲，明庭用獻陳。侁侁來洛下，爗爗起河濱。瑞氣〔三〕低丹鳳，祥奇勝白麟。雕籠芳靄冪，玉砌紫雲屯。天降歡多士，時逢樂庶民。寵觀新遇主，榮示遠來賓。天苑繁華盛，仙鄉拳〔四〕養廛。四靈端可配，六擾豈同馴。氣象新黄屋，祥光壯紫宸。日臨敷異彩，風動布香塵。莫謂行無侶，須知護有神。兒挑寧作駭，人侮靡生嗔。毛介沾濡厚，賢良拔用頻。邦家當愛育，山野起沉淪。宜有良興漢，奚容尹在莘。德崇歸聖上，詩咏屬微臣。鑄鼎藏宗廟，名流億萬春。

【校記】

〔一〕詩題《逃虚子詩集》目録無『詩』字。
〔二〕記：明范氏卧雲山房鈔本《逃虚子詩集》作『紀』。
〔三〕瑞氣：卧雲山房鈔本作『瑞異』。
〔四〕拳：卧雲山房鈔本作『豢』。按：作『豢』優。

朝天宫

六代興王地，千年上帝宫。絳扉隨日啟，黄道與天通。左掖龍威盛，西垣虎勢雄。瑶壇依碧落，貝闕際玄穹。飛閣璇題迥，迴廊〔一〕畫壁崇。逕開群竹裏，亭起衆華中。靈迹金庭異，仙游玉局同。瑞雲春匼匝，香霧晚涳濛。森爽低瀛閬，清虚鄙華崧。轟翻空界黑，旌曳下方紅。樓響鍾初叩，臺明鏡乍礱。丹光晨掩旭，劍氣夜成虹。寶籙吴紗閟，陰符蜀綺籠。爐氛烟縹緲，簾影月玲瓏。偃蓋松承露，垂瓔檜引風。神龜時出沼，儀鳳暮栖桐。緑髪乘虬客，青衣放鶴童。辭凡修素默，望聖達淵冲。定録思茅固，全生慕葛洪。尋真須到此，不用問崆峒。

【校記】

〔一〕迴廊：明范氏卧雲山房鈔本《逃虚子詩集》作『回郎』。

奉簡宋學士〔一〕

起嫠辤三洞，登瀛近九天。雍雍金殿客，濟濟玉堂仙。光岳英靈氣，乾坤造化權。博通推李府，善觧壓經筵。應制機犇電，摛文思湧泉。皇猷資黼黻，黔首荷陶埏。襃貶無私斷，春秋得妙傳。歐虞甘在後，斑馬耻〔二〕居先。貴世欺雙璧，勤朝咲八塼。美才膺内相，殊寵過前賢。對奏龍顔動，趍蹌鷺序聯。華裾承雨露，綵筆走雲烟。錫宴花簪帽，陪游錦作韉。裘分裁紫綺，炬送出金蓮。石鼎聯春夜，韋編閱晚年。乞閒終觧印，佚老却歸田。白髮栖林下，丹心戀日邊。樂賔長就飲，愛佛每逃禪。欲效蠅隨驥，曾同螘慕羶。固知公有道，要結此生緣。

【校記】

〔一〕詩題《逃虚子詩集》目録無『奉』字。

〔二〕此句底本衍一『耻』字，據詩意及明范氏卧雲山房鈔本《逃虚子詩集》删。

送戴醫師元禮還金華〔一〕

多士家依婺，豪門祖羨良。高年逾七十，妙學異尋常。衆仰緣眉白，尊居匪鬢蒼。怡閒甘澤藪，趣静效柴桑。老去摩銅狄，仙游起石羊。濟生心每切，為物意何長。術有神傳訣，醫隨病製方。世称今緩鵲，人鄙昔劉張。道在能弘施，丹成肯秘藏。常時忻養士，此日幸賔王。藹藹聲華盛，雍雍德業昌。雖承新雨露，不改舊冠裳。金闕心長戀，丹谿道愈彰。異書留紫府，高論刻青琅。夜雪辭華舘，春風返故鄉。地遙人在望，家近雁成行。芳櫂〔二〕縈蘭靄，輕裘帶杏香。惜君重别去，顧我独情傷。袂判形雖濶，神交迹自忘。秋來開菊圃，候訪埽禪房。

【校記】

〔一〕詩題《逃虚子詩集》目録作『送戴醫師』。

〔二〕櫂：底本作『擢』。二者俗寫不拘。此據詩意及明范氏卧雲山房鈔本《逃虚子詩集》録為正體。

詆蠅

眇質誠何用，徒勞造化生。飛時偏忌冷，集処却嫌清。癡著應無悟，危臨自不驚。近陰方寂寂，傍午正營營。風引膠蛛網，香牽溺釜羹。循窓求路出，入户逐人行。窺隙模宵盗，分行孝陣兵。翅輕差勝蝶，觜利豈如虻。玷白同讒賊，妏汙並俗氓。咂眵雙似約，吮血衆猶争。和雨華前墜，依烟草際縈。惱書頻繞筆，攬飲數緣觥。劍逐心何怒，文憎意不平。揮將椶〔一〕制拂，獵效扇塗餳。點几疑飛墨，鳴空訝沸鐺。何須雙月〔二〕至，過耳便無聲。

【校記】

〔一〕椶：底本『木』旁作『扌』。二者俗寫不拘。此據詩意及明范氏卧雲山房鈔本《逃虚子詩集》録爲正體。按：『椶制拂』謂用棕櫚葉製成的拂塵。用於撣塵、驅蚊蠅等。唐杜甫《棕拂子》詩：『椶拂且薄陋，豈知身效能。』清曹庭棟《養生隨筆·雜器》：『椶拂子，以椶櫚樹葉，擘作細絲，下連葉柄，即可手執。夏月把玩，以逐蚊蚋，兼有清香，轉覺雅於麈尾。』

〔二〕雙月：卧雲山房鈔本作『霜月』。

師子林三十韻〔一〕

上士栖禪地，精籃故有名。勝踰〔二〕林屋洞，奇冠闔閭城。岌岌〔三〕諸峰秀，青青萬竹〔四〕榮。室同圖藻麗，地等布金平。刹頂靈光集，幢陰瑞靄縈。梁飛晴蝀現〔五〕，磺踞怒猊獰。近悦罘罳擁，遥憐睥睨横。桂臨經閣暝〔六〕，蕉傍佛龕清。井甃氷壺净，池〔七〕開玉鑑明。鉢拘龍伏卧，亭接鳳來鳴。曇蕚還殊〔八〕菊，頻伽詎類鶯。庭梅新著彈，軒栢老垂纓。槲葉欺螺翠，榴英妒罽赬。露晨知蕙吐，日午覺葵傾。磵馥〔九〕叢生芳〔一〇〕，渠陰樹列檉。藥蘭〔一一〕蜂恣繞，蘚砌蟻艱〔一二〕征。風籟吟雙逕，天花雨兩楹。炊香馴鴿戀，屧響睡厖驚。日下幡交影，雲深磬一聲。蘭燈長際曉，蓮漏不違更。煖觸松煬竈，清喧茗沸鐺。篆煙重翳幌，鏡月獨縣〔一三〕欞〔一四〕。僧出齋房靜，童歸化器盈。蟬號隨梵奏，鶴舞逐經行。慕境人廛〔一五〕過，忘形客倦迎。參時機較密，定處步宜輕。疏潤緣方絕，孤高道始成。遠閒思結社，潛醉願投盟。要適〔一六〕林中趣，應存物外情。會須來埽石，宴坐孝空生〔一七〕。

【校記】

〔一〕此首詩又見《明僧弘秀集》卷十三、《吳都文粹續集》卷三十、《吳都法乘》卷二十二上之上。
〔二〕踰：《吳都法乘》作『途』。按：『途』乃『逾』之誤，『逾』『踰』義同。
〔三〕岌岌：《明僧弘秀集》作『岋岋』。
〔四〕竹：《明僧弘秀集》作『木』。
〔五〕現：《吳都文粹續集》作『見』，《吳都法乘》作『入』。
〔六〕此句《吳都法乘》作『柱臨經閣暝』。
〔七〕池：《吳都法乘》作『地』。
〔八〕殊：《吳都文粹續集》作『如』。

〔九〕馥：《吴都文粹續集》《吴都法乘》作『覆』。

〔一〇〕芀：《吴都文粹續集》作『荔』。

〔一一〕蘭：《明僧弘秀集》《吴都法乘》作『闌』，《吴都文粹續集》作『欄』。按：似當作『闌（欄）』。

〔一二〕艱：《吴都法乘》作『難』。

〔一三〕縣：《吴都文粹續集》《吴都法乘》作『懸』。

〔一四〕欖：《明僧弘秀集》《吴都文粹續集》《吴都法乘》作『甍』。

〔一五〕厪：《明僧弘秀集》《吴都文粹續集》《吴都法乘》作『勤』。

〔一六〕適：《吴都文粹續集》作『識』。

〔一七〕空生：《吴都文粹續集》《吴都法乘》作『無生』。

送堅上人歸瀘溪〔一〕

愛爾同門友，相逢未十年。教從天竺講，詩自銕厓傳。才俊名還重，身閒地亦偏。槎溪山寺近，瀘水海塘連。蘿屋寒迷月，松龕夕閟烟。雨花沾白氎，飛霧濕紅蓮。錫近辭東郭，囊隨憩北禪。雨多停去旆，風順促歸舩。離思當門柳，秋深〔二〕到處蟬。相思似潮汐，日日過祁川。

【校記】

〔一〕詩題中的『歸』,《逃虛子詩集》目録作『還』。

〔二〕秋深:明范氏卧雲山房鈔本《逃虛子詩集》作『秋聲』。

周倬惠温石茶壺

巧分雲母斵,雅用月團煎。固外嚴防敵,虛中受若賢。氣温同玉潤,質混肖瓜圓。火蔟煨秋芋,湯鳴響暮蟬。缺唇嫌銚陋,有耳貴鐺全。奇絶疑天造,渾淪合自然。竹房清可稱,金屋富非便。持寄承英彦,隨行慰老禪。

夏日游天平山白雲寺二十韻〔一〕

地靈山勝絶,觸熱試幽探。斗近龍門險,巖深虎穴嵌。厓縣〔二〕藤絡石,波静竹臨潭〔三〕。谷響風前澗,巒光雨後嵐。松騫華蓋麗,泉出白雲甘。夏寔〔四〕知青李,冬〔五〕枯識老柟。蟒窺崕匿窴,鸖搏草棲鶕。掾逕猱行疾,遮涂蟻戰〔六〕酣。岫伸眉細細,苔布髮毿毿。沼旭疑盤沐,湖天訝鏡含〔七〕。歸樵仍〔八〕佩斧,游子每停驂。一澗分高下,雙峰自北南。煌煌忠烈廟,寂寂遠公庵。桂蕠〔九〕香為室,蘿縈翠作龕。函文殊貝葉,庭〔一〇〕蔓異優曇。刹影晴杓〔一一〕遠,鍾聲夕度龤〔一二〕。

東西廊兩兩，前後衆三三。法自齋餘説，禪從浴罷參。歷奇寧有倦，玩勝已成耽。便欲攜瓶錫，相依詎不堪。

【校記】

〔一〕此首詩又見《吳都文粹續集》卷三十三寺院、《吳都法乘》卷二十二中。《吳都文粹續集》題作『夏日遊白雲寺二十韵』。

〔二〕厓縣：《吳都文粹續集》作『崖懸』，《吳都法乘》作『懸厓』。

〔三〕竹臨潭：《吳都文粹續集》作『竹林潭』。

〔四〕寔：《吳都文粹續集》《吳都法乘》作『實』。

〔五〕冬：底本作『東』，音誤，據《吳都文粹續集》《吳都法乘》改。

〔六〕戰：《吳都法乘》作『鬪』。

〔七〕含：《吳都法乘》作『涵』。

〔八〕仍：《吳都法乘》作『乃』。

〔九〕藂：《吳都文粹續集》《吳都法乘》作『聚』。

〔一〇〕庭：《吳都文粹續集》作『遮』。

〔一一〕杓：《吳都文粹續集》《吳都法乘》作『標』。

〔一二〕䇾：聲音微弱。《周禮·春官·典同》：『微聲䇾。』鄭玄注：『䇾，聲小不成也。』明劉基《大熱遣懷》詩：『樹木首咸俯，鳥獸聲盡籥。」

寄山中僧〔一〕

銕錫惟行磵谷，葛衣不受埃氛。百丈泉邊坐石，千頭松下眠雲。飡〔二〕芝每呼樵伴，采菌時驚鹿群。孤踪既留世外，高風肯使人聞。

【校記】

〔一〕此首詩又見《古今禪藻集》卷十九。

〔二〕飡：《古今禪藻集》作『餐』。

張山人適見訪，暮歸口號〔一〕

隔水茆堂塵静，臨溪松户時開。烟碧磵邊非艸，白雲〔二〕山前是梅。琴為知音一曲，酒緣得意多杯。今日乘驂且去，明朝帶鶴重來。

【校記】

〔一〕此首詩又見《古今禪藻集》卷十九、《列朝詩集》閏集卷一、《四朝詩》明詩卷一百一十八六言詩二。詩題《逃虛子詩集》目録作『張適見訪，莫歸口號』。

〔二〕白雲：明范氏卧雲山房鈔本《逃虛子詩集》《古今禪藻集》《列朝詩集》《四朝詩》作『雲白』。按：作『雲白』似優。

春日西溪即事二首〔一〕

雲斷山峰遠遠，樹廻溪路斜斜。酒旗風颺村店，牛衣日曬田家。喚婦鳩藏密竹，引雛鴨聚圓沙。人晚櫂歌歸去，争先去折汀花。

人家半依山觜〔二〕，舟子長停岸足。楊栁三株五株，桃花一簇兩簇。斜陽澹澹牽黄，遠水盈盈漲緑。老翁忘却投綸，因看晴鷗對浴〔三〕。

【校記】

〔一〕此二首詩又見《明僧弘秀集》卷十三、《古今禪藻集》卷十九、《列朝詩集》閏集卷一、《四朝詩》明詩卷一百一十八六言詩二、《佩文齋咏物詩選》卷九十七。

〔二〕山觜：《古今禪藻集》《明僧弘秀集》作『沙觜』。

〔三〕《明僧弘秀集》此句為墨釘。

國家古籍整理出版專項經費資助項目

姚廣孝全集

二

（明）姚廣孝◎著　詹緒左◎校點

安徽師範大學出版社
·蕪湖·

卷第七

七言律詩

元旦朝賀喜晴

北風雨雷〔一〕正陰時，獻歲新晴景最奇。雞唱聲頻催日馭，鴛班行整列天墀。燎明金户舒和氣，仗擁瑤堦著令儀。此際龍顔多喜色〔二〕，想應不獨近臣知。

【校記】

〔一〕雨雷：明范氏卧雲山房鈔本《逃虚子詩集》作「雨雪」。

〔二〕此句底本脱『多』字，據卧雲山房鈔本補。

元夕大祀

聖主臨壇祀玉皇，粢盛精潔炷名香。風翻彩幟雲交影，星列華燈月讓光。孚感神祇〔一〕多錫祐，福歸禁籞倍迎祥。千年盛典今能見，應爾斯民樂太康。

【校記】

〔一〕神祇：明范氏卧雲山房鈔本《逃虚子詩集》作「神斿」。

三月旦日駕幸太學〔一〕

鑾輿詣學喜良辰，麗日晴光上廟堂。冠佩雲從分鷺序，旌旗風動耀龍章。柳兼碧水溶溶緑，花帶爐煙靄靄香。聖世繼興聲教遠，蠻夷無不頌陶唐。

【校記】

〔一〕題中「幸」，《逃虚子詩集》目録作「聿」。

白鹿

夙孕搖光骨有仙，雪毛耀日角嶄然。氤氳香氣湌芝草，濯濯清姿洗玉泉。身被曉霜登帝闕，時逢盛世樂賔筵。斯祥已應君仁壽，垂拱昇平億萬年。

三月二十日欽授太子少師〔一〕

分甘巖壑事浮圖，此道何曾記有無。自念上天遺一老，誰知今日預三孤。困禽縱翮風雲會，枯枿回萌雨露濡。深荷皇恩無以報，爐香晨夕效嵩呼。

【校記】

〔一〕『三月二十日』，《逃虛子詩集》目録作『二月二十日』。

與友人登金山寺

八月涼生白苧袍，偶同多士過江皋。楞伽室中尋舊迹，妙高臺上聽秋濤。靄靄渚烟迷去鳥，依依沙柳繫回舠。人生無事須行樂，莫問頭边有二毛。

秋日登海虞致道觀〔一〕

琳館〔二〕無塵真福地，門前萬竹自青青。丹成井底飛雙鵠，檜老壇邊布七星。鶴舞出林朝每見，龍吟歸壑夜還聽。我來秖為逃秋暑，非是尋仙〔三〕問道經。

【校記】

〔一〕此首詩又見《明僧弘秀集》卷十三、《吳都文粹續集》卷二八道觀、《石倉歷代詩選》卷三百二十二明詩初集四十二、《(弘治)常熟縣志》卷二林儒。

〔二〕琳舘：《(弘治)常熟縣志》作『林舘』。

〔三〕尋仙：《吳都文粹續集》作『神仙』。

書院獨坐懷王學士〔一〕

深巷無塵闢小齋，環栽竹樹景猶佳。到門不有人題鳳，隱几惟應獨面槐。社燕〔二〕雛成辭舊壘，午雞啼罷啄陰堦。相知近得王摩詰，時過談詩慰老懷。

【校記】

〔一〕此首詩又見《續燈存稿》卷六。

〔二〕社燕：《續燈存稿》卷六作『春燕』。

題《萬松金闕圖》

山水名邦王氣來，倚天金闕勝蓬萊。雲移松嶺旌旗動，日轉楓宸戶牖開。玉樹影搖丹鳳集，翠濤聲起六龍廻。閒行幾度觀陳迹，愁聽春風杜宇哀。

江頭暮歸〔一〕

鴻雁池頭落日低，倚笻吟望路東西。雲山盡處潮聲歇，烟樹陰邊塔影迷。江市有塵車過亂，野樵無約擔歸齊。水禽飛斷千林静，不覺隨鍾度遠溪。

【校記】

〔一〕題中『暮』，《逃虛子詩集》目録作『莫』。

龍翔宮〔一〕

琳宮虛爽接薇垣〔二〕，玉樹陰深〔三〕隔市喧。日轉松壇人影寂，春回花殿鳥聲繁。仙乘風去開環室〔四〕，龍帶雲歸鎖洞門。福地年來猶落寞，人間消息底須論。

【校記】

〔一〕此首詩又見於《列朝詩集》閏集卷一。

〔二〕薇垣：《列朝詩集》作「微垣」。

〔三〕陰深：《列朝詩集》作「陰森」。

〔四〕環室：《列朝詩集》作「圜室」。

羊祜廟廟在吴城南〔一〕

探環〔二〕桑下悟前身，幼節知君不酖人。秖使才謀〔三〕扶晉室，肯施德澤被吴民。荒祠積雨爐生蘚，古屋無風壁受塵。今日經過思峴首，舊碑剥落淚沾巾。

【校記】

〔一〕此首詩又見於《古今禪藻集》卷二十四、《吴都文粹續集》卷四十九詩。「羊祜」，底本及《逃虚子詩集》目録誤作「羊祐」，據《古今禪藻集》等改。「廟在」句，《吴都文粹續集》作「在吴城南大雲庵東沿河」。

〔二〕探環：典出《晉書·羊祜傳》：「祜年五歲，時令乳母取所弄金環。乳母曰：『汝先無此物。』祜即詣鄰人李氏東垣桑樹中探得之。主人驚曰：『此吾亡兒所失物也，云何持去！』乳母具言之，李氏悲惋。時人異之，謂李氏子則祐之前身也。』後因以『探環』借指轉世。

〔三〕才謀：《吳都文粹續集》作『才猷』。

賀高啓生子

吉夢維熊得寧馨，精神秋水骨英靈。試啼此日期成器，學禮他年想過庭。抱弄向人争惜玉，咲呼盈座喜添丁。好看頭角嶄然起，應效韋賢授一經。

春夢

昏昏一枕漏將沉，似絮飄揚豈有心。蘭燭半明華舘静，棃雲重鎖緑窓深。蝶形化就還留榻，鶯語驚回欲展衾。世事興亡只同此，何須論古復論今。

訪高啓鍾山寓舍，辱詩見貽〔一〕

一江風雨泛孤舟，到岸尋君始散愁。樹色映闗知白下，山光入戶憶青丘。兒令洗垢更衣見，庖囑鬻腥作飯留。不是别來情愈密，經旬咲語為相投。

【校記】

〔一〕題中『貽』,《逃虛子詩集》目録作『詒』。

京口覽古〔一〕

譙樐〔二〕年來戰血乾,煙花猶自半凋殘〔三〕。五州山近朝雲亂,萬歲樓空夜月寒。江水無潮通鐵甕,野田有路到金壇。蕭梁事業今何在,北固青青眼〔四〕倦看。

【校記】

〔一〕此首詩又見於《列朝詩集》閏集卷一、《古今禪藻集》卷二十四、《四朝詩》明詩卷九十七言律詩二十三、《明詩別裁集》卷十二、《明詩紀事》乙籤卷三、《雙槐歲鈔》卷三、《明書》卷一百六十列傳十九本傳、《皇明通紀集要》卷十、《堯山堂外紀》卷八十一國朝、《雪濤詩評》等。

〔二〕譙樐:《列朝詩集》《四朝詩》作『譙櫓』,《雪濤詩評》作『醮櫓』,《皇明通紀集要》作『樵樐』,《明書》本傳作『譙鹵』。

〔三〕凋殘:《列朝詩集》作『雕殘』。

〔四〕眼:明范氏卧雲山房鈔本《逃虛子詩集》《列朝詩集》《古今禪藻集》《四朝詩》《明詩別裁集》《明詩紀事》《雙

槐歲鈔》作『客』。

喜陳冕廣東回京〔一〕

詩滿行囊興未窮，來時還與去時同。鷗波窈窈孤雲外，馬路迢迢夕景中。衣潤尚含榕葉雨，帶香曾著荔花風。那知此日龍河會，却話聽猿過峽東。

【校記】

〔一〕此首詩又見於《列朝詩集》閏集卷一。

白蓮花燈詠

分得東林一朶來，亭亭午夜佛前開。蘭膏吐燄微添馥，銀檠含輝絶點埃。烟護水仙遊貝闕，星隨月姊下瑶臺。光凝禪几多清韻，差勝金閨照酒杯。

王畊雲過西麓見訪二首

煌煌開國世封公，更喜髯孫節義崇。茆屋風清群竹裏，石田雲暖萬山中。探花過嶺長携子，采菌窺園每課童。有道不嫌僧舍静，幽尋終日興無窮。

人物風流似列仙，每來鄰刹訪幽禪。忘形共坐三生石，洗耳同臨百丈泉。山意欲留雲作雨，逕〔一〕陰隨步樹連天。興濃不忍乘昏別，猶自含毫賦短篇。

【校記】

〔一〕逕：明范氏卧雲山房鈔本《逃虚子詩集》作「遙」。

亂後入城有感〔一〕

槐柳陰殘第宅隳，行看不忍步頻移。歌鍾寂寂無今日，譙〔二〕鼓鼕鼕似舊時。人改衣冠〔三〕逢罕識，寺亡臺殿到還疑。故交況盡東西去，獨立斜陽倍感悲。

【校記】

〔一〕此首詩又見《明僧弘秀集》卷十三、《吳都文粹續集》卷四十九詩。
〔二〕譙：《吳都文粹續集》作「樵」。
〔三〕衣冠：明范氏卧雲山房鈔本《逃虚子詩集》《明僧弘秀集》《吳都文粹續集》作「冠裳」。

春日過天平，輿上口占〔一〕

樂遊那厭去程賒，穩穩籃輿勝小車。烟柳青邊疑野店，露桃紅處是山家。澗分燕尾泉來細，嶺轉羊腸路入斜。趣既有餘吟易就〔二〕，此行應不負韶華。

【校記】

〔一〕此首詩又見於《吳都文粹續集》卷三十三寺院、《吳都法乘》卷二十二中。題作『春日過天平口占』。

〔二〕吟易就：《吳都法乘》《吳都文粹續集》作『吟亦就』。

再寄王畊雲〔一〕

鳳凰山〔二〕下足栖遲，袍笏〔三〕盈床想舊時。青李來禽〔四〕曾有帖，白沙翠竹豈無詩。燒畬蓺黍開黄壤，鑿磵分泉貯緑池。却與野僧情最厚，常時來往不相期。

【校記】

〔一〕此首詩又見於《古今禪藻集》卷二十四。

〔二〕鳳凰山：《古今禪藻集》作『鳳皇山』。

〔三〕笏：底本下『勿』作『匆』，俗字，兹録為正體。

〔四〕來禽：《古今禪藻集》誤作『朱禽』。按：『青李來禽』，晉王羲之《與蜀郡守朱書帖》的別稱。因其首有『青李來禽』句，故名。見唐張彦遠《法書要録·右軍書記》等。

病猫

唧蟬踏雪世難尋，爪歛毛摧苦病侵。既倦終宵巡甕下，惟思長日卧花陰。欲魚快啖非無意，縱鼠橫行豈有心。誰念前功能保愛，夜寒收汝入重衾。

京都送雲海上人還山〔一〕

朝辭魏闕返家林，秋半江南尚緑陰。鍾阜雲歸山寺近，石城潮〔二〕落海門深。僧中不有興亡事，世上寧存去住心。此別似難期後會，且留茶坐撫孤琴。

【校記】

〔一〕此首詩又見於《古今禪藻集》卷二十四、《檇李詩繫》卷三十。

〔二〕潮：《古今禪藻集》作『湖』。

與乾上人游鑑湖

清流曲曲與天長，乘興來游趂晚凉〔一〕。柔櫓不驚鷗鷺夢，輕橈還觸芰荷香。百年風物□朝露，兩岸雲山自夕陽。勝処更宜逢狎友，放歌濯足且尚羊。

【校記】

〔一〕此句底本脱『來』字，據明范氏卧雲山房鈔本《逃虚子詩集》補。

昌國縣

東接雞林遠帝畿，新城如鋏海山圍。島民自樂魚塩利，縣令惟忻獄訟稀。雲外鍾声僧寺遠，風前帆影賈船歸。盡傳此地無豺虎，日暮人家不掩扉。

寶陀翫月

補陀形勝即蓬萊，待月中宵步石臺。玉宇埽空清露下，冰輪出海緑烟開。洞宫鶴侶吹笙過，水府鮫人獻寶回。莫恠癡樵耽翫賞，此生此夜不重來。

挽席道士

冠佩翛翛八十秋，天風忽送返瀛洲。青牛不駕依新壠，白鶴仍巢守故丘。看劍燈前思道論，聽璈雲外想仙游。禪心已久忘生滅，茗奠應無淚橫流。

十月一日金陵發舡之北平〔一〕

石頭城下水茫茫，獨上官船去遠方。食宿自憐同衛士，衣〔二〕盂誰咲雜軍裝。夜深多櫓聲搖月，曉冷孤桅影帶霜。歷盡風波艱苦際，無愁應只為賔王。

【校記】

〔一〕此首詩又見於《古今禪藻集》卷二十四。

〔二〕衣：明范氏卧雲山房鈔本《逃虚子詩集》作『依』。

寄虎丘蟾書記〔一〕

聞道蟾公似贊公〔二〕，一瓶一鉢寄山中。雲封蘿屋長疑雨〔三〕，泉響松巖半是風。履破只緣行脚久，囊空非為作詩窮。遥思短簿〔四〕祠前夜，共聽寒鍾〔五〕出磵東。

【校記】

〔一〕此首詩又見《明僧弘秀集》卷十三、《古今禪藻集》卷二十四、《列朝詩集》閏集卷一、《四朝詩》明詩卷九十七言律詩二十三、《明詩鈔》明詩七言律、《明詩紀事》乙籤卷三、《古今詩删》卷二十八、《吳都法乘》卷二十一上、《欽定古今圖書集成博物彙編神異典》第二百卷。

〔二〕似贊公：《古今詩删》作「如遠公」。

〔三〕此句《圍爐詩話》卷六作「林封茅屋常疑雨」。句中「疑」，《藝苑卮言》增補藝苑巵言附録卷之八作「凝」。

〔四〕簿：《吳都法乘》作「薄」。

〔五〕鍾：《吳都法乘》《古今圖書集成》作「鐘」。

題吳原範墓銘後〔一〕

哲人長往絶言音，朋友含哀作楚吟。平日著書存舊館，今朝埋玉向中林。牛眠雨沃新松長，馬鬣雲封宿草深。只有一經傳與子，名成差勝滿籝金〔二〕。

【校記】

〔一〕詩題《逃虚子詩集》目録無「後」字。

〔二〕籯金：亦作『籝金』。《漢書·韋賢傳》：『遺子黄金滿籝，不如一經。』顔師古注：『如淳曰：「籝，竹器，受三四斗。今陳留俗有此器。」……然則筐籠之屬是也。今本籝字或作盈，又是盈滿之義，蓋兩通也。』

題平坡寺二首〔一〕

路經西崦覺紆回，隱隱林光拂曙開。出郭不緣持鉢去，過山只為施經來。樹藏古殿攢紅葉，磵仆殘碑翳緑苔。坐久却思朝野士，馬蹄終日走塵埃。

平坡杳杳挹西湖，徑斷樵行敗葉鋪。泉落石河聲〔二〕愈急，雲歸沙樹遠疑無。夜堂風静紓帷幔，曉井霜寒響轆轤。那得餘生辭世網，捲衣來此日跏趺。

【校記】

〔一〕《古今禪藻集》卷二十四、《列朝詩集》閏集卷一、《帝京景物略》卷六、《日下舊聞考》卷一百三、《宸垣識略》卷十五選録第二首。

〔二〕聲：明范氏卧雲山房鈔本《逃虚子詩集》《列朝詩集》《日下舊聞考》作『深』。

贈張行人宗海

人才輩出羡琴川，之子真能繼昔賢。書每臨池無〔一〕古帖，詩多刻燭製新篇。入朝北闕恒循序，出使南藩屢奉宣。自喜年來深雨露，編摩〔二〕才就有高遷。

【校記】

〔一〕無：明范氏卧雲山房鈔本《逃虛子詩集》作『橅』。按：作『橅』似優。『橅』同『模』，謂臨仿，效法。

〔二〕編摩：猶編集。宋羅大經《鶴林玉露》卷十一：『編摩之事，稽考之勤，顧何足以當大官之膳，或庶幾者，僅此可以償萬一耳。』

遊西湖登玉泉洞〔一〕

青雀黄龍去不廻，湖頭風物捴堪哀。茫茫周土成禾黍，浩浩昆明起刼灰。香剎有名碑尚在，玉泉無主洞長開。到門頃刻衝猋發，應是山靈候客來。

【校記】

〔一〕詩題《逃虛子詩集》目録無『登』字。

送啓東白住松江延慶

風雨泥途來叩関，師因飛錫赴雲間。華亭船子名猶在，銕篴仙人去不還。三泖清光堪照膽，九峯秀色可怡顔。此行莫厭僧牢落，好闡宗乘且住山。

舟中送戴伯兼還金華省親〔一〕

中吳〔二〕山水舊同遊，上國辭歸復共舟。青色〔三〕數家烟火夕，黄河兩岸荻花秋。素弦聲帶離鴻慘，杜酒香銷〔四〕遠客愁。明日歸家想歡慶，雙親華髮未盈頭。

【校記】

〔一〕此首詩又見於《古今禪藻集》卷二十四、《檇李詩繫》卷三十。題中「還」，《逃虚子詩集》目録作「歸」。

〔二〕中吳：《古今禪藻集》作「吳中」。

〔三〕青色：明范氏卧雲山房鈔本《逃虚子詩集》《古今禪藻集》作「青邑」。

〔四〕銷：《古今禪藻集》作「消」。

大雪中過澔溪訪徐達左

乘興尋君路欲迷，扁舟泛雪過山西。平田自料非燕地，曲水渾疑是剡溪。老去畊漁存舊隱，客來琴詠出新題。匆匆一見愁成别，相送河梁手每携。

玉簪花

五夜璚妃步月行，玉簪道〔一〕地蝶蜂驚。却憐翠袖施粧巧，不著烟鬟照眼明。影過宛同孤鶴白，香飄寧讓澧蘭清。老夫久矣忘聲色，坐對高吟亦動情。

【校記】

〔一〕道：明范氏卧雲山房鈔本《逃虛子詩集》作『遺』。按：作『遺』似優。

舟中贈琴士徐和仲

南湖佳處樂幽情，鶚舉親藩藹俊聲。妙學傳家琴有種，高年玩世酒為生。還鄉自幸乘舟便，歸路争看衣錦榮。愧我迂踈林下士，秋風瓶錫喜同行。

春雪寄友〔一〕

春釀微寒作雪飄，化工渾似剪鮫綃。雨兼蔌蔌穿櫺響，風飀輕輕到地消。粉蝶撲人成隊亂，玉塵逐馬去程遙。欲呼鄭谷同吟賞，且與鄰沽酒一瓢。

【校記】

〔一〕此首詩又見於《古今禪藻集》卷二十四。詩題《逃虛子詩集》目録作『春雪』。

寄清涼長老

招提住近石頭城，境界清涼舊有名。雲樹難藏秋殿影，烟蘿還隔曉鍾声。出門卽見江山麗，開閣時瞻日月明。玆喜禪翁新補処，未由來聽説無生。

謝友人惠紫菌〔一〕

秋圃積雨多生菌，惠我盈筐勝一金。溉釜旋烹兼木耳，堆盤飽食慰蓬心。大官未必知香美，野老惟應識味深。不似毡根〔二〕人得鄙，歲〔三〕期同享樂清吟。

【校記】

〔一〕詩題明范氏卧雲山房鈔本《逃虛子詩集》、《逃虛子詩集》目録作『謝友人惠紫椹』。按：『椹』亦菌名。晉張華《博物志》卷三：『江南諸山郡中，大樹斷倒者，經春夏生菌，謂之椹，食之有味，而忽毒殺。』北周庾信《對雨》詩：『濕楊生細椹，爛草變初螢。』

〔二〕毡根：即『氈根』，亦作『羶根』。羊及羊肉的別稱。五代薛昭緯《謝銀工》詩：『一楪氈根數十皺，盤中猶更有紅鱗。』宋惠洪《冷齋夜話·僧賦蒸豚詩》：『若把羶根來比並，羶根只合喫藤條。』

〔三〕歲：卧雲山房鈔本作『載』。

卷第八

與金華戴元禮、黄山人期登石經山，謁道陵，山人期不至。時四月廿一日也

天時人事正相宜，尋勝寧辭石逕危。鞭影頻搖催馬疾，山光徐引到家遲。道陵斜日縣松栝，經洞歸雲帶鹿麋。有美無如黄叔度，料應惆悵負幽期。

京口夜泊懷衡上人

遠浦微茫月未明，江船無火斷人行。踈鍾潮渡金山寺，孤角風傳銕甕城。歸路近家愁已盡，枕流懷舊夢難成。披衣自起推篷坐，忽聽林雞報五更。

送吴知州

涿鹿三年報政成，宦情誰似使君清。一錢不受存公道，五馬將行上帝京。考績定知推策最，復

官應見賜金榮。回轅千里人争賀，不獨婁桑父老迎。

春日謁劉太保墓〔一〕

芳時登壠謁藏春，兵後松楸化斷薪。雲暗平原眠石獸，雨荒深隧泣山神。殘碑蘚蝕文章舊，異代人傳姓氏〔二〕新。華表不存歸鶴怨，幾多行客淚沾巾。

【校記】

〔一〕此首詩又見於《日下舊聞考》卷九十三。

〔二〕姓氏：明范氏卧雲山房鈔本《逃虚子詩集》作「姓字」。

過順德城

遥望邢臺僅一程，草枯木落曉霜明。山川已屬今燕主，父老猶言古趙城。寺為神僧還樹刹，橋曰國士尚存名。蕭蕭門巷無人問，過客乘騘自在行。

邢臺客舍長至日懷東吴諸友

蕭蕭矮屋近城闉，寒氣朝凝壁上塵。客裏幸逢長至日，座間寧見舊交人。不愁老眼翻經暗，自喜哀年出語新。慰藉多承東道主，地爐添火喚茶頻。

東昌道中

涷合長河阻去舟，四山寒氣壓重裘。雪深林路驢難進，火煖田家客易留。且學杜陵詩遣悶，寧為栗里〔一〕酒消愁。艱難不憚歸燕地，因感親王寵顧優。

【校記】

〔一〕栗里：明范氏卧雲山房鈔本《逃虛子詩集》作『粟里』。按：當作『栗里』。『栗里』，地名。在今江西省九江市西南。晉陶潛曾居於此。唐白居易《訪陶公舊宅》詩：『柴桑古村落，栗里舊山川。』

次韻荅天平復庵師二首〔一〕

清晨荷笠出江城，乘興來參肯〔二〕待晴。雲起東山藏刹影，水流西澗帶鍾聲。茶燒活火嘗新味，詩寄長牋寫舊情。便欲泉頭分半榻，相依談咲盡餘生。

獨客燕山近薊丘〔三〕，隨身瓶錫數年留。昨朝過魯非無樂，今日還吳却有愁。屋老郊園蛙産竈，窓寒風雨鼠侵裘。故交猶得師存爱，握手歡呼慰白頭。

【校記】

〔一〕此二首詩又見《吳都文粹續集》卷三十三寺院、《吳都法乘》卷二十二中。詩題《逃虛子詩集》目録無『師』字。

〔二〕肯：《吳都法乘》作『再』。

〔三〕薊丘：《吳都法乘》作『薊州』。

春暮與行書記過師子林〔一〕

偶同看竹過林廬，素抱忻從此日舒。淺碧雲虛泉落後，孤紅霞濬澗芳餘。放禪時至鍾〔二〕鳴室，施食人回鳥下除。勝地每嫌山水隔，不應〔三〕乘興到應疎。

【校記】

〔一〕此首詩又見於《明僧弘秀集》卷十三、《列朝詩集》閏集卷一、《吳都法乘》卷二十二上之上。題中『暮』，《逃虛子詩集》目録作『莫』。

〔二〕鍾：《明僧弘秀集》《吳都法乘》作『鐘』。

〔三〕不應：明范氏卧雲山房鈔本《逃虛子詩集》《明僧弘秀集》《吳都法乘》作『不因』。

夏日謝賜衣履

素服青鞋〔一〕賜野人，春官傳敕出楓宸。絲約巧飾輕宜步，絺綌〔二〕單縫穩稱身。當夏著來渾却暑，近天行去不沾塵。自慚四體多疏陋，猶荷君王寵渥新。

【校記】

〔一〕青鞋：明范氏卧雲山房鈔本《逃虚子詩集》作『青鞵』。二者同詞異寫，指草鞋。

〔二〕絺綌：卧雲山房鈔本作『絡綌』。

奉旨歸山中

蘿龕雲煖足栖遲，忽拜徵書且暫離。不仕還從禪子志，無才終荷聖君知。食供美膳飢應厭，衣賜輕絺暑正宜。此日承恩歸舊業，坐看松長萬年枝。

淮安覽古

襟吳帶楚客多遊，壯麗東南第一州。屏列江山隨地轉，練鋪淮水際天浮。城頭鼓動驚烏鵲，埧口帆開起白漚。跨下英雄今不見，淡烟斜日使人愁。

遊定州學

中山名郡匪當時，黌舍蕭條亦可悲。雪浪翻騰蘇子石，丹青零落魏公祠。門無過客聽絃誦，庭有諸生治禮儀。顧我為僧雖異教，坐來惆悵一題詩。

虎丘寺火後重遊有感〔一〕

勝境天然圖畫開，千年禪刹一時灾。清泉白石銷金氣，碧殿珠樓〔二〕化刼灰。輿騎不遊猿鶴怨，鍾魚無聽鬼仙哀。重經短簿祠前望，使我愁腸日九迴。

【校記】

〔一〕此首詩又見《獨庵外集續稿》卷一。

〔二〕珠樓：《獨庵外集續稿》作『朱樓』。

蒲劍次童中州韻〔一〕

紫茸裂破出東阿，遙想干將委碧波。閃閃光芒因月照，青青鋒刃豈人磨。舞風有影游魚怖，斫水無痕感客歌〔二〕。堪咲闔廬先殉葬，三千池底未為多。

【校記】

〔一〕詩題《獨庵外集續稿》卷二作『蒲劍次韻』。

〔二〕歌：《獨庵外集續稿》作『哥』。按：『哥』為『歌』的古字。

全室禪師使西天竺取經回朝奉賀〔一〕

竺乾萬里歸來日，庭下松枝已向東。皓皓龐眉踰〔二〕雪白，翩翩毳衲帶雲紅。曇花瑞現傳天界，貝葉文翻進帝宮。千手大悲增意氣，護龍河上舞春風。

【校記】

〔一〕此首詩又見《列朝詩集》閏集卷一，題中『奉賀』作『奉和』。《逃虛子詩集》目録無『奉賀』二字。

〔二〕踰：《列朝詩集》作『逾』。

南翔寺〔一〕

齊師不返鶴南翔，梵刹如雲始自梁。衛〔二〕法天臨朝擁殿，放禪僧出夜循廊。碑殘亭下思皇宋，檜老街〔三〕前識李唐。事業已經千載久，空王誰道有興亡。

【校記】

〔一〕此首詩又見《吳都文粹續集》卷三十四、《吳都法乘》卷二十二下之下、《(正德)姑蘇志》卷三十。

〔二〕衛：《吳都文粹續集》《吳都法乘》《(正德)姑蘇志》作『護』。

〔三〕街：《吳都文粹續集》《吳都法乘》《(正德)姑蘇志》作『堦』。

送袁廷玉

昔遊西崦喜隨君，馬上清吟思逸群。蚤過道陵同蹋雪，暮栖梵刹共眠雲。泉頭埽石琴三疊，谷口尋花酒半醺。今日相逢又相别，到家毋惜寄音聞。

山月軒為俞嘉言賦

秋到華軒夜色清，更殘猶聽讀書聲。江雲澮澮凹風散，山月娟娟近水明。城漏已沉縫女息，鄰春忽動宿烏驚。境幽人勝真堪賞，過客宜忘利與名。

杏園

千樹成園護短墻，深紅淡白艷春陽。近城盡識繁華地，照日渾疑碎錦坊。輿騎每來緣探信，蝶蜂頻入為偷香。休言未及朱陳盛，足稱山人日咏觴。

游雅宜山

遙睇群峰紫翠開，竹邊曾屋樹邊臺。烟花邀騎分叢過，空鳥追人接翅來。雲沍石陰山色重，風旋磵曲水聲回。溪翁不埽門前葉，應恐登臨屐破苔。

寄金山長老

三年不到龍游寺，拂石題詩想舊遊。海湧奇峰離地立，江掀洪浪際天浮。元師昔住金山重，蘇子曾將玉帶留。何日尋公談釋部，携鐺瀹茗坐泉頭。

送馬博士

年高七十眼猶明，詔起閔中播令名。上國觀光忘旅况，宸庭敷對慰皇情。春風來路輪蒲穩，今日還家衣錦榮。遙想咸寧多故舊，定應持酒遠相迎。

毘陵覽古

城下當年戰馬屯，城中民物豈全存。譙樓鼓罷雲歸牖，酒館歌殘月到門。季子庙荒惟有礎，獨孤檜死已無根。却憐舊日登臨處，草滿横塘水繞村。

寄趙御醫彦如〔一〕

舊業東陽接洞天，移家三泖已多年。醫方妙得丹谿授，詩句純非欽史〔二〕傳。友結金蘭慚我老，心存韋布羡君賢。秋清莫憚朝廻晚，須過談玄坐竹邊。

【校記】

〔一〕詩題《逃虚子詩集》目録作『寄趙友同』。
〔二〕欽史：明范氏卧雲山房鈔本《逃虚子詩集》作『銕史』。

四月重過天界寺

閑行古寺躡陳蹤，天氣清和興味濃。鳳尾喜看新長竹，龍形驚見舊垂朶。深深蓮宇離山近，窈窈蘿龕隔澗重。瓎重禪翁苦留坐，倚闌同聽晚參鍾。

寄題松雲軒

上人崇搆接谿山，獨占松雲杳靄間。萬里暗空〔一〕紓雪練，九峰寒翠聳烟鬟。曉騰磵水疑龍起，暮暗庭柯想鶴還。我恨有山歸未得，緬懷高致一開顔。

【校記】

〔一〕暗空：明范氏卧雲山房鈔本《逃虚子詩集》作『晴空』。

永樂七年正月十五夜，喜晴，京都放燈甚盛，賦近體一首

元宵最喜雨初晴，盛放華燈滿帝城。花市月移珠翠影，綺樓風度管弦聲。煌煌火樹連雲燦，耿耿星橋映水明。聖主從容天上坐，與民同樂盡三更。

陳濟伯載除右春坊右贊善，賀以此詩〔一〕

群書博記羨儒魁，胸次森森武庫開。贊輔不無稽古力，登庸多有濟時才。人傳道誼齊前輩，時述文言啟後來。兄弟聯芳尤可爱，高堂稱壽酒盈杯。

【校記】

〔一〕詩題『右贊善』，《逃虚子詩集》目録作『贊善』。

送梁脩撰濳赴北京

特膺詔旨倍恩榮，乘驛星奔赴北京。日麗雲霄金闕迥，秋高風露玉堂清。賈生論議資王化，楊子文章稱聖情。好盡忠心報明主，士林從生〔一〕震佳聲。

【校記】

〔一〕從生：明范氏卧雲山房鈔本《逃虛子詩集》作『從此』。

王汝玉省廬墓回京，除翰林院編修兼春坊贊善，賦此為賀〔一〕

賜歸上塚已還京，復喜新除慰友情。翰苑修文多寵貴，春坊輔贊更恩榮。墨濡綵〔二〕筆松炱〔三〕膩，香染羅袍桂子清。行見聖朝應大用，不惟吳下播佳聲。

【校記】

〔一〕此首詩又見《吳都文粹續集》卷四十九詩。題中『修』，《逃虛子詩集》目録作『脩』。

〔二〕綵：《吳都文粹續集》作『彩』。

〔三〕炱：《吳都文粹續集》作『煤』。

秋日訪張天師城南新賜行館

行軒新搆倚林塘，聖主恩深雨露香。花發玉簪秋色瑩，松騫華蓋晚陰凉。存心施藥開丹室，適意弹琴埽石床。俗客不來塵事遠，往還惟我獨相忘。

五六言絶句

效古三首

行歌碧桃下，欲折碧桃花。碧桃不可折，一折一吁嗟。

二

草中是白骨，欲問白骨名。白骨不可問，一問一傷情。

三

遙望長安城，欲過長安道。長安不可過，一過一煩懊。

水閣夜坐二首

燈影萬家夕，月華一池秋。更有衰蓮馥，時兼露氣浮。

二

遲坐不成睡，魚來波有聲。野營無漏刻，皷報短長更。

贈隱者

長歌白雲裏，獨步青松間。誰云五馬貴，不似一笻閒。

聞雁〔一〕

鳴雁為離群，餘哀度水雲。那知故鄉夜，亦在〔二〕客中聞。

【校記】

〔一〕此首詩又見《古今禪藻集》卷二十六、《列朝詩集》閏集卷一、《四朝詩》明詩卷一百五言絶句五、《佩文齋咏物詩選》卷四百二十六雁類。

〔二〕在：《列朝詩集》《四朝詩》《佩文齋咏物詩選》作「似」。

題《畫馬》〔一〕

身被五花〔二〕雲，才超冀北群。莫教空老去，須借霍將軍。

【校記】

〔一〕此首詩又見《古今禪藻集》卷二十六、《吴都文粹續集》卷二十六題畫。

〔二〕五花：《古今禪藻集》《吴都文粹續集》作『五色』。

懷師子林因上人〔一〕

自作京華游，每憶林間屋。何似白雲間，長年寄深竹。

【校記】

〔一〕此首詩又見於《明僧弘秀集》卷十三。詩題《逃虚子詩集》目録作『懷師林因上人』。

對小桃

嬌姿弄晴旭，幽柯怯驚風。却憐異鄉樹，得似故園紅。

南郭行春得『遲』字

風花紅散雨，煙水緑牽漪。欲細看春色，須令步屧遲。

題《秋寺晚晴圖》〔一〕

猿將朔吹哀，雲帶溪流駛。相送獨歸僧，蕭蕭夕陽寺。

【校記】

〔一〕此首詩又見《明僧弘秀集》卷十三、《古今禪藻集》卷二十六、《四朝詩》明詩卷一百五言絶句五、《明詩綜》卷十九、《吴都文粹續集》卷二十六題畫。

題《老檜圖》〔一〕

盤盤虯虬枝，陰陰堕〔二〕虹渚。欲共水邊人，時來聽風雨。

【校記】

〔一〕此首詩又見於《題畫詩》卷七十三樹石類。

〔二〕堕：《題畫詩》作『墜』。

山中見王昿〔一〕

身外畱黄犢，山中畱〔二〕白雲。不隨樵子去，無路得尋君。

【校記】

〔一〕此首詩又見《明僧弘秀集》卷十三、《列朝詩集》閏集卷一、《四朝詩》明詩卷一百五言絶句五。題中『昿』，《明僧弘秀集》作『昿』。

〔二〕畱：明范氏卧雲山房鈔本《逃虚子詩集》《明僧弘秀集》《列朝詩集》《四朝詩》作『畊』。按：作『畊』似優。

賣花人

朝出長負花，暮歸曾帶酒。只認綉襦人，那識荆釵婦。

題《蕉石鳴鶴圖》

石間雲氣微，蕉陰露華薄。不見定餘僧，空山獨鳴鶴。

題《許由棄瓢圖》〔一〕

獨坐雲深處，迢迢遠市朝。若知身是累，應不棄山瓢。

【校記】

〔一〕此首詩又見於《古今禪藻集》卷二十六、《吴都文粹續集》卷二十六題畫。

題《獨釣圖》〔一〕

天高日華明，江清水光動。何事尚垂鈎〔二〕，不入非熊夢。

【校記】

〔一〕此首詩又見於《古今禪藻集》卷二十六、《吴都文粹續集》卷二十六題畫。

〔二〕鈎：《古今禪藻集》《吴都文粹續集》作『釣』。

師子林十二詠

師子峯〔一〕

踞地似〔二〕揚威，昂霄〔三〕渾欲吼。猛虒見還猜，妖狐寧敢走。

【校記】

〔一〕此首詩又見《明僧弘秀集》卷十三、《珊瑚網》卷三十六名畫題跋十二、《式古堂書畫彙考》卷五十四畫二十四、《味水軒日記》卷七。又，詩題『十二詠』，《逃虛子詩集》目録作『一十二詠』。

〔二〕似：明范氏卧雲山房鈔本《逃虛子詩集》作『以』。

〔三〕昂霄：《珊瑚網》《式古堂書畫彙考》作『昂藏』。

含暉峯〔一〕

林端歛夕霏，泉石閟清景。澹然娱人心，相看忘日永。

【校記】

〔一〕此首詩又見《明僧弘秀集》卷十三、《珊瑚網》卷三十六名畫題跋十二、《式古堂書畫彙考》卷五十四畫二十四、《味水軒日記》卷七。

吐月峯〔一〕

空山無宿雲，月夜〔二〕當殘夜。漸出一峯間，分光到林下。

【校記】

〔一〕此首詩又見《明僧弘秀集》卷十三、《珊瑚網》卷三十六名畫題跋十二、《式古堂書畫彙考》卷五十四畫二十四、《味水軒日記》卷七。

〔二〕月夜：明范氏卧雲山房鈔本《逃虚子詩集》《明僧弘秀集》作『月起』。

禪窩〔一〕

扃鐍揔忘機，魔外自難入。虚圓日夜明，一塵元〔二〕不立。

【校記】

〔一〕此首詩又見《明僧弘秀集》卷十三、《珊瑚網》卷三十六名畫題跋十二、《式古堂書畫彙考》卷五十四畫二十四、《味水軒日記》卷七。

〔二〕元：《味水軒日記》作『原』。

棲鳳亭〔一〕

萬竹雲朝合，孤亭月夜〔二〕明。鳳來緣〔三〕覽〔四〕德，非為〔五〕玉簫聲。

【校記】

〔一〕此首詩又見《明僧弘秀集》卷十三、《味水軒日記》卷七、《吴都文粹續集》卷三十寺院、《珊瑚網》卷三十六名畫題跋十二、《式古堂書畫彙考》卷五十四畫二十四、《愛日吟廬書畫録》卷一。《吴都文粹續集》題作『竹谷』。

〔二〕夜：《愛日吟廬書畫録》作『下』。

〔三〕緣：《味水軒日記》作『原』。

〔四〕覽：《愛日吟廬書畫録》作『覺』。

〔五〕非為：《吴都文粹續集》作『不為』。

小飛虹〔一〕

不雨自横空，低垂疑飲澗。樵子過還驚，神僧度應慣。

【校記】

〔一〕此首詩又見《明僧弘秀集》卷十三、《珊瑚網》卷三十六名畫題跋十二、《式古堂書畫彙考》卷五十四畫二十四、《味水軒日記》卷七。

問梅軒〔一〕

雪中疎蘂開，不知闇香發。幽人試問時，政〔二〕值黄昏月。

【校記】

〔一〕此首詩又見《明僧弘秀集》卷十三、《珊瑚網》卷三十六名畫題跋十二、《式古堂書畫彙考》卷五十四畫二十四、《味水軒日記》卷七。

〔二〕政：《珊瑚網》作『正』。

指栢軒〔一〕

蒼蒼庭前栢，明明西來意。禪翁指示人，又〔二〕在第二義。

【校記】

〔一〕此首詩又見《明僧弘秀集》卷十三、《珊瑚網》卷三十六名畫題跋十二、《式古堂書畫彙考》卷五十四畫二十四、《味水軒日記》卷七。

〔二〕又：《明僧弘秀集》作『人』。

玉鑑池〔一〕

非假琢磨功，泓澄〔二〕似鑑同。朝來蓮葉静〔三〕，波動覺秋風。

【校記】

〔一〕此首詩又見《明僧弘秀集》卷十三、《珊瑚網》卷三十六名畫題跋十二、《式古堂書畫彙考》卷五十四畫二十四、《愛日吟盧書畫録》卷一、《味水軒日記》卷七。

〔二〕泓澄：《明僧弘秀集》作『假泓』，《味水軒日記》作『浤澄』。

〔三〕靜：明范氏卧雲山房鈔本《逃虛子詩集》《明僧弘秀集》作『盡』。

冰壺井〔一〕

疏鑿傍雲根，虛寒深百尺〔二〕。時汲煮春芽，為待參玄〔三〕客。

【校記】

〔一〕此首詩又見《明僧弘秀集》卷十三、《珊瑚網》卷三十六名畫題跋十二、《式古堂書畫彙考》卷五十四畫二十四、《味水軒日記》卷七。《珊瑚網》題作『汲壺井』。

〔二〕尺：底本誤作『及』，據《明僧弘秀集》《珊瑚網》《式古堂書畫彙考》《味水軒日記》改。

〔三〕玄：《味水軒日記》作『元』。

立雪堂〔一〕

兀立夜迢迢，松堂篆靄銷。安心了無法，徒受雪齊腰。

【校記】

〔一〕此首詩又見《明僧弘秀集》卷十三、《珊瑚網》卷三十六名畫題跋十二、《式古堂書畫彙考》卷五十四畫二十四、《愛日吟廬書畫録》卷一、《味水軒日記》卷七。

卧雲室〔一〕

夜静起山深，隨風舒片影。漠漠〔二〕覆柴床〔三〕，獨卧衣裳冷。

【校記】

〔一〕此首詩又見《明僧弘秀集》卷十三、《珊瑚網》卷三十六名畫題跋十二、《式古堂書畫彙考》卷五十四畫二十四、《愛日吟廬書畫録》卷一、《味水軒日記》卷七。

〔二〕漠漠：《味水軒日記》作『濸濸』。

〔三〕柴床：《珊瑚網》《式古堂書畫彙考》《愛日吟廬書畫録》作『紫床』。

中秋夜别鄉友登舟

纔共鄉人會，又與鄉人别。踟蹰上夜船，獨對中秋月。

對玉簪花

終日杜門坐，從教世路賒。秋來北窗下，時對玉簪花。

支硎山十三詠為韓山人蒙庵賦〔一〕

支硎山

南峯一何高，東峰〔二〕一何壯。惟有定餘僧，時來泉石上。

報恩寺

舊寺烟霞裏，經營東晉時。支郎今不見，令我起遐思。

南池

秋深水更清，游鱗手可攟。後來觀詠人，誰能繼皮陸。

石室

窈窈環蒼石，陰陰覆白雲。夜深僧入定，鍾磬寂無聲。

八隅泉池

風回波不動，葉落曾〔三〕無聲。却憐清徹底，有誰來濯纓。

寒泉

涓涓石上流，和雲白於汞。閑來試一勺，令人毛骨竦。

石門

曉際神龍出，霄〔四〕分猛虎衝。白雲開復閉，蒼蘚剝還封。

馬跡石

堪咲支道林，愛馬却成癖。飛走〔五〕石苔間，千年尚留跡。

南峯

屼〔六〕立去城遙，嵐霏近午銷〔七〕。奇形長〔八〕照日，雄勢獨凌霄。

待月嶺

盤盤去谷遠，矗矗出林危。過樵長〔九〕待月，不管到家遲。

碧琳泉

壁間瑪瑙紅，澗底琅玕碧。童子為煎茶，山瓢汲還滌。

放鶴亭

隱隱巖高處，空亭杳靄間。神僧去不返，空望鶴飛還。

牛頭峰

群山不同高，一峰嵐翠沍。縹緲白雲間，惟見牛頭露。

【校記】

〔一〕此組詩又見《獨庵外集續稿》卷一、《吳都文粹續集》卷三十二寺院。詩題《逃虛子詩集》目録、《獨庵外集續稿》無「為韓山人蒙庵賦」。

〔二〕東峰：明范氏卧雲山房鈔本《逃虛子詩集》作「東岸」。

〔三〕曾：《吳都文粹續集》作「樹」。

〔四〕霄：《吳都文粹續集》《獨庵外集續稿》作「宵」。

〔五〕飛走：《獨庵外集續稿》作「飛步」。

〔六〕屼：《吳都文粹續集》作「竦」。

〔七〕銷：《吳都文粹續集》作「消」。

〔八〕長：《吳都文粹續集》作「常」。

〔九〕長：《吳都文粹續集》作「常」。

菊蹊

窈窈蒼苔一路，采采黄花兩開。不使乘軒鶴過，只通送酒人來。

山行

一處一處春好，一程一程路遥。簾曳踈籬山店，板懸流水溪橋。

題畫〔一〕

遠遠數峯青靄，微微幾樹斜陽。不是西江烟渚，定應南浦霞鄉。

【校記】

〔一〕此首詩又見於《明僧弘秀集》卷十三。

霜詠〔一〕

寒下千門俱白，盛〔二〕侵萬木齊僵。凝結雖因曉露，銷鎔〔三〕只待朝陽。

【校記】

〔一〕此首詩又見《古今禪藻集》卷二十六。

〔二〕盛：明范氏卧雲山房鈔本《逃虚子詩集》《古今禪藻集》作『威』。

〔三〕銷鎔：卧雲山房鈔本、《古今禪藻集》作「消鎔」。

日詠

炎時赫赫如熖〔一〕，晦處昏昏似墨。休傳冬至長南，才過春分又北。

【校記】

〔一〕熖：明范氏卧雲山房鈔本《逃虚子詩集》作「爈」。按：熖，「爈」之異體。《廣韻·青韻》：「爈，火光皃。」又作「烴」，《集韻·青韻》：「爈，或從零。」

題畫〔一〕

小小板橋樵路〔二〕，深深茆屋人家。竹塢夕陰非雨〔三〕，桃源春暖多花。

【校記】

〔一〕此首詩又見《明僧弘秀集》卷十三、《古今禪藻集》卷二十六、《列朝詩集》閏集卷一、《四朝詩》明詩卷一百十八六言詩二、《吴都文粹續集》卷二十六題畫、《題畫詩》卷二十五山水類。

〔二〕樵路：《列朝詩集》《四朝詩》《題畫詩》作「邪路」。

〔三〕夕陰非雨：《吳都文粹續集》作「夕陽微雨」。「非雨」，《題畫詩》作「似雨」，《列朝詩集》《四朝詩》作「多雨」。

惜春

柳上鶯鶯競語，華邊燕燕相追。人生不過百歲，春光能有幾時。

西垣竹詠二首〔一〕

長梢含風娟娟，嫩葉帶雨猗猗。西垣數竿自足，渭川千畞空多。

二

風動一窓秋思，雨餘半壁蒼陰。莫道未全高致，相看亦自清心。

【校記】

〔一〕《古今禪藻集》卷二十六選録後一首。

題《逸士圖》二首

竹氣濃因宿靄，泉聲響帶寒猋。每到花源松塢，獨佩詩筒酒瓢。

雲壑風林競秀，丹崖翠壁争奇。拋却簪纓歸去，一琴一劍相隨。

卷第九

七言絶句

百花洲上逢陸五〔一〕

雲間小陸喜能文，戲彩娱親是處聞。今日百花洲上見，蘋香荷影思紛紛。

【校記】

〔一〕此首詩又見《吴都文粹續集》卷四十九詩。

贈相士袁廷玉〔一〕

岸幘風流閃電眸，相形何似相心優。凌烟閣上丹青裏，未必人人盡幞頭。

【校記】

〔一〕此首詩又見《七修類稿》卷三十七詩文類、《粟香隨筆·粟香二筆》卷二、《柳亭詩話》卷十三。

題《班婕妤題扇圖》〔一〕

玉容憔悴暮偏饒，羅扇題詩恨莫消。不是恩情中道絶，西風昨夜到芭蕉。

【校記】

〔一〕此首詩又見《古今禪藻集》卷二十七、《題畫詩》卷四十三故實類。詩題《逃虚子詩集》目録作『題《班姬題扇圖》』。

金陵送一上人歸武林

渺渺烟波發櫂歌，問師歸去欲如何。鄉山佳處雖依舊，不似金陵勝槩多。

送昂上人遊洞庭諸山〔一〕

西風飛錫度〔二〕如舟，來向湖山〔三〕作勝遊。七十二峰青一色，君看何處獨宜〔四〕秋。

【校記】

〔一〕此首詩又見《明僧弘秀集》卷十三、《列朝詩集》閏集卷一、《四朝詩》明詩卷一百一十四七言絶句十四、《吳都文粹續集》卷二十一山水、《吳都文粹續集》卷四十九詩。

〔二〕度：《吳都文粹續集》卷二十一作『渡』。

〔三〕湖山：《吳都文粹續集》卷二十一作『湖間』。

〔四〕宜：《吳都文粹續集》卷二十一作『堪』。

題《菊竹圖》〔一〕

三逕〔二〕歸來已就荒，茅齋觴詠足尚羊〔三〕。籬邊更有琅玕樹，不使秋英獨傲霜。

【校記】

〔一〕此首詩又見《古今禪藻集》卷二十七、《吳都文粹續集》卷二十六題畫。《古今禪藻集》題作『題菊花圖』，《吳都文粹續集》題作『題菊花』。

〔二〕三逕：《古今禪藻集》《吳都文粹續集》作『三徑』。

〔三〕此句《吳都文粹續集》作『茆齋觴咏足徜徉』。

秋蝶〔一〕

粉態凋殘〔二〕抱恨長，此心應是怯凄涼。如何不管身憔悴，猶戀黃花雨後香。

【校記】

〔一〕此首詩又見於《古今禪藻集》卷二十七、《四朝詩》明詩卷一百十四七言絶句十四、《列朝詩集》閏集卷一、《明詩綜》卷十九、《石倉歷代詩選》卷三百二十二明詩初集四十二、《元明事類鈔》卷四十蟲豸門、《春駒小譜》卷上。

〔二〕凋殘：《列朝詩集》作『雕殘』。

秋螢

殘光一點尚青熒，度水穿林怕月明。只恐西風零落盡，窓前空負讀書聲。

送白楊長老二首〔一〕

師住江西我浙西，龍河同客去難齊。今朝悵别新亭畔，烟雨孤舟一鳥啼。

拂衣觸暑便西還，一錫冷然杳靄間。此去莫尋師隱處，隔江空望夕陽山。

【校記】

〔一〕此二首詩又見於《明僧弘秀集》卷十三。

鄭氏隨夫謫嶺南，夫死，蒙恩宥釋歸事姑〔一〕

夫死南荒志不違，八千里外為姑歸。瘴烟歷盡芳肌瘦，寬却隨夫去日衣。

【校記】

〔一〕此首詩又見《明僧弘秀集》卷十三、《古今禪藻集》卷二十七。題中『恩』，《明僧弘秀集》為墨釘。《逃虛子詩集》目録無『恩』字。

清明日郊行見拜埽人有感〔一〕

纍纍塚傍水邊村，新已多荒舊幾存。松檜盡期高百尺，紙錢誰掛到曾孫。

【校記】

〔一〕此首詩又見《古今禪藻集》卷二十七。題中『埽』，《逃虛子詩集》目録作『掃』。

開元寺雨中觀梅〔一〕

遙思西崦開千梅〔二〕，漫往東林見一枝。烟雨冥濛〔三〕香影盡，為緣惆悵立多時。

【校記】

〔一〕此首詩又見《明僧弘秀集》卷十三、《吳都文粹續集》卷二十九寺院、《明詩紀事》乙籤卷三、《吳都法乘》卷二十二上之上。

〔二〕梅：明范氏卧雲山房鈔本《逃虚子詩集》《明僧弘秀集》《吳都法乘》作「樹」。

〔三〕冥濛：《吳都文粹續集》作「溟濛」。

題墨梅二首〔一〕

家住吳山山下寺，一溪春水數枝梅〔二〕。頻年作客金臺畔，欹枕西窓幾夢廻。

踈踈氷蕋恨沾塵，黯黯香魂亦報春。好並桃榔園裏樹，蠻風蜑雨倍愁人。

【校記】

〔一〕《獨庵外集續稿》卷二收第一首。

〔二〕數枝梅：《獨庵外集續稿》作「數株梅」。

訪王山人不遇〔一〕

柳烟簇簇護雙扉，江竹環居水鶴飛。不恨我來君已出，只愁我去恰君歸。

【校記】

〔一〕此首詩又見《古今禪藻集》卷二十七。

客次讀高啓詩集二首〔一〕

對君長自誦〔二〕君詩，只為君曾許我知。今日相看雖客裏，一編讀盡夕陽時。

吟塲處處擅名魁，爱我頻將卷帙開。好並韓詩與杜集，讀時元不為愁來。

【校記】

〔一〕詩題《逃虚子詩集》目録作『客次讀高啓詩二首』。

〔二〕誦：明范氏卧雲山房鈔本《逃虚子詩集》作『誰』。

題薛澮園《墨竹》〔一〕

澮澮烟中映夕曛，疎疎石上拂晴雲。展圖却憶西岡夜，坐聽秋聲亦有君〔二〕。

【校記】

〔一〕此首詩又見《明僧弘秀集》卷十三、《列朝詩集》閏集卷一、《四朝詩》明詩卷一百一十四七言絶句十四、《佩文齋咏物詩選》卷三百三十六筍類、《題畫詩》卷八十一蘭竹類。

〔二〕君：《明僧弘秀集》作『名』。

經夢筆橋

脉脉溪流接遠津，秋風過客一酸辛。橋頭霜樹成文錦，猶記當年夢筆人。

越王臺〔一〕

輦土為臺抱〔二〕恨深，營門金氣尚森森〔三〕。當時吳破非兵力，只在西施一捧心。

【校記】

〔一〕這首詩又見《明僧弘秀集》卷二，作者為『夢觀』。另，明李培《水西全集》卷七亦有此詩。

〔二〕抱：《明僧弘秀集》作『積』。

〔三〕此句《水西全集》作『營門金炁正蕭森』。

曹娥廟

抱恨波心起父屍，荒祠千載尚存碑。江潮不斷江天杳，滿目蒼烟盡孝思。

題倪雲林《墨竹》〔一〕

開元寺裏長〔二〕同宿，笠澤湖邊〔三〕每共過。誰説江南君去後，更無人聽竹枝歌。

【校記】

〔一〕此首詩又見《明僧弘秀集》卷十三、《列朝詩集》閏集卷一、《題畫詩》卷八十蘭竹類、《元詩選》初集卷五八、《六研齋二筆》卷一、《書畫題跋記》卷九。

〔二〕長：《元詩選》《六研齋二筆》作『常』。

〔三〕湖邉：《書畫題跋記》作『河邉』。

題《仙巖圖》

羣仙住處倚巖深，藹藹蒼松夾逕陰。白鶴不歸雲滿地，世人無路得相尋。

過下邳

磐石山臨泗水濱，近山城轉柳陰新。古來此地多豪士，獨羡功名〔一〕取履人。

【校記】

〔一〕功名：明范氏卧雲山房鈔本《逃虚子詩集》作『功成』。

觀鷗

官舟晨發繞蘆灣，坐看沙鷗去復還。却憶吴淞深隱處，朝來飛過伴誰閑。

立秋夜聽秋聲

淅淅無端起樹陰〔一〕，欻驚入幕又穿林。乍聽便使人成恨，聽到秋深恨更深。

【校記】

〔一〕樹陰：明范氏臥雲山房鈔本《逃虛子詩集》作『松陰』。

尋通上人不遇〔一〕

雲踪〔二〕鳥跡布香臺，屋外疎梅竹裏開。不見萬回憑客報，施經昨日出山來。

【校記】

〔一〕此首詩又見《明僧弘秀集》卷十三。明范氏臥雲山房鈔本《逃虛子詩集》題作『尋遊上人不遇』。

〔二〕雲踪：《明僧弘秀集》作『雲跡』。

九日登冶城山逢潘蕭〔一〕

重陽客裏登高處，不上〔二〕鍾山過冶城。政對菊花吟菊賦，忽逢鄉友動鄉情。

【校記】

〔一〕詩題『潘蕭』，《逃虛子詩集》目録作『潘肅』。

〔二〕上：明范氏卧雲山房鈔本《逃虚子詩集》作『止』。

聞悟上人病起

一春卧病竹邊房，誰得〔一〕維摩治有方。昨日逢人問消息，已捐藥裹理詩囊。

【校記】

〔一〕得：明范氏卧雲山房鈔本《逃虚子詩集》作『道』。

題王冕《梅》〔一〕

臘末殘時已報春，水邊林際每相親。短梢忽向雲窓見，澹影寒香亦媚人。

【校記】

〔一〕此首詩又見於《明僧弘秀集》卷十三。

題宋徽廟《雨餘桑燕圖》〔一〕

桑葉褵褷〔二〕雨後肥，輕輕雙燕縱翻飛。自慚微物經宸翰，可是君王日萬機〔三〕。

【校記】

〔一〕此首詩又見《古今禪藻集》卷二十七。題中『徽』，原誤作『微』，據《古今禪藻集》《逃虛子詩集》目録改。

按：北宋皇帝趙佶廟號徽宗，宋人因稱徽宗爲『徽廟』。

〔二〕褵褷：底本『衤』旁均作『礻』，俗字。《古今禪藻集》作『襹褷』。按：『褵（襹）褷』，離披散亂貌。

〔三〕萬機：《古今禪藻集》作『萬幾』。

路旁草

繞逕沿途襍靄青，根深塵土到春萌。若教雨露濡應足，縱使輪蹄踏又生。

離亭柳〔一〕

翠絲低雨拂離舟，眉未伸時正抱愁。一日贈行無限折，哀殘那得待深秋。

【校記】

〔一〕此首詩又見於《明僧弘秀集》卷十三。

過湖訪張適子宜

家在湖邊柳拂波，花時尋覓泛輕舸。年來相見緣難得，此會懽呼比舊多。

贈弹筝人

銀甲輕調用意深，泠泠瑤柱發商音。天香一曲傾人耳，世上誰能復聽琴。

東園

池流脉脉草綿綿，深夏無花也可憐。散步更宜斜日裏，一叢黄竹數聲蟬。

夜聞角〔一〕

咽月悲風夜未分，數聲軋軋入江雲。梅花不使人愁絶，愁絶人緣客裏聞。

【校記】

〔一〕此首詩又見《明僧弘秀集》卷十三。

題聦上人《山居圖》〔一〕

結樓曾向萬峯間，放鶴〔二〕歸來錫已閑。夕景無多樵唱斷，疎鍾寒溜繞空山。

【校記】

〔一〕此首詩又見《明僧弘秀集》卷十三、《石倉歷代詩選》卷三百二十二明詩初集四十二。

〔二〕鶴：《明僧弘秀集》作『鷴』。

贈畫士李居中二首〔一〕

北苑當年下筆奇，浪傳千載亦堪悲。天真〔二〕爛熳〔三〕無人悟，誰道燕山有李時。

丹青入妙髦毛〔四〕皤，聞道前朝用禮羅。能事但求真識賞，感恩不在賜金多。

【校記】

〔一〕《畫史會要》卷四、《佩文齋書畫譜》卷五十五畫家傳十一、《詞綜補遺》卷二十收第一首，《古今禪藻集》卷二十七收第二首（詩題『李居中』誤作『季居中』）。《畫史會要》等載：『李時，字居中，北京人。善畫。』

〔二〕天真：《畫史會要》《佩文齋書畫譜》《詞綜補遺》作『天機』。

〔三〕爛熳：《佩文齋書畫譜》《詞綜補遺》作「爛漫」。

〔四〕髦毛：《古今禪藻集》作「鬢毛」。

徐園看花已落〔一〕

自咲〔二〕尋花獨後期，殘紅粘砌緑縈枝。尋常日對猶多恨，况是〔三〕斜風暮雨時。

【校記】

〔一〕此首詩又見《列朝詩集》閏集卷一、《四朝詩》明詩卷一百十四七言絶句十四。

〔二〕自咲：明范氏卧雲山房鈔本《逃虚子詩集》作「自嘆」。

〔三〕况是：《四朝詩》作「况自」。

廢苑芍藥

闌繞荒烟砌滿苔，花容仍擬舊時開。白頭鄰叟貧猶在，記得〔一〕金盤托薦來。

【校記】

〔一〕記得：明范氏卧雲山房鈔本《逃虚子詩集》作「計得」。

贈山中禪者

林間禪坐豈徒勞，紫翠烟嵐上布袍。西岳華山千萬仞，看來爭似道情高。

滹沱河二首

一宵氷合遂龍韜，豺虎王郎亦湯勞。麥飯進來香味美，封疆還屬卯金刀。

漠漠平沙〔一〕際遠空，断橋踈柳夕陽紅。漢家事業今何在，千古東流恨莫窮。

【校記】

〔一〕平沙：明范氏臥雲山房鈔本《逃虛子詩集》作『平湖』。

常山王廟二首〔一〕

倐然一衲久忘情，際遇元君喜有成。不恤蒼生塗炭苦，肯來塵世立功名。

征南籌幄豈尋常，功烈應封異姓王。黄鶴不歸人世變，庙前松栢飽風霜。

【校記】

〔一〕第二首詩又見於《古今禪藻集》卷二十七。

雪夜讀高啓詩

吹臺長別最傷情，詩句流傳到遠林。此夜雪窓開帙看，宛同北郭對床吟。

題幻住《山居圖》〔一〕

萬叠青山萬叠雲，亂泉流處〔二〕路微分。嶺猿悽斷人愁聽，只隔烟蘿便不聞。

【校記】

〔一〕此首詩又見《明僧弘秀集》卷十三、《列朝詩集》閏集卷一、《四朝詩》明詩卷一百一十四七言絶句十四、《天目山志》卷三。

〔二〕流處：《天目山志》作『流去』。

題東坡《化龍竹》〔一〕

渭川千畝未為奇，獨羨坡仙掃一枝。後夜風雷頭角露，看他行雨過天池。

【校記】

〔一〕此首詩又見於《列朝詩集》閏集卷二、《古今禪藻集》卷二十七、《題畫詩》卷七十九蘭竹類。《列朝詩集》《題畫詩》歸作者為『明僧維則』。

東林小憩

清和節物勝花時，與客遊行正合宜。最愛東林好風致，緑陰深處語黄鸝。

題畫

江上群山帶夕暉，深深林木鎖烟霏。水禽飛盡風帆斷，何事游人尚未歸。

題《秋山圖》

江邊紅葉似春花，紫翠峯巒映晚霞。我輩逢山看不厭，只因生長在山家。

題《水仙竹圖》

翠袖輕盈向水濱，氷姿瀟灑净無塵。楚人多作湘妃怨，不學陳王賦洛神。

東歸過餘姚道中二首

紅樹臨江接遠還，推蓬〔一〕兀立度江關。路人相見如相識，咲指船頭話我閑。

一舟如葉布颿輕，風順潮平自在行。天畔好山看不盡，相逢何用問餘生。

【校記】

〔一〕蓬：即『篷』。

題《臨流萬玉圖》

春到孤山雪未消，水邊凉月照人遥。珮環無數空中墮，疑是群妹下九霄。

經無量壽院〔一〕

齊女門邊〔二〕古佛祠，小橋流水樹參差。偶來〔三〕看竹逢佳士，指點林園〔四〕説〔五〕舊時。

【校記】

〔一〕此首詩又見於《吴都文粹續集》卷四十九詩、《吴都法乘》卷三十、《百城烟水》卷三、《明一統志》卷八。《吴都法乘》題作『無量壽院』。

〔二〕門邊：《吴都法乘》《明一統志》作『門前』。

〔三〕偶來：《吴都法乘》《明一統志》作『偶因』。

〔四〕林園：《吴都法乘》《吴都文粹續集》《百城烟水》作『園林』。

〔五〕説：《吴都法乘》作『話』。

童中州期九日過山中，不至，以詩見寄，奉荅二首

青山西去暮雲低，九日將臨想舊題。籬菊已開人不到，一窓風雨聽鳴雞。

同客燕山嘆白頭，昨朝有約出城遊。行藏不獨君難定，今古何人得自由。

題王叔明《畫竹》

昔年白下對床時，長看晴窓埽竹枝。今日山中黄鶴去，滿林蒼雪不勝悲。

九日感懷洪武三十三年作

八月中秋不翫月，九月九日不登山。可憐時節夢中過，誰對黄花有咲顔。

過白雲觀謁長春丘真人墓〔一〕

天上璈音久不聞，松陰依舊鶴成群。長春仙去如何在〔二〕，石室空留鎖白雲。

【校記】

〔一〕題中『墓』，底本誤作『草』，據明范氏卧雲山房鈔本《逃虛子詩集》、《逃虛子詩集》目録改。

〔二〕如何在：卧雲山房鈔本作『知何在』。

與咲軒晚過穎山精舍〔一〕

偶同禪友到林中，竹院深深小逕通。斜日在山人散後，亂蟬踈柳自秋風。

【校記】

〔一〕此首詩又見於《列朝詩集》閏集卷一、《四朝詩》明詩卷一百一十四七言絶句十四。

宿幻住草庵二首〔一〕

草庵寂寂住城西，寒夜重來樂舊栖。譙鼓無聲更漏永，滿林殘月聽烏啼。

一燈長夜佛前明，庭樹枝多宿鳥争〔二〕。野外霜寒人未起，林僧肅肅又經行。

【校記】

〔一〕此二首詩又見於《列朝詩集》閏集卷一、《吴都文粹續集》卷三十一寺院。

〔二〕宿鳥争：底本原作『宿争鳥』，旁有表示乙轉的符號，明范氏卧雲山房鈔本《逃虚子詩集》《列朝詩集》均作『宿鳥争』，因據改。《吴都文粹續集》作『宿鳥鳴』。

題紅梅二首

絳袖盈盈近水湄，迎風逞日向容儀〔一〕。幽人欲倚闌干看，須傍高樓笛未吹。

日煖芳膚不似氷，臨溪簇簇曉霞蒸。興來拄杖隨流入，將謂羅浮是武陵。

【校記】

〔一〕此句明范氏卧雲山房鈔本《逃虚子詩集》作『迎風向月逞容儀』。

井陘淮陰侯廟二首〔一〕

淮陰壯志豈能量，一飯恩輕尚不忘。何事酇侯疑叛逆，殺身惟恨漢高皇。

擊趙提兵聚井陘，道傍古廟獨存名。可憐千載難言事，都作松風礀水聲。

【校記】

〔一〕第二首詩又見於《古今禪藻集》卷二十七。

送王文中歸吳

琴劍隨身道韻幽，燕山遠遠侍師遊。乘風歸去知親在，非為麻袍不耐秋。

沙河縣客舍對雪懷童中州

白髮盈顛老景侵，異鄉為客少同心。昨朝愁我江南去，今日和誰對雪吟。

登金山寺寄甘露湛源長老二首〔一〕

三度來登多景樓，妙高臺上始能遊。長江如練〔二〕山如畫，獨倚闌干咲白頭。

南北驅馳十五年，人間事業任茫然。夜來一宿金山寺，始了生平未了緣。

【校記】

〔一〕此二首又見於《獨庵外集續稿》卷一。《列朝詩集》閏集卷一收第一首。

〔二〕練：底本脱，據《獨庵外集續稿》《列朝詩集》補。

題雞鳴寺

秘密関深人少到，煮茶亭畔我曾過。山禽啼斷莫鍾静，兩兩僧行出薜蘿。

黑梅寄周玄初〔一〕

湖山雪後斷遊塵，萬玉臨流照眼新。惆悵情人無復見，因風聊寄一枝春。

【校記】

〔一〕詩題明范氏卧雲山房鈔本《逃虚子詩集》、《逃虚子詩集》目録作『墨梅寄周訪玄』。

題《釋迦佛出山相圖》

六載功成便出山，頂旋螺髮耳金環。大悲願力因無盡，離世間還入世間。

九月庭下海棠花開，因感成詠

霜逕風高敗葉稠，海棠忽放照吟眸。我知此際嬌紅艷，不欲黄花獨占秋。

五月壽椿堂獨坐，想長洲舊業之竹，漫成絶句〔一〕

翠葉襹褷拂水雲，凌霜勁節不同群。荒村寥落無人處，誰謂茅庵有此君。

【校記】

〔一〕此首詩又見《珊瑚網》卷三十六名畫題跋十二、《式古堂書畫彙考》卷六十畫三十、《佩文齋書畫譜》卷五十五畫家傳十一、《大觀録》明賢名畫卷十九，題作『永樂六年夏五月，余因病不出，獨坐于壽椿堂之南窻，忽想長洲舊業之竹，歸心油然而生也，故作短梢并詩以紀其事云』。

挽張天師母玄君二首

洞府修真歲月多，今朝别鶴意如何。料知去赴蟠桃宴，不用人間薤露歌。

六十高年絶世緣，等閒蟬蜕入蓬仙。玉簫聲斷青鸞遠，回首東風一悵然。

送天童用愚長老二首

江風江雨一舟輕，千里來尋豈世情。永夜相看疑夢裏，月分清影竹流聲。

青山長在水長流，今日人如舊日不。相見一回還别去，不知何處有離愁。

漢陽十景

别山晚翠

高出群山表獨尊，日斜翠靄鎖雲根。當年禹跡今何在，留得峰頭鬼斧痕。

江漢朝宗

二水茫茫望海歸，支流萬派盡相依。無情尚爾知元會，父子君臣豈敢違。

左祠禹栢

鉅幹參天禹廟旁，蒼皮蘚裂飽風霜。如何老大空山裏，不與人間作棟梁。

鶴樓晴眺

巍巍層搆俯江流，碧樹連雲映遠洲。詩客不來黄鶴去，夕陽西下水悠悠。

鸚鵡漁歌

芳洲落日片雲飛，水滿磯頭杜若肥。漁父醉歌移棹〔一〕去，不知人世有危機。

官湖夜月

夜静平湖水接天，金波艷艷月方圓。一聲玉笛穿雲過，疑是當年李謫仙。

金沙落雁

遠望平灘趂路斜，秋深水淺漾金沙。夕陽相送群歸雁，两两三三共落霞。

鳳山秋意

空山雲冷少人居，鳳去還來只自如。磵響碧深知雨後，林殷紅葉是霜餘。

平塘古渡

長塘水滿接山城，九月霜寒霜更清〔二〕。漁子罷罾人不渡，孤燈唯照一舟横。

晴川夕照

溶溶川水漾斜暉，茅屋〔三〕高低影翠微。浮鼓〔四〕不鳴豺虎遠，夜深猶有醉人歸。

【校記】

〔一〕棹：底本作『掉』，俗字。此據明范氏卧雲山房鈔本《逃虛子詩集》録作正體。

〔二〕霜更清：卧雲山房鈔本作『水更清』。

〔三〕茅屋：卧雲山房鈔本作『芳屋』。

〔四〕浮鼓：卧雲山房鈔本作『桴鼓』。

十二月廿一日，舟出楓橋，遇大風河凍，河邊三宿，復步歸西山海雲蘭若〔一〕

曉發楓橋上野航，官河氷合路茫茫。岸邊食宿連三日，誰道家鄉是客鄉。

【校記】

〔一〕此首詩又見於《吳都文粹續集》卷四十九詩。

過聽松庵悼真禪師〔一〕

聽松庵遠路難通，竹外幽花草〔二〕際紅。今日我來禪老去，一庭梧葉自秋風。

【校記】

〔一〕此首詩又見《明僧弘秀集》卷十三，題作『題聽庵悼真禪師』。《逃虚子詩集》目録題作『過聽松庵悼其禪師』。

〔二〕草：《明僧弘秀集》作『艸』。

題《山亭讀書圖》

松桂林高水滿渠，草亭臨水碧窓虚。緑陰晝静〔一〕遊塵斷，足稱山人坐讀書。

【校記】

〔一〕晝静：明范氏卧雲山房鈔本《逃虚子詩集》作『晝寂』。

次韻題《畫梅》四首

尋訪湖山未有期，客中那得不相思。三千里外多知己，誰托東風寄一枝。

翠影璚香逈出塵，誰同桃李艷陽春。孤山深處長相見，吟翫多應我輩人。

玉貌臨風酒欲消，倚闌人認董嬌嬈。禪翁不是無心看，日日相逢合澗橋。

故里梅開幾度花，此身猶自客天涯。何時歸去重吟看，肯厭遲留到日斜。

寄徐彥威太守

告退歸來荷聖明，滸溪深處樂餘生。草堂賸有閒風月〔一〕，只欠耆英共結盟。

【校記】

〔一〕閒風月：明范氏卧雲山房鈔本《逃虛子詩集》作『悶風月』。

寄楊勉〔一〕

年華一去似江波，爾髮如雲我鬢皤。最是人生堪恨處，會時恒少別時多。

【校記】

〔一〕此首詩又見《古今禪藻集》卷二十七。

題趙魏公《墨竹》

松雪齋中時灑翰，鷗波亭上每眠雲。風流無限知何在，今日晴窓見墨君。

謝靈谷長老惠笋戲言

病起登山訪定巖，石頭路滑倩人攙〔一〕。寄來玉版雖云美，難止湖州太守饞。

【校記】

〔一〕倩人攙：明范氏卧雲山房鈔本《逃虚子詩集》作『倩人摻』。

蠟梅

南枝花放蠟新鎔，絶與羅浮種不同。澹影寒香殊可爱，品題何不遇逋翁。

寄劉翼南典竇

不見遺民又幾旬，半蓬雪月自容身。世情雖厭官宜守，未許東林作社人〔一〕。

【校記】

〔一〕社人：底本誤作『杜人』，據詩意及明范氏卧雲山房鈔本《逃虚子詩集》改。

寄李敬齋〔一〕

塵世光陰似轉蓬，相違何日又相逢。山川千里人南北，對月吟風此意同。

【校記】

〔一〕此詩題《逃虛子詩集》目録闕。

卷第十

題徽廟畫《翎毛》二首〔一〕

汴京硉矹太原圍，猶自揮毫舍萬機〔二〕。五國城頭明月夜，群烏啼斷淚沾衣。

花石岡前松子落，靈禽飛過戀殘枝。離離禾黍非周土，風雨行人不盡悲。

【校記】

〔一〕詩題明范氏卧雲山房鈔本《逃虛子詩集》作『題微廟畫翎毛二首』，『微』字誤。

〔二〕舍萬機：卧雲山房鈔本作『含萬機』。

庭下鳳仙花盛開，因對成詠

桂香未放菊猶遲，獨有幽葩吐鳳兒。山客莫嫌秋冷淡，滿庭紅白似花時。

《春江送别圖》

春風江上柳條新，無那朝來送客頻。一曲離歌一杯酒，亂紅零落更愁人。

題《雪梅雙鷺圖》〔一〕

孤山山下雪茫茫，雪裏寒梅已早芳。雙鷺飛來花底立，却憐同色不同香。

【校記】

〔一〕此首詩又見《明僧弘秀集》卷十三、《古今禪藻集》卷二十七、《吳都文粹續集》卷二十六題畫。

寄天平復庵長老〔一〕

不到天平二十秋，老禪宜是雪盈頭。白雲泉上青松下，惆悵年來幾夢遊。

【校記】

〔一〕此首詩又見《吴都文粹續集》卷三十三寺院、《吴都法乘》卷二十二中，題作『寄天平復庵』。

《佳城圖》〔一〕

聚土成丘〔二〕馬鬣封，墓前拱木〔三〕氣葱蘢。九原不作應無憾，歲有佳兒為掃松。

【校記】

〔一〕此首詩又見《(崇禎)吴興備志》卷十二，有釋：『俞善道，退翁之後，從吴興徙華亭，樂高尚，不令子孫進取，四世孫顯，始教子允應制，成進士。墓在佘山，李至剛銘，少師姚廣孝題詩曰(略)。』

〔二〕丘：《(崇禎)吴興備志》作『邱』。

〔三〕拱木：明范氏卧雲山房鈔本《逃虚子詩集》《(崇禎)吴興備志》作『木拱』。

題《溪山秋賞圖》

山接溪雲樹接烟，蘋花洲渚著鷗眠。釣簑歸去菱歌歇，斜景空依載酒船。

二賢堂二賢魏徵、宋璟也

鉅鹿知名有二賢，佐興唐世似堯年。經綸老手真成匹，千古風流豈偶然。

孝烈將軍廟 即木蘭女也〔一〕

代父從軍有遠圖，勳名自昔女中無。廟存孝烈碑千載，羞殺人間鄙丈夫。

【校記】

〔一〕詩題《逃虚子詩集》目録作『題孝烈將軍廟』。

送范生過古北口

関山萬里獨南還，冒雪衝風髩欲斑。料得人生皆有命，休言名利不如閒。

題石觜鎮關侯廟二首

古廟千年石觜前，堂堂神像對爐烟。不因義勇超今古，争感行人掛紙錢。

奮志興劉欲有成，控荆取益顯威名。誰知輕敵身雖死，廟食人間儼似生。

題《畫菓》〔一〕

雨餘盈圃嫩還柔，小摘調羹玉糝浮。不識此中滋味好，東坡焉肯友元脩。

【校記】

〔一〕此首詩又見《古今禪藻集》卷二十七、《吳都文粹續集》卷二十六題畫。《古今禪藻集》題作『題畫菜』，《吳都文粹續集》題作『題菜花』。按：『菓』疑『菜』之誤。《逃虛子詩集》目録亦作『菜』。

庭前紅杏花開，寄友二首

軒前兩杏已開花，日上緗簾映綺霞。絶艷不教驚俗眼，東君欲使媚山家。

庭杏年年深雨露，花朝〔一〕未到已花舒。朱陳村裏雖千樹，不及吾家只兩株。

【校記】

〔一〕花朝：疑當作『花期』。

附録

答衍公約看杏花

城南招提紅杏花，春風歲歲開晴霞。燕城自昔少春色，出門開眼惟風沙。去年抱疾臥官舍，聞道花開已花謝。東君不念客鄉愁，十日春光不相借。起來繞樹行嘆嗟，落紅滿地春日斜。旋掇殘英寘懷袖，留得餘香歸瀹茶。今年二月春光早，花開更比年時好。出門十日九愆期，復恐韶華閒過了。一年春事寒食天，節物驚心思少年。揚鞭載酒城東道，繁華一夢隨飛煙。卽今老作他鄉客，每藉春光慨離索。裁詩先為報花神，莫教一夜東風惡。

衍師見和，因再次韻

曲江昔年千樹花，馬啼踏水翻明霞。春風一夢生白髮，幅巾千里衝黃沙。歲月閱人如傳舍，過眼榮枯更代謝。百年歡樂能幾何，一日清閒不相借。醉來自笑還自嗟，挑燈坐待窗月斜。明朝擬赴看花約，汲泉旋試蒙山茶。隣雞催人故鳴早，起看樓頭天色好。東家蹇驢許相借，惜負詩囊無便了。人生行止本由天，居然負約如去年。百年何時有暇日，三月清明過禁煙。老來羞作看花客，還擬持觴慨離索。落紅一任滿蒼苔，收拾煎酥也不惡。

三次韻簡衍師

祇園何年天雨花，春風兩樹栖丹霞。蒼苔歲歲落紅滿，不數布地黄金沙。上人西來住王舍，過眼空花任開謝。兩年約我送春歸，半榻白雲許相借。新詩脱口猶咄嗟，展卷坐玩山月斜。一自鄉山別婁約，十年不試趙州茶。客裏相逢恨不早，道義相忘無醜好。花前幾約共凭闌，身外多愁未能了。黄塵世事相拘牽，况我齒髮非壯年。流光催人劇奔電，病眼看花如隔煙。人生未信長為客，早晚南還懶離索。迎門稚子笑牽衣，此日老懷良不惡。明童冀《尚絅齋集》卷五《北遊集》

園桃新摘，招粱用行同食

一樹夭桃手自栽，春時倚檻看花開。實成拳大甜如蜜，不敢私嘗待子來。

七夕感懷

父母已亡周甲子，節逢七夕又傷悲。白頭想得垂髫日，乞巧中庭把酒時。

樂府

上之回

聖皇初幸日，萬國願陪從。綵幟懸雙旆，金輿駕六龍。關中明漢月，塞外息邊烽。黔首歡承治，歌謠學華封。

雁門太守行

北風卷沙草，春深雁方回。長城際山轉，崇關倚天開。塞土騰紫雲，原野起黄埃。寒金月下急，畫角霜前哀。劍光動遙漢〔一〕，幟影蔽高臺。使君願長在，何愁戎馬來。

【校記】

〔一〕此句底本『動』下衍『搖』字，據詩意及明范氏卧雲山房鈔本《逃虛子詩集》删。

車遙遙〔一〕

車遙遙，行人心忙疑路迢。黄塵〔二〕瞇目〔三〕神更亂，紅雨點衣魂欲消。車聲似与啼聲續，羊腸難与〔四〕愁腸曲。沙頭酒家不少留，匆匆碾破平蕪緑。妾身願同楊葉輕，春風千里隨車行。

【校記】

〔一〕此首詩又見於《古今禪藻集》卷二十、《列朝詩集》閏集卷一、《四朝詩》明詩卷十五樂府歌行十二。

〔二〕黄塵：《四朝詩》作『廣塵』。

〔三〕瞇目：《列朝詩集》作『眯目』。

〔四〕与：明范氏卧雲山房鈔本《逃虚子詩集》《古今禪藻集》《列朝詩集》《四朝詩》作『比』。按：作『比』似優。

放歌行

神騅耻淹櫪，志本在長途。君子當夷世，胡為自守株。芳華蔽〔一〕川原，淑氣繞東都。崇岡來鳴鳳，異域進騶虞。甲第聯伊洛，軒蓋隘九衢。浮埃縈翠帶，驚猋動綺襦〔二〕。時英俱膴仕，結義縱懽愉。千金置高臺，將為賢者須。賁緣苟不遇，有才亦何如。天道信有恒，詎獨阻吾徒。

【校記】

〔一〕蔽：明范氏卧雲山房鈔本《逃虚子詩集》作『弊』。

〔二〕綺襦：卧雲山房鈔本作『綺繻』。

隴頭水

隴頭水，流無竭，疑是當年戰場血。風晨月夕聲嗚咽，似將昔日深冤雪。忽有亡命兒聽之，報恩心更切。却抽身畔刀，水邊磨利舊時鋏。磨利鋏，鋒難犯，不斬單于身不返。

月漉漉篇〔一〕

月漉漉，風蔌蔌，風吹翠華裙，月照漁鱗屋。楊絲夕隕彩，蓮粉寒斂馥。鸊鵜蘋外鳴，鸂鶒苕上宿。凝霜慘離姝，回波度哀響。歌袖觸鴛起，無心蕩蘭槳。

【校記】

〔一〕詩題《逃虚子詩集》目録無「篇」字。

公無渡河〔一〕

公無渡河，公無渡河，下有蛟窟，上有鯨波。公乎公乎，罔知爾〔二〕意。汝不謀蝸角名，汝不圖蠅頭利，胡為險津浮小壺，不肯芳郊走輕騎。公若沉河死，妾豈能獨〔三〕生。有身無可恃，有路不可行。我必投河宫，訴河伯，執公袂〔四〕，附公魄。公能念妾舊時情，便同携手廻家宅。寧知追公公不回〔五〕，素絃奏斷悲風來。

【校記】

〔一〕此首詩又見於《古今禪藻集》卷二十。
〔二〕爾：《古今禪藻集》作『汝』。
〔三〕獨：底本誤作『禍』，據《古今禪藻集》改。
〔四〕袂：底本誤作『秧』，據《古今禪藻集》改。
〔五〕此句《古今禪藻集》脱『追』字。

凉州詞

砂磧〔一〕無風亦起塵，雪山三月未知春。九街〔二〕草滿多枯骼〔三〕，莫説當年僣立人。

【校記】

〔一〕砂磧：明范氏卧雲山房鈔本《逃虚子詩集》作『沙磧』。二者同詞異寫。
〔二〕九街：卧雲山房鈔本作『允街』。
〔三〕骼：底本殘缺。據卧雲山房鈔本校定。

雞鳴歌〔一〕

金壺漏殘霜滿屋，雞鳴喈喈烏尚宿。征夫才起促行裝，馬為駕鞍車整轂。雞罷俄聞鼓角悲，別婦出門雙淚垂。婦牽夫袂話歸日，願學雞鳴不失時。

【校記】

〔一〕此首詩又見於《列朝詩集》閏集卷一、《佩文齋咏物詩選》卷四百六十六雞類。

洛陽陌

垂楊散微曉，流鶯來早春。相逢騎馬客，半是看花人。華屋縈膏馥，青樓揚綺塵。緱山一回首，荒陵卧石麟。

上雲樂

乘雲車，游霞鄉，旌搖搖，珮鏘鏘。左神童，右女郎，月流彩，花凝光。展瑤席，敞玉堂，皷冰絲，酌璚漿。獻麟脯，切切龍，香斗將，直夜央。願樂此，壽無疆。

從軍曲

結髪辭家來執戟，姓字從兹註軍籍。手弄神槌過百觔，臂引强弓逾一石。横行敵陣誇英武，一日飛揚起行伍。勢驚猛利壓秋鷹，氣覺雄憨欺虎乳〔一〕。年來百戰邯鄲道，血浣鉄衣生蟣蚤。馬頭朔吹暗黄塵，城角清霜衰白草。莫論偏裨反侯爵，盡欲勛名照青築。但竭忠心報主恩〔二〕，身死何愁包馬革。

【校記】

〔一〕虎乳：明范氏卧雲山房鈔本《逃虚子詩集》作『乳虎』。

〔二〕主恩：卧雲山房鈔本作『恩主』。

江南弄

萬里江天秋浩浩，水清沙白芙蓉老。烟鬟峩峩翠拂空，寒緑横分鏡初曉。莎香露凝蟾影滅，凉風飀飀蘆葦折。蓮舟輕櫂入菱灣，一曲高歌人未歇。

飲酒樂

瑤席敷連雲影，羽觴流帶花馨。要識刘伶一醉，全勝屈原獨醒。

轉應詞二首〔一〕

新柳新柳，掩映溪頭渡口。長條未絆游人，正是江南早春。春早春早，風雨獨行古道。

斜日斜日，門外馬蹄聲疾。林栖鳥盡飛還，霞彩紅銜遠山。山遠山遠，莫恠行人歸晚。

【校記】

〔一〕此二首又見於《古今禪藻集》卷十九、《列朝詩集》閏集卷一、《四朝詩》明詩卷十五樂府歌行十二。《明詞綜》卷一收第二首。

猛虎行

虎欲噬人長礪齒，穴居却向深山裏。人言虎猛利如刀，誰知虎弱柔於脬。君不見，虎頭可料，虎鬚可編，骨堪療疾，皮堪侵眠〔一〕。官家置獵無近遠，縱捕得之抵羊犬。檻車載入風不從，子孫獲盡寧留蹤。荒巖有窠俱化土，樵夫徐行如入戶。君看世上物芸芸，只有猛人無猛虎。

【校記】

〔一〕侵眠：明范氏卧雲山房鈔本《逃虚子詩集》作『寢眠』。

踏歌行

花下成群踏綺茵，歌聲宛轉似翻新。就中一輩聽來異，元是黎園得數人。

楊白花〔一〕

楊白花，雪同色，最〔二〕是無情况無力。西蕩東飄意難必，斷送春花〔三〕何太疾。薄暮和烟〔四〕點緑漪，化作浮萍自不知。願托春風回故處，為伊吹入深宫樹。

【校記】

〔一〕此首詩又見於《明詩紀事》乙籤卷三、《明詩鈔》明詩七言古。

〔二〕最：《明詩鈔》作『既』。

〔三〕春花：《明詩紀事》《明詩鈔》作『春光』。

〔四〕和烟：《明詩鈔》作『水烟』。

相逢行

君居閩越我幽燕，南北遙分萬里天。今日相逢如有意，看花歸共酒家眠。

飲馬長城窟行〔一〕

長城窟中水澄碧，馬既飲之人亦食。千軍萬馬用無窮，一朝水盡惟苔石。赤日踰城百戰勞，馬歸卸鞍軍解刀。喉嚨如煬氣成焰，挈壺無處尋滔滔。馬力乏兮軍力竭，殺馬為糧飲馬血。能使胡雛不敢飛，馬革裹尸歸亦悦。

【校記】

〔一〕《逃虚子詩集》目録無『行』字。

白苧詞

當户機張素烟薄，游絲墮機春漠漠。煖風催人製舞衣，玉手金針不停作。娥喜新衣穩稱身，願君日寵如衣新。長夜宫中縱歡宴，蓮炬光敷照人面。筵前歌舞動香塵，楊柳腰輕咲飛燕。歌聲度箔雲欲斷，舞影拂簾花欲亂〔一〕。樂極不知東已白，烟樹陰深啼蜀魄。

【校記】

〔一〕此句底本『欲』下衍『斷』字，據詩意及明范氏卧雲山房鈔本《逃虛子詩集》删。又，句中『花』，卧雲山房鈔本作『共』。

薊門行〔一〕

雲樹依依接遠丘，時看〔二〕飛雨灑征裘。不知銅馬坊何在，惟見桑乾水自流。

【校記】

〔一〕此首詩又見於《宸垣識略》卷十二、《日下舊聞考》卷一百七。

〔二〕看：《宸垣識略》作『來』。

緑水曲〔一〕

夕陽閣遠樹，春雲散澄江。不見蕩舟人，空對白鷗雙。

【校記】

〔一〕此首詩又見於《明詩紀事》乙籤卷三。

公莫舞〔一〕

公莫舞，公莫舞，沛公倜儻真英主。隆準龍顔絶代無，三尺清霜奮神武。天命有在成大功，况爾良平作臣輔。區區范增何足取，嗔目〔二〕起來撞玉斗。世稱人傑未為公，我謂不及王陵母。豈是〔三〕當年屠狗人，怒髮裂眦氣欲伸。彘肩斗〔四〕酒快意啖〔五〕，但知其主〔六〕忘其身。公莫舞，公莫舞，項王卽日為亡虜。秦〔七〕璽〔八〕來歸萬國朝，六合之中皆漢土〔九〕。

【校記】

〔一〕此首詩又見於《古今禪藻集》卷二十、《明詩鈔》明詩七言古。
〔二〕嗔目：《古今禪藻集》《明詩鈔》作『瞋目』。
〔三〕是：明范氏卧雲山房鈔本《逃虚子詩集》《古今禪藻集》《明詩鈔》作『似』。
〔四〕斗：底本誤作『二』，據卧雲山房鈔本、《古今禪藻集》《明詩鈔》改。
〔五〕啖：底本誤作『咲』，據卧雲山房鈔本、《古今禪藻集》《明詩鈔》改。

〔六〕其主：卧雲山房鈔本、《古今禪藻集》《明詩鈔》作『有主』。

〔七〕秦：底本誤作『奏』，據《古今禪藻集》《明詩鈔》改。

〔八〕璽：《明詩鈔》作『楚』。

〔九〕漢土：卧雲山房鈔本、《古今禪藻集》《明詩鈔》作『漢主』。

栖烏曲〔一〕

啞啞烏，結巢庭樹枝，去年庭樹官盡伐。主人不忍烏巢移，城上月明金柝罷。臨風還望〔二〕烏來歸。烏不歸，主應惱，非是嗔烏情意〔三〕少。願汝結巢田野間，莫戀他家樹枝好。

【校記】

〔一〕此首曲又見於《古今禪藻集》卷二十、《列朝詩集》閏集卷一。《古今禪藻集》題作『烏棲曲』。

〔二〕還望：明范氏卧雲山房鈔本《逃虛子詩集》《古今禪藻集》《列朝詩集》作『遙望』。

〔三〕情意：卧雲山房鈔本、《古今禪藻集》《列朝詩集》作『情義』。

竹枝詞二首〔一〕

一程烟水一程山，客子行時那得還。女兒擊榜歌欲絶，愁見溪月自彎彎〔二〕。

煙消日出江水流，江風搖蕩木蘭舟。故園望斷不得去，楊柳兼葭〔三〕又早秋。

【校記】

〔一〕第一首又見於《明詩紀事》乙籤卷三。第二首見於《古今禪藻集》卷二十七、《列朝詩集》閏集卷二、《四朝詩》明詩卷十五樂府歌行十二。《四朝詩》歸其作者為『惟則』。

〔二〕彎彎：明范氏卧雲山房鈔本《逃虚子詩集》《明詩紀事》作『灣灣』。

〔三〕兼葭：《列朝詩集》《四朝詩》作『蒹葭』。

五褲組〔一〕

五褲組，花内〔二〕蓝。往復還，行磨蟻。不獲已，度遼水。

五褲組，常春木。往復還，車雙轂。不獲已，過函谷。

五褲組，波間藻。往復還，比翼鳥。不獲已，行蜀道。

【校記】

〔一〕詩題《逃虚子詩集》目録作『五褲組三首』。

〔二〕内：明范氏卧雲山房鈔本《逃虚子詩集》作『肉』。

東洛梁家謠

貴戚蟬聯沐殊渥，自昔盛稱惟伯卓。聲騰霄漢震家邦，勢回日月搖山岳。七封侯爵樹奇勳，甲第相輝高入雲。座上鼓鍾宵襍遝，門前輩騎晚紛紜。華館廣延珠履客，歌妓三千鬭紅白。冬閨多置辟寒犀，夏室曾懸澄水帛。璚漿香泛滿堂春，虬脯駝峯争獻新。綺繡填盈〔一〕同小草，金珠棄道抵浮塵。輦轂奔雷來里閈，燕雀驚飛人駭汗。四方珎貢先梁家，天下豈知今屬漢〔二〕。世殊人去不堪論，故址荒蕪隱燒痕。無限豪華逐流水，至今東洛獨存名〔三〕。

【校記】

〔一〕填盈：明范氏卧雲山房鈔本《逃虛子詩集》作『填楹』。

〔二〕今屬漢：卧雲山房鈔本作『今日漢』。

〔三〕獨存名：卧雲山房鈔本作『獨名存』。

塘上行

塘西採蒲根，塘東抹蓮子。悠悠去不返，浮萍共流水。

琴歌

我作琴上絃，君為絃裏曲。曲愁聽者稀，絃愁斷難續。

沙路曲

堂堂上相新拖紫，沙路築成平似砥。蓮漏滴殘東未明，馬啼踏踏來城裏。絳蠟流光籠霧縠，霞綵煒煌暗山谷〔一〕。風搖柳露灑華軒，雨浥香塵漬朱轂。曉入金鑾禆聖化，萬姓歌謠樂畊稼。蕪穢芟夷强梗除，願平沙路平天下。

【校記】

〔一〕暗山谷：明范氏卧雲山房鈔本《逃虛子詩集》作『映山谷』。

清平調三首

柳風吹煖近清明，淑氣融融滿鳳城。喜見玉堂春宴罷，碧桃花底數聲鶯。

聖主從容樂未央，祥烟飄処御爐香。願將一滴金莖露，化作甘霖散八荒。

夜深花露濕瑤臺，女樂排空隱隱來。要祝君王千萬壽，侍臣重進紫霞杯。

歌行

黄河清〔一〕

黄河清，洗甲兵，聖人在位天下平。四時氣正三光明，萬邦琛貢來宸庭。邊烽不舉，桴鼓不鳴，家家雞犬聲無聞〔二〕，奚須湯池與金城。但見十日風五日雨，醴泉出兮芝草生，桑穀遍野秋有成。秋有成，品物亨聖人，子孫萬世其永寧。何以得此悦我情，豈不見，黄河清。

【校記】

〔一〕此首又見於《古今禪藻集》卷二十。

〔二〕聲無聞：明范氏卧雲山房鈔本《逃虚子詩集》《古今禪藻集》作「聲相聞」。

鶴瓢歌并序

婁江李睿鍊師，得青城道人授以一瓢，其形如鶴，因名之曰「鶴瓢」。鍊師復以所居之室，扁為「鶴瓢山房」，故作歌以美之。

百斤之瓢世莫逢，大逾五石無所容。斯瓢如鶴最奇絶，不由人力由天工。我知造物本無意，賦形豈似雕鎸功。霜粘脩頸纏縞白，霞覆老頂如丹紅。至人授矣來玉峯，倒掛石上之長松。秋清夜半雲漢静，坐聽歷歷鳴天風。箕山棄捐羞許隘，陋巷摻飲嗟顏窮。金丹晨貯光炯炯〔一〕，璚漿暮挹香濛濛。從來草木揔蕪穢，奈爾不與匏瓜同。君不見，葛陂竹杖化為龍，飄飄孤影其誰從。吁嗟瓢兮胡為不飛去，期與仙人千歲兮居崆峒〔二〕。

【校記】

〔一〕炯炯：熱氣蒸騰貌。此處似當作『炯炯』。亦作『烱烱』。指明亮或光亮貌。唐盧綸《和馬郎中畫鶴贊》：『暮雲冥冥，雙垂雪翎；晨光炯炯，一直朱頂。』

〔二〕崆峒：明范氏卧雲山房鈔本《逃虚子詩集》作『空同』。二者同詞異寫。

祥老草書歌〔一〕

嶧山碑焚石鼓刓，書法變亂〔二〕日愈〔三〕難。真行既畧況復草，怱怱〔四〕不暇嗟無端。時逢典午作者衆，羲獻妙拔天雞翰。當年伯英更傑出，坐使束帛來戔戔。後來顛旭斗酒醉，秃髮濡墨池枯乾。揮霍歘忽鬼物泣，變恠辟易心毛寒。江南屏障盡一埽，胡有祁岳圖青丹〔五〕。桑門懷素慕旭技，刻苦攻習飢忘飡。種蕉萬木繞茆宇〔六〕，緑葉剪污株無完〔七〕。書成千文世莫識，但見秋蚓春蛇蟠。年當英妙誠可尚，白也歌頌人咸懽。高閒〔八〕猶能踵其武，追逐未肯行蹣跚。但言潰敗不收拾，為文規贈昌黎韓。祥師只今為巨擘〔九〕，上与閒素争巑岏。錢塘〔一〇〕山水甲天下，秀氣毓子為梗楠〔一一〕。十日〔一二〕不出筆成塚，中山〔一三〕老兎愁難安。公孫劍器諒莫狀，郢人斵堊曾無瘢。大書特書逞神〔一四〕俊，欲罄越楮并齊紈。晴軒小試烏玉玦，雙龍隨手掀波瀾。援毫跌宕縮萬騎，陣勢詎獨驚旁觀〔一五〕。熒惑振迅不可控，中途驟馬回金鞍。長空無雲布星斗，珊瑚樹雜青琅玕。紛紜飛舞復何似，蓬仙游漢驂群鸞。昨將一紙遠寄我，天孫衣錦〔一六〕千花攢。常時展玩苦無厭，藏弆〔一七〕何翅如圭瓚。我欲中山傳不朽〔一八〕，尋石為倩良工刊。願師勿置銕門限〔一九〕，從它〔二〇〕須索來千官〔二一〕。搢紳相與嘆莫及，便欲奪去加巾冠。厥声已播不知息，箱篋盛貯光爛爛。雪霜載道歲云莫，能許冥頑來借看。

【校記】

〔一〕此首詩又見於《南屏净慈寺志》卷六檀護。《列朝詩集》閏集卷二、《明詩綜》卷九十、《静志居詩話》卷二十三、《六藝之一録》卷三百七十三、《佩文齋書畫譜》卷四十四書家傳二十三有節録。詩題《逃虛子詩集》目録作『祥老草書』。

〔二〕變亂：底本原作『亂變』，旁有表示乙轉的符號，明范氏卧雲山房鈔本《逃虛子詩集》《南屏净慈寺志》等作『變亂』，因據改。

〔三〕愈：《南屏净慈寺志》作『逾』。

〔四〕怱怱：《南屏浄慈寺志》作『忽忽』。按：二者俗寫無別。

〔五〕青丹：臥雲山房鈔本作『丹青』。

〔六〕茆宇：《南屏浄慈寺志》作『茆室』。

〔七〕此句底本『葉』上衍一『葉』字，據詩意及明范氏臥雲山房鈔本《逃虚子詩集》《南屏浄慈寺志》等删。

〔八〕高閒：即『高閑』，亦作『高閑』。唐代書家，工草書，師懷素，深得體勢。

〔九〕巨擘：《南屏浄慈寺志》作『鉅擘』。

〔一〇〕錢塘：《六藝之一録》作『錢唐』。

〔一一〕梗楠：底本原作『梗楠』，『梗』當為『楩』之簡俗字，此據《列朝詩集》《六藝之一録》《佩文齋書畫譜》録為正體。《明詩綜》《静志居詩話》作『靈檀』。按：『楩楠』本指黄楩木與楠木，此喻指大材，棟梁之材。

〔一二〕十日：臥雲山房鈔本、《南屏浄慈寺志》《列朝詩集》《六藝之一録》《佩文齋書畫譜》《明詩綜》《静志居詩話》作『十年』。

〔一三〕中山：《南屏浄慈寺志》作『山中』。

〔一四〕神：《南屏浄慈寺志》作『人』。

〔一五〕旁观：《南屏浄慈寺志》作『傍观』。

〔一六〕衣錦：《列朝詩集》《六藝之一録》《佩文齋書畫譜》《明詩綜》《静志居詩話》作『機錦』。

〔一七〕弆：當作『弆』，指收藏，密藏。

〔一八〕此句《南屏浄慈寺志》作『我欲山中使不移』。

〔一九〕此句底本『願』下衍『使』字，據卧雲山房鈔本、《南屏净慈寺志》《列朝詩集》《六藝之一録》《佩文齋書畫譜》《明詩綜》《静志居詩話》删。

〔二〇〕它：《南屏净慈寺志》《六藝之一録》《佩文齋書畫譜》《明詩綜》《静志居詩話》作『他』。

〔二一〕須索來千官：《明詩綜》《静志居詩話》作『需索來熱官』。

灌畦老歌〔一〕

赤脚科頭布為襖，結束抱甕行常早。去住不離溝畛間，云是城南灌畦老。自言灌畦不計年，衆誚卑汙我為好。生平欲學漢陰人，肯將機事藏懷抱。朝灌西畦蔬，莫灌東畦稻。出則引其兒，入則隨其媪。偃息還尋緑樹陰，煖風晴日眠芳草。但願蔬成稻熟兩無筭，使我渾室樂歲終身飽。更不念手胼胝，亦不恤背傴僂。瓦盆濁酒滿床頭，共醉長從樵牧侶。或有告之曰：噫！汝之為生也，何汲汲而營營！資爾口與腹〔二〕，終歲勞其形，古人耻同草木化，捨此亟立身後名。灌畦老，勉爾行，豈不見李靖微時宿龍宅，起取馬上天瓢傾。

【校記】

〔一〕此詩又見於《古今禪藻集》卷二十。

〔二〕腹：底本誤作『復』，據《古今禪藻集》改。

種柳行

溪上人家多種柳，我屋臨溪柳何有。覓栽應記向陽枝，種處不辭當路口。苞褁因懷雨露恩，棘護恐傷兒女手。依垣近戶豈無意，間桃傍竹非為偶。旭煖將來金眼明，煙晴未引翠眉横。已許成行繫游騎，終教接葉蔽流鶯。陰滿江邉嗟刺史，影摇門外憶先生。好滋嫩緑延清賞，慎挽長條贈遠行。野渡如煙未足嘉，市橋〔一〕他日問應賒。吟成為寄佳公子，更學河陽盛種花。

【校記】

〔一〕橋：底本誤作『槁』，據詩意及明范氏卧雲山房鈔本《逃虚子詩集》改。

廢宅行

金張甲第連雲起，壯麗人傳古無此。當時為計運萬年，一日豪華東逝水。鳳去枝殘蔭井梧，鵲散巢傾遮道逾〔二〕。畫棟朱簾自雲雨，雕闌綉礎襍苔蕪。公子無人衣金鏤，曲水流觴沉翠羽。摧殘趙瑟與秦筝，冷落吳歌并楚舞。蓮燈不見照螢燈，鼉鼓無聞響蛙皷。名花憔悴殞驚紅，回首東風萬樹空。池水尚能潛赤鱓，庭楊無復繫青驄。鴛瓦飄零榛礫混，獬屏剥落草煙蒙。亭臺佳氣雨時收，却訝三春是九秋。青李朱櫻為誰實，兎葵燕麥不勝愁。門下久忘彈鋏客，那得娥眉來咲躄。馬周此日獨何心，復遣為圖搆佳宅。

【校記】

〔一〕遮道逾：明范氏卧雲山房鈔本《逃虛子詩集》作「遮道榆」。

還山吟〔一〕

我住在青山，君住在青山。昔日不同出，今日不同還。青山去我纔只尺〔二〕，幾度欲歸歸不得。尖頭茆屋虺蛇穿，高脚繩床蘚苔積。唯有青山知我心，我心日日在山深。巖花澗鳥總吾友，流水松風奏雅琴。今君歸樂烟霞裏，笋蕨春肥香到齒。坐石眠雲猨鶴親，定知念我塵中士。羨君非是等閒人，牽蘿補屋未為貧。明朝會君不可得，悵望烟寰〔三〕曉鏡新。

【校記】

〔一〕此首詩又見《明僧弘秀集》卷十三。
〔二〕只尺：卽「咫尺」。
〔三〕烟寰：明范氏卧雲山房鈔本《逃虛子詩集》《明僧弘秀集》作「烟鬟」。

兄弟吟

同出天地根，重踰左右手。友恭有攸序，急難須相守。淳風忽澆離，薄者反為厚。一貧成寇讎，兩富同杯酒。如何骨肉親，不及知心友。

壯士吟〔一〕

一劍重千金〔二〕，曾將托〔三〕生死。不知燕趙間，何人是知己。相見便〔四〕知心，時聞擊筑吟。懷恩在一飯，不用酒杯深。

【校記】

〔一〕此二首又見《明詩鈔》明詩五言絶句、《淵鑒類函》卷三百十一人部七十遊俠五。
〔二〕此句《明詩鈔》作『寶劍直千金』。
〔三〕托：《明詩鈔》作『託』。
〔四〕便：《明詩鈔》作『各』。

棄兒詞

樂歲將身嫁夫早，生得兒為掌中寶。年來夫壻事干戈，邊戍不回江上波。身無完裙口無食，一身憔悴怨兒多。容髮重修思再嫁，抱兒棄路行人罵。兒立嗷嗷望母啼，豈知母是他人妻。嫁夫但願夫長好，此身〔一〕不用兒防老。

【校記】

〔一〕此身：明范氏卧雲山房鈔本《逃虚子詩集》作『此生』。

牧童詞

草豐茸兮牛肥，畊之深兮牛不知疲，朝群出兮暮還歸。壠坂漫漫兮嗟行以遲，無犯人之苗兮在我之為。

商人怨

一從為商多蓄錢，去鄉辭家今十年。海山奇貨俱收積，南來北往如萍跡。利轉求多險益多，太行巉巖海風波。車輪易摧舟易覆，鼉蛟飢㞑頻驚逐。但知有利不如勞，却將身命輕鴻毛。一妻鬅白愁孤苦，子長不知身有父〔一〕。縱令外積萬黄金，難慰在家妻子心。何如歸來事畊釣，日日眼前聽語咲。

【校記】

〔一〕此句底本脱『身』字，據明范氏卧雲山房鈔本《逃虚子詩集》補。

《逃虛子詩續集》

秋水軒

湜湜秋水，載澂載深。近依其宇，遠映于林。纓斯可濯，釣斯可沉。晨兹夕兹，以樂我心。湜湜秋水，載深載澂。衝猋不來，曾瀾不興。凈涵蒼昊，萬象皆凝。我守弗渝，此水可徵。湜湜秋水，匪江之流。風平波静，一碧凝眸。乃嗽〔一〕乃濯，乃泳乃游。自非知者，孰知其幽。湜湜秋水，瀦之以池。曉月澄暈，夕靄牽〔二〕漪。静同道性，曾無隱而。我軒于上，惟樂是宜。

【校記】

〔一〕嗽：明范氏卧雲山房鈔本《逃虛子詩集》作『漱』。

〔二〕牽：卧雲山房鈔本作『緑』。

萲萱堂詩〔一〕萲萱孝子思亡母也

我母之生，其萱以英。我母之死〔二〕，其萱以零。萱之零兮，有日再榮。母之死兮，無復其生。

其萱陽陽，形於我夢（平聲）。落月屋梁，儼覿母容。我侍母側，咲言雍雍。恍惚不見，痛傷奚窮。

母之去矣，逝水東流。一云〔三〕不返，我心悠悠。古人有言，萱能忘憂。我憂弗忘，匪萱之尤。

韡韡其萱，翼翼其堂。有禄可養，母矣云亡。傷母之亡，如剸我腸。夙夜靡寧，雨淚其滂。

右夢萱四章，章八句。海寧孫子良氏，聰敏好學，永樂元年登春闈及第，榮除庶吉士，復選入内閣。讀書學文，其言與行甚謹，人皆知之。子良性至孝，母亡既久，夢寐間未嘗不見之也。故名其堂曰『夢萱』，來徵余言。余感子良之孝道，故賦此詩以美之云。永樂七年七月八日吴郡姚廣孝撰。

【校記】

〔一〕《古今禪藻集》卷十九選録第二、四兩首。
〔二〕此句底本衍一『死』字，據詩意及明范氏卧雲山房鈔本《逃虚子詩集》删。
〔三〕云：疑當作『去』。

題畫《夏景》

吴山最勝處，惟此嘉樹林。茅屋住臨流，蕭然宜夏深。晴嵐被崇嶠，閒雲籠遠岑。竹色連野水，碉響襍鳴禽。當午起凉颸，寧受暑氣侵。惟應古君子，退藏洗其心。紆遠凝谷口〔一〕，沉幽訝山陰。

安能從摩詰，來此同醉吟。

【校記】

〔一〕句中『凝』似當作『疑』，與下句『訝』對言。明范氏卧雲山房鈔本《逃虚子詩集》卽作『疑』。『谷口』，古地名。在今陝西淳化西北。秦時於此置雲陽縣。西漢末年，高士鄭子真曾隱居於此。後借指隱者所居之處。

題畫《冬景》

湖山本佳麗，惟冬誇絶景。積雪滿林路，頓使塵迹屏。瓊瑰粲庭除，卽此清凈境。梅梢吐寒玉，繞屋光耿耿。侵晨幽鳥囀，薄莫踈鍾静。開扉待樵歸，凉月照西嶺。既無俗累纓，宜有幽人詠。若為容置身，消摇忘日永。

《蘿月軒圖》

茅屋倚林薄，緑蘿罥穹壁。靈籟發檐清，寒月照窓寂。澗深積蘚暈，山空斷塵迹。幽人讀書罷，宴坐宜遥夕。

客居九首

客居近城郭，人事寧無干。相〔一〕之情固逆，應之心亦難。危坐久沉鬱，夏深葵已殘。安得投絕壑，冰檗自成歡。

二

鐘鼎非所愛，山林復何憎。去就良由分，豈在分〔二〕與能。嚴冬不知熱，炎夏弗言冰。變遷乃常事，允矣同谷陵。

三

泰山資一塵，未足增其岑。滄海去一渧，烏能減其深。大量不可限，真隱亦難尋。盈縮自有道，今古惟一心。

四

金璧未是寶，禮義乃為珎。學者貴力行，斯須不去身。渾厖絕圭角，何往而非親。蠻貊可兄弟，奚必同宗人。

五

絕交苦廹隘，全交貴容函。吁彼嵇叔夜，徒言七不堪。為人有善惡，靡擇終懷慚。豈不見元直，來就德公談。

六

桑榧〔三〕難容膝，安居性乃便。藜糝不適口，飽食自長年。君子貴在道〔四〕，不與外物遷。曲肱且高枕，所樂樂乎天。

七

啾啾籬根雀，低飛亦成群。大鵬奮南海，翼若垂天雲。細大各天賦，高下何足分。堪咲無知輩，論口徒云云。

八

人壽乃天定，七十世固稀。所憂道無成，白髮如蓬飛。宣尼川上嘆，伯玉自知非。但存貧賤心，終不履危機。

九

吴山小而奥，吴水澗且清。登臨既久乖，詎能忘舊情。中夜形夢〔五〕寐，始喜終復驚。何日乞骸骨，來此盡餘生。

【校記】

〔一〕相：明范氏卧雲山房鈔本《逃虚子詩集》作『拒』。按：作『拒』似優。

〔二〕分：卧雲山房鈔本作『否』。按：作『否』似優。

〔三〕桑樞：臥雲山房鈔本作『桒樞』。按：作『桒樞』似優。『桑樞』，以桑木為門的轉軸。借指貧寒之家。語出《莊子·讓王》：『原憲居魯，環堵之室，茨以生草；蓬戶不完，桑以為樞。』

〔四〕貴在道：臥雲山房鈔本作『貴道在』。

〔五〕夢：底本作『萝』，俗譌字。此據臥雲山房鈔本録為正字。

秋懷五首〔一〕

啾啾〔二〕雲間鴻，唧唧砌下蛩。遠客夜不寐，孤坐心冲冲〔三〕。勞心非有他，物情自感通。乃知君子憂，所憂惟道窮。

二

人生苦難定，去來如轉篷〔四〕。飄飄不暫息，俄頃西復東。焉知老將至，清霜改顔容。放浪〔五〕無復得，蓋棺乃全終。

三

日没還再出，人死無復生。何為牽世累，憂悁不得寧。達人乃知命，悠悠自無營。柴桑且容老，日夕引壺傾。

四

塵世豈堪戀，流光疾如梭。秋風昨夜來，落葉辭故柯。人生不蚤悟，久矣成蹉跎。一朝忽淹息〔六〕，惆悵當如何。

五

人言身後名，不如眼前樂。名既無可用，樂亦有何托。哲人〔七〕守常道，所遇皆不惡。堪嗟愚無知，區區論今昨。

【校記】

〔一〕此五首又見於《獨庵外集續稿》卷一。

〔二〕啾啾：《獨庵外集續稿》作『嗷嗷』。

〔三〕冲冲：明范氏卧雲山房鈔本《逃虚子詩集》《獨庵外集續稿》作『忡忡』。

〔四〕轉篷：《獨庵外集續稿》作『轉蓬』。二者義同，指隨風飄轉的蓬草。

〔五〕放浪：卧雲山房鈔本作『放蕩』。

〔六〕淹息：卧雲山房鈔本作『掩息』。

〔七〕哲人：《獨庵外集續稿》作『明哲』。

雨中誦經，喜楊宗勗至〔一〕

官舍終日雨，獨坐披黄經。孤槐庭下緑，群竹床前青〔二〕。佳朋欻見訪，清言悦吾聽。香殘篆縷消，瑤笈且暫停〔三〕。時乎苟適意，髩髮從星星。

【校記】

〔一〕題中「楊宗勗」，底本誤作「楊室勗」，據《逃虚子詩續集》目録改。又，《逃虚子詩集》卷五收「春日遊靈谷寺，逢高節庵、楊宗勗同登眺」詩，亦可證。

〔二〕青：底本為殘文，據明范氏卧雲山房鈔本《逃虚子詩集》校定。

〔三〕停：底本為殘文，據卧雲山房鈔本校定。

寄高得暘

數日不逢高伯恭，獨坐便竟茅塞胸。書床塵滿酒空淥，小庭惟見葵花紅。今朝忽過促吟席，卮酒頻行醉何惜。相期聯轡入鍾山，且聽松風坐苔石。

高景山《深雲山居歌》為净上人賦

若人之高孰與同，居深與世無相通。牽蘿陟磴歷阻折，一逕直上深雲中。深雲之中何所有，重関深閉無塵蹤。下有盤渦出壑之流水，上有倚天照日之奇峯。險厓雪積兮侶乎天日，恠石林立兮猶彼崆峒。青松兮如龍，白雲兮重重。道人結茅屋，不費造化工。似孳大梅老，不欲世人知。住處復羡鳥窠師，居木杪兮梯曾空。悠然宴坐忘物我，但見木葉青還紅。石頭路滑誰得到，來遊只許香山翁。我年已老倦奔走，南還願與君相從。會當酌瓢泉，拄吟笻，招明月，引清風，俯仰咲傲兮不覺日之又夜，共坐於盤陀石上，且聽寒山寺裏鍾。

題《群山圖》

君不見華山去天纔只尺，夜半先觀海底日。又不見天台四萬八千丈，秦階六符手可掌。羅浮姑射在雲表，扳梯陟磴誰能上。緋霞紫霧凌蒼穹，丹葩瑤草生清風。泠泠鳴籟出萬壑，森森列劍羅千峯。中有璚樓玉宇，彤扉朱戶曾開。間出隱隱，翠挹千芙蓉。若非仙人宅，乃是空王宮。玄都不易到，肉眼焉能窮。畫師趙生誇筆力，貌得神仙萬之一。溪藤滿幅趣無盡，疊嶂重巒聳曾碧。我本林泉人，况多山水癖。年來不意走城市，拭目披圖長太息。何由誅茆結屋向山頂，白雲青松為友兮樂無極。

挽張天師二首（二）

二

靈標何挺異，於道悟玄玄。富貴山中相，清閒世上仙。恍然遺劍珮，無復戀雲泉。去住渾如夢，斯須五十年。

分袂俄經歲，神交不蹔忘。忽聞捐桂館，却憶寄蘭章。金石留丹訣，烟霞護劍光。了知同羽化，寧免淚沾裳。

【校記】

〔一〕第二首詩明范氏卧雲山房鈔本《逃虚子詩集》失收。

賀蔣用文陞太醫院判〔一〕

英年學古復通經，家世傳芳有典型。醫國惟應凴識見，活人全不藉參苓。榮陞判佐辭東署，喜掌調和侍禁庭。愛我締交甦白首，歡然猶幸寄餘齡。

【校記】

〔一〕此首詩明范氏卧雲山房鈔本《逃虚子詩集》失收。

寄鼒書記二首〔一〕

瓶錫高懸嬾出山，雲閒那得似師閒。舊時〔二〕題遍巖泉石〔三〕，不撥蒼苔露一斑〔四〕。

師居巖谷我居城，無去無來兩絶情。今日何緣忽相會，山華含咲嶺猿驚。

【校記】

〔一〕此二首又見《明僧弘秀集》卷十三。明范氏卧雲山房鈔本《逃虚子詩集》失收。

〔二〕舊時：《明僧弘秀集》作『舊詩』。

〔三〕巖泉石：《明僧弘秀集》作『巖前石』。

〔四〕露一斑：《明僧弘秀集》作『露一班』。

《逃虛類稿》(《獨庵稿》)

卷一

賦頌

哀靈禽賦

猗茲禽之為珎兮，靈固表夫其類。承二氣之翼翼兮，廼化毓此南裔。惟其鷇出之弗夥兮，人驚瞭而咸奇。能衆言而靡隱兮，何聽慧之不彝。音聆聆而聵可啟兮，鷙已失其鳴声。紛翰綵之誇脩兮，翳翟孰得而為形。爪鋒利如削珵兮，趾鮮明如渥丹(音夭)。咮短而頳逾朱兮，圓眸瑩其秋蓮。羌姿性之不凡兮，陋庸庸之佻巧。逐蜚僊以翺翔兮，集琪林與璚島。夕棲穩於扶桑兮，朝啄飽乎瑤草。渴則飲於天津兮，暖必浴乎弱流。獨尚羊於六合兮，杳冥冥無所不之(音周)。諒斯樂之孰與兮，縱弹䠶之焉侵。俄誤落于塵寰兮，奚須怒其天風(音淫)。女將為吉之太康兮，不知危機之不可履。信罾罟之雲羃兮，身一入而非女有(□以切)。虞或以女為珎兮，曾薦之於華堂(音同)。遇貴介之眷睞兮，寧厭局於雕籠。食膏粱〔一〕而飲香泚兮，且留連而為樂。何輕絶而之野兮，常欝欝而抱慝。既不能復乎舊遊兮，當尋丘壑而盤桓。無蜚仙之與翺翔兮，宜求友於玄鶴孔鸞。胡為逐烏鳶之上下兮，喧嬈嬈於城池。欻遭人之毒手兮，奈體解而羽隳。悵是死之可悲兮，吾莫測其何緣（音云）。吾獨知其所由兮，盖嘗叩之於靈氛。若曰夫物之負奇兮，多不能保其美也。士之懷才兮，多不能肆其志也。余愍吾之滋惑兮，常尤人而怨天。夫懷璧之是罪兮，此亦自古而為然。象之亡而有齒兮，鳥之殞以多翠。蚌含珠而刳腹兮，石孕玉而必碎。昔靈運之罹刑兮，有春草之為句（音彀）。念中散之殺身兮，無廣陵之可奏。故衆多為之殷鑒兮，詎靈禽之可傷。聞若言而倏寤兮，乃獨欷歔而彷徨。抑時命之緯繣兮，奚必論夫否藏〔二〕。哀爾偶之影隻兮，爾雛之未長。幸夫禽之有靈兮，當速返乎其故鄉。

亂曰：琪樹青葱，女舊息兮。瑤草芳馨，女舊食兮。狐死丘首，是可式兮。爾形虽解，靈弗虧兮。幾其來歸，尚慰女之雛兮。

【校記】

〔一〕粱：底本誤作『梁』，據文意徑改。

〔二〕藏：通『臧』。

連理木賦并序

海雲院有山茶二本為屏於東軒之外，蒼陰蔽楹，枝皆連理，寔希世之瑞，吳郡道衍乃喜而賦曰：

逃虛晚坐于東軒之下，瞻連理木而奇之，披襟支頤，將援筆而賦。客有儒其衣冠，皙容美髯，揖而進前曰：『子殆有所思乎？』逃虛子曰：『然。吾觀木之連理，植物之異，拔乎后土，生乎間卋。匪人敷德澤，地應和氣，惡有能致之者？吾將賦之，以慶其瑞也。』客乃掀髯而咲，戟手而言曰：『子胡不究其理，而惑之若是也哉？夫木之為物也，發於萌孽，成於拱把。緑蔽山谷，青延林野。不折樵木之手，不踐牛羊之踝，歷風霜而不寔，沐雨露之濡灑。黛色千尺而倍崇，蒼皮十圍而更韡。或招鸞以結巢，或棲神而立社。志士見而興嗟，匠石顧之而不舍。及其用也，刳鉅舟而濟大川，斲穹柱以成廣厦，斯寔天之美材，為希卋之純嘏也。其或瘿而擁腫，節而輪囷，柯葉偃覆而作盖，根株盤結而為輪。今之連理，盖此類也。匪為妖以媚世，必興灾以害人。是皆得其氣之一偏，又何足羡之為奇珍？』逃虛子隱几，喟然嘆曰：『客其好辯也欤？天地之間，異瑞殊祥，聖賢稱頌，傳記脩詳。卿雲甘露，景星鳳皇，麥兩歧而一幹，禾合穗而異穰，芝五色而三秀，蓮並蔕以同芳。本之連理，夫豈不臧。在邦則邦榮，在家則家昌。兹木也，産于佛宮，長于禪房，名曰山茶，貴為豫章，托根南嶺，為屏東廂。密陰深於百稔，芳聲靄於四方，枝應同氣，理應合歡。綰靡解兮似結，轉不斷兮如環，猶垂蜺而致雨，疑駕梁以度仙。咲玉磬之折脊，鄙鸞膠之續弦。朝映綺霞，夕籠翠烟。宜大夫士之興詠，豈兒女子之見怜。兹木也，鍾沃壤之和氣，感至人之德風，天〔一〕祥之是應，惟道之所隆。愧吾無昌黎之雄筆，聊欲美其形容者也。』客乃赧汗，再拜而退。遂命童子執燭，而疾書于板〔二〕壁之中。

【校記】

〔一〕天：底本誤作『夭』，據文意徑改。

〔二〕板：底本作『扳』，俗寫體，此録為正體。

瑞芝頌并序

洪武六年，徑〔一〕山及禪師退隱於受經海雲精舍。是歲，佛殿後山産金芝一叢，二十餘莖，衆皆稱瑞。禪師不四三月，果應高僧之詔。後禪師殁已八祀，當十四年夏，其芝復生。或謂禪師既殁，瑞何有焉？於戲！禪師一代之偉人也，其道光德澤，被于山林，寧有已耶？蓋芝之為瑞，以彰其後矣。夫為禪師之後者，當思省其身，勿恃瑞以自滿。假有善，則當修而崇之；有不善，則當改而新之。勿昧先德，勿墜先緒。其為瑞也，則將有太〔二〕於芝者矣矣。衍椎魯少文，忝嗣禪師之道，故敢执筆，用陳頌言。詞曰：

衆草芸芸，出于化元。猗欤金芝，天豈不然。其萃雖同，其靈弗群。靡生朽壤，惟毓仙源。英發自天，徵孚在人。瑞漢武皇，懿商皓民。嘉禾雙𥝩，甘露醴泉。異類齊兆，間世有焉。猗欤金芝，産兹紺園。或鉅或纖，紫莖寔繁。於粲赫奕，敷紓輪囷。其暈耀陽，其色尚坤。佳氣蓊茀，如烟如雲。以斯嘉詳〔三〕，孰謂不根。惟徑山翁，師嚴道尊。召此奇秀，疇弗抃訴。以休于躬，乃昌其門。翁之云亡，甫及八春。夫芝復生，煌煌孔騈。或言翁殁，瑞應奚因？詎知我翁，合德茂存。匪虚其美，昭示子孫。為翁之後，宜省厥身。善則思進，過則思悛。勿墜先緒，期千萬年。

【校記】

〔一〕徑：底本誤作『經』，據下文『徑山及翁』及同卷《海雲院東軒記》『徑山及禪師』句改。

〔二〕太：即『大』。『大』、『太』古今字。

〔三〕嘉詳：即『嘉祥』，猶嘉瑞。

記

釋迦寶覺禪寺記

僧之坊，舊多以律居為禪師者，假其席以聚徒而説法也。禪之學日蕃衍，於是百丈大智海公折中四分律，設規繩，建蕖社，而始有禪刹焉。然歷世滋〔一〕，真丹〔二〕國中薄海内外僧之坊，故禪多而律寡矣。夫禪與律，一佛之教也，非禪為優，而律為劣也。禪者非律，無以束其身；律者非禪，無以見其性。故禪與律，不可斯須相去者矣。然佛之教也，律之束身為次，禪之見性為上，故凡僧之有識者，多從事於禪學焉。杭之釋迦寶覺律寺也，晉天福間錢武肅王之妃仰氏建于西湖之上聚景園之陽，法師師竇者為開山第一祖，然而山水清勝，堂殿靚深，真靈區寶所，疑旾間所無有者。元季張氏據西浙，城於杭，凡寺宇當城之基者，悉徙焉。由是寺徙于城之闤闠中，居義和坊之右。雖非山水清勝之場，是亦錦綉繁華之城也。寺為兵興以來，因田有役，故僧散落，而寺日就弛焉。皇明洪武十六年春，寺僧德果耄而無為，惧道場之蕪没，非有力、有德者莫能起之，乃會衆議，以狀請餘杭縣吉祥山無相寺住持叔琦禪師主之，而易律為禪矣。叔琦，杭人，清敏而儉約，得法於中天竺空叟悟公。人以叔琦才兼得，主是寺為宜也。嘗度弟子若干人，又能等心羽翼，將擴其舊制，以嚴其新規。故嘗請記於余。余與叔琦為法門叔侄，遂勿拒而記之。夫寶覺律寺也，今叔琦主之，而易為禪。然禪非律，無以束其身；律非禪，無以見其性。若有禪而無律，其不可行也明矣。《傳》曰：『皮之不存，毛將安傅〔三〕？』斯言侶之。叔琦苟能與衆悦於禪而不忘於律，豈有徒侶之不嘉，而道場之不固也哉？叔琦石竇與開山同，或以為開山再旾，故而勒諸石〔四〕，以曉夫將來云爾。十七年龍集甲子冬十月燕山慶壽住持沙門道衍撰。

【校記】

〔一〕此句「滋」下原闕一字，當為「邈」「久」「長」「遠」之類。

〔二〕真丹：古代印度人稱我國為真丹。與「震旦」「神丹」皆為異譯之字。

〔三〕語出《左傳·僖公十四年》。

〔四〕石：原誤作「右」，據文意徑改。

麋城永安二大橋記

麋城〔一〕據曹湖〔二〕之右，北距延陵二舍，南距吳會一舍有半。按郡志，吳太伯自荆蠻還吳，始都梅里。梅里密迩麋城，故其地腴阜，其俗淳美，而尚禮義，至今稱其鄉曰太伯鄉〔三〕。麋城界於延陵、吳會間，使客估夫，舟車輿騎，往來衙衙，蟬聯而蜂接。然其水道深廣，瀾奔湍激，俾濟者神懾膽悸。自非鉅梁長杠，不足以安其行也。故舊有二大橋：跨港之南北者曰麋城，東西者曰永安。危乎屼然，相高並固，若虹蜺連蜷而駕空，寔為一方壯觀。故居蒙之以寧，塗之賴之以利，二橋之惠及於人者，豈不博而大哉！至正丁酉，江淮間戎馬紛攘，禦帥計橋凡當要衝者悉斷，則敵不便入境。故二橋由是而毁，居民亦散於他邑。庚子兵梢寝〔四〕，民之徙者日復其業，行道之人望其港，不無病涉之嘆。泗洲寺〔五〕住持常公，推仁恕之心，率衆貨力，且以木搆，不五年而兵復毁。既而常公卒，其徒普通能踵其志，欲更石作，復其舊規。净人善長，又能翼而丐之於邑，邑之富而好施予者估其財，貧而能傭役者佽其力，敦彼良工，琢以美石。權輿於皇明洪武六年八月，成于七年之冬，傭之工若干，用錢一百餘萬。橋之役，豈抄乎哉？然而民悦于心，估財者不厭其煩，佽力者不嗟其勩，翕然畢工，若天造焉。通之孫脩學，過余請記，以告來者。余舊見有司，凡舉一政、興一役，官令於上，吏承於下，或募其民以財以力，非驅廹捶楚則費予也，役有成而愁苦之聲載道，何哉？蓋其役也，非民之所樂為而為之也，惧其法而然爾。今通為是橋，因民之所樂為而為之也，故估財者不厭其煩，佽力者不嗟其勩，足以表夫通之用心，可謂知其方者矣。况通能踵其先師常公之志，二橋既成，則居人以寧，塗人以利。常公雖死，亦無憾焉耳矣。故書以遺脩學，歸而刻諸石。

【校記】

〔一〕《（咸淳）重修毗陵志》卷二十七《古蹟》：『麋城在縣東二十里，以鴨城觀之，亦吴王豢麋鹿之所。』

〔二〕曹湖：亦作『漕湖』。《（洪武）無錫縣志》卷二《山川》第二：『蠡湖在州東南五十五里，與平江長洲縣分界，即今太伯鄉之漕湖也。』

〔三〕太伯鄉：亦作『泰伯鄉』。《僑吴集》卷九《無錫泗州寺記》：『昔泰伯東入吴，建都梅里，聚至今號泰伯鄉。』《（乾隆）江南通志》卷四十五《輿地志》：『無錫縣東泰伯鄉，宋紹興五年建。』

〔四〕梢寖：即『稍寖』，漸漸止息。

〔五〕泗洲寺：《（乾隆）江南通志》卷四十五《輿地志》：『泗州寺在泰伯鄉，宋嘉定中建。』

黍珠室記

己未之秋，蘇子遊赤壁之夜，通玄先生於普光明精舍定起，夜將半，出户四顧，仰見孤月獨朗，星彩戢耀，長林無風，寂彼萬竅。先生驚且喜，不覺手舞而足蹈。於是披田衣，躡繩屨，拄九節之笻，翩翩然如皓鶴凌空，不知其所止也。俄謁子陽真人於靈觚之舘，紫密之房。真人衣青霓之帔，坐丹霞之床，聆吾足音，歡然起行，迎坐于室。逍遙彷徉，先生作而周覽其室，一無所有。渾侖莫窮，晃朗靡究。虚弗緣櫺，明非因竇。罔有其前，寧得其後。不西不東，無夕無晝。方圓並入，小大俱囿。冷然湛然，若水晶宫。寒不見侵，燿焉燦焉。猶人輪居，熱不見矣。蟾烏讓明，煙霞却覆。疑别是其乾坤，曾弗括於宇宙者也。先生見之，惝慌心疚，怪而問於真人曰：『茲室也，其大如粒，光明偉常，胡得而至於斯耶？』真人咲曰：『子竺乾氏之徒也，未聞吾之道也。有物混成，先天地生。寂寥廣莫，恍惚窈冥，萬象同稟，四序不更。匪穴而虚，匪灼而明，匪規而圓，匪澂而清，非有非空，至神至精。大如粟末〔一〕，函橐無垠。取而勿禁，加而勿盈。㳽之蹫黄琮，葆之如孩嬰。籛鏗〔二〕獲之以長壽，軒轅得之以飛昇，眉翁聞之以洗髓，伯陽悟之以弘經。吾嘗于此輟食廢眠，探而得之，真合自然。今此居空，朗若壺天，不從内出，亦非外遷。子何怪乎其跡，而不究其淵源也哉？』先生聞之，倏焉自省，而謂真人曰：『吾知之矣。真人之道，與吾之道，惟一無二，既非中間，又非内外，一切萬法，等無有異，又何怪乎此室為貳耶？』真人曰：『子亦知道者也，吾可與語矣。吾室卽黍珠室也，子宜為記。』先生乃稽首作別，而賦之以詩曰：

太乙耿耿元陽精，非白非黑非紫青。和靈混元未始成，渾淪豁落入窈冥。視之無形聽無聲，後莫得隨首焉迎。函乾蓋坤孰與京，天地有隳彼勿傾。至人獲之〔三〕乃長生，彌年無為守黃寧。惜如至珎護若嬰，嘉穀〔四〕惟恐侵蝗螟。華池中涵神水清，朝挹暮浴敷璚英。大如粒物誇至靈，絢爛赤日欺長庚，皎皎上與蟾争明。方圓並容邯〔五〕敢争，用之不竭加弗盈。於焉兹室乃得名，天官下衛呵六丁。通玄先生詩以銘，傳之不啻三千齡。

【校記】

〔一〕末：底本作『末』，俗寫二者不拘，據文意改為『末』。

〔二〕籛鏗：卽『籛鏗』。人名，亦卽彭祖。姓籛名鏗，相傳古之長壽者，堯時封于彭城，故又稱老彭。晉葛洪《神仙傳》：『彭祖者，姓籛名鏗，帝顓頊之玄孫，至殷末世，年七百六十歲。』『籛』，大型字典、俗字典未收。

〔三〕之：底本漏闕，據文意補。

〔四〕嘉穀：底本漏闕，據文意擬補。宋蘇軾《芙蓉城》詩：『願君收視觀三庭，勿與嘉穀生蝗螟。』可旁證。

〔五〕邯：疑為『那』（那）之誤。『那』（那），卽『哪』，疑問代詞。

隨庵記

㕶之善于隨者，莫善於吾佛如來也。如來以真常湛寂之體，净妙圓密之用，往來於三際，出没於九有。凡含齒載〔一〕髮，蠢動飛蠕，縁至則應，求無不從。貪者喻之以净，恚者喻之以慈，癡者喻之以慧。千殊万異，交應互答，曾無一念之動，靡有毫髮之差。譬夫水之在地也，流于江則清，入于河則濁，歸於海則鹹，碉渠陂沼，淵汙激漩，從其所而不變其濕也。

吁！㕶之善於隨者，能若是虖！愚以世之善用隨者，多不得已也。或威以廹之，或利以誘之，或尊以俾之，或友以輔之，其或時之過焉，勢之往焉，有能隨之而不改其度者，則吾未之見也。雖然世之隨者衆人也，如來之隨者聖人也，衆与聖猶丘陵之與塵末，曦耀之與螢爝，豈可同年而語哉？然吾學如來之道者，具如來之體，不合如來之用，蓋其力之有所未充耳。力之有所未充，故學者當勉之，則必有至之日矣。丹丘濬公天淵，亮雅茂重，博通内外學，嘗搆室于四明之青山，為恬養之所，命其名曰『隨庵』，徵衍為記。衍與天淵為法門從昆季也，知天淵為詳。天淵居青山之日，禪叟墨客，樵人牧竪，相與往來，無賢愚賤貴之有間，其熙熙自若也。今官於僧録，寵承天眷，王侯將輔，貴介名士，情交而禮遇，其亦熙熙自若，曾不以榮譽少動乎其心。自非有得於如來之隨之道者，能是也欤？然於如來之隨之道，如無所得而不為衆人隨者，吾弗信矣。天淵苟能進而勉之，蓄而廣之，則將有不止於斯而已也。姑為之記焉。

【校記】

〔一〕載：似當作『戴』。

純一庵記

純一庵，在杭郡城之南門。元至順間，郡民鄭元善舍宅為之。無像易禪師主其庵席之衆，以禪為栖，寔一方之清浄伽藍也。至正己亥，郡之城增築，庵當其要，遂毁。時無像之孫溥聞，念道場之既毁，香火之不繼，忡忡于心，將謀地以别其業，而卒不可得。朽庵傅居士志尚佛乘，家于鳳山之陽，宋故内之荷花池上。居士與聞友善，丙午冬，舍所居以襄其事。庵成，凡外之泉石林樹之境益奇，内之薰炬瓜華之供益盛，鐘磬禪誦，昕〔一〕眯不輟，庵之清浄殊妙十倍于前矣。故大方之名德如徑山淑禪師、靈隱瀞禪師、浄慈渭禪師、育王裕禪師，今僧録右善㕛簡公，左講經玘公，右講經仁公，咸往來遊息而不厭，於是庵之名迺著。檀施之來，日無虚矣。本朝洪武甲子，重建觀音寳殿。暨衆屋就緒，而聞慮其後之人罔知來系，故録其顛末，請余為記以示。余於聞識既久，而知之為詳，故弗讓而言曰：『杭之為東南大郡，鳳山當郡城之首，江山勝槩於此為最，故宋南渡建行宫焉。宋亡元興，西僧楊璉真加請于㕛祖，刱五大寺，於宋故内造白睹波以鎮王氣。未及百年，五寺燬于兵，而睹波亦頽矣。嗚呼！㕛相之無常，榮悴廢興，相禪而不已。惟如來出世純一之道，天地成而未始成，天地壞而未始壞，廣大微妙，不可得而思議者矣。今聞能悟此道，庵之興何以記歟！記乃文字語言也，書于簡而簡有敝，鐫于石而石有泐。况夫純一之道，不恃言而存，不言而泯也〔二〕。雖然，事無理不立，理無事不顯。蓋庵之記，又不得而無也，故勉為之記。聞，字聲外，元善之子，為人端雅好學，嘗典藏于南屏云。』

【校記】

〔一〕昕：疑當作『昕』。下文《迎福庵别業記》中有『昕夕不停』句，可證。

〔二〕此句『言』上當脱一字，其義當同『恃』。

游補陀洛伽山記

補怛洛伽山〔一〕者，居南海上，由四明城東行，不百里卽海，海凡两渡，一渡過昌國邑，自邑之沈家門再渡，始抵其山。舟泊山趾，有石若人髀幹，横出于海水，曰短股人。自短股乃登麓，路蜿蜒而上二里許，有補怛洛伽山之門。補怛洛伽，梵語也，此云小白華，卽《華嚴》大經所言善財第二十八參觀自在菩薩與諸大菩薩圍繞説法之地也。由補怛洛伽山之門而入，松蘿夾徑，森森陰陰，至清净境亭。由清净境亭東行，盤嶺而出四三里，卽潮音洞、善財嵓。其洞若巖，海潮舂激，無夕無旦，其声平輷，猶轟霆犇石，林谷震動，風凛凛，浪花噀人如雪，崖石欹滑，險踰岷、峨。求現者非誠懇刻切，則掉眩怖恐，無所不至矣。由清净境亭北行，松礀而轉，有峯穹然而起者，曰正趣。觀音寶陀禪寺當兹山之中，與正趣峯相直。寺之樓閣臺殿，絢艴宻麗，若兜術忉利之宫，人世殆無有者。寺之後，一峯巍然，由妙高之頂，曰妙應。妙應峯之左，又一峯曰先照，日出時先照者也。有石三：曰盤陀，曰師子，曰無畏。妙應峰之右，有石曰白衣。白衣石之下曰三摩地，曰象嵓。登象嵓而西望，則古鄮、太白諸山，横截海上，白雲蜚蜚，與風帆相上下，此一絶境也。自盤陀石而東望，海波涵天，渺茫瀰漫，一目無際，搏桑、日本、蓬萊、方丈皆鄰島爾。此一絶境也。寺之東北陬，盤陀石之下，曰孤絶庵，宋真歇了公栖禪之所。自孤絶庵經無畏石而下，曰千步沙，如麸金煌煌，照耀天日。由千步沙而南，有石浮圖據其岡，曰太子墖，元之鎮南王所建也。是山多靈禽異卉，清泉恠石。雖天台、峨眉，莫能為伍。是宜大菩薩所居也。故四夷、八蠻、九牧、五岳之人，凡信佛乘者，不憚萬里，重趼蒲伏，皈命來求現焉。今年秋，予擎香絶海登山，禮潮音洞求現，至善財嵓，一拜起，則大士現金色相好於嵓内，金瓔被體，光爛嵓石，遂生大慰悦，如獲至寶而歸。予嘗見徒之居禪者曰：『觀音大士，人人本有，無方不現，奚必往是山求焉？』居教者曰：『《華嚴經》中善財所參南海孤絶處，補怛洛伽山華藏卋界中，知在何地，豈可以此為寔也哉？』予曰：『禪者理執，教者事礙，皆不通之言也。觀音大士，弘誓海深，隨波禱求，其孚感昭，焯如左右拳。譬夫月之行天，水之行地，雖無乎不在，覩月者必登乎高，觀水者必臨乎深。何哉？不登高，不足以見月之朗耀；不臨深，不足以水之瀲波〔二〕，以月與水獨在於高深，此豈理也哉？人之萬里重趼絶海登山求見大士，是猶覩月登高，觀水臨深而已。若能達三十二應為一身，無邊塵刹為一土，卽此離此，是真非真，有何間焉爾？故予誌之，以書于石，示其後來求現者云。』

【校記】

〔一〕補怛洛伽山：卽題中『補陀洛伽山』。亦作『補陀洛迦山』，見元盛熙明《補陀洛迦山傳》。『陀』，亦作『陁』，見《逃虚類稿》目録。

〔二〕此句『水』上闕一字，當為『觀』『見』之類的詞語。

迎福庵別業記

物之屬於形器者，有成壞廢興之理，然一係乎其數。數既定矣，物莫外焉。雖天地之高厚而有傾圮，日月之光明而有薄蝕，山嶽之峻聳而有頹裂，江河之流注而有枯涸，金石之堅剛而有鎔泐，況其餘乎！故達人覌之，以身為聚沫，三界為旅泊，於是去華而就寔，辞侈而從儉，衣褐茹粗，舍茆茨于窮崖邃谷、絶島荒渚之間，恬養其道，以終餘生，奚有外慕者焉？故湖海之人，景其高風，歸仰不暇，遂成聖道場地者，往往有之矣。便舟順公，寔有道之士。宋季淳祐間，來吴東陳湖之上，結庵居之，且以念佛三昧化導士女，檀度〔一〕川湊，遂擴其庵，以延多衆，堂宇門廡制若大方，名曰『迎福庵』。然庵之址，據湖之沙磧，風濤烟浪，春激蕩潏，昕夕不停。公之孫永福，慮其有陵谷之變，不能永也，當元之至正間，廼建別業於大澤村，以圖其久，故存『迎福』之名焉。其處原田平衍，林木茂蒨，當村之西，乃復稱之曰『西林』。或以福非達者也，身為聚沫，三界為旅泊，何其罔知成壞廢興之理，以拘吝相而滯其迹乎？余曰：不然。儒者，繼志述事為孝〔二〕；佛者，以聯芳續燄為道。不能繼、述者，非儒之孝也；不能聯、續者，非佛之道也。蓋儒、佛之教，非始以此為滯其迹而非達也歟！況吾佛設教，欲存于世，以利其生，故吾徒隨所建立道場，以表示之，使其不永，奚教之得存乎？福尋請余記，以示其後，故書如此。福，謹愿人也，多脩苦行云。

【校記】

〔一〕檀：底本作『擅』，俗寫二者不拘，此録為正體。

〔二〕此句『繼志』上疑脱『以』字。

記《十八羅漢過水圖》

宋李公麟，常畫《十八羅漢過水圖》，其成染精緻，妙絶今古。然秘諸名家，吝莫能睹。今醉李常竭陀亦畫是圖，觀其布置緣餙，與公麟雖殊，而筆法仿佛有公麟之妙，一時人甚稱焉。其圖先畫一大溪，四面皆崇山夷麓，烟島霞嶠，狀疑天台、雁宕。溪之中流，濺濺駛若飛矢，旁流依山曲折，縈廻如帶，然後十八羅漢次第渡焉。先四尊已渡，據大樹下盤石上，兩兩相向。一耳金環，衣縵衣，袒右肩，趺坐；一衣大衣，翹左足，右手撫膝上。衣縵衣者，反右手執櫛爬背癢，對衣大衣者，適然若自得。一衣褊衫，右手搯輪珠，左手加膝，趺坐；一亦衣大衣，卓烏藤于石側，右手托石上，反睨二尊。才〔一〕登岸者，一整襟束帶，貌笑愔愔自若；一踞溪五七步，拄烏藤立，仰顧束〔二〕帶者。一童，置包笠杖于地。拄烏藤立〔三〕者水濕裾，童前以手絞裾水，無難色。次二尊同渡，一衣大衣，赤跣，已登岸；一老者，肩囊涉，去岸僅尋丈，力將竭，不進。已登岸者，用烏藤伸而接之。次一尊，耄而弱，鬚眉皓然如鶴，衣不掩骭。一童背之而過，足踏流，甚力。次三尊同渡，一老者拄烏藤，二壯者左右翼之，手臂相鈎聯而濟。右者以一手携雙履，左者亦以一手挾囊，囊然勢若惴慄〔四〕狀。

次一尊，去岸已數步，左摳衣，右曳杖，回顧後渡者。一童前行，肩荷包笠，脇懸鉢囊，左手柱杖，汲汲焉而進。次二尊同渡，一長耳昂鼻，龎眉雪頂，衣褊衫，揎袖露兩肘，手柱杖，一童扶之，右足下溪水，瞿瞿怖甚。一壯而美者，眉間有毫相，以帶高束衣，將渡。一童置包笠烏藤于前，藉草坐，著芒屩欲進。次畫三大松，落落影倒入溪水，松下列以盤石。有三尊未渡者，各據石坐。一衣大衣，耳亦金環，胡鬚拳然連鬢，左手按膝，右手托石上，顧後渡束〔五〕帶者；一袒衣露腹，交足坐，撚紙刺鼻作嚏〔六〕；一亦衣大衣，手執藤，向交足坐者如欲語狀。凡十八尊，一一皃殊狀詭，可謂精妙入神者也。噫！此十八尊者，皆聲聞僧，斷煩惱而入道品，住壽命而證無生，天上人間，隨意自在。然公麟、竭陀之所畫，得其形佀之粗者耳。以其神通妙用，变化叵測，或於小中見大，大中見小，隱而為顯，顯而為隱，雖公麟之善繪，何得而措筆！竭陀之筆法，雖仿佛有公麟之妙，而亦安能描摸其萬一也！今竭陀是圖甚為艱有，祁川柱庭孫居士乃珎秘之。余因滄海上人而獲借观焉。上人，會稽人，明敏好事，命余識其觀之歲月。余與上人友始善，故弗拒，遂筆之為記以歸諸。時洪武六年二月八，吳郡道衍記。

【校記】

〔一〕才：底本作『寸』，俗寫二者不拘，此録為正字。
〔二〕東：底本誤作『東』，據文意徑改。
〔三〕立：底本誤作『主』，據文意徑改。
〔四〕惴慄：底本誤作『惴慓』，據文意徑改。按：『惴慄』，亦作『惴栗』。恐懼而戰慄。語出《詩·秦風·黄鳥》：『臨其穴，惴惴其慄。』又，句中『囊』字費解，疑有脱誤。
〔五〕東：底本誤作『東』，據文意徑改。
〔六〕嚔：底本作『嚏』，俗寫體，此録作正字。

蒲窓記

肥甘柔毳，淫哇靡艷，物之尤者，人之所共好也；清苦幽寒，寂寥質素，物之微者，人之所共棄也。有人於此以尤物為棄、微物為好者，非篤理專道、絶俗忘吝之士，則不能若是也。鳳翔覺庵真師，通諸教部，了最上乘，領蘇城之雙塔禪寺，理衆之暇，無所適意，於是啟南牖於丈室，以菖蒲為玩。夫蒲，微物也，根蟠於水石，清而不朽；葉貫於寒暑，常而不變。蕭然于几席之間，閒而不放；泊然於烟霞之際，澹而不厭。蓋師之德有侶〔一〕於蒲，故好之矣。至若春萸秋莢，朝陽夕露，剪挍培濯，各得其宜。人知師之好於蒲，而不知師之以蒲為佛事也。師也可謂篤理專道、絶俗忘古之士者歟？余嘗訪師於丈室，見蒲於南牖之下，色寒而鋒利，森森如虎鬚劍脊。余雖於物無所好，然偶見之亦愛矣。師欲扁其室，請名于余，故名曰『蒲窓』，乃復為記。

【校記】

〔一〕侶：底本誤作『佋』，據文意徑改。按：『侶』同『似』。

海雲院東軒記

海雲院當穹窿山之陰，院之戶北向，東西兩廡極幽曠。人乍入其戶，多以東為西，西為東也，居久始能定其位而不惑。久元廸公愛其東廡邃爽遼闃，薜垣延紆，嵐嶺交互，境幽而不昧，物秀而不露。公卽其處經營搆度，開軒為娛觀之所。軒之扉牖几榻皆東，故曰『東軒』。軒之外，喬松雲腴，疏篁風泠。幽藹茂草，匝砌繞戶；嘉菓異植，羅簷傍楹。山茶為屏，枝秀連理；月桂為藩，花藹繼榮。雨之過也，泉瀌瀌以脩除；日之叔也，樹曖曖以翳櫺。林韻丹味，池影金鱗。物隨時而變態，人逐境以移心。故公禪坐于斯，經行于斯，樂賓友於斯也。不三十年而公化去，公之孫徑山及禪師能踵公之志，發歸歟之嘆，誦考盤之章，於是退隱兹軒，匿其聲光，加其道行。故余得從禪師而樂於是軒也。涼晨燠夕，静觀清詠，悠然自得，如處乎化人之國矣。噫！公之創是軒也，非獨樂於己而已，蓋欲遺其子孫，施其賓友於無窮耳。然公樂于是軒不三十年，雖享於己者短，而利於人者長也。愚以人不獨樂於己而共樂于人者，此聖賢君子之心也。公能以聖賢君子之心為心，雖享於己者短，亦何憾焉耳。今也余幸而樂於是軒，感公之德不忘，故不可以不志，遂書之。

遊天池記

中吳山水之秀而奇，惟天池為最。天池在花山之右，其廣無十晦〔一〕，山高下而池分為三，膚斷連其寔則一水也。澄湛渟泞，上涵虛空，下沉無底，亀魚泳焉，蛟龍潛焉。清風歘興，與波相接擊，其聲始瀏瀏然而來，終折而下，石磵則若鳴萬鼓，人耳語猶隔重屋不聞。衆山廻環，既邃且与。惟西北獨缺，以通往來。花山之上，有峯聳然。峻影俯波，秀色可采，宛若菡萏初出水，名曰蓮花峯。峯之下，奇樹蒼筠，猗蘭珎藹，間厠而錯陳。旁則恠石如林，欹懸峭正，若几若皷，若獸若踞，若人立者，不能悉其狀。外一石出水中，窾僅尋尺，廣則如窾，而又加上砥下嵁，中可巢亀魚，名曰亀巢石。由亀巢石去數弓〔二〕地，又一大石，突出為广，浮圖人卽依广鑿石為屋，深幽虛朗，中奉大雄氏之像，像皆石斲，渾然無迹，如出夫造物之所成者。自石屋沿澗而上，至嶺之絶處，夷然若堂，可架亭宇數十榲。山無遠近，川無鉅纖，風檣雲樹，林麓丘墟，畢列于前，可使遊者盪胸懷而暢心目也。至若春溫景明，歲豐物康，士女紛乎而争來，輪蹄襍乎而競進，壺觴無停，簫鼓不輟，望之者疑為桃源，非人㕛所有境。故余亦好遊於是凡三至焉。既至，則必窮峻臨淵，尋幽索恠，忘登頓之罷，恣嬉遊之樂，蓋余不可不志也。況天池為中吳山水之最秀而奇者，凡余同游之人，又皆嘗所愛而友者，抑余可得而不志乎？遂為志以書于石。同游之人，初則海雲院僧士龍、里生鄭椿，次則儀真張庸、臨川詹某、吳僧慧暑，三則閩國王清獻公之孫曰禋者，倚人麋氏子善吹吹笙。至正乙巳十二月廿八日吳郡道衍記。

【校記】

〔一〕晦：底本誤作『晦』，據文意徑改。

〔二〕弓：底本誤作『兮』，據文意徑改。按：『弓』，量詞。原為與弓同距離的長度單位，與步相應。後亦用作丈量地畝的計算單位。唐陸龜蒙《送小雞山樵人序》：『自塚至麓，凡二百弓。』宋楊萬里《幼圃》詩：『寓舍中庭劣半弓，鬻泥為圃石為墉。』

卷二

碑塔銘表墓銘

妙智院佛殿碑

妙智院者，宋宣和間賜紫法章大師所建也。院距蘇城北四十五里，有墅曰相城，院立其中。雖與民居伍，為一方植福之地，寔衍受經之所。建炎四年，兀术渡江而南，燬于兵。第三祖慧日縛茆為廬，以嗣其傳，不絶如髮。後太師和武恭王楊某，國家賜以是鄉之田，營別第于院之南鄙。王憫院廢，施金粟以起之。元之大德初，第六祖德荣以院湫隘，不足容衆，與其徒惟一欲增擴焉。於是漳州路總管張侯伯顔其夫人楊氏舍奩具，命荣等搆堂於院之中，奉圓通大士、十八大聲聞僧，暨營東西两廡，稍見其成規焉。至正間，第八祖妙通，又勤事土木，使徒孫宗傳廣募衆緣，易堂為殿，設靈山一會聖像于中，復以十八聲聞翼其左右，髹繪刻甃靡不集。幾十年，而再燬于兵。況諸祖又皆化去，兵後復業。衍年始越冠，遇歲飢，無力，乃亦縛茆以安其徒。國朝洪武初，里豪俞善與弟信，為人尚義好施。予因周覽廢址，慨然興嘆曰：『佛聖人之宫，衆生之所依怙〔一〕，奚可蕪没為狐豖之囿也？』於是首捐己帑錢二十萬，購里人聽事之屋一所。邑民懽然輳施，遂益其材甓，鳩其工傭，始克成今殿五楹間，復軒于前。度其費，計抄七百餘緡。起于二年之春，完於十一年之冬。其中仍奉聖像，如第八祖所建殿者。雕欀刻桷，宏深雄麗，壯觀一隅。雖藉衆成，多出於俞氏之力也。於戲！先佛有言：『吉之不固，如水沫泡餤，速起速滅，人其可得恃乎！』夫院自宋歷元，迄于聖朝，僅二百五十餘年，若一瞬頃，凡燬于兵者二，成于檀者三，其間增減變易，又不知其幾何也！先佛所謂『速起速滅，其不可恃者』明矣。雖然院之存亡興廢，自有其數，固不足言，然殿之成皆檀施之力，詎可泯而無聞也哉！故衍銘于石，以示後之人。銘曰：

巍巍大雄，利生無極。匪崇乃宮，曷稱其德。維此寶殿，地涌天成。雕欀朝翬，彤楹夕明。如净琉璃，内現金像。人天拱翼，龍鬼戴仰。斯由衆力，載經載營。厥功居多，俞氏弟兄。眎吉匪堅，如彼泡餤。曰廢與興，胡足留念。慈門廣辟，檀度雲從。勒詩貞珉，垂耀無窮。

【校記】

〔一〕怙：底本誤作『恬』，據文意徑改。

春申君廟碑

余嘗讀太史公四公子傳，至春申君，贊言：『初，春申君説秦昭王，及遣太子歸，何其智且明也！後制於李園，耄矣〔一〕。』余既而嘆曰：於戲！仁者必智，而智者豈必仁乎？智者不仁，則無所主矣。

春申君善於智者也，然明於初而昧於後，何哉？蓋失其所主焉爾。以其説秦昭王使謝韓、魏以善楚，及遣太子歸，遂卽相位，封為春申君，賜淮北地十二縣，後請封於江東考烈王許之城故吳墟以自為都邑，乃就封於吳。以此觀春申君之心，欲為富貴無窮之計，故李園之謀得以入焉。雖朱英有無望之言，春申君不聽也。然身死棘門，將誰咎乎？所謂明於初而昧於後者，蓋失其所主焉爾。雖然春申君相楚二十五年，其都邑宮室之美，賔客輿騎之盛，珠履劍佩，填户溢道，勢傾人主，威震海内，雖强秦趙魏不敢加兵於楚之邊鄙，皆春申君之力也。吁！春申君亦可謂人傑矣。有曰：『用物精則魂魄强。』春申君虽死于千載之上，其精爽於天地之間，必有凝然者矣。吳郡長洲之民，立廟祀之，不知始於何代，凡歲時社臈必祭，水旱瘥札〔二〕必禱，禱之輙騐。庙並於浮屠氏之宫，歲遠腐壞，難於祭享。國朝洪武十一年冬，居民於相率貨力，敦工脩葺，故廟與像，咸一新之。浮屠某請書其事，以勸來者。余故筆春申君之大畧如此。乃復作詩與民，使鑱於石，歌以享之。詩曰：

君之生兮，輔楚孔勳。威震海内兮，赫赫霆犇。三千鈒履兮，壯士盈門。生既英傑兮，死必為神。彤宮臨溪兮，溪水沄沄。庭樹霜紅兮，神容如春。奠彼蘭醑兮，我歌遏雲。願君之歆兮，以福我民。

【校記】

〔一〕此數句見《史記·春申君列傳論》，原文為：『初，春申君之説秦昭王，及出身遣楚太子歸，何其智之明也！

後制于李園，旍矣。』

〔二〕瘥札：底本誤作『瘥孔』，據文意徑改。按：『瘥札』，指疫病。宋石介《慶曆聖德頌》詩：『天實賚予，予其敢忽。並來弼予，民無瘥札。』『瘥札』又見於《逃虛類稿》卷四《雙蓮忠禪師傳》。

白馬照禪師塔銘

洪武八年乙卯，衍因通儒學校召留京師天界禪寺，時有僧自陽羨來，告曰：『前白馬長老元明禪師遷寂于鄉，光明盛大，希有奇特。』衍聞其言，既哀慕而復忻慶。雲山窈澗，往奠弗果，兹抱愧於心焉。九年春，奉旨賜還吳門，因省師過西麓海雲精舍，適瑞光通師至，袖出元明行狀一通，請衍銘其塔。元明，通之族季父也；通，衍之同門友也。銘其可得辭乎？况衍已抱闕奠之媿，復辭為銘，其媿何極？故弗拒。遂按狀序而銘之。師諱普照，字元明，其先福之蒲田人，俗姓蔡，宋端明殿學士忠惠公襄九吿孫也。祖景繁，三省架閣，宦遊江南，至常之陽羨，愛其山水勝槩，因家焉，遂為陽羨人。父宰常焉，晉陵縣學教諭。母蔣，桃源判官大謙女也。教諭君見師孩呱卽不茹葷血，喜禮佛僧。既長，無他欲，惟佛法是好，志求出家。教諭君莫能奪，送于鄉之壽寧寺。其夕，寺僧三人同夢開山和尚來。翌日，師入寺，衆異之，以為開山再吿也。師自童時，晨夕禮觀音，雖苦寒毒熱不廢。僅十年，始得度受具，出游四方，拜寶陀大士，謁名剎碩德。時曇芳忠禪師住徑山，師往見之。禪師問云：『何處來？』師云：『禮寶陀來。』禪師云：『曾見觀音〔一〕麽？』師云：『見。』禪師云：『觀音現千手眼？

一手眼耶？』師云：『非千非一。』禪師云：『莫儱侗。』師擬進語，禪師震威一喝，師通身汗下，於是有省。禪師睬師為法器，卽俾充侍者。咨詢參法，旣勤且懇，故得大法要，應答如響。一日，侍禪師，行至國一塔所，禪師問云：『昔馬祖令智藏賫圓相到國一，意旨如何？』師云：『千里同風。』禪師云：『國一於圓相中下一點，緘〔二〕回馬祖，又且如何？』師云：『禮無不荅。』禪師云：『忠國師聞舉云：「欽師猶被馬師惑，却作麼生？」』師云：『南陽識甚好惡？』禪師又問云：『如何是祖師西來意？』師云：『眼不見耳朵。』禪師云：『山上有鯉魚，井底有墶塵〔三〕，作麼生會？』師云：『巖前裂石舞三臺。』師應機迅捷如此，一時莫有嬰其鋒者。居無何，禪師遷主建康龍翔，師亦隨往，就辟掌記，由是道聞日隆。元之至正間，平江府諸山以白馬虛席，遴才補處。或曰：白馬，古道場也。才而篾〔四〕德者，難予其選，舉師主之，始叶輿論。師領幾八稔，四方衲子，憧憧往來，屨〔五〕不絶戶。見惟激揚此道，罔及他語。列刹尊宿，靡不加敬。後吉难，退歸陽羡，庵于㪷金嶺之陽。遂謝塵緣，誓不出嶺。日課《法花》諸大乘經。鄉之緇素壯艾，敬仰延禮弗暇。師性温明慈惠，人有犯不較，諛不悦，一以接物利生為懷，真濁吉優曇花也。八年四月十有六日，示微疾，沐浴別衆，更以紙衣，危坐室內。四衆悲慟，請師留偈。師展紙書曰：『生無可言，滅無可道。南北東西，日輪杲杲。』遂擲筆，念西方佛菩薩名號千聲，泊然而逝。龕奉三日，士庶瞻禮者，踵相接至，撫摩師體，哀哀如子戀父，不忍去。闍維，舌根齒牙不壞，設利無算。四衆分藏迨盡。弟子某函餘骨，塔于㪷金嶺福緣庵之左。師春秋五十六。平昔以道自任，終始不易毫髮。故師末後，光明盛大無復疑。為之銘曰：

緊元明師，忠惠之後。以茲德相，清慎明秀。丱則喜佛，日禮觀音。發生辯慧，山崇海深。易服受具，翱翔竟場。聿登徑塢，首謁曇芳。機緣偶合，如影與響。濶步大方，蹴蹋龍象。掌記官寺，聲聞霆馳。文采燁熠，僧中芝眉。端古梅泉，閲八寒暑。禪衲駿奔，戶常滿屨。遭時弗靖，退歸于鄉。卜勝是搆，鈇金之陽。用謝世緣，以經遮眼。跡不越山，清風何限。緇白向化，宜樂餘年。溘尔告寂，光明爛然。瘞茲靈骨，建以窣睹。勒銘山阿，昭示來古。

【校記】

〔一〕觀音：底本誤作『觀見』，據文意徑改。

〔二〕緘：底本誤作『摵』，據文意徑改。按：《石溪和尚語録》卷上：『上堂，舉：馬祖一日令智藏馳書上徑山。山接書，開，見一圓相。乃於中下一點，封回。』此『封回』猶《塔銘》中之『緘回』。

〔三〕此二句乃國一禪師的法語，見《釋氏稽古略》卷三。『墶塵』，《釋氏稽古略》作『蓬塵』。

〔四〕篾：用同『蔑』。無，沒有。

〔五〕屨：底本誤作『屢』，據文意徑改。按：下文『銘曰』：『禪衲駿奔，戶常滿屨。』可證『屢』乃『屨』之誤。

七寶泉慧順禪師塔銘〔一〕

古之法道之盛，為比丘〔二〕者一遵〔三〕佛制，有居阿蘭若者，有露地而處者，有乞食〔四〕者，有衣糞埽衣〔五〕者，皆苦其形躰，勞其心志，以志〔六〕其道。今也去佛殊遠，比丘之擬於古者，尠見〔七〕其人焉，所擬如慧順禪師〔八〕，斯得矣。師〔九〕沈姓，初名志顯〔一〇〕，姑蘇吳縣之志里人也。性〔一一〕簡謹，早〔一二〕依種福院僧明浄出家，力行杜多行，垂髮垢面，雖極寒不踰一衲。當其在俗時，嘗蓄錢里人，有貸者久不歸，躬往索，反受其詬辱〔一三〕。於是悟世財之毒甚於蛇虺，盡散其所積，求出古法，遂于于〔一四〕南北行，登杭之天目山，禮普應國師中峯本公。未幾，復渡淮參無用寬公，又偕同志往天柱山見東海福公。福公知其緣偶於此，為薙落，更今名也。師於湖海遊歷參叩〔一五〕，年既久，一日有鄉土念，携包〔一六〕笠，卽返姑蘇〔一七〕，愛〔一八〕鄧尉山之七寶泉清邃幽閴，宜禪者居，乃縛草為室如瓢，僅容其體。一榻之外無它物〔一九〕。夕禪昕誦，一住四十寒暑。除持鉢分衛，足迹未嘗及鄰。人家清浄士女，樂從其化禀戒法者，不下數十百人。

姦宄之輩見瞻禮者日盈其戶，意師〔二〇〕多得金帛，夜盜入室，瞰其中，無所有，師獨悄然危坐。盜大駭。師誨以善言〔二一〕，盜乃〔二二〕拜謝而去。弟子有乞米歸者，鉢既滿，復貯于囊。師〔二三〕叱之曰：『出家人於世利〔二四〕，但欲資身以養道，何貪得若是也？亟擯之！』有見其室隘不容衆，欲為搆〔二五〕大屋，則堅拒之曰〔二六〕：『佛制：樹下塚間，不過三宿。吾久戀此，已犯制矣，況廣其宇耶〔二七〕？』吳之西山，比丘隱而不出者甚衆，師實為之首，故四方之人咸羡其德。師生于至元十五年之春三月〔二八〕，卒于至正十二年，亦春三月也〔二九〕。世壽七十五，僧夏若干。將徂〔三〇〕之夕，語其徒通曰：『吾世緣〔三一〕盡矣，願一浴而終。』通進以蘭湯，浴罷更衣，入龕，遂瞑目坐盡。

荼毘，得舍利殊夥，緇白敬慕者争拾以歸。通函遺骼，建塔於所居之山。復恐師之嘉言懿行歲久澌泯〔三二〕，於是禮請法師佑公〔三三〕狀其本末存焉。師示寂後，越二十九年〔三四〕，當皇明洪武十三年也，佑公始以狀托衍為文，以銘其塔。於乎！師可謂古之比丘也歟！平生日一盂，冬夏一衲，世間名聞利養，曾弗動乎其中。於虖〔三五〕！師可謂古之比丘也歟！衍故弗讓而銘曰：

生今之世，以古是則〔三六〕。嗚呼噫噫〔三七〕！師其有德者耶〔三八〕！

【校記】

〔一〕此塔銘又見於《秘殿珠林三編》。據《三編》載，元釋大佑曾書《慧順行實》。
〔二〕比丘：《三編》作『比邱』。下同，不另出校。
〔三〕此字《三編》剥落。
〔四〕乞食：底本誤作『衣食』，據文意及《三編》改。
〔五〕糞埽衣：《三編》作『糞掃衣』。
〔六〕志：《三編》作『求』。
〔七〕見：《三編》作『有』。
〔八〕此句《三編》作『所可擬者如慧順庵主』。
〔九〕師：《三編》作『庵主』。

〔一〇〕顯：底本作『显』，簡俗體，此據《三編》《行實》録為正字。下不另出校。

〔一一〕性：《三編》作『姓』。

〔一二〕早：《三編》作『蚤』。

〔一三〕詬辱：《三編》作『垢辱』。

〔一四〕于于：《三編》作『孑孑』。

〔一五〕此句《三編》作『順於湖海游歷參扣』。

〔一六〕包：底本誤作『色』，據文意及《三編》改。

〔一七〕此句《三編》無『卽』字。

〔一八〕愛：底本誤作『受』，據文意及《三編》改。

〔一九〕物：底本誤作『佛』，據文意及《三編》改。又，句中『它』，《三編》作『他』。

〔二〇〕師：《三編》作『順』。下同，不另出校。

〔二一〕此句《三編》無『師』字。

〔二二〕乃：《三編》作『迺』。

〔二三〕師：《三編》作『遂』。

〔二四〕世利：《三編》作『勢利』。

〔二五〕搆：《三編》作『構』。

〔二六〕此句《三編》無『堅』字。

〔二七〕耶：《三編》作『邪』。
〔二八〕此句《三編》作『順生於元之至元十五年之春二月』。
〔二九〕此句《三編》作『亦當春三月也』。
〔三〇〕徂：《三編》作『殂』。
〔三一〕世緣：《三編》作『報緣』。
〔三二〕此句《三編》作『復恐其師之嘉言懿行歲久澌泯』。
〔三三〕佑公：底本誤作『估公』，據文意及《三編》改。下同，不另出校。
〔三四〕年：底本誤作『日』，據文意及《三編》改。
〔三五〕於虖：《三編》作『於乎』。
〔三六〕是則：底本作『則是』，旁有表示乙轉的符號，因據改。《三編》亦作『是則』。
〔三七〕噫噫：《三編》作『噫嘻』。
〔三八〕耶：《三編》作『邪』。又，此句下《三編》有一段文字，標點如次：『鶴僊作圖，用昭不忒者耶！慧順殁二十九年，佑法師始以狀託余銘其塔。法師於人慎許可，故信其行不誣，遂執筆以銘之。於乎！世之人若烟花雲葉，一過目如未嘗有者，滔滔是也。順既殁，年愈遠而道彌章，誠難得其人矣！孔子曰：不患無位，患所以立。不患莫己知，求為可知也。順平昔不求人知，而人自知；不求人譽，而人自譽。可謂能自立者也。眂今之欺世盜名之徒，豈不霄壤之間哉！故銘後筆此，以為後生之監。』

故華嚴法師古庭學和尚塔表

洪武三年庚戌，華嚴法師古庭學和尚遷化于池陽之馬當山。粵十年，其大弟子處仁過衍，作禮曰：『先師平昔與子為忘年交，相知惟深，可無一言以彰其道乎？』衍曰：『吁！和尚於華嚴一宗，洞徹法源，開示來斈，誠圭山再世，像季之金剛幢也。然法舟既傾，人天悲慟，天台法師大佑録其行業，東皐妙聲為記，翰林承旨金華宋公濂以銘其塔，垂光明于無窮者，抑以多矣。衍縱有言，以綵繪空，于事奚益？雖然，仁之請不可孤也。』乃於其塔為文以表之。和尚諱善斈，蘇人也，字古庭，姓馬氏，生于元之大德十一年丁未。十二出家于大覚寺，從其兄明俊落髮得度。十七為大僧，有志于圓頓教，卽依林屋清師斈華嚴，竟歲[一]無所得，遂幡然別去，從曹溪寶覚蘭公。蘭公以和尚真大乘器，顧遇甚隆，授與法界觀門并玄文要旨。和尚因言了義，開朗若天日，人莫不異之也。蘭公語門弟子曰：『吾宗之人，如斈闍黎者，古今不幾見。爾曹宜師事之。』於是報恩別傳聘以司賔，光福古田命以典儀，蘭公于寶覚俾二講第一座，無言于報[二]恩亦請為第一座。居無何，宣政知和尚有道，箚請開法崑山薦福。甫二載，退隱華麓，勵精白業。因觀天竺慈雲《净土懺儀》《五悔》等文，皆出華嚴，明簡有法，晨夕熏脩，以期生安養。至正間，陽山大慈虚席，斈者禮請補處。和尚竭力闡化，每示衆曰：『汝等于法界還源二觀，無事空言，當于禪定證入可也。』又曰：『昔長水法師問道於琅琊，受賢首斈於靈光。瑯琊禪人也，靈光天台教人也。前哲既爾，豈可局一徑、守一師乎？』和尚于《法華》《圓覚》

《楞嚴》《起信》諸部經論，靡不究盡，間作《十玄門賦》，發明大旨，以曉其徒，斥邪觧闢繆説，有功于宗教者也。和尚嘗與同夆原澄師論一乘同别之義，為《法華問荅》數篇，又因領法華期懺，為《法花随品贊》三十篇。至于《辯正教門関揵》有録，雜著有集，並行于時。和尚皃矅然，志在持後，雖初夆小子，亦不敢慢。于律尤謹。閒居獨處，方服不離其身。禪誦之餘，以吟詠自適。足迹未嘗混流俗，卓卓然也。和尚出世荐福時，無言覬其嗣，和尚曰：『師資以道授受，未聞以勢利為也。吾于竇竟，其可忘乎？』故賦《曹溪水》四章以見其志。和尚之節義如此。二年己酉，吴邑之道俗以和尚為賢首學魁，設幣製詞請主光福，乃銅像觀音氏道塲。和尚躍然起應其請，大慰夆徒之望。凡郡縣暵滂禱祈，和尚為之精懇，其應如肹響〔三〕，故士民益加敬信。未幾，寺僧以官賦後期〔四〕，法當徙贑州〔五〕。和尚專主法，自度前業〔六〕無可逃〔七〕，遂不辯。與僧俱行，患于塗，故遷化于池陽〔八〕之馬當山也。僧臈若干，世壽六十四。嗚乎，和尚其可哀也歟！何天之負德人也歟！衍嘗怪夫賢首天台二宗夆者，各是其説，師之説有若楚漢争雄，分彊〔九〕固守，世為仇敵。近代以來，一異同，忘彼此，通宗説者，惟和尚為能耳。故于其示寂也，天台夆者聲、佑二師述其行業，細審明直，有譽無毁，以此知和尚為明哲之士，蓋無疑矣。吁！後之夆者，苟能以和尚為矜式，則古道之復，當有日也。和尚之塔建于華麓之原，靈骨之入嵗月，佑師《行録》弗載，故闕焉。十三年庚申十二月，同郡禪者道衍撰。

【校記】

〔一〕歲：底本作『⿱山戈』，俗字，此録為正字。下不另出校。

〔二〕報：底本作『択』，俗字，大型字典、俗字典未收，此録作正字。

〔三〕肸蠁：典籍中多作『肸蠁』『肹蠁』。文中喻指靈感通微。

〔四〕後期：《補續高僧傳》卷五《明古庭學法師傳》作『違期』。

〔五〕此句《補續高僧傳》作『當徙虔州』。

〔六〕前業：《補續高僧傳》作『宿業』。

〔七〕無可逃：《補續高僧傳》作『不可逭』。

〔八〕池陽：底本誤作『池湯』，據上下文意及《補續高僧傳》改。

〔九〕分彊：似當作『分疆』。

海虞席先生墓銘〔一〕

席氏之系，出于晉大夫籍談之後，裔孫瓌避楚項羽之名，改籍為席。漢唐以來，其族漸藩，散落諸郡。及宋，有諱汝〔二〕言者，官至尚書司封郎中，致仕與文潞公、富鄭公輩為耆英會。席氏至尚書公始著，先生寔〔三〕出其後。父某、大父某、曾大父某俱潛德弗振，世居海虞，故先生為海虞人也。先生名德珎〔四〕，字心齋。年已冠〔五〕，即辭庭闈，入鄉之某院，從某習老子法。先生性端誠，好孝不苟譽，于真經秘籙醮章丹法，靡不洞究，兼讀儒者書，于易尤邃。至于釋氏之大〔六〕法，術家之小道，悉能通焉。先生孝于母，滫瀡温清之奉勿少怠，死葬如禮，春秋祀享，其痛泣若新喪。或謂之曰：『先生親愛既割矣，何得狥〔七〕世禮若是之過耶？』先生曰：『譆〔八〕！吾法當割愛入道，然世間豈有不孝之神仙也哉！』於是咸〔九〕可其言。先生友於兄弟，睦于宗戚，和于鄉黨。接物之際，温温如春風襲人，故髯丈齠童，皆知敬愛。先生始出，則提點海虞之某觀，次迁蘇城之白鶴，相川〔一〇〕之靈應，有治績〔一一〕。惟靈應一坐二十餘稔，兵後能中興其業，人咸譽之也。嗚呼！先生守其教而勿泥也〔一二〕，故能博究儒釋諸家之書；割其愛而弗固也，故能奉于親盡生事葬祭之禮；潔其身而弗我也，故能協于兄弟宗戚鄉黨之情。弗泥也、弗固也、弗我也〔一三〕，豈非古之有道之士者歟！先生世壽〔一四〕八十。有一號子陽子。洪武十四年三月十日以疾卒。火既化，函其骨，瘞于某山之陽〔一五〕。弟子二人〔一六〕：陳某、陸嗣源。嗣源，先生之外孫也。同郡沙門道衍與先生為忘形交〔一七〕，故敢掇其梗槩，以誌于墓銘。曰：

席之昔，晉談出。避項諱，籍〔一八〕作席。族亘藩〔一九〕，宗德積。尚書公，氏始碩〔二〇〕。惟先生，裔迺的。從黃老，勿泥迹〔二一〕。究諸子，貫儒釋。了至道，邃于易。奉厥親，敬匪色。葬與祭，痛而泣。致孝問〔二二〕，震里域。和爾鄉，睦爾戚。觀領三，壽八十。歲辛酉，疾乃卒。化于火，函其骨。卜某山，竟窀穸。衍作銘，勒貞石。俾玄風，遺無極。

【校記】

〔一〕此銘又見《珊瑚木難》卷六。

〔二〕汝：《珊瑚木難》作『汶』。

〔三〕寔：《珊瑚木難》作『實』。

〔四〕德珎：《珊瑚木難》作『應珍』。

〔五〕年已冠：《珊瑚木難》作『年未冠』。

〔六〕大：底本脱漏，據文意及《珊瑚木難》補。

〔七〕狥：《珊瑚木難》作『徇』。

〔八〕譆：《珊瑚木難》無。

〔九〕咸：《珊瑚木難》作『或』。

〔一〇〕相川：《珊瑚木難》作『桐川』。

〔一一〕此句《珊瑚木難》『有』上有『皆』字。

〔一二〕此句《珊瑚木難》作『先生習其教而弗沈也』。

〔一三〕《珊瑚木難》無『故能……弗我也』二十一字。

〔一四〕世壽：《珊瑚木難》作『老壽』。

〔一五〕此句《珊瑚木難》作『葬於某山之原』。

〔一六〕此句《珊瑚木難》無「二人」。
〔一七〕忘形交：《珊瑚木難》作「忘形友」。
〔一八〕籍：底本作「藉」，俗寫字，此據《珊瑚木難》録為正字。
〔一九〕此句《珊瑚木難》作「子姓蕃」。
〔二〇〕此句《珊瑚木難》作「氏惟赫」。
〔二一〕此句《珊瑚木難》作「弗沈溺」。
〔二二〕此句《珊瑚木難》作「致孝聞」。

序

《般若波羅密多心經新註演義》序

真净界中，心亦無有。以般若名心者，强名也。名既强矣，而言説生焉。故佛世尊廣之，説為二十萬頌；觀自在菩薩畧之，説為一十四行。厥後諸宗，欲發明其説，論疏記註，叠叠出焉。然其言説愈多，而般若之心愈晦，况有僻見邪説以害其正，疑誤後孝者亦已多矣。當今聖天子詔令天下僧徒習通《般若心經》及《金剛》《楞伽》，復詔取諸郡禪講師僧會于大天界禪寺，校讎三經古註，一定其説，頒行天下，以廣博持。于是天界住持宗泐等折衷古註而釋焉。其文簡而當，其旨淵而著，使僧徒習通其義，漁然若冰泮，世之僻見邪説者，塞而不流。是皆一歸于正焉，亦幸矣。今年夏，門人智榮等五七輩，禪坐之餘，以新註《般若心經》請余講演。顧余禪者，非經論之孶，烏可以發明也哉？蓋不得已也。始以舊所聞見，而于新註之中，事相有所不能知者，句義有所局礙者，一一節解條析，以啟其初心之蒙昧。而榮等録為一帙，欲鋟于板，以便童孶。余固卻之而不容也。噫！古今論疏既多，而般若之心愈晦，況余不揣于新註之下，又加説焉，其可乎？後之覽者，幸勿以余鈍置而為誦矣〔一〕。洪武十六年冬十一月八日，北平府慶壽禪寺住持沙門道衍序。

【校記】

〔一〕此句『誦』字疑誤。

《新註般若波羅密多心經圖釋》序

夫般若者，寂焉泊焉，妙萬物而為言者也。非睩聽之可及，非語默之可通。有形者不得而礙之，無形者不得而離之。三世諸佛，從此而生也；一代時教，從此而出也。故目之曰般若佛母。我釋伽世尊于方等之後，随機順宜，不得已而談焉，廣之有六百卷二十萬頌，觀自在菩薩對舍利子所説，畧之惟一十四行，迺唐玄奘所譯者，題曰《般若波羅密多心經》，卽大部般若之精要也。洪惟聖天子，生知睿聖，契悟佛心，萬機之暇，敕命天界禪寺住持沙門某等觧註校正，頒行天下，俾四方僧人習讀講演，究明般若之理。流通聖教，無甚於今日者矣。於戲！般若無知也，既非睎聽之可及，非語默之可通，則佛之廣說、菩薩之畧說，皆成剩法也。雖然般若圓融無礙，說而無說，無說而說。廣而言之，展太虛為紙，書之不盡；畧而言之，鍼鋒許字，亦為之多。衍濫廁緇流，靡諳大法，輒伸管見，畫而為圖，不敢臆論，姑以孤山越溪之說以釋其義，用貽諸孫本同學習講貫。苟能卽圖以達其註，卽註以了其經，發揮本有風光，庶無負國家流通聖教之意云。

《净土簡要録》序〔一〕

净土之教興，始于典午之世。樓煩大士來廬山，集群賢以創蓮社，六時三昧，清修净念，其往生之蹟，如青天白日，終古不磨。厥後仰而則之，及其成功者，代亦多矣。其赫赫然而名落宇宙者，在後周則有南嶽思，在陳則有天台顗，在唐則有善導、法照、少康，在宋則有永明、壽慈、雲式、長蘆、頤昭、慶常之輩是矣。至于賢士大夫，如晉之劉程之、雷次宗，唐之柳宗元、白居易，宋之楊傑、王古、馬玗、陳瓘、江公望、王日休之流〔二〕。從之既勤，行之既驗，各有著述，發揮净土之旨，以勉其後進。故歷朝以來，净士之作，論疏傳記，山儲海積。然通都鉅郡、名山勝刹，始能家藏而户蓄。故齐之者有師而問〔三〕焉，有書而證焉，庶不致騖〔四〕于邪僻繆妄之塗矣。今夫窮鄉絶島，善友良導之，不過片言一字之不違，縱有斉者，無師可問，無書可證，其不騖於邪僻繆妄之塗者，蓋幾希矣。故雖仁人君子念而恤之，無能為也。今年夏，余客穹隆山中海雲精舍，因閲净土諸書以銷長日，遂將前賢所述讀誦

〔五〕之文、策勵之言，以事顯理之談，以真破妄之説，圓妙明著者〔六〕，咸皆承摭〔七〕。或全其章，或畧其句，僅若干篇萃為一卷，名之曰《浄土簡要録》。録成，欲〔八〕鏤于板，以廣其傳矣。雖然大方之家、上達之士，豈足收覽焉。若夫窮鄉絶島〔九〕，無師可問、無書可證者，得此觀之，抑亦可謂少資云爾。

洪武十四年龍集辛酉夏五月，蓮華室主沙門道衍序〔一〇〕。

【校記】

〔一〕此序又見《卍新纂續藏經》第六十一册。按：新輯作品中有《浄土簡要録》，可參。

〔二〕此句《續藏經》本無『王』字。

〔三〕問：底本誤作『間』，據文意及《續藏經》本改。

〔四〕鶩：底本誤作『鶩』，據下文及《續藏經》本改。

〔五〕讀誦：《續藏經》本作『讚頌』。

〔六〕者：底本脱漏，據文意及《續藏經》本補。

〔七〕承摭：《續藏經》本作『采摭』。

〔八〕欲：《續藏經》本作『用』。

〔九〕此句《續藏經》本無『夫』字。

〔一〇〕此句底本無，據《續藏經》本補。

《諸上善人詠》序〔一〕

佛之道一而已矣，而化之有異焉。道與化宜一，奚為而離為二也？竊嘗論之：道非一而雜乎無所本，化非異而固然不為，何用哉？五濁衆生，雖體與佛齊，浄深二法，與始熏習，致資禀有清濁，機器有鉅纖。佛以善權方便，欲誘而脱之，故道一而化異也。其道一也，茫然而無倪，渾然而無為，巍巍然而無與齊，語默不能通也，智識不能詣也。其化異也，曰戒，曰施，曰忍，曰進，曰定，曰慧，有頓焉，有漸焉，有秘密不定焉，欲俾衆生各從其化而同歸于道也。然末世衆生，根性昧滓，能各從其化而同歸于道者，求千百為無一二焉耳。故佛乘大願力，興大慈憫，于方等會上特起演説。西方彌陀教法，非頓非漸，非秘密不定，信之也甚難，脩之也甚易，所謂戒、施、忍、進、定、慧，皆其助行也。上而至于信住行向菩薩，下而至于天人羣生，及乎蜎飛蠕動，凡抱識者，能發願繫心，稱念禮讚，無不遂其往生焉。故自有其法以來，菩薩天人羣生之類發願往生者，猶雨點塵末，何可勝計！吁！其法也可謂廣大無礙，不可得而思議者哉！夫中國自晋、宋、齊、梁、陳、隋、唐、宋及元諸朝而降及往生者，目接耳應，先賢多有傳記，垂布四方，以勸來者。衍不敏，蚤入教庠，中棄而歸禪苑，雖俱染指，皆無所就。然暮景漸迫，志在浄邦。故于禮誦之餘，掇取歷代傳記，并近朝所聞見往生者，無問聖凡緇白，得一百二十二人，各賦詩以美之，共一百二十一首，編次成帙，目曰《諸上善人詠》，兼為畧註，不揣鄙拙，將入于梓。若夫上智大賢以浄土為心，寧有易誚中下之流傳而誦之？倘能藉此起信而興念，庶吾願遂矣。使他日為浄土之遊，與諸上善人遨嬉于華池寶林之間，聽法音而蒙聖記，如此則道化之一異，夫復何論？一百二十人，詩一百二十一者，二沙彌行同而證亦同，故合之為一首。

【校記】

〔一〕新輯作品中有《諸上善人詠》，可參。

卷三

送城蘊庵住天台金仙禪寺序

古之有道之士，身愈窮而道愈盛，位益卑而望益尊，蓋其重於在己者而已。重於在己者，雖處瀍谷之間、蓬藋之下，探而飲，丐而食，以麻為衣，以芒為屩，與蛇虎居，與猿狖遊，而樂之終身有不厭也。故藥山之腰篋，神鼎之乾殘，風穴之日乞，玄沙之接氣，而未嘗以貧窘為心，而樂之不厭。故其道盛于身，望尊于時，垂清譽于千載如一日也。或曰：智覓之於永明，妙喜之于徑塢，千礎之廣，萬指之衆，床座崇設，鍾鼓迭震，王臣之所敬仰，龍象之所圍繞，反不若藥山、神鼎輩之窮之者耶？余曰：不然。智覓、妙喜、藥山、神鼎輩，皆大有道者也，豈擇地而安乎？使藥山居永明之塲而不為侈，妙喜處神鼎之地而不為窮，何哉？蓋其道之既同，而樂之豈有異焉耳？天台城師蘊庵，沉厚雅澹，然有道者也。今年夏，所司選主郡之金仙，金仙于郡剎，位雖弗崇，而藴庵忻忻然而自樂，誠重於在己者也。比考試於京師，僧省榮中而還，乞余言為贐。噫！藴庵之行可尚矣，予欲無言得乎？姑以古之有道者，序以規之。

送芳上人遊甬東序

洪武十三年秋七月，余游甬東，挾策振襟，踰江絶海，凡會稽、四明、丹丘、雁宕名山勝地計必欲到，古佛化人、耆僧偉士計必欲謁，以厭遊觀，以廣識見。雖鯨波之洶涌，鳶嶺之崔嵬，道塗〔一〕之危巇，豺虎之横虐，皆弗暇顧也。然登陟躋扳，既勞且苦，目酸足痿，程莫能前，遂半途而反也。于是道經武林，休于南屏之下。逾月，嘉禾芳上人雍雍焉而來，恂恂焉而進，禮而告曰：『蒙亦將遊甬東，請子一言為塗路之警，幸勿以無似辭。』上人幽閒雅澹，誠有志于道者，豈敢靳其言乎？夫人之遠游歷覽，非青年不可也。其時色充而氣驕，志壯而力强，雖艱苦險窘而有足當也。余艾矣，病且衰，志欲行而力不迨，故弗遂其所計，能無憾而已乎？上人年方壯，于遠遊歷覽宜矣。名山勝地，余足之所未履者，上人須到也；古佛化人、耆僧偉士，余目之所未識者，上人須見也。明年七月，秋風起蘋末，余將揚舲〔二〕于浙江之上，以候上人之東還，必有以語我也。姑酌茗以餞其行。

【校記】

〔一〕道塗：底本誤作『遒塗』，據文意徑改。

〔二〕揚舲：猶揚帆。南朝梁劉孝威《蜀道難》詩：『戲馬登珠界，揚舲濯錦流。』唐杜甫《別蔡十四著作》詩：『揚舲洪濤間，仗子濟物身。』

贈倫鑒董仲職序

余昔居鄉里時有傳神者，自以其妙藝絶天下。嘗謂人曰：『欲余傳神者，非冕旒之尊，必貂蟬兜鍪之貴。雖布衣韋帶，非號稱天下士者，吾弗與焉。』余見其大而誇，意其藝必精且良。及請而試之，乃知其亦泛泛者，余遂怒而絶與交接也。今年春，余之錢唐，道經吴江之同里，過友人家，因睹其像甚肖，無毫髮遺失。問其畫者誰歟，乃曰：『董君仲職。』余以其藝精且良，非向之所見言大而誇者〔二〕。余私喜之矣。一日，仲職介友人過余客所而來見焉。未幾，余以向之所見言大而誇者為仲職道，仲職乃憮然，咲而謂余曰：『此妄人也，非藝人也。某之挾是藝于湖海間二十年矣，上而王侯將相，下而緇黄儒素之士，至于畊釣工賈織畚屠狗之輩，凡戴髮含齒者，無有求而不與也。蓋以其貴賤賢不肖富貧老幼之容，苟余畫之，使其觀之，則必各有所感發，而反求諸己而已也。故幼者得余畫焉，觀其少嫩之容，則思所以力學而至于有成也；老者觀其衰憊之容，則思所以保嗇而享其高年也；貧者觀其寒陋之容，則思所以命分之定而無諂諛怨尤也；富者觀其豐潤之容〔二〕，則思所以持守而無驕且吝也；不肖者觀其浮躁之容，則思所以悛惡從善而慕其賢也；賢者觀其温謙之容，則思所以進德脩業而推己及物也；賤者觀其卑劣之容，則思所以服勤而事于上也；貴者觀其尊嚴之容，則思所以儕下而從衆也。故余之見也如此，而樂從其求。况藝人也，豈有拒人之理哉？』余聞仲職之言，益知仲職為賢矣。非唯勉其同流，亦足以激勵吾夆聖人之道者。余以仲職豈可以向之所見言大而誇者同日語也。仲職臨別，欲徵余文以贈，余復何言哉？遂書仲職之所道者以賸之云。

【校記】

〔一〕底本此句『大』上衍一字（似『笑』似『矣』），據上下文意徑删。

〔二〕底本此句闕『觀』字，據上下文意補。

送瑾瑜庵住鎮江府報恩禪寺序

佛祖無上妙道，以心為宗，幽深窈渺，泯形迹絶言義，眎之無見也，聽之無聲也，執之不能及也，擬之不能似也，如此則學者其可學乎？學之不可，其可已乎？已之也，則佛自佛，而衆生不出于衆生矣。故佛愍之惻之，拔之與之，於無言説而言説也，於無指示而指示也。故有典章設施，拈花示衆者，此不得已也。後之祖祖相承，或為廣説，或為畧説，至乎用喝、行棓、舞笏、輥毬，此豈好為戲論者哉？亦皆不得已也。宋司馬公嘗議吾禪者好為隱語以相迷，大言以相勝。吁！公之為儒，於方技性命之學無所不達，豈特不知吾禪家之妙而有是説也？愚謂當公時居師位者，或不得己〔一〕行之不卓，宗眼之不正，矜張繆誕，務以惑衆，故公見之，不得不有是説也。若果不知吾禪家之妙而有是説者，其可嗟也歟！天台瑾師瑜庵，慎清而冲澹，博洽經論，得禪主於育王大千照公。然其已行之卓，宗眼之正，宜其出世而師於人矣。洪武甲子夏六月，京口僧綱舉師主於郡之報恩，來僧省試其業，榮中而蒞任京師。同宗之士，咸賦詩以餞之，徵余為序。余於師愛且敬，豈可無言已乎？余期師之蒞兹刹也，踞猊座，秉麈拂，敷歇佛祖無上妙道。大夫士之來相見，有如司馬公者，當以無言之言以曉之，則幸矣！

【校記】

〔一〕己：底本作『已』，據文意改。

送日本勛藏主序

質之美者，宜其文；材之良者，適其用。故越溪之娃，施朱鉛而愈媚也；楚甸之木，斲梁棟而愈奇也。蓋天賦地産，間興殊致，而非偶然者矣。聖人之教，自身毒流于華土，暨海内外，莫不皈之。然宗其禪學者尤衆，故往往大蘗林，其徒之聚，何啻千百，無間北南。至虖于闐、肅慎、新羅、扶桑之人，無不有焉。真若溟渤之會羣流，上林之歸衆羽也。然人之聚其室、同其學，聰敏惠秀者得之深，推魯鄙劣者得之淺，故弗能一其致也。于闐、肅慎、新羅、扶桑之人，資禀不同。獨扶桑之人清勁娟朗，處蘩林，習禮法。苟歷歲之久，其坐作動止，應對折旋，與華人不少異。蓋其天賦地産而非偶然者矣。銘勛，扶桑人也，來中吳萬壽參莹中師。萬壽，大禪林也。師以勛為賢，命典藏室，内外之孝，兼得其深，非聰敏惠秀者歟？信乎！質之美者，宜其文；材之良者，適其用。勛也，非質美而材良者歟！兹勛之行矣，吾將見其文之至而用之大也。勛其勉乎哉！勛其勉乎哉！

送程民善還韶侍親序

木生乎豫章，非凡材也；鳥生乎丹山，非凡羽也。故物之良者，不能自良也，必由乎地之靈而致然爾，况其人乎？夫人之生，異乎其物，無地而不有也。聖賢豪傑所出之地，多於名郡佳山水之間。以其窮鄉卑陋，荒茆黄竹，人跡所不及者，曾不見有其人焉。程君民善，吉安人也。吉安，古廬陵郡，自昔所毓人物，多間世英偉非常之士，蓋其山川秀爽，風俗忠厚，不得不有之矣。故民善之生於是郡也，具聰敏之姿，年逾弱冠，好學而篤文，猶篤於孝友，非名僧才士，弗與交也。嘗從家於廣之韶，又從親命，適遊于吳之蘇。今年春，將還韶侍親，介其友孤雲師，徵余言以贈。孤雲，余知其簡於友者也，民善必賢矣。故弗讓而言曰：『吁！民善之生于吉安也，歐陽公所出之地也；徙家于廣也，大舜鼓韶之邦也；商遊于吳也，泰伯三讓之國也。夫民善之出處遊歷，亦皆得其所哉！余聞：九苞之鳳，非梧桐不棲；千尋之木，非岡陵不聚。其信然矣。今民善之歸也，上堂問起居，奉甘旨，必將竭其孝也。竭其孝也，則韶之民聞其風而被其化，盖有不知其所以然而然者矣。』孤雲歆余言，俾書以送之。

送董仁仲知蒲田縣序

天下郡邑之民，其為民一也，然其所以異者，特風俗澆淳美惡之有間矣。故凡長民者得其人則風移俗易，澆可使之以淳，惡可使之以美，不得其人，則反是焉爾。國家混一天下，於郡邑之官，猶精擇慎取，而不敢易，在必得其人而後已。丹丘董君仁仲，有司以才舉之，貢于吏部，達于相府，而聞于上，授知興化之蒲田縣。蒲田，興化之上邑也，山明川秀。田於閩中，其民純儉，服勤畊案，素習禮義，其風俗於它邑為良。今仁仲莅于斯也，必能敷之以德惠，施以政教，使其民之淳者愈淳，而美者愈美矣。昔濂溪周先生知南昌，其民更相告，勿違教命。仁仲，儒士也，慕濂溪之道者也。其形頎然，其貌豊然，其儀肅然而壯，使人望之，神融而意化，况即之而聽其政教者哉？將見其民之勿違教命，必有如於濂溪之於南昌矣。京師大士咸幸蒲田之得賢令也，復幸仁仲之得良民治為可賀也。故於仁仲之行，贈之以言者衆焉。余雖道不同也，於其行亦宜序而送之。

送伏晦中住興化府囊山禪寺序

百丈大智建立叢林，以安廣衆〔一〕，始有住持之設。夫住持者，傳弘佛祖妙道，開示人天正路。其人也，必觧行之妙、年臈之高、道德之隆，其聲光學問，皆足以表于衆者，始克居其位焉。故自昔能膺是選而任是職者，難乎其人。然得其人，則叢林興而大衆有所依；不得其人，則叢林廢而大衆失所怙。故任是職者，豈易為之哉？近代之下，古道日湮，而住持之選，多濫舉其人也。必曰某有財力，某有機變，某能熟世，故應户役則舉也。縱有觧行之妙、年臈之高、道德之隆，足以表於衆者，及以遷而不合矣。嗚呼！法道之不古者，如是也歟！使其有財力而住持者，猗頓之富可也；有機變而住持者，楊脩之智可也；能熟世故而應户役而住持者，里胥厮養之徒皆可也，又奚必圓顱方服，而曰傳佛心宗者耶？上自開國以來，萬機之暇，留心聖教，教官分司，以理其衆，鉏奸剔蠧，欲復古規。故住持者，非觧行、年臈、道德、聞望皆足以表于衆者，不舉也。然舉其人也，所司試其孝，能中其式者，始可得矣。財力、機變、熟世故應户役者，則鉗啄弗道。若此則古規之復、叢林之興，可立待也。莆田伏師晦中，行觧俱妙，臈高而德懿，所司舉其住持郡之囊山禪寺。今年夏來京師，僧省試其學，果中其式。將行也，徵余言為贈。大囊山，古禪刹也，而晦中主焉，傳弘佛祖妙道，開示人天正路，余見其叢林興而大衆有所依矣。其可賀也夫！其可賀也夫！

【校記】

〔一〕衆：底本誤作『泉』，據文意徑改。

讚銘説

白檀香觀音像贊并序

日本僧巽，航海來中國，從師學細大法門有年矣。囊中常負白檀香觀音像，高僅盈寸，大不踰指，兩髦垂肩，冠峨然而被瓔珞，天紳揚風，飄飄不斷若髪。臺以蓮花，座以須彌，置于髹龕，随處奉供。觀其巧妙殊特，雖中國之名工，弗能製也。海塩天寧瓛公與巽友善，求而得之，日夕保護，以為法王大寶，世所希有〔一〕。公於洪武乙卯，以名通外夅，被召赴京師，亦賫聖像以往。公試藝春宫，志不願出，得旨賜還林下。有同與其召者巽行權師，睹〔二〕兹聖像，禮敬忻慕，心無有已。公乃送巽行寓所安奉。故余亦獲瞻仰，如子見母，不忍舍去。於是巽行請贊。余竊自念曰：『衍平生於顛沛患難中，累蒙大士冥護，雖舍頭目肢體，不足以報聖恩萬一。余豈敢辤？』謹拜手稽首而作贊曰：

猗維聖者，興慈運悲。以無作力，攝受羣機。應化十方，彌綸刹海。不動本際，得聖自在。以無去來，示去來相。以無小大，現小大量。如春在花，如月在水。自然而然，無是不是。巍巍聖德，諸佛稱揚。粵惟慈像，刻白檀香。高僅盈寸，大不踰指。相好殊特，紫金光聚。奉倚〔三〕為誰，比丘中巽。航海來吳，不離日本。隨緣赴感，物物圓通。曰瓛與權，敬仰奚窮。我觀聖者，秉大願王。歷僧祇刦，誓度衆生。衆生聖者，若子與親。子親雖異，寔本一身。願我現在，脱衆苦患。用假筆舌，常陳贊嘆。

【校記】

〔一〕此句底本『有』上衍『友』字，據文意删。

〔二〕睹：底本誤作『睹』，據文意改。

〔三〕倚：似當作『侍』。

觀音行海像贊〔一〕

歸命過去正法明，現前菩薩觀自在。不舍因中悲願力〔二〕，以法性身入法界。法界衆生數無量，凡有心想悉能應。衆生心想各〔三〕不同，菩薩應現乃隨類。一身而能應衆想，凡夫聞之墮疑網。妙圓通力大自在，以無有心故如是。一身普入一切身，一切身入於一身。譬如一月印萬水，水雖衆多月乃一。惟水與月了無礙，菩薩圓通亦如是。又如萬鼓一齊擊，鼓聲雖衆聞乃一。惟〔四〕聲與聞了無礙，菩薩圓通亦如是。或現鷹巢蚌殼中，或携魚籃入鬧市，或處妙蓮花〔五〕世界，或生南海寶陀巖。不離穢境色是空，常居净土空是色，色空净穢悉平等，菩薩圓通妙無比。有唐畫師吴道子，曾入圓通三昧門。菩薩變現諸相好，筆端寫出皆合妙。菩薩蹈海如履地，殊衣〔六〕飄揚隨天風。善財參禮涉波濤，了無驚布〔七〕得自在。今之畫者誰氏子，模〔八〕得其真良可羡。使人見此寶月相〔九〕，離諸垢染身清净。身獲清净〔一〇〕得解脱，此是菩薩勝方便。以此方便施衆人〔一一〕，盡未來際無有盡。願我速滅愛欲障，願我速證無為果，願我速得大智慧，願我速具廣詞辯，願我世世如善財，常隨菩薩得贊禮。

【校記】

〔一〕此贊又見於《獨庵外集續稿》卷四。
〔二〕此句底本『因』上衍『中』字，據《獨庵外集續稿》删。
〔三〕各：底本誤作『吝』，據《獨庵外集續稿》改。
〔四〕惟：底本漏闕，據《獨庵外集續稿》補。
〔五〕花：《獨庵外集續稿》作『華』。
〔六〕殊衣：《獨庵外集續稿》作『珠衣』。
〔七〕驚布：《獨庵外集續稿》作『驚怖』。
〔八〕模：底本作『摸』，二者俗寫不拘，此據《獨庵外集續稿》録作正字。

〔九〕相：底本誤作『想』，據《獨庵外集續稿》改。

〔一〇〕清淨：底本作『淨清』，據《獨庵外集續稿》改。按：上句即作『身清淨』。

〔一一〕衆人：《獨庵外集續稿》作『衆生』。

觀音畫像贊〔一〕

衆生迷本聞，循聲故流轉。菩薩妙無聞〔二〕，以諸法空故。諸法既寂滅，菩薩空無相。無相乃寔〔三〕相，應身故隨類。猶如春時風，亦如秋夜月。周流十方國，了無有所礙。攝受諸衆生，而無分別相〔四〕。分別不可得〔五〕，菩薩即衆生，衆生即菩薩。雖不有差别，而現差别相。衆生故有求，菩薩乃能應。常在白華巖，宴坐紫竹林。闡化諸方所，曾不離本位。善哉覺衆生，是名觀自在。

【校記】

〔一〕此贊又見於《獨庵外集續稿》卷四。

〔二〕聞：底本誤作『間』，據《獨庵外集續稿》改。

〔三〕寔：《獨庵外集續稿》作『實』。

〔四〕此句底本漏闕『相』，據《獨庵外集續稿》補。

〔五〕此句底本漏闕『分别』二字，據《獨庵外集續稿》補。

文殊菩薩贊

稽首文殊師，當來普見佛。妙德如須彌，勇健無與儗。毘贊釋迦尊，闡化娑婆界。維摩曾問疾，勝義談不二。楞嚴簡圓通，妙智盤走珠。或持於千鉢〔一〕，或現於五髻。或來福城東，提獎六千衆。或為妙光師，教導諸王子。常在清涼山，善住金剛窟。萬衆長圍繞，聽彼師子吼。

【校記】

〔一〕此句底本『持』上衍一『持』字，據文意删。

普賢菩薩贊

洪惟覺有情，故號曰遍吉。身成白玉色，五十種妙光。及諸毛孔間，金光流晃耀。入解脱境界，發十大願王。示我同體悲，不勝難行行。輔佐于良能，假以諸漚和。廣度于一切，悉超薩婆海。善財菩薩子，參禮問脩斈。五悔為宣説，一一難思議。善哉白象王，回旋良可畏。

《三教圖》贊〔一〕

瞿曇古佛，宣尼古人，咄哉老聃，三聖同心。彌綸八荒，包〔二〕括萬象。鼎立世間，天日之仰。卽一而三，卽三而一。稽首贊言，虛空著筆。

【校記】

〔一〕此贊又見於《獨庵外集續稿》卷四。

〔二〕包：底本誤作『色』，據《獨庵外集續稿》改。

《四睡圖》贊并序

夫虎，猛獸也。世之悍夫烈士遇之，則必心顫膽慄，而犇且逃焉。豊干禪師及寒、拾二子，嘗於天台山中舁〔一〕之同睡，不其異乎？然異之者，衆人也，智者必不異矣。何哉？蓋知至人無我，況有虎耶？雖與之睡，亦不有其睡矣。宋梁楷寫為圖，以傳于世。觀其用意深密，筆法精利，亦可謂能品。練川屈信氏得而珍之，徵衍為贊，故贊之曰：

以虎為虎，見之必驚。以虎非虎，見之必迎。虎之與人，均一佛性，同居睡鄉。咄此三聖，聖心無礙，平等大慈。我既不有，虎亦無焉。我卽是虎，虎亦是我。一夢兩忘，無可不可。曰圖與贊，是為權門。揭諸坐隅，以警其昏。

【校記】

〔一〕舁：『與』之異體字。

三高僧贊并序

夫僧之高者，古今世之所罕出者也。其道行峭絶，踰越羣類，處巖谷草澤間，飯糗披緇，優游歲年，王公召之而不赴，威武加之而不屈，卓然猶長杉鉅檜，歷霜雪而不變其操，出言吐辭，弗顧諱忌，遊戲自如，曾無有物能累其心者，得名為高僧焉。唐之高僧曰清晝，曰靈徹，曰道杓者，交遊薦紳間，以詩章唱酬，而不與薦紳大夫士相頡頏於聲勢之道，故雅俗無不稱其為高焉。諺美之曰：『霅之晝能清秀，越之徹如冰雪，杭之杓摩雲霄。』蓋三高僧非以其詩得名為高，良由道行而致之耳。吁！三高僧果以其詩得名為高，此誠不足高，直可少之而已也。殊不之〔一〕於其詩，唱訓詠歌出於道腴，則其高固不在乎詩，而在乎道也。衍生千載之下，朴鄙憑昧〔二〕，竊慕夫三高僧之道，勉為贊詞，俾吾徒知三高僧之道之高非繫於詩也。贊曰：

維師曰晝，道敷德茂。發揮詞華，山清水秀。薦紳遊從，魯公惟厚。逝矣云遠，聲華彌壽。

維師曰徹，律嚴行潔。巖居水飲，耿介卓絶。陶情寫景，鐫冰琢雪。陵谷有遷，道聞難滅。

維師曰杓，行實彌高。道氣耿耿，淩雲厲霄。驅龍降澤，嘘枯沃焦。四海景慕，像中之豪。

【校記】

〔一〕之：疑當作『知』。

〔二〕憑昧：猶守愚。

《十六羅漢圖》贊并序

梵語阿羅漢，此云無斈。言其觀練薰脩斷上八地七十二品，思惑俱盡，四智已圓，無法可學，故名無斈。又云無生，又云殺賊，又云應供：從怖魔以稱無生，從破惡以名殺賊，從乞士以成應供。因含多義故，不翻梵語也。此果別號有九種：曰退，曰思，曰護，曰住，曰進，曰不動，曰慧鮮脱，曰俱鮮脱，曰無疑鮮脱慧。前六種約根性而立，慧俱二種約觀行而立，無疑乃根性、觀行兼舉耳。如上所謂，並隨果位而言之也。若以法華内秘菩薩行外現是聲聞者，此特彰其迹，不可以果位局之矣。楞伽有三種：一得决定性，二增脩菩薩行，三應化佛所化。决定性與增修菩薩行者，隨果位而言之可也。應化佛所化者，又豈可以果位局之耶？如佛世十六大士，神通妙用，福慧兼備，得非應化佛所化者哉？月潭净上人蓄水墨畫一幅，其筆法類貫休，頗精妙法，蓬耳聃真老比丘相，不知十六位中第几位也？上人請余贊，余謹拜手，述阿羅漢之大槩不同如此。乃復贊曰：

聖人應世，務於利物。不定其方，胃泥其迹。陰陽罔拘，鬼神莫測。詎同凡論，欲顯厥德〔一〕。

是阿羅漢，慕滅脩道，用己智力，斷彼煩惱。四果定位，九種别號。隨號是常，局位匪妙。内秘外現，猶石含玉。雖同幻人，真不離俗。應佛所化，豈惟十六。游戲自在，福慧具足。睠兹畫〔二〕者，十六之一。蓬首稿〔三〕項，獨坐巖石。合掌受供，童睡其側。呼為應真，天地縣隔。

【校記】

〔一〕德：底本作『悳』，異體字，此録作正字。下不另出校。

〔二〕畫：底本作『畫』，異體字，此録作正字。下不另出校。

〔三〕稿：通『槁』。枯槁。漢劉向《説苑·建本》：『棄其本者，榮華稿矣。』一本作『槁』。宋李綱《五老峰》詩：『衣冠想像猶偉然，容貌至今初不稿。』

穹窿厚禪師印章舍利贊并序

吾宗之得佛祖心髓、具大眼目者，多晦其形迹，潛其聲耀，處山谷廛市間，與尋常人伍。或發靈瑞於生前，顯光明于歿後，使世間人知其為法之妙，響應而景從者，蓋其光明靈瑞，如春之在花，月之在水，元非有意而為之也，率皆出于自然而然者矣。穹隆山元翁厚禪師，西丘下三世孫也。心契佛祖，道乎天人。八十有四，步龍鍾而兒童稚，隱德密行於家林有年矣。海内衲子，不憚千里，重趼參叩者，踵接其扉。禪師于語默咲欬、動止顧睐，無非直示此道。故虚往而寔還者多矣。一日，三韓僧希壽持卷求偈，禪師惜其誠敬，展卷泚毫，大篇長句，一揮而就，使名印于上。啟匭取之，俄見篆隙有一物，纍然而起，抉之，其大如菽，光明燦赤，乃舍利也。人皆偉之。禪師曰：『吾無有也，慎勿誇異於人！』余嘗過禪師而獲瞻焉。既而嘆曰：『夫舍利者，乃定慧力所成就，佛法之明驗也。然多出于人毛髮爪齒肌骸之間，以彰其志行。茲生於印章，亦猶罕焉。詎禪師之有意而為之者哉？蓋印者信也，舍利之生于斯者，要欲表其大法光明無乎不在，而起人之信也矣。』於是吳郡道衍拜手説偈以贊，贊曰：

舍利至神物，至人斯能有。斯由定慧力，堅固所成就。生于肌骸間，往往目所睹。藏以七寶塔，龍鬼咸戴仰。水火莫能災，天地有變滅，此物終不壞。元翁真古德，龐眉步龍鍾。西丘三世孫，妙契涅槃心。千偈如瀾翻，祖佛同一舌。舍利出印傳，於世寔希有。爛然几案間，見者悉起信。若作靈瑞想，病目成空花。不作靈瑞想，渴鹿奔陽燄。二想不可得，一切皆光明。我作是贊詞，如露渧大海。普願諸有衆，勿生增上慢。稽首十方佛，稽首六代祖。於刹刹塵塵，證我如是説。

沙大用小像讚

出于闤之右族，習洙泗之威儀。貌雖衆異，心毋自欺。惟懌冠裳之典雅，不貴裘馬之輕肥。其潛耀也，無間於市廛林藪；其適意也，有得於尊俎歌詩。人不爾知而弗慍，卽此終老亦奚疑。誠古之樂天知命，能處順而安于時者也。

楚石和尚贊

峭峭奇骨，凛凛英風。擅一代之美，居萬夫之雄。隨機應用，若雲門大師，俾孝徒望風而至；信口荅禪，如趙州古佛，令辯者飲氣而降。不啻渡河香象，何異出海獰龍。生緣象山，而化行兩浙；説法龍皐，而名徹九重。論鬼神事，襲伏黄老異流；和寒拾詩，壓倒鴻儒鉅公。此盖師生平之末事，人猶口之而無窮。况其於一毫端，聳寶塔之岌岌；向微塵裏，幻紫閣之重重。至于掬漚火聚，揣骨虚空，掃蕩聖凡途轍，超出佛祖位中，真為妙喜六世之孫，而大振濟北之一宗者也。

張宜齋小像贊

温然若玉，君之相也。奥然若谷，君之量也。蔚然若木，君之行也。發為辭章，浩乎無涯，猶百川之漲也。矧得趣於琴觴之間，忘情於泉石之上，逃其名而名愈張，抑其氣而氣愈壯。誦唐堯、虞舜之言，鼓文王、宣父之操。非今是合，性古是向。宜乎退藏林壑，而逐其高尚者也。

銘

紫竹杖銘并序

余年四十有七，法弟鏡以紫竹杖壽余。余喜老而有所倚也，銘曰：

虚而心，堅而質。直而弗阿，君子之德。予安其行，爾之力。

蓮華室銘并序

洪武九年春，衍奉旨還西山之海雲院，闢小室，奉弥陀畫像于西隅，昕夕面之西稱念。無過客，則終日危坐澄想而已。名之曰『蓮華室』焉，盖期當來極樂國中蓮花化生也。夫極樂國有七寶池，蓮花四色，大如車輪，或高十二由旬，一一花葉有八萬四千光明，甄叔迦寶、梵摩尼寶以為映餙，九品間列，三輩化生。凡他方世界衆生，才〔二〕發一念，欲生彼國者，善根所感，池内卽成一花，精進者鮮榮，懈退者萎悴。故龍猛云：若人種善根，疑則花不開。信心清净者，花開卽〔三〕見佛。衍自少時，知有彌陀教法，業深障重，雖發願造修，或進而或退。玆年四十有八，死期將至，故痛自鞭策，要必往彼國蓮花化生也。奠是花之有榮而無悴，因扁其室以自勗焉。乃為之銘曰：

翳彼蓮華，生于寶池。善根所感，聖澤是滋。大如車輪，不維四微。摩尼間餙，光明陸離。龍猛格言，信而弗疑。嗟予小□〔三〕，策脩亡罷。乃期其蕚，有榮無萎。决定托化，在此銘詩。

【校記】

〔一〕才：底本作『寸』，俗寫二者不拘，此録為正字。

〔二〕卽：底本誤作『旣』。按：龍猛格言見於《十住毘婆沙論》卷五《易行品第九》，『花開』句作『花開則見佛』，其他佛典多引作『花開卽見佛』，『則』『卽』義同，因據改。

〔三〕底本此句闕一字，疑為『子』。

吟室銘并序

劉克澄氏，燕人也。端敏諒直。自幼讀書力學，多從大人先生遊，聞見甚廣。志不在利達，蕭然一室，居闤闠中。克澄無求於人，人無有不敬愛於克澄者。然酷嗜詩，上自三百一十篇，下而至於漢、魏、六朝、唐、宋與夫前元近體、及今人所作，凡膾炙人口者，無不博覽强記。克澄雖不苟為，而深得吟咏之情性。每於花前月下、風晴雪霽之時，或會賔客，出尊俎，勸飲賡酬，行吟坐咏，自怡自得，超然若處世外，故扁其偃休之所曰『吟室』。尋以晦庵朱先生所書『吟室』二字揭諸門楣，來請銘于余。余與克澄年相若而同好於吟，遂為忘形交。既久且善，故弗辭而為之銘。銘曰：

瞻彼蘧廬，衡門蕭蕭。嗟我君子，於焉逍遙。弗厭囂俗，靡狎漁樵。志超萬物，山林市朝。寓意於詩，情得其正。風晨月夕，行吟坐咏。飲酒樂賓，同誰共慶。人無有識，彼安厥命。疏檽綿綿，卉植騈騈。即近而遠，何如考槃。嗚呼晦庵，尚存遺墨。揭諸楣間，永光斯室。

百丈泉銘并序

衍未學佛時，往來西山，則知有海雲院廸公禪師，孤剛秀傑，卓然特出。其言與行一弗妄。薦紳大夫多願交於公，而公於薦紳大夫士亦無拒。時衍方童丱，雖敬而慕之，不敢趍而見。後年幾冠，始學佛厠僧倫，四方雲水之士，凡評論人物，無不以公為稱道，故衍益加敬而慕之。偶直世失寧，流離散處，而弗克見也。又十年，公之孫愚庵主徑山，録衍掌記，而公已化去久矣。於戲！衍三十年之間，慕公之名，弗獲公之面，而見奬于公也，其可嗟矣！公嘗卓錫于穹隆山之上，荒茆蓁櫙間，有泉從而出焉，汪演深潎，汩汩佀有不可止者。公以筧〔一〕引至於庖湢〔二〕之所，殆不可以丈尺計故，約而目之曰『百丈泉』。㵄澇如一，雅俗逮今神異之。至正甲辰秋，衍歸自徑山海雲，拜公之像，方登山而尋所謂百丈泉。俯而眎之，其色白而潔；掬而飲之，其味甘而香。雖他泉名於天下者，其寔亦弗過也。乃為銘曰：

泉之出于石也，感公之道行。汪濊演漾，引而流之，詎有止乎百丈。因而名之是以傳，惟以公子孫之多賢。欲知其家聲德澤之不墜，而永永無窮者，庶有見乎斯泉也。

【校記】

〔一〕筧：用對剖並內節貫通的毛竹連續銜接而成的引水管道。唐白居易《錢唐湖石記》：『錢唐湖周迴三十里，北有石函，南有筧，凡放水溉田，每減一寸，可溉十五餘頃。』

〔二〕湢：浴室。《禮記·內則》：『外內不共井，不共湢浴。』鄭玄注：『湢，浴室也。』陸德明釋文：湢，彼力反，本又作偪。』宋曾鞏《繁昌縣興造記》：『寢廬庖湢，各以序為。』

清安堂銘并序

天之高也，非清可乎？非清，則三光不能朗而耀。嶽之大也，海之深也，非清可乎？非清，則衆峰不能秀而拔，萬象不能影而見。況夫人之心乎？夫人之心，至高也，至深且大也，非天之與海、嶽也。為一身之主，汩而亂之，則萬慾並作；澄而靜之，則四體俱息。故凡欲安其身者，必先清其心可也。不先清其心，而欲其身之安者，未之有也。勾吳沈君達卿温厚而慎，雅慕老氏之亨，凝慮屏欲，作堂於周谿之上，為休養之所，題其額曰『清安』，昕夕於兹，睎之以自儆。後來請銘，余嘉達卿之安其身以得其要者也，遂不辭而銘曰：

心汩而危，其慾紛如。心澂而微，其神乃紓。欲澂夫心，須守其一。一念弗興，萬慾皆窒。堂虛而明，寔啟我昏。是清是安，以遺其子孫。

説

二童子名説

二童子從吾遊，長曰智常，次曰善住。吾以二童之名嘉矣，惟恐常不知其所以常，住不知其所以住，而常者滯焉，住者膠焉。吾故不得與之説。常前乎！吾語女乎！一知水之在川乎？流之無息，而不離於川之常也，佀之則為智焉。住！女之住也，珠之在盤，轉之無停，而不出於盤也。住也佀之，則為善焉。住珠之在盤，苟不轉珠，則偏矣。常水之在川，苟不流水，則瀾矣。偏者膠之，瀾者滯之，常乎！女勿滯乎！住乎！女勿膠乎！勿滯、勿膠，猶水與珠，女其懋乎！

卷四

雜著

與郭考功書

文遠考功閣下：衍自曉人事，出游湖海間，凡儒、老二教，洎〔一〕同宗之士，有道德聞望過於人者，無有不求知也。苟知之，無有不往而求見者也。雖或險難間阻，求見之不得，然亦無有不懸于懷者也。閣下為浮圖居越中時，已有通宗毓德、深于文學之名貫于人耳，時衍欲往求見，兵後被服器用無一完有，所以藉於出入，故不得遂其求見之心為恨〔二〕。未幾，越人來言，閣下已掌記龍河。際遇聖君，命返初服，官于内廷。凡識閣下者，無不頌上之知人也。乙卯夏，衍因起取到京，始獲瞻風度，握手一咲，如舊知己。閣下畧不以爵位自假，驕於吾儕，襟抱閒澹，曾弗異於草澤中人。自非通宗毓德之士，惡有能若是之賢者耶？衍故敢於閣下友而論之。夫浮圖之教，急於利生，菩薩有四攝法，以導多衆，或與其同事化令成佛。雖屠沽漁獵最劣之類，以身混之，曲於化導，然亦何嘗局其形服以自挾歟！今閣下學足以贊襄聖化，文足以黼黻皇猷，生逢唐虞之世，置身霄漢之間，當悉體意，宣流恩〔三〕光，使萬方黎庶至於草木禽畜無一不被其澤，無一不得其所。閣下能如是而大行之，其功其德，與巖穴林莽間枯木死灰獨善其身者萬萬相去矣。衍樗櫟不材，分甘老死丘壑，遥瞻青雲，戀戀何極！惟冀閣下不忘靈山付囑，為佛法外護。不修衍再拜。

【校記】

〔一〕洎：底本誤作『泊』，據文意徑改。

〔二〕恨：底本誤作『根』，據文意徑改。

〔三〕恩：底本誤作『思』，據文意徑改。

與止仲書〔一〕

道衍奉書止仲著作：足下向辱手教，及謬稿跋語，何其許焉太過！展卷讀之，不覺面熱汗出，慙怍曷可云喻。衍林藪鄙夫，孳淺文陋，豈不自知？惟藉良友，箴規劘礪，冀其成德，故汎遊四方，廣衆之中，以求其友也。足下高明穎達，迥越流輩，豈區區所敢扳哉！然足下不以踈野見絶，朝夕往來，啟沃良多，非衍之所望也。何為所貽之言，一以褒美而無箴規之益，豈衍庸愚非器，不足以箴規使其成德，乃褒美之，欲其喜於一時者耶？故人多以足下之言佞於衍也。衍甚不然之。足下怀仁佩義，直而且諒，惡肯見欺於我哉！雖有褒美，欲其喜於一時者，衍以足下非佞也。夫世之佞者，見其人或名位之崇峻，勢燄之熏灼，欲其陶冶拔擢，而有以佞之者。或貨利之豐積，飲食之濃厚，欲其惠濟供奉，而有以佞之者。或年齒之高，宗黨不得已而佞之者，蓋有之矣。顧衍壞服毀髮，惸處巖谷，名位、勢燄何有也？日乞一鉢，自活其命，貨利、飲食何有也？況齒之不高，又非宗黨之尊，蓋足下之佞於衍者，將何所圖焉？此衍之所以言足下決非佞也。況與足下交游數年，知足下惟詳。足下識高而見遠，學博而文深，作德足以裕人，立言足以垂世。人有不善，雖以千金之遺，欲求一言以餙，弗予也。人有善，雖無半日之雅，亦必為之稱道。以足下之為人若此，安肯佞於一寒士哉！衍意足下之言，有褒美而無箴規者，何也？使箴規之，恐吾畏難而弗進，不若褒美之，欲吾悦易而自至也。是亦古君子善誘人一端。故衍信之不疑矣。感佩盛德，當如何哉！足下開舘湖上，相去無十里，扁舟往來，得接妙論，何其幸歟！然衍之所以望于左右者，當以箴規為益，毋以褒美為善也。奉書不謹。

【校記】

〔一〕《逃虛類稿》目録作『與王止仲書』。

與黄中父書〔一〕

衍四月中挐舟來游江上，訪舊所知識，因登足下之門。幸足下念衍久濶，歡然弁迓，律律喜色動於眉睫之間。舘我穀我，朝呴夕沫，兼迭示佳章，啟我蒙昧。病則命醫，躬為調藥，眷問不暇。觀足下之厚情至意，過於肺腑心膂之戚。自非道同志合，愛衍之深者，何有如此勤重也！衍見凡今之人，道之不同、志之不合者，雖有肺腑心膂之戚，及其窮厄患難，罔罔不顧，况其朋游也歟！衍與足下道雖不同，其志則合。道之不同者，形有異也。志之合者，皆好於古也。好於古則通乎理，通乎理則不滯其形矣。不滯其形而從其志，故交之愈深，而愛之愈篤，終日見而不畏其煩，千里隔而不忘其好也。昔秘演之與曼卿，道潛之與秦觀，游從泉石之上，形容文字之間，忠義藹然，過於肺腑心膂之戚，蓋其志之合而忘其形者也。足下才高學博，不卑於秦觀；氣充行果，何弱於曼卿。寔非今人中所求有者。顧衍踈野愚戇，無秘演、道潛之美，而足下愛衍之深，有逾于秦觀、曼卿之於秘演、道潛也。感佩之心，豈可並也哉！衍托迹西山，度此炎夏，會晤未知何日，惟有矯首東南，遐思長想而已，曷勝惋悒之至！謬文與詩，共若干首，謹用録侣，以代言謝，惟丙鑒斧削不宣。

【校記】

〔一〕《逃虚類稿》目録作『與王中父書』。

斥牟文

至正乙巳夏六月，余行壠上，睬苗之長否。有老農泣於旁，余問其故。曰：『夫蟲牟〔一〕食苗之根，苗槩死矣。其類蔓滋，幽險潛匿，人捕獲莫能極其醜。苗死矣，歲必飢，吾門寧免罄乎？是以泣。』余謂老農曰：『牟之生，造物者使然。既非力所能為，必假神明而為之可也。爾無泣，余歸為文，以告田祖而斥之。』其辭曰：

維聖曰稷，肇興稼穡。逿彼黎庶，惟師惟戎。乃邦之本，兆靈仰食。伊農服勤，寧較其力。耰耕以時，麃薅孔棘。伏水逾湯，樓〔二〕日猶炙。寅昏不違，惟餉惟息。隴畦畇畇，黍苗薿薿。風偃雨膏，雲布土匿。將成方早，未遂堅寔。惟秋之望，獲歛以給。夫何兹年，歘為我賊。羣分散處，密行潛伏。身堅介冑，觜利劍戟。膚未不傷，根抵〔三〕是蝕。甚於稂莠，慘于螟螣〔四〕。豺狼之凶〔五〕，蜂蠆之螫。雖物之害，觸其不測。夫何兹〔六〕年，横肆無射。雖楚之羽，莫並其雪。漢之弘羊，奚趐其刻。行非叁五，類越萬億。儵然而興，翕然而蟄。勦弗可除，捕莫能執。天胡不仁，除此戾物。老嫗殿屎〔七〕，稚豎稠愁。不有飢亡，寧免菜色。夫何茲年，產必有戕。方究漢志，席吏抵冐。名此奇邪，以禍正直。方今之吏，盡副厥責。佩義服廉，弊猶蝨剔。於國有忠，於民有恤。夫何茲年，以誰而得。敢告田祖，運用斸斥。積燎以焚，裂石以擊。盡圮其族，永殄其跡。黍兮厭厭，苗兮翼翼。庶幾神明，歲祀弗隙。

【校記】

〔一〕牟：通『蛑』。食苗根的蟲。《漢書·景帝紀》：『漁奪百姓，侵牟萬民。』顔師古注引李奇曰：『侵牟食民，比之蛑賊也。』

〔二〕樓：疑當作『耬』。

〔三〕根抵：即『根柢』。草木的根。漢鄒陽《獄中上書自明》：『蟠木根柢，輪囷離奇。』

〔四〕螟螣：吃苗葉的害蟲。《詩·小雅·大田》：『去其螟螣。』毛傳：『食心曰螟，食葉曰螣。』

〔五〕凶：底本作『㐫』，俗寫體，此録作正字。不另出校。

〔六〕兹：底本誤作『滋』，據上下文『夫何兹年』句改。

〔七〕殿屎：愁苦呻吟。《詩·大雅·板》：『民之方殿屎，則莫我敢葵。』毛傳：『殿屎，呻吟也。』

讀至天隱《文集》〔一〕

余少為浮屠而嗜於文，凡昔浮屠之號能文者之文，無不遍〔二〕求而博覧也。其文或贍而不奥，或簡而不詳，或深而太晦，或怪而太奇，或文之過而不顯其道，或道之昧而不貫其文〔三〕，是多不得其正者也。得其正者，惟宋之鐔津，元之天隱也。鐔津之文，無復論矣。天隱之文，姿性亢爽，問學深著。故其作也，剔心鏤肝，敦章琢句，力欲削去陳腐，而不背馳於作者之徑。珠瑩氷潔，照映簡册，使人讀之味雋咏〔四〕而不厭也。天隱曰：『蓋古之縱者，非求於為縱也，束之極則至是矣。不能是而苟於縱，則無以禦隔陳言。』〔五〕吁！非天隱之於文不精詣而深到，惡能有是言耶？余故每以天隱之言為規。雖然天隱之言，非但規於余，世之孛於文者，舍是而將何規哉？

【校記】

〔一〕此篇又見於《獨庵外集續稿》卷五。
〔二〕遍：底本誤作『偏』，據文意及《獨庵外集續稿》改。
〔三〕此句底本闕漏『或道』二字，據《獨庵外集續稿》補。
〔四〕雋咏：《獨庵外集續稿》作『雋永』。

〔五〕『天隱』的這幾句話見於《牧潛集》卷五《書·與袁伯長》，原文為：『蓋古之縱者，非求於為縱也，束之極斯至是矣。未能是而苟於縱，則未能禦隔陳言。』

血書《華嚴經》偈并序

笠澤沙門志學，刻志厲精，瀝十指血書《華嚴》大經以報父母。衍乃睹此希有之事，稽首作禮，説偈贊曰：

我聞十方諸善逝，異口一音而演説。所説種種諸行海，諸行海中孝為最。在家出家衆上士，靡不以孝得道果。孝分細大與廣狹，所得道果亦復然。有大苾芻名志學，其孝於人寔無等。不脩世間供養具，刺指端血書《雜華》。經卷八十一〔一〕，十萬偈句無有遺。一點一畫皆孝義，光明絢爛如紅雲。悉見本身盧舍那，住行向地諸菩薩。善財所參知識衆，法身普現紅雲裏。紅雲盤鬱不思議，於諸法身亦無量。法身與雲既無量，佛子孝義亦與等。譬如帝網〔二〕遍法界，交光相羅無壞雜。我觀世間為孝人，泣笋懷橘并躍鯉。生事死葬及祭享，立身揚名顯其親。此是世間最孝者，善哉佛子異於是。能以父母所生體，瀝清净血書大經，用報父母罔極恩。若以世間孝為比，百分千分不及一，譬喻籌量豈能得。佛子雖行希有事，而亦不作希有想。以此功德為最勝，三寸之舌贊莫及。不可思議辯才海，不可思議音聲海，不可思議言詞海，極未來際而贊揚，方有少分之所得。我今説偈表微誠，如滴入海塵附山，惟願佛子常精進，得證舍那根本智，直入普賢行願海。

【校記】

〔一〕此句當漏闕『《雜華》』二字。又，宋方岳《秋崖集》卷三十八《題跋·跋師紹書華嚴經》：『我觀經卷八十一，卷凡幾品幾字。』『我觀』二字亦可補其漏闕。

〔二〕網：底本誤作『綱』，據文意徑改。按：『帝網』是佛教語，謂帝釋所居忉利天宫上懸有珠網，上綴寶珠無數，重重疊疊，交相輝映。

送梓人李均茂偈并序

姑蘇城中齊女門内，有天台教寺曰北禪，寔於其宗號稱第一。有大沙門佑公法師聿來補處，寺罹于兵，化為丘土。法師俯睨，惻然興懷。惟此道場諸祖化地，豈可使彼蓁莽瓦礫，蕪湮靈跡？法師於是躬集衆因，首為興立大雄寶殿。洪武戊午春正月，落成之日，法師為衆弘暢法會，鼉震鯨鳴，遠近徒侶，雲委水赴，登寶花王，作師子吼，闡一乘道，燒種種香，然種種燈，雨種種花，垂種種雲，結種種蓋。蓋若天若人，若阿素洛，若乾闥縛，悉皆熙怡。有梓人者李均茂氏，越衆頂禮，殷勤三請，問大法要，法師嘆言：『善哉！善哉！汝能為衆，諮詢斯旨。當知諸法，體性空寂，言説何有。汝既懇誠，吾當强説。維我竟皇，至尊無上，為衆生故，出于世間，以大智慧，施大方便，觀彼機宜，建立妙門，八萬四千，随方來者，一一攝入，同歸寶所。譬如大匠，左手執引，右手執杖，度其材植，短長纖鉅，彼可為楹，此可為楝，各遂其宜，始成乎室。周圓具脩，融通互攝。彼彼雖異，而不見雜；彼彼雖雜，而不見異。不見作相，不見受相，不見成相、壞相，增不可得，減不可得，恢恢晃晃，其誰能名。汝能於此，倏焉證入，當知功德，如恒河沙，豈可得而思議者也？』彼梓人者，聞是説已，懽喜踊躍，至心作禮，退坐一面無所得。予時亦在會，而自念言：『非此梓人，無由得聞是大法要。』於是合掌，向梓人前説偈以讚曰：

奇哉最勝子，精勤無有上。曾於百千生，深種善根故。以智慧為匠，造作諸佛事。用結廣大緣，不志世利譽。來此正覔塲，成是大雄殿。莊嚴甚殊勝，何異普光明。中奉真金像，天人生忻慶。奇哉最勝子，願世出世間。常參諸佛會，常隨諸佛學。永無魔境撓，成就大菩提。功德不可量，讚揚莫能盡。

送圬人呂伯通偈并序

嘉禾呂伯通氏，以圬為業，甚良。與人圬弗較其直，居衆圬之右。王侯第宅，無不俾其圬焉。人見其明且善，而未嘗〔一〕以圬人待之。今年來蘇之北禪教寺蓋大佛寶殿，不計其功，務欲其美，一塼一瓦，曾弗妄措。故嚴整堅密，完若天造，兹厥功告成，住持佑公法師請余為文以贈。余以伯通雖圬人，能深信大法，脩進無怠，故不辭而説偈以贐。偈曰：

吾聞世間諸有衆，工巧技藝亦有萬。交作互用成器衆，若一有缺則不成。鴻纖美惡種種異，莫不皆由心所造。當知此心無所得，無所得中乃有得。酬接萬事悉無盡，以無盡故常平等。伯通呂氏真佛子，以坏為業造其妙。僚丸郢堊〔二〕莫與擬，是故此人甚希有。菩提不求况世利，良以無所得心故。兹來吳城大慈寺，欲力蓋此大雄殿。一塼一瓦不妄措，嚴整堅密無能及。維此寶殿甚高廣，塼木土石所合成。若塼若木若土石，各各住相在差别。合成一處如虚空，於中了無差别相。無差别中有差别，一切不異尋香城。我觀微塵諸刹土，從一微塵而出現。是諸刹土各不同〔三〕，於一微塵體無二。微塵刹土無有盡，佛子功德亦如然。了知功德無所著，是名第一不思議。

【校記】

〔一〕嘗：底本誤作『賞』，據文意徑改。

〔二〕堊：底本誤作『堊』，據文意徑改。

〔三〕此句底本脱『土』字，據上下文意補。

傳行狀祭文

雙蓮忠禪師傳

禪師諱信忠，字直巖，毘陵陽羨人也。生南宋寶祐癸丑。冠出俗，行杜多行，衣弊茹枯，習禪靡懈。始來如胥城西要途鑿井搆亭，以休行旅，暑則置湯茗濟渴乏者，辛勤精苦十餘稔。至元甲申，虎丘孤巖啟公為忠薙落，受滿分戒，時年三十有二。忠顱方目纖，貌寒猥不越常人，而神異罕測，得無師自然之智，出語若繭抽泉決，信其為再來人也。未幾，參雲夢和尚，論無傳授之道，忠投以偈曰：『了無一法與君傳，萬丈巖前月正圓。半夜苦吟吟不就，冷煙深鎖釣漁船。』雲夢然之曰：『子深得無生之旨者也。』戊子，出游五臺，晚至雲州，值一大澗，水潺潺駛若飛矢。磵西有大石，名百丈峰。忠行倦，就石坐，定中忽聞人語曰：『汝隨我指來。』省時天已明。開目〔一〕視身，恍在磵東。忠乃惑，入雲州謁諸尊宿。抵京，禮潮音、妙辯法師，白以是事。皆曰：『護法神應驗也。』後歸吳，結庵宴坐，溥化四衆，持戒念佛，期同生浄土。四方之信從者如歸。忠具智通，應用無方。邑民雨暘〔二〕瘥札〔三〕，禱之輒驗。婦懷娠者求决女男，臨乳必如所言。庵居，每謂侍者曰：『今日有檀〔四〕施至，可先修茗以接。』至期果然。一日，山行遇虎，忠撫其背，曰：『汝飢，我無肉濟汝。汝去。』虎即垂首，嘆息而往。人甚駭之。於是化行邦國，至于高麗、日本，無不慕其道。安慶平章范公舍所居宅為寺，請忠開山，遂往見公，曰：『知師得自然之智，可無語乎？』寺方甓，公以石灰命題，即成偈曰：『工夫打就出深山，烈火曾經煅一番。粉骨碎身都不問，要留明白在人間。』范〔五〕公深喜之，而告曰：『吾寺已成，請安其額。』忠曰：『少焉有額。』俄而寺前陸地出雙蓮一朶。公乃聞于朝，賜〔六〕曰『永慶雙蓮禪寺』。忠住後，造七級實塔，翬晃崇侈，為民福田。主之九年，乞退，以偈辭公曰：『古人卧樹多三宿，我亦云何住九年。寄語大檀賢宰相，不圖名利只圖閒。』既而還吳舊業，欲將老焉。時國家肇開海道，緬艘輸粮，詔江南有道德神異之士，悉請護送粮艘入京。一艘最鉅，容萬斛，同予詔者僉曰：『此艘甚危，非忠神力不能保，請守之。』忠弗讓，卽送風開航。至大洋，鯨濤掀天。須臾，檣折艘傾，舟師怖泣。忠談咲而起，以手摶飯，擲艘左右，若役鬼神行焉。疾抵直沽，比它艘程先十日。於是詣闕見世祖。或謂忠曰：『若儀容弗都，何足以動人主？』曰：『非汝輩所知也。』翌日，趍内庭，世祖立殿陛，但見其皃堂堂，嚴餙甚麗。世祖異而嘆曰：『此真江南神僧也！』賜號『圓通普竟大師』。大德四年庚子隱去。人見其乘白騾，行高麗，不知所終。忠異迹甚著，偈頌尤夥。至今吳人多繪其像，奉于家以時享，為俗姓張，皆稱曰『張師父』云。

贊曰：昔南安巖嚴尊者，以偈起河源巨舟，驅江南眠槎，雨暘男女人有求，獲應如響。惠洪傳而稱之。今忠發雙蓮於永慶，護粮〔七〕艘於洋海，觀其神異之迹，亦尊者之流亞也。惜無惠洪之筆為書焉。雖然，忠之道昭然天地間，又何藉乎潁札〔八〕而不朽哉？

【校記】

〔一〕目：底本誤作『日』，據文意徑改。

〔二〕暘：底本作『暘』，俗寫不拘，此録作正體。下不另出校。按：『雨暘』，語本《書·洪範》：『曰雨，曰暘。』謂雨天和晴天。《魏書·天象志三》：『皆雨暘失節，萬物不成候也。』

〔三〕札：底本作『扎』，俗寫不拘，此録作正體。『瘥札』，指疫病。

〔四〕檀：底本作『擅』，俗寫不拘，此録為正體。下不另出校。

〔五〕范：底本誤作『花』，據文意徑改。

〔六〕此句底本『賜』上衍『陽』字，據文意删。

〔七〕粮：『粮』之異體。

〔八〕札：底本作『扎』，俗寫不拘，此録作正體。

西齋和尚傳〔一〕

西齋和尚者，四明人，諱梵琦，字楚石，小字曇曜，俗姓朱。九歲渡浙水，抵〔二〕秀之海塩天寧訥翁模〔三〕師授〔四〕其經業。母張，夢日墮于懷而生。和尚在襁褓中，有神僧撫之曰：『此兒佛日也，昏暗衆生將蒙其光而見佛矣。』故呼之為曇曜。尋依晉翁洵師於湖之崇恩。洵師，和尚從族祖也。始得薙染〔五〕為沙門。十六受滿分戒〔六〕。一日，閲《首楞嚴經》，至『縁見因明，暗成無見』處〔七〕，有省於内。讀内外書，了無礙滯。後見徑山元叟端禪師咨决大事，叟不少假辭色，使其自證。會元英宗詔粉金書藏典〔八〕，和尚亦與其選，乘驛抵燕都。夜聞崇天門樓鼓鳴，忽見徑山為人處。即南還，再參徑山。叟見之曰：『且喜子大事已了〔九〕。』俾以第二坐〔一〇〕説法。衆皆驚汗。和尚自幼知有西方彌陀教法〔一一〕，清晨十念，求生浄土，未嘗一日少懈。及住海塩天寧，築室西偏，專志於浄業，因號『西齋』焉。室中置一小床，日趺坐，默觀自心三際空空不可得，次觀東方過十萬億佛刹微塵數世界海空空不可得，南西北方四維上下不可説不可説佛刹微塵數世界海空空不可得，即於此處有大蓮花忽然出現。其花〔一二〕莖葉充滿法界，有一如來相好端嚴坐其上，眉間白毫放出光明，其光所照樓臺池沼，行樹闌〔一三〕楯，衆寶間錯，水鳥天樂，皆演苦空無我之法，見觀世音大勢至在其左右，清浄海衆前後圍繞〔一四〕，皆得不退轉地。從定而起，返觀觀者，空空不可得，不可得亦不可得。此和尚之觀佛三昧。和尚皈誠三寶，壓懇篤切。凡見佛必讚，見塔必佛禮，衣必獻而後服，食必供而後飡，拜跪行道，稱念思惟，無寒暑晝夜之間，年愈高而行愈苦。然而名動海内。洪武初，三被詔旨，説法于京，皇情大悦〔一五〕。未幾，遂終於天界。示寂之日，沐浴更衣，書偈曰：『真性圓明，本無生滅。木馬夜鳴，西方日出。』書畢，謂其屬夢堂噩公曰：『師兄，我去矣。』公曰：『子去何之？』曰：『西方。』公曰：『西方有佛，東方無佛耶？』和尚厲聲一喝，泊然而化。世壽七十五，僧臘六十三。和尚平昔於浄業一門自行之外，而復化它，於是撰《二十二相頌》《八十種好頌》《四十八願偈》《十六觀贊》《懷浄土》七言長句一百十首，標名者一百八首，又《折善導和尚勸念佛偈》八首，《化生讚》及《勸念佛篇》《娑婆苦》《西方樂》《漁家傲》三十二首，《韻浄土詩》一首。其他宗門機緣語句有録。住山行道事，業勛烈修，載于翰林宋公濂《塔銘》。上首第子景瓛説法于蘇之萬壽。

贊曰：宗門中在昔脩西方浄土者，惟永明壽為最。永明而降，圓照本、天衣懷、黄龍新、慈受深、真歇了、長蘆頤之輩皆脩之，其明騐如青白日也。西齋和尚童丱時便知念佛，至老行之愈力，復立言以轉化四衆，故於死生之際，游戲去來，非得佛祖心髓者，其孰能如此？余恠近時宗門中人多逞空慧，眎念佛為小道，而不言及，况脩之者哉？悲夫！

【校記】

〔一〕『西齋和尚』的傳記又見於《補續高僧傳》卷十四《楚石琦禪師傳》《佛日普照慧辯楚石禪師語録》卷二十《佛日普照慧辯禪師塔銘》又《楚石和尚行狀》及《角虎集》卷上等。

〔二〕抵：底本作『扺』，俗字，此録作正字。

〔三〕模：底本作『摸』，俗字二者不拘，此録作正字。按：此句《楚石和尚行狀》即作『模』。

〔四〕授：《楚石琦禪師傳》《楚石和尚行狀》作『受』。

〔五〕薙染：剃去頭髮，染成緇衣。指出家為僧。

〔六〕此句《楚石琦禪師傳》作：『繼往杭之昭慶受具足戒，年已十有六矣。』《楚石和尚行狀》作：『年十六，於杭之昭慶受具戒為大僧。』

〔七〕此句底本『處』上衍『有』字，據文意及《楚石琦禪師傳》《佛日普照慧辯禪師塔銘》删。

〔八〕此句《楚石琦禪師傳》《佛日普照慧辯禪師塔銘》作『會英宗詔粉黄金為泥書大藏經』。

〔九〕此句《楚石琦禪師傳》《佛日普照慧辯禪師塔銘》作：『西來密意，喜子已得之矣。』

〔一〇〕坐：《楚石琦禪師傳》《佛日普照慧辯禪師塔銘》等作『座』。

〔一一〕此句底本『有』上衍『有』字，據文意及《角虎集》删。

〔一二〕花：《角虎集》作『華』。

〔一三〕闌：《角虎集》作『欄』。

〔一四〕此句底本漏『衆』字，據文意及《角虎集》補。

〔一五〕此句底本漏『皇』字，據文意及《角虎集》補。

黄將軍傳〔一〕

黄將軍者，蜀人也。其上世隱居蜀之武都山。神農氏有天下，欲試羣材以拯民疾苦，迺遣使徧蒐山海間，無問材之美惡纖鉅，凡有可取者，咸得而味焉。使至武都，過將軍之始祖儹，見其塊然木訥有勇士風，輒貢入見上。試之，知其性好勇武。時上以至仁治化，于勇武無所取，不用，復遣還武都。至軒轅氏為天子，是為黄帝，披山通道，儹莫之避，遂出為將。上卽使儹與炎帝戰于涿鹿，咸有厥功。上大喜，欲爵之，愛其皃有中正之色，熚熚然如錦紋，故上以賜姓曰黄，遂有姓焉。未幾，天下平定，四方來賔，上將偃武以脩文德，諸武臣輩寵渥日衰，獨儹有大功，不忍廢，然老朽亦棄于野，以故子孫累世無顯人。後大秦併吞六國，用炮烙之刑以毒萬姓。漢高帝興愍憐之心，起沛中，欲以兵伐之。遂詔四方，廣募將士，得儹之十八世孫韓信。蕭何進于帝曰：『陛下亟欲誅暴秦，必拜信為上將，使張其威，戰必克矣。』於是高帝拜韓信為上將軍，使領勁卒數萬攻咸陽，大破之。高帝遂有天下，而成萬世之業。封將軍韓信為拒熱侯，賜其子孫以將軍世襲，以萬户於蜀，故世為蜀人。武帝時，天下大定，民庶治和。帝特嗜勇武，復召將，召將軍至京師，選鍊士卒，征伐遠夸〔二〕。尋使將兵，先掠其地，越惟喉舌，突入心腹間，一戰而敗績。至是天下民物凋喪，而國用殫矣。武帝大怒，欲加斧鑕於將軍焉。汲黯諫曰：『將軍曩與高帝誅暴秦，定四海，大有功於漢者也。今日之敗績，非將軍之罪也。此陛下輕用之耳，何以殺歟？』武帝聞黯言，自悔，遂免為庶人。將軍之族甚大，其一隱于武階厓石間，有雄有雌，然氣味少和，雖能制伏蛇虺，人見之多弗悅。其一處于草木藂薄間，類至衆，惟精、耆、連、蘗四人者常與〔三〕將軍同事于朝。精、耆雖甘言悅人，終不為無益。連、蘗為人，能苦口極諫而盡忠，然其聲譽皆出將軍〔四〕之下。而將軍又為二族之長，人咸敬而〔五〕長之，故呼將軍為大黃。太史公曰：昔人有云：冬日則飲湯，夏日則飲水，此時之所宜然爾。竊觀將軍一勇士也，寔少仁智，武帝當平世任用將軍征伐遠夸，至窮兵瀆武而天下罷敝，可謂不達時宜者矣。於戲！後之為國家者，於用武其可不慎之哉！

【校記】

〔一〕此傳《珊瑚木難》卷四存目。

〔二〕夸：『夷』之異構字。

〔三〕與：底本誤作『興』，據文意徑改。

〔四〕軍：底本誤作『宣』，據文意徑改。

〔五〕而：底本誤作『面』，據文意徑改。

徑山第五十三代住持明辯正宗廣慧禪師愚庵及和尚行狀〔一〕

和尚諱知及〔二〕，以中，號愚庵，俗姓顧，蘇州吴縣人。父茂卿，好善有隱操。母周，事佛甚謹。夜夢一老僧借宿於家而娠，以元至大辛亥十一月十有五日而生師。師幼穎慧，畧通人事，即求出家。父母以師為僧再來，故弗奪其志。至治甲子，年十四，出家于縣之穹隆山海雲院，禮惟良為師。泰定丁卯，年十七薙染〔三〕，受具〔四〕戒為大僧。師博通内外書，精於詩律，雖之叅老學，尤畏讓時。時閩國王清獻公都中居于蘇，騎遊穹隆間，師以詩見焉。公視師頭骨磽然，貌堂堂，表如玉立。及誦其詩，清絶過人，無一點塵俗氣。公歎賞不輟，故留師左右，眷睞撫勞，愛之猶己子。徑山元叟端禪師道重天下，嘗行化吴中，過海雲，見師言動異等，知為法門令器，而記之曰：『侍者後當據名山作陰涼大樹，蓋覆一切人去在，勿以家山為樂而自屈也。』師呈以偈，有『瓣香他日為南豊』之句。同邑行輩多遊教庠，習經論，師亦隨往鄉之光福，聽講法界觀，席未終〔五〕，師忽曰：『一真法界，如太虚空，但有言説，都無寔義。縱講得十成，於我何益？』遂幡然棄之而去。至順辛未，年二十一，始出遊方，咲德訢公主金陵龍翔，蘐社鼎盛，居五山之上，師往依焉。時公以文章、道德名重當世，所交者多搢紳先生，如張侍御夢臣、王侍御繼學、張翥仲舉、危素太僕，日公方丈參問禪要，唱酬文字為樂〔六〕。一日，王侍御賦《金陵雜詠》十首，徵公座下能詩者咸和。師次韻呈公，公覽之，極口稱道，於是名儒鉅卿，樂與師為方外友也。由此聲聞日震。夏後，師有歸吴之興，即辭公而還。時雲心嶼首坐同舟，雲心明眼人也，謂師曰：『子資性高爽，才氣英邁，他〔七〕日必有大就，以昌佛祖之道，豈可一向事吟咏乎？』師聞其言，不覺面熱汗下。雲心偶讀真歇了禪師《無盡燈〔八〕記》，至偈曰：『黄葉飄飄滿庭砌，一聲碪杵落誰家？』問師云：『子作麽生會？』師罔指。雲心笑曰：『子如不會，後時得座披衣，將何為人？』既而師帰海雲，日夜疑著此事，遂壁立萬仞，不下蒲團者踰月。一日出庭下，見一葉隨風飄墮于前，豁然契悟。自此機辨英發，一時無敢當者。未幾，登徑山參元叟禪師，一見即問云：『侍者來了也，將得甚麽來？將得五藴山子則且置，將底人在那裡？』師努目云：『撑天住地〔九〕。』叟云：『莫亂統，參堂去！』師歸堂。後一日上方丈，問叟云：『如何是徑山旨？』叟云：『棋盤石爍〔一〇〕破你腦門，盍盂池浸爛你脚板〔一一〕。』師云：『將謂奇特，元來也只尋常。』叟振威一喝，師禮拜而退。翌日，俾充侍者。師參叩益勤，欲盡大法淵奥。乃復典藏，克慎厥戢，人咸羡之。至正壬午夏五月，穹窿山石走，聲若迅雷，至海雲佛宇後而止。是歲師與子若父並中行宣政院公闖出世。按郡志，穹窿山石走，當出狀元。人以師祖子孫三人出世，乃石走之驗。師出世慶元昌國隆教，開堂日，瓣香供元叟，不忘昔所記也。師住僅三載，百廢具舉。乙酉，繼遷普慈，越七寒暑。時海寇紛擾，退歸吴中。寺之耆宿感師撫綏之德，禀院復來禮請，至四三返，師堅拒不赴。戊戌，江淛丞相達失帖木兒〔一二〕慕師道行，舉領浄慈，遣行人九曜奴乘驛往師受業海雲敦請入寺。師往之日，當蘂林彫玏〔一三〕，山門事繁。師身先列戢，隨遣治大衆，安坐若處太平。達失公請師開示佛法大要，師赴其來機，不異南泉之接陸亘，黄檗之得裴休也。辛丑，徑山虚席，遴師補處，湖海謳頌如佛出世。壬寅，愈吏瞿範以師住浄慈日，待之不禮，銜忿詣憲府，妄訴師為我袖白金與院之僚屬，知師宿對不可逃避，即赴官供欵得罪。杭城之民，皆知師被誣，多籲天而泣者。師處之自若，遂來五雲山伏庯逢禪師道場，夜禪晝誦，若將終身。師之操守無少變易，真若大山長谷間鉅杉古檜，歷霜雪而益堅實也。癸卯，省臺知師受誣，交章改正，復請師帰徑山。四衆歡悦，以為妙喜載世。是時龍象來集，百倍於前。一日，新到僧參師，問云：『汝名甚麼？』僧云：『智通。』云：『一切智通無障礙，汝為甚麼頭頭築著，處處繫絆？』僧云：『某甲參方，遇夏過夏，逢冬過冬，今日將來〔一四〕禮拜和尚，並無繫絆。』師云：『汝因甚騰蛇〔一五〕纏足？』僧看脚下。師云：『又道無繫絆？』便打。又新到僧參禪師，問〔一六〕：『近離甚處？』僧云：『湖州。』師云：『受業何處？』僧云：『端師子道場。』師云：『汝試作師子吼看。』僧擬開口，師云：『喋矢〔一七〕狗。』便打。師一日上堂，僧問：『牛頭未見四祖時如何？』師云：『深山藏毒庯。』進云：『見後如何？』師云：『淺草露羣蛇。』進云：『見與未見如何〔一八〕？』師云：『日出東方夜落西。』僧禮拜，師乃云：『千波競起，文殊家風〔一九〕。一亙〔二〇〕晴空，普賢牀塌。春光澹蕩，鳥語綿蠻。萬壑争妍，千巖並秀。且道是甚麼人境界？直下會得，須更知〔二一〕有人境俱奪、向上一路，拈拄杖有時卓向千峰頂〔二二〕，畫〔二三〕斷飛雲不放高。』又上堂：『迦葉糞掃衣，價直百千萬。輪王髻中寶，不直半文錢〔二四〕。常州草蟲，一百文買一幅；蘇州泥孩兒〔二五〕，三文錢買一對。有利無利不離行市，猫兒偏觧捉老鼠。』又上堂：『一二三四五四七，地水火風空覺識。拈來數目甚分明，明眼衲僧數不出。數得出，也大奇，烏龜鑽敗壁，雞向五更啼。』師之應機説法類如此。東南士庶，莫不慕風向化。張翥仲舉時居燕都，為翰林承旨，北南兵阻，音書久曠。俄聞師領徑山，開大鑪鞲，煅凡鎔聖，歡喜遥禮，為詩絶海寄賀。大明洪武庚戌，師稱老，退歸海雲，杜口危坐，屏去椎拂，山雲海月，代為發機，禪衲駿奔，户屨常滿。師復自號曰『西麓退叟』。癸丑，聖天子知師有道，詔起赴京，館于天界寺。師以病，免於對揚。乙卯，賜還海雲。設玄関廣絶交友，得足不越閫者三年。

戊午秋，忽示微疾，至九月初四日黎明，索浴更衣，召大衆曰：『吾今日去矣。汝等當念無常，精進道業，庶不負從佛出家也。勉旃！』大衆悲戀，請師留偈。師遂援筆大書曰：『六十八年，無生無滅。滄海揚塵，虚空迸裂。』度筆與徒弟慧鏡，泊然而去。龕奉五日，容顔若生。緇白瞻禮，如佛入滅。初九日荼毘，天寓澄霽，送者千人，撼動林谷。既火，燄成五色，異香襲人，如爇沉腦。火餘，牙齒、數珠不壞，遺骼色如帝青，舍利紛粘，瑩然耀目。徒弟大均、徒孫云龍〔二六〕等奉遺骼暨諸不壞者，葬于穹窿山之陰。參學弟子寶盈分爪髮等不壞者，歸徑山附〔二七〕于無等才和尚塔右，瘗而塔焉。師壽六十八，僧臘五十一。度弟子若干人，嗣法若干人。《四會語録》，翰林宋公濂序其卷首，不待梓傳，已行于世。師處事通變，至于接人應物，如春風時雨，無不披其拂澤。故人敬仰不暇，師亦未嘗自假也。嗚呼！浙江之西自宋季迄今百有餘年，所出人物一尚末孝清玩，雖尸高位、負盛名者有之，然于提唱宗乘、弄大旗皷、追配古德者，惟師一人耳。維時海内號推宗匠，如了庵欲、楚石琦，與師並駕齊驅，求知孰先孰後。故師在處參學者雲委川湊，曾無虚日。於是元帝師錫號『明辯正宗廣慧禪師』。師在普慈開堂日，都監寺營齋，冐支常住錢物。次日伽藍神附守祠者降于香几，呼都監寺而責之曰：『昨日開堂設齋，汝破用錢物若干。新長老嚴明整潔，孰敢有犯？汝不歸還，求乞懺悔，吾當令汝入鬼録也。』於是寺衆驚懼。師威行令下，風馳電震，靡敢逆命。至於隣刹，皆效法焉。師住徑〔二八〕山前後八年，説法之暇，營搆方丈，一新規模，崇廣比舊尤勝。師之嘉言偉績，詎能殫舉。衍迂繆不文，幸厠門人之列，故敢録師出處萬一，求當代立言君子以銘其塔垂於無窮者矣。洪武十一年九月廿五日門人道衍謹狀。

【校記】

〔一〕此行狀《逃虚類稿》目録作『徑山廣慧禪師愚庵及和尚行狀』。『愚庵及和尚』的傳記又見於《補續高僧傳》卷十四《廣慧及禪師傳》《愚庵和尚語録》卷十附宋濂撰《塔銘》。

〔二〕知及：《廣慧及禪師傳》《塔銘》作『智及』。按：『知』『智』古今字。

〔三〕薙染：《廣慧及禪師傳》《塔銘》作『祝髮』。

〔四〕具：底本誤作『且』，據文意及《廣慧及禪師傳》改。『具戒』，《塔銘》作『具足戒』。

〔五〕此句《廣慧及禪師傳》《塔銘》作『未及終章』。

〔六〕此句《塔銘》作『以聲詩倡疇為樂』。

〔七〕他：底本誤作『地』，據文意徑改。

〔八〕燈：《塔銘》作『鐙』。

〔九〕此句禪籍中多作『撑天拄地』。
〔一〇〕爍：《慧文正辯佛日普照元叟端禪師語録》卷八作『斫』。
〔一一〕此句底本闕『盍』字，據《慧文正辯佛日普照元叟端禪師語録》補。
〔一二〕兒：底本誤作『見』，據文意改。『達失帖木兒』，《塔銘》作『達識帖穆爾』。
〔一三〕扐：底本誤作『趷』，據文意改。『彫扐』，亦作『雕扐』，指凋敝。清馮桂芬《重建吴江松陵書院記》：『比歲秋霖損稼，景象雕扐。』
〔一四〕將來：《愚庵和尚語録》卷五作『特來』。
〔一五〕騰蛇：《愚庵和尚語録》作『螣蛇』。
〔一六〕問：底本誤作『門』，據文意改。
〔一七〕矢：通『屎』。禪籍中習見『喋屎狗』。
〔一八〕此句《愚庵和尚語録》作『見與未見時如何』。
〔一九〕此二句《愚庵和尚語録》作『千波競起，是文殊家風』。
〔二〇〕亙：底本誤作『旦』，據文意改。此二句《愚庵和尚語録》作『一亙晴空，是普賢床榻』。
〔二一〕須更知：《愚庵和尚語録》作『更須知』。
〔二二〕頂：底本誤作『頃』，據文意及《愚庵和尚語録》改。
〔二三〕畫：《愚庵和尚語録》作『劃』。
〔二四〕半文錢：《愚庵和尚語録》作『半分文』。

〔二一五〕此句《愚庵和尚語録》作『蘇州城裏泥孩兒』。

〔二一六〕云龍：《塔銘》作『士龍』。

〔二一七〕附：《塔銘》作『卜』。

〔二一八〕徑：底本誤作『往』，據文意改。

祭文

祭海虞席先生文

嗚呼！道本無生，道寧有死？曰死與生，如川之水。惟先生之洞達，能順世而無已，猶雲鵬之遐騫，睎塵寰如敝屣。念明靈之在昔，辭庭闈而問禮。師老氏以守雌，處山林而樂只。究羣真之秘籙，將遊心于太始。特嘯風以鞭霆，每驅神而役鬼。振霞袂之翩翩，戴星冠而韡韡。誦洞章於琮壇，朝玄君於寶扆。然其跡之不朽，乃有得乎衆理。雖百氏之該貫，妙釋部與儒經。故搢紳之從遊，特眷眷而多情。不異道而棄予，且爾汝而忘形。接鄰光於旦暮，異德教以相成。愧樓煩之無似，故簡寂以訢盟。既歡洽而久如，曷嘗事乎割烹。喜詩筒之往來，或君唱而我賡。憶昔遁於西麓，俄尋幽而獨行。咲愔愔之情話，夜漏盡於三更。或筧此兮瀹荈，或芼〔一〕葵兮調羹。樂會合而聯句，木迅發而驚神。俾韓侯而退壘，人疑古之彌明。後予返於弊園，斯同樂于餘生。奈杪〔二〕迹之如萍，曾弗獲其所願。嗟會離之莫測，故少愉而多恨。比東游而言還，耳載聆於高論。豁眼底之煙雲，掃胸中之塵坌。適微疴以弗瘳，令交朋而悶悶。欻蜨化以蟬蜕，便猜驚而鶴怨。恍傳訃於山中，從涕出而足頓。謹涓吉於茲秋，詣繐幃而脩奠。寓予衷於短牋，具壺漿與盂飦。風澹澹兮雲溶，儼如覿於顔面。

【校記】

〔一〕笔：底本作『笔』，俗寫不拘，此録作正字。
〔二〕杪：底本作『抄』，俗寫不拘，此録作正字。

祭先師愚庵和尚文

維大明洪武十三年龍集庚申六月朔越五日甲子，門人比丘道衍等，以《四會法語》結集鋟板，流通印行，茲展畢工，謹脩菲食，拜祭于先師徑山第五十三代住持明辯正宗廣慧禪師愚庵大和尚，告之以文曰：

洪惟禪師，傳佛心宗。應世慶生，了諸法空。無説而説，嘉會四祟。開鑿天人，羅絡象龍。從衡廓徹，自在圓融。有叩斯應，水月霜鍾。浩浩蕩蕩，百流滙東。邪遁魔縮，力還祖風。妙喜家世，載興載隆。諸方仰共，萬啄譽同。化緣既畢，順世長終。法音無聞，俄兩秋冬。師所説法，一何春容〔一〕。珠光玉潔，妙疊玄重。非比曲士，語言是功。黜拙進巧，挾青間紅。此誠大〔二〕難，其珍罕逢。設能没棄，忽如秋蓬。衍等昧劣，昔獲侍從。道慙慶喜，結集罔工。比鐫于棠，復印流通。垂耀後世，皎日曈曨。讀者開悟，豈無古公。玆焉告誠，匪陳厥功。進于靈几，俯鑒微衷。願同天澤，廣被壤穹。空界有畫，此法無窮。尚享！

【校記】

〔一〕春容：舒緩從容。元祖銘《徑山五峰·大人峰》詩：『五髻生雲雨，鎮踞何春容。』

〔二〕大：底本誤作『木』，據文意徑改。

國家古籍整理出版專項經費資助項目

姚廣孝全集

三

（明）姚廣孝◎著　詹緒左◎校點

安徽師範大學出版社
·蕪湖·

卷五

書題跋

書《真寔尊者一雨大師碑》後〔一〕

《真寔尊者一雨大師碑》，丹丘朱君佑所製也。按碑云：一雨大師，上虞縣五大夫市長慶寺僧也。年二十六，己酉夏六月，縣大旱，禾苗盡稿，縣官束手，無以捄民遑遑，力罷弊，而夏歲飢。大師誓將火〔二〕其軀以禱于天。既火，天降雨，終日乃止。於是禾苗之稿者復榮，民力之罷弊者得以復甦。故縣民感其德，函遺骼而塔焉。余嘗讀史傳，有一獄不決，一人銜〔三〕冤，則天或致之大旱。使一人興濟衆之心，至奮然不顧其形命者，天得不感而降澤乎？此理之必然者也。嗚呼！余見今之人不有拔一毛以利天下者多矣。大師眇然一釋子也，乃能興濟衆之心，頓捨形命，而天為之降甘澤以濟生物者，此豈非菩薩僧也邪？居一人之下，萬人之上，參天地贊化育者，其用心宜如何哉？宜如何哉？

【校記】

〔一〕明宋濂《宋學士文集》卷三十三《翰苑别集》卷三收《跋一雨大師塔銘後》，可參。

〔二〕火：底本誤作『大』，據文意徑改。明宋濂《跋一雨大師塔銘後》：『大師焚身而甘露降。』亦可證。

〔三〕銜：底本誤作『御』，據文意徑改。

書《羅漢圖》後

阿羅漢有三：一得決定寂滅，二增脩菩薩行，三應化佛所化。其名雖同，而寔有異。凡愚之人，以小果聲聞眇之，良可咲也。此十六阿羅漢，因中曾於佛所得記，天上人間，龍宮鬼域，隨處應供，作大福田，利益有情。此豈非應化佛所化者耶？近世大夫士多繪為圖，以作玩具，其褻侮大聖之罪，又非以小果聲聞眇之者也。展是卷者，當焚香禮敬，以求福田利益，慎勿以玩具為睎。豐山比丘道衍拜書。

題鄭大年所藏柳公權書《金剛碑》本〔一〕

自有書翰以來，天下之通都名山、仙宮梵坊、陵廟阡墓之間，穹碑短碣、題名誌文，三代秦漢迄于隋唐宋諸朝，何可勝數！歷朝有有力而好于古者，搜羅搆置古書奇刻，或全或缺，集之于家以寶藏者多矣。夫物之至堅者，無踰金石；至久者，莫越乎山陵。故古今之人，皆勒諸金石，托之山陵，欲與天地齊終始，而不知山陵有時而頹壞，金石有時而鎔泐。況以古書奇刻、片楮〔二〕斷簡，集之于家，而能長保乎？至有好之極者，或發塚而求，或欺人以取。吁！何其不慧之甚者耶？安國寺《金剛碑》，唐柳誠懸之所書，玉册官邵建初所摹西明寺之本也。歲遠代深，雨淋火燎，剥落漫滅，僅存其半，然字畫遒勁可愛，雖珪殘璧斷，足勝頑礦〔三〕之全者也。鄭君大年得之於弘上人，而弘不知得於何人。大年請余題。余故謂之曰：『物之存亡散聚，理之固然，未足繫于懷也。是《經》有云：「一切有為，如夢幻泡影露電。」大年作如是觀。或得或失，可付一咲。』

【校記】

〔一〕《金剛碑》本：《逃虛類稿》目録作『《金剛經碑》後』。

〔二〕楮：底本誤作『諸』，據文意徑改。按：『片楮』，指片紙。元郝經《書〈磨崖碑〉後》詩：『政令二賢書不工，隻字片楮猶當奇。』

〔三〕頑礦：亦作『頑鑛』。指堅硬的礦石，亦泛指頑石。此指後者。

題東坡《金剛經》刻本〔一〕

余故友常宗太史，以其先大人恭孝先生所藏宋太師蘇文忠公書《金剛》刻本一卷，施蘇之施子林正因上人。太史家世于儒，人以太史弗能信乎佛，僧與之友而合者寡，言與余友而合者以文也。殊不知太史聰明照了二教一致，但能自力其教，則道無不在是矣，蓋非仇於佛者也。何以知其然哉？余與太史每會于師子林，嘗論夫二教，太史則曰：『子為釋，我為儒，各盡其道乃已，不必論也。』余故知太史但欲自力其教，非仇於佛者也。況以是經施上人，曾無一語及于福報，又豈非深達是經所謂『無往相布施』者能如是耶？上人出是經，請余題其故，書及此。嗚呼！太史捐館未遠，神靈如生，聞余斯言，必有冐道於地下矣。

【校記】

〔一〕《逃虚類稿》目録作『題東坡書《金剛經》刻本』。

題《孟氏世系圖》後

衍髫歲時，從材翁先生授儒書，里之同學者三十餘輩，先生以予幼頗慧，愛殊於衆。先生凡值節序，則出一畫像以祀。其像皃豐盈，粹然若玉，髯森拔，挺然若劍，冠佩黼黻，煒煒堂堂，狀疑天人。余仰之瞻之，且愕且喜，稽首而問于先生曰：『此何如人也？』先生曰：『汝奚問也？』曰：『此偉人也。不欲予知之乎？』先生咲而語余曰：『此吾六世祖信安郡王也。哲廟昭慈聖獻太皇太后為其姑，太師豫章郡王為其父，太師韓王為其大父，吾宗至信安為盛之極矣。』余聞先生之言，根于心而未忘。今先生歿已廿五年，余亦從浮屠而將老。爲先生之子熙一日出《孟氏世系圖》，示余請題。余以孟氏自魯公族孟孫之後，聯芳續蔓，雖代不乏賢，唐及五季至趙宋而來，皆以武弁起身，官始顯著而子孫始蕃衍，寔爲世名家，非他氏可倫擬。源深者流必長，本大者末必茂。斯言至哉！信哉！於戲！先生于九原不可復作，當日同學之人，又皆零落無幾。念先生與余語信安家世時，真若一夢事。今觀是圖，能無感乎！能無嘅乎！

題華光《梅》二首〔一〕

玉立精神，瀟灑逸格，真如孤山烟雨中半開時也，自不多見。

縣崖〔二〕孤絶影落落，倒入江流清淺間，矯如游龍，見者莫不毛骨灑然。霞外叟題。

【校記】

〔一〕《逃虚類稿》目録無『二首』。

〔二〕縣崖：即『懸崖』。

題王叔明畫《雙竹圖》

黄鶴山人，趙魏公之外孫也。人品高致，文氣英邁，絶似於趙。獨畫山水人物，不法於趙，而刻意高古，盡得輞川、北苑之趣。至於墨竹，直欲與文湖州相頡頏。蓋此老識見超卓，藝學精到，宜其流聲海宇間也。《雙竹圖》，余與山人在京寓龍河時，余求山人寫寄守仁者。山人已告老歸杭，余亦返于舊業，相去數閱月矣。今守仁出示此圖，因想其雙玉並立晴影，娟娟披拂于風軒月墀之下，正如予與山人，在龍河上趺坐劇談，大咲相對時也。玩圖三歎，曷勝遐思！洪武九年九月衍題。

題祖顗篆書《般若心經》後

《般若心經》，自姚秦至於李唐趙宋及元，凡六譯。世之讀誦書寫、流通盛行者，惟唐玄奘所譯。姑胥祖顗子静以篆法書是經，古雅端勁，可謂能品。先師祖徑山題其後曰：『奘以唐太宗閱《般若》大經，文富義博，日應萬機，卒難觀覽。因縮金口所譯六百卷奥旨，成此一經。』不知先師祖何據而有是説也。若奘為太宗以便其觀覽故，易廣成畧，而秦之羅什所譯，居奘之前，當為何也？况是經譯之有六，非獨奘乎。先師祖據凌霄峯頂二十年，以向上一著單提獨弄，超佛越祖，使一切人直趣無生之地，觀者當不以語言文字之間論之矣。

題西齋、南堂二禪師贈京大方偈後

西齋和尚，至正間説法于嘉興之本覺，時南堂和尚退處東偏。二大老之道德慧辯，猶泰山、華嶽相高並秀，一時人所敬慕故，湖海象龍，雲奔川赴，室無虚榻。然應接之餘，以法喜禪悦為樂，交唱迭和，金春而玉應，一言脱口，傳者塞道，真若妙喜、竹庵同夏于雲門時也。莆田京大方以公選住持龍華禪寺，來京師試其業，相見龍河上，大方出示為本覺侍者耽觧時二大老所贈兩偈。衍謹熏沐，捧讀再四。其歆艷慶快，如身在本覺左右親聆法音也。吁！哲人已矣，後生何依，執筆〔一〕為書，揮涕無極。

【校記】

〔一〕筆：底本作『笔』，乃『笔』之俗寫體。此改為正字。

疏

瓛瑩中住萬壽諸山疏

少林垂五葉之芳，榮布震旦；北山冠諸峰之秀，光表勾吳。何歲月以星馳，奈蘩林之秋晚。綱欲興其已墜，士必得其絶倫。恭唯某豫章奇林，春風和氣。八面受敵，遠録公機智無殊；諸方讓雄，英邵武威聲斯下。志不反初，出仕言動楓宸；行能拔俗，超方名揚梓里。既盤根錯節，以別利器；然高山流水，定遇知音。留玉帶，鎮山門，好看蘇子；輥木毬，示徒侶，大咲曾郎。載啟宗乘，式修鄰好。

行中禪師往蘇州萬壽江湖疏

善知識如曇華現瑞，寔曰奇哉；古道場如寶月淪輝〔一〕，詎云陋矣。欲展倚天之鉅刹，必求絶代之偉人。恭惟某德冠諸宗，學兼百氏，熟玩乾坤造化，不忘師友淵源。説法類生公，誠已通於頑礦；屬文亾〔二〕潛子，貴猶過於貞金。羨矍鑠有是翁，謂風流無此老。碩德既挂居人上，高名宜簡在帝心。與其處林下，撫松枝以盤桓；孰若出世間，握竹篦而顯化。澮居乍别，山中猿鶴驚棲；密室重開，海内象龍歡集。願言夙駕，或慰吾盟。

【校記】

〔一〕淪輝：疑當作『輪輝』。

〔二〕亾：亦作『吅』。『鄰』的古字。

京大方住興化府龍華法眷疏

古道將湮，邪説愈熾；大雅不作，淫哇寔蕃。顯正已喜得其賢，登庸必尊居其位。某廣博度量，老成楷模。大爐鞴〔一〕裏，久煉純剛；舊蓁林中，挺生鉅幹。三篾束腰，道同藥嶠；一食接氣，行擬玄沙。雙蓮池邊，拈兔〔二〕角杖而示衆；七星樹下，揮龜毛拂以談空。使西齋之道盛行，令南閩之風大變。天柱高而望不極，雲氣溶溶；海宇濶而想莫窮〔三〕，予懷渺渺。幸聞絶唱，會有賞音。

【校記】

〔一〕爐鞴：亦作『爐韛』。火爐鼓風的皮囊，亦借指熔爐。宋蘇軾《和猶子遲贈孫志舉》：『軒裳大爐鞴，陶冶一世人。』元吳萊《張氏大樂玄機賦論後題》：『樂工冶卒且深猒其爐鞴鼓鑄之勞。』

〔二〕兔：底本誤作『免』，據文意徑改。

〔三〕此句底本『莫』下衍一『想』字，據文意徑删。

均萬宗住法華諸山疏

前天王長老萬宗禪師，乃徑山愚庵及公之高弟，得法於南楚悦公。向潛遁受經，閲歲已遠。吳縣法華禪寺久虚主席，寺衆美愛，請師補處，殊恊輿情。於是吾黨相率具疏以賀云：古以道為貴，弗以位為重輕。蓋士之出處恒一，於得喪忻戚何有哉？今特不然，惟位是貴，道非是貴。進取者以靖退為隘，靖退者以進取為汙，各矜己得，相詆互毁，不啻里胥市販，其可咲歟！果行止以時，致志於道者，或見有其人焉。若我萬宗禪師，孚為時用，所以古規出西麓之門，嗣南楚之法。静罔有意，動亦無心。兹狥衆所請，住持覺城道場，大開法施，以惠澤乎羣有。允矣人天胥慶，宜爾宗社有光。

順福源住台州天真江湖疏

學充乎己，何患不成令名；道濟于人，要使得居高位。時既至乎，子合行焉。某行清如氷，德温若玉。蚤入嬾庵之室，佳聲益揚；再傳廣智之燈，祥光煥發。宜爾高提鈯斧，不妨隨處住山。用智以愚，詎特鄉閭之敬；藏辯於訥，故多士俗之歡。令行石室龍湫，威振魔宫虎穴。殷勤致賀，豈曰山川阻修；蒲伏出迎，應念湖江舊好。

述古道住茜涇〔一〕廣孝諸山疏

大哉佛隴之學，弘斯在人；偉乎天竺之門，振亦有子。既抱令器，當際明時。某人形山清奇，性天朗霽。百氏九流，蚤曾旁達；一心三觀，繼得正傳。昔從京國來歸，皇皇古道；久嚮湖山偃臥，渺渺予懷。詎宜玩世而隱焉，止合為人而出也。得地行道，要期佛運重興；集衆談經，用祝皇圖永固。輪車如風，從者如雨，足稱觀瞻；蓬萊在東，昆阜在西，不妨來往。克狥衆望，以慰同盟。

【校記】

〔一〕茜涇：《逃虚類稿》目録作『茜經』。

復西原住焦山寺方外交疏

蘇翰林與綸公雅合，情見乎詩；王相國共元老神交，名存諸簡。景慕昔賢之遺烈，允宜吾輩之傾誠。某學貫古今，道忘内外。奮神機而全超迅電，縱才辯而不讓奔瀾。話已行於吳門，聲載揚於京邑。吸江亭上，會瞻復舊風光；浮玉峯前，佇看嶄新氣象。邇遐悦服，緇素樂從。航一葦越渺蔓，有約訪鍊丹之跡；躡雙鳧陟巘崿，尚期尋瘞鶴之銘。毋我遠而，永為好也。

智海巖住太平萬壽江湖疏

萬壽本律院，兵後衆散，久為黄冠所占。今年寺僧特奉上旨復業，遂革律為禪。大法垂秋，危乎〔一〕一絲九鼎；高才應世，屹若砥柱中流。每仰昔賢，忽見今日。某老成儀則，暢達襟懷。侍香鍾阜山中，曾哥小艷；掌藏龍河寺裏，載契玄機。不惟真透関人，亦且善醫情法。三十年道隱，何異枯木寒巖；一旦化行，不翅春風大地。圖新舊刹，擅羹〔二〕明時。既能顯正摧邪，宜爾從禪革律。挺挺伸其蠖屈，孰與公乎；飄飄逐彼漚閒，寧忘我也。

【校記】

〔一〕乎：底本誤作『平』，據文意徑改。

〔二〕擅羹：疑當作『擅美』。謂專美，獨享美名。

權藏主住積慶寺方外交疏〔一〕

劉遺民結蓮社之盟，高風益振；白樂天領鳥窠之話，卓識尤崇。古者既亦有焉，今人詎不能爾！某襟懷明净，形儀老成。早入教庠，已鮮觀心觀□〔二〕；具探禪海，了知離相離名。不走通途，何由達觀？教卽禪，禪卽教，餠盆釵釧同金；心是佛，佛是心，炷燚炭烟俱火。坐斷三賢十聖，掃空百界千如。龍象交參，試看拈槌豎拂；風雲際遇，載瞻出谷遷喬。蓮社有輝，吾儕多幸。

【校記】

〔一〕題中『積慶寺』，《逃虚類稿》目録作『積慶禪寺』。

〔二〕闕文當是『法』『佛』之類。

净慈聞藏主住衢州資忠杭州諸山疏

蟠桃三千年始華，遇時而發；大鵬九萬里斯舉，乘運乃行。學者積業居其躬，才之應用適其道。某竹庵嫡子，莆室親孫。收得藏裏摩尼，亘天光燚；掀翻門前湖水，平地波濤。把茆蓋頭，豈惟約以處己；入廛垂手，要須出則為人。道既行於三衢，名宜傳于兩浙。越山隔岸，載瞻氣象崇高；

吳地到江，爰望祥鴻來往。願言夙駕，庶慰同盟。

普光灝宗源住寶幢江湖疏

海寶有時出興，力能致也；佛法無人演説，智可通乎？故孝者必求諸師，苟成矣須行其志。某鷲峰夙記，北塔親傳。古今羣集，義熟胸中；父子一門，道行吳下。以器授器，猶德雲之接善財；是精識精，如晉水之得大覺。纔離普光明殿，便立如意寶幢。長謌碧雲，自足雜花之富；仰望明月，孰與雙峩之高。進以時，退以時，頭頭合轍；理無礙，事無礙，處處通途。不忘湖海往來，要看雲雷變化。

上希古住護國江湖疏

心外無法，十方不間毫釐；眼裏有筋，萬物莫逃影象。咨爾當仁，久藏妙用，何妨得位，大闡玄猷。某迹混今人，心惟古道。毋參左庵嫡嗣，師勝資強；載承夢世親傳，宗通説妙。與其進也，實彼公言；勉而行之，匪予私慶。破沙盆，金聲玉振；爛葛藤，珠潔壁〔一〕光。將道價之喧天，俾宗綱之拔地。江湖夜雨，孰云漚鷺盟寒；門户春風，兹喜李桃艷煖。山川攸邈，德音不忘。

【校記】

〔一〕壁：當作『璧』。

照秋江住袁州南泉大慈化寺京城諸山疏

古稱法道之盛，惟大江以西，故善知識者甚衆，獨百丈得大機於馬祖，始立蘩林清規，天下遵之，萬世不易。然江西列刹，兵後湮蕪，其規不泯如髮。兹南泉大慈化寺，衆雖非舊，而禮儀軌則，尚有可觀，故宰之者，苟非有道不可。秋江禪師寔受經之地，亦嘗宰焉。禪師老成古澹，清慎明婉，真透関人，善翳晴〔一〕法。比分座于南京天界，戢觧而旋，兹允衆請，乃復宰之。吁！禪師既莅其事，宜力行古規，夙夜惟謹，蘩林克興，以副輿望。

【校記】

〔一〕晴：疑當作『情』。同卷《智海巖住太平萬壽江湖疏》：『不惟真透関人，亦且善翳情法。』可證。

江湖疏

乘駟馬，過此橋，以見其志；駕輕車，就熟路，迺順乎情。古既有人，今豈無士？某真金百楝，奇材十圍。煮鉄釘飯，大接方來；弄葛藤禪，廣随機應。觀光京國，豈秖得鄉里之善名；□法天宮，誠可擬蘩林之古德。兹肯為人以出，要須得地而行。歸歟故丘，載見楣間芝秀；遷於喬木，莫忘江上鷗閒。

妙智院重建疏

里曰相城，附東吳之地〔一〕；院名妙智，肇開南宋之時。雖他方壯麗靡同，然此處吉祥是最。邇干戎燹，鞠為瓦礫之墟；舊建法幢，忍作鼪狐之囿。兹擬斬新氣象，要因復舊規模。苟能合於輿情，庶不辜於吾願。殿堂門廡，地設天成；木石塼灰，川奏〔二〕雲委。與之釜，與之庾，當逢仗義之人；式如玉，式如金，允在祝釐之士。

【校記】

〔一〕此句『附』上當闕一字，疑為『城』。

〔二〕奏：通『湊』。聚集；會合。《荀子·王霸》：『德雖未至也，義雖未濟也，然而天下之理略奏矣。』王念孫《讀書雜誌·荀子四》：『奏，讀為湊。《廣雅》：「湊，聚也。」謂天下之理略聚於此也。湊、奏古字通。』

台州府寧海縣廣潤禪寺重建佛殿化疏并序

寺在縣之瑞雲山。昔曇猷尊者，航海而來，因見此山勝，特宜建梵刹，故興其業焉。歷歲彌遠，大〔一〕佛寶殿及旁宇皆毀，不足稱其瞻仰，難以容祝釐之多士。兹欲鼎新重建，然其木石工傭等費甚大，非藉衆力，烏〔二〕能成之？住山以道禪師來京都，命余作疏，以告四方富仁長者、同道高流，伏望冐首題注，共成勝緣，則其福報不言可知矣。於是燕山慶壽道衍，不拂其來意，歡喜合掌，製之以詞曰：

伏以曇猷尊者，肇開千載精籃；釋迦如來，原建五楹寶殿。雕欞畫桷，照日倚天；碧瓦璇題，凌風震雨。瑞雲地湧，惟此處最吉祥；摘星嶺依，眎衆山皆培塿。然歲月之深矣，奈梁木其壞乎！擬欲新之，當求長者。人心斯舉，天道攸從。貧施力，富施金，要見擅家〔三〕度量；左執斧，右執杖，即看梓匠輪輿。雅制作之惟新，稱觀瞻之如舊。衆庶多福，吾皇萬年。

【校記】

〔一〕大：底本誤作『火』，據文意徑改。按：『大佛寶殿』，又見於同卷《嘉定縣留光顯慶禪寺脩造疏并序》《南翔寺修造疏并序》等。

〔二〕烏：疑問副詞。何，哪裡。《呂氏春秋·明理》：『故亂世之主烏聞至樂？』高誘注：『烏，安也，語辭也。』

〔三〕擅家：即『檀家』。謂施主。

嘉定縣留光顯慶禪寺脩造疏并序〔一〕

本寺宋乾道間能禪師所剏，後因觀音大士靈木聖像顯著特異，遂成大招提，歷朝為縣之都祝聖道場。曩為兵變，門廡法堂、僧道方丈、庖湢衆室，悉皆蕩撤，惟大佛寶殿、輪藏觀音二殿僅得不毁。頻年雖行化募，脩葺用大力寡，卒不見其成功。故兹特疏，仰叩達官長者、同道高流，或一力，或衆力，共濟厥美，斯為幸焉，申之以詞曰：

插莖草，建精籃，孰究其旨；用一木，支大厦，豈曰役勞。慨先賢剏業孔艱，宜後人繼志惟允。眷兹鉅刹宏雄，特冠疁城〔二〕；念彼聖師靈著，普聞吴郡。寔諸山會同之所，歷三朝悠遠之年。城是人非，衆屋頽乎皆毁；天長地久，三殿巋然獨存。雖廢興之在人，要乘除之有數。舊規欲復，繁用難圖。一諾千金，處處會逢擅越〔三〕；三呼萬歲，時時仰祝楓宸。

【校記】

〔一〕題中『脩』，《逃虛類稿》目録作『修』。

〔二〕疁城：上海市嘉定縣的別稱，簡稱『疁』。明夏完淳《與李舒章求寬侯氏書》：『先世交知，依棲疁土。』清夏燮《中西紀事·海疆殉難記下》：『軍門既死，疁人舁其戶殯於嘉定之關帝廟。』

〔三〕擅越：即『檀越』。謂施主。

蘧庵法師化觀室疏

支郎歸會稽，蓉幕賔捐貲以遺；遠公詣匡阜，潯陽守剏寺而居。喜天下之英才，仰方外之高致。惟我蘧庵法師，鮮超融獻，行擬辨臻。奉天殿說法還山，何其榮也；雨華堂奏功退席，可謂高哉！年老心閒，合造修之有地；山空木落，奈止息之無廬。為弟子固當用心，在交朋亦宜戮力。故于擅度欲建菟裘，行逢綵筆點頭，立見璇題耀目。刻蓮花漏，修妙觀於六時；翻貝葉書，祝睿齡於萬歲。

注續補楞嚴經板疏

佛以心為宗，本無法之可說；人非言顯，雖有智而莫通。惟《首楞嚴》大經，寔諸菩薩了義。七徵八辯，悟真性之常圓；六鮮一亡，示結妄之同體。神咒密秘，非為抽黄配白之文；妙旨甚深，重演流水貫花之偈。兹鋟于板，將廣其傳。惜散失以不全，欲繕修而具備。故于擅度迺搆棠梨，庶擇匠以刊之，必使印而行也。宣傳散施，處處獲流布法雲〔一〕；讀誦受持，人人令開通心地。功非小補，福不唐捐。

【校記】

〔一〕此句底本闕一『處』字，據文意補。

補怛洛伽山觀音禪寺修造疏并序〔一〕

兹山據東南海上孤絶之處，其地屬四明之昌國，卽《華嚴》大經所言善財第二十八參觀自在菩薩與諸大菩薩圍繞説法之地也。然聖凡敻隔，世罔知焉。山之趾有潮音洞、善財巖，山之巔有盤陁石、觀音巖、三摩地等靈蹟化鏡〔二〕，不可殫紀。唐大中間，有梵僧來，卽洞中求現，燔十指盡，菩薩為説妙法，授以七寶色石，山之名於是始著。其後日本僧慧鍔〔三〕，自五〔四〕臺山得菩薩像，舟還其國。至洞旁，輒不動。鍔以像舍于土民張氏家。張睹〔五〕神異，遂捐所居，為請不去觀音院。宋元豐中，王舜封使三韓至此，颶風驟起，鉅黿負舟，將溺。舜封懼江，向山作禮，隨禱卽應。洎還朝〔六〕，以事上聞。於是朝廷降金帛建寺於山之陽，錫額曰觀音寶陀寺。故每歲三韓、日本、將桑〔七〕、阿犂〔八〕、詹城〔九〕、渤海諸沓之國，雄商信使，鉅艘〔一〇〕一出，由此取道，謂之放〔一一〕洋，必皆致禱，以求祐焉。建炎間，真歇了禪師卓屋于寺之東，榜曰孤絶庵，遂主其寺。紹興乃請于朝，革律為禪，安衆行，始道大興其業〔一二〕。嘉定三年，圓通殿摧，佛照韶公奏聞，蒙中殿賜緡錢一萬貫為構成。先是，公以潮音洞求現者，無措足地，遂鑿石甃橋〔一三〕。上聞，將賜御書圓通寶殿、大士橋二額，乃裒衆施，建龍章閣以秘〔一四〕之。至元之大德二年，内朝又加崇敬，頒賜白金，重建寺宇，飭江浙行省遣僚吏同蒞其役，咸為新之。屢降祝香金銀繒綵衆寶供具，曾無虚歲。寺宇極宏敞雄麗，殆非人間世所有。然歲月綿亘，海風山雨，震蕩淋落，日就頹圮。兹欲支傾補弊，易舊圖新，然所費非鉅萬不能濟其用。於是持疏遍于十方禮越，伏望廣開施門，大書芳字，豈不榮幸者歟？故申之以詞曰：

圓通大士普現浄法界，身補陀名山，特彰聖道場地。紫竹林間，嘗瞻月皃；白花巖畔，每聽潮音。慧鍔師肇基於李唐，始修律度；真歇翁恢宇於趙宋，方闡禪宗。湧殿蜚樓，巍巍乎倚山照海；廣堂密室，凛凛焉怖鬼驚神。物换星移，何日月之逝矣；天荒地老，奈梁木其壞乎！弗稱仰觀，豈生忻艷？兹欲展夫〔一五〕顛持危之志，必須訪拔山扛鼎之雄。若首肯焉，吾事濟矣。既易小而為大，當整舊以如新。允宜古佛降靈，雅遂衆生植福。烟霞粲若，真同閬苑、蓬來〔一六〕；金碧焕然，奚翅夜摩、睹史。載昌像運，益衍皇圖。

【校記】

〔一〕此篇可參《逃虚類稿》卷一《游補陀洛伽山記》《補陀洛迦山傳·應感祥瑞品第三》《補陀洛迦山傳·興建沿革品第四》。

〔二〕鏡：疑當作『境』。

〔三〕慧鍔：《補陀洛迦山傳》作『惠鍔』。

〔四〕五：底本誤作『立』，據文意徑改。

〔五〕睹：底本誤作『睹』，據文意徑改。

〔六〕此二句底本作『隨禱卽泊應還朝』，據文意理順。按：《補陀洛迦山傳》對此記載詳明：『謁者王舜封使三韓，遇風濤，大龜負舟，惶怖致禱。忽覩金色晃耀，現滿月相，珠瓔粲然，出自巖洞，龜沒舟行。洎還以奏。』對讀可知，『泊』乃『洎』之誤，『應』當屬上句。

〔七〕將桑：《補陀洛迦山傳》作『扶桑』。

〔八〕阿犂：《補陀洛迦山傳》作『阿黎』。

〔九〕詹城：《補陀洛迦山傳》作『占城』。

〔一〇〕鉅艘：《補陀洛迦山傳》作『鉅舶』。

〔一一〕放：底本誤作『故』，據文意及《補陀洛迦山傳》改。

〔一二〕此二句似當作『安衆行道，始大興其業』。

〔一三〕甃橋：《補陀洛迦山傳》作『駕橋』。

〔一四〕秘：《補陀洛迦山傳》作『藏』。

〔一五〕夫：通『扶』。『扶顛持危』，亦作『持危扶顛』，謂扶持危殆局面。語本《論語·季氏》：『危而不持，顛而不扶。』

〔一六〕蓬來：卽『蓬萊』。

普慶福田寺重興疏

國一瞻戀之山，由兹刱始；寂照過化之地，宜爾重興。插莖草，現玉殿璚樓；破微塵，涌龍宫海藏。欲舉釣鰲之手，必須扛鼎之雄。輸釜庾以頎箱倉，大彰愷悌；劖荆榛而畚瓦礫，焕發光明。木石山儲，磚灰沙委，復睹舊時風月，重聞此處鍾魚。九夏安居，幸衲子之身有托；六時禪誦，祝聖主之壽無疆。

南翔寺修造疏并序

梁天監間，有齊禪師者戾止於此，日有雙鶴侍行，人知其為異人。莫少卿首為舍財刱寺，當槎浦之上，故老相傳為漢張騫乘槎之所。其地川原平衍，民物豊庶，寺居其間，為彼植福。殿閣雄偉，光麗日星，衆不下五百，多出名德，寔東南之第一寶坊也。宋端平間，賜『南翔』額，丞相鄭清之書。至乎歷代名公鉅卿、高僧秀士，若張商英、簡北磵輩，皆有題詠，四方至今稱焉。聖朝洪武初，為欠糧事抄籍。官續奉上旨，撥還僧居，為國祈福。然而大佛寶殿、藏經殿、彌陀殿、觀音普賢等殿，庋鍾之樓、説法之堂、方丈香積、三門兩廡，雖衆室苟完，歷歲既遠，雨灌風擊，檐〔一〕頹楹圮。兹欲搆材鳩工，支頃〔二〕補敝，所費不貲。非大心檀越，豈能成辦〔三〕此功德事。所以持疏遍于〔四〕十方檀信、王公大人、富仁長者，得綵筆點頭，則吾事濟矣，其福報豈在乎言輸，復勉之以詞曰：

博望侯乘槎之所，寔曰上游；齊禪師卓錫之場，蔚為望刹。賜額雖從趙宋，造端乃出蕭梁。危樓架閣，畫棟飛雲；廣殿修廊，璇題耀月。衆容五百〔五〕開士，曾同鴈巖、天台；樂奏三千妙音，何翅夜摩、睹史。世殊事異，幸靈光之僅存；屋老僧殘，欲公輸之重整。既興素志，須叩英賢。華底〔六〕風生，好使青蚨羣集；階前月上，喜瞻白鶴雙歸。用轉法輪，期資王度。

【校記】

〔一〕檐：底本作『擔』，俗字，此録作正體。

〔二〕頃：底本誤作『頍』，據文意徑改。按：『頃』『傾』通用，『支頃補敝』即《補怛洛伽山觀音禪寺修造疏并序》中之『支傾補弊』。

〔三〕成辨：即『成辦』，二者同詞異寫。指成就。

〔四〕于：底本誤作『干』，據文意徑改。

〔五〕百：底本誤作『日』，據文意徑改。按：上文云『衆不下五百，多出名德』，即此句『衆容五百開士』之意。

〔六〕底：底本作『庢』，俗字，此改為正體。

《逃虚子道餘録》

逃虚子道餘録序〔一〕

余曩為僧時，值元季兵亂。年近三十〔二〕，從愚庵及和尚於徑山習禪學，暇則披閲内外典籍，以資才識。因觀河南二程先生《遺書》，及新安晦庵朱先生《語録》。三先生皆生趙宋，傳聖人千載不傳之學，可謂〔三〕間世之英傑〔四〕，為世之真儒也。三先生因輔名教，惟以攘斥佛、老為心。太史公曰〔五〕：「世之學老子者則絀儒學，儒學亦絀老子，道不同不相為謀〔六〕，古今共然，奚足怪乎？」三先生既為斯文宗主，後學之師範，雖曰攘斥佛、老，必當據理，至公無私，則人心服焉。三先生因不多探佛書，不知佛之底藴，一以私意出邪詖之辭，枉抑太過，世之人心亦多不平，况宗其學者哉？二程先生《遺書》中有二十八條，晦庵朱先生《語録》中有二十一條，極為謬誕。余不揣，乃為逐條據理、一一剖析，豈敢言與三先生辯也，不得已也，亦非佞於佛也。稿成，藏於巾笥有年。今冬十月，余自公退〔七〕，因檢〔八〕故紙，得此稿，即净寫成帙，目曰《道餘録》，置之几案間〔九〕。士君子有過余覽是録者，知我罪我，其在兹乎！

永樂十年歲在壬辰冬十一月長至日逃虚子序。

【校記】

〔一〕此序又見於《釋鑑稽古略續集》。
〔二〕《釋鑑稽古略續集》此句無『年』字。
〔三〕可謂：底本誤作『何謂』，據文意及明嘉興大藏經本《道餘録序》《釋鑑稽古略續集》改。
〔四〕英傑：《釋鑑稽古略續集》作『英桀』。二者同詞異寫。
〔五〕曰：《釋鑑稽古略續集》作『云』。
〔六〕此三句出自《史記》卷六三《老子韓非列傳》。
〔七〕此二句《釋鑑稽古略續集》作『今自公退』。
〔八〕檢：《釋鑑稽古略續集》作『簡』。
〔九〕《釋鑑稽古略續集》此句無『間』字。

逃虚子道餘録

明道先生曰〔一〕：『佛學大槩，且是絶倫類〔二〕，世上不容有此理。又其言待要出世，出那裏去？又其迹須要出家〔三〕，然則家者不過君臣、父子、夫婦、兄弟，此等事皆以為寄寓〔四〕，故其為忠孝仁義〔五〕，皆以為不得已爾。又要脱世網〔六〕，至愚迷者也。畢竟學之者至似佛〔七〕，佛者一懶胡爾。他是個自私獨善枯槁山林自適而已〔八〕。畢竟學之者不過世上少這一個人〔九〕，卻又要〔一〇〕周遍。謂既得本，不患不周遍〔一一〕，要知〔一二〕決無此理。」

【校記】

〔一〕『明道先生』的這段話見於程顥《二程遺書》卷二上，又見於《佛祖歷代通載》卷二十。
〔二〕此句《佛祖歷代通載》無『且』字。
〔三〕此句《佛祖歷代通載》無『又』字。
〔四〕此句《二程遺書》『此』上有『處』字。
〔五〕此句《二程遺書》『義』下有『者』字。
〔六〕此句《二程遺書》作『又要得脱世網』，《佛祖歷代通載》作『要脱世網』。
〔七〕此句《二程遺書》作『畢竟學之者不過至似佛』，《佛祖歷代通載》作『學之者不過似佛』。按：下文引此句亦作『畢竟學之者不過至似佛』。
〔八〕此句《二程遺書》作『佗本是箇自私獨善枯槁山林自適而已』，《佛祖歷代通載》作『他本是箇枯槁山林自私而已』。
〔九〕此句《二程遺書》作『若只如是，亦不過世上少這一箇人』，《佛祖歷代通載》作『若只如此，不過世上少這一箇人』。
〔一〇〕卻又要：《二程遺書》作『又卻要』。

〔一一〕此句《二程遺書》『不患』上有『則』字。

〔一二〕要知：《二程遺書》作『要之』。《佛祖歷代通載》此句無『要知(之)』。

逃虚曰：『明道謂：「佛學大槩，是絶倫類，世上不容有此理。」而不知佛未嘗絶倫類也。佛當日出家，已納妃生子，然後入雪山修道，苦行六年而成正覺，豈是絶倫類者邪？若言「絶倫類，世上不容有此理」，如吳泰伯讓王位，斷髮文身，逃於荆蠻。孔子稱其為至德〔一〕，而於吳廟食萬世。又如伯夷、叔齊，諫周武王不聽，欲兵之。太公曰：此義人也。隱於首陽山，遂餓而死〔二〕。孟子稱其為聖之清者〔三〕，而未嘗言其絶倫類也。又言：「佛待要出世，出那裡去？」殊不知佛之學，無有定法，名阿耨菩提。所以《華嚴》云：世間法即出世間法，出世間法即世間法。《法華》云：是法住法位，世間相常住。佛幾曾〔四〕執著於世、出世者哉？又言：「又其迹須要出家，然則家者不過君臣、父子、夫婦、兄弟，此等事皆以為寄寓，故其為忠孝仁義，皆以為不得已。」夫佛之學，有出家、在家之分焉。出家者為比丘，割愛辭親，剃髮染衣，從佛學道；在家者為居士，君臣、父子、夫婦、兄弟，此等事何嘗無之，皆以為寄寓者？伕〔五〕書有云：旅泊三界，茫茫大化之中，何物而非寄寓者哉？「忠孝仁義，皆以為不得已者」，此是程夫子自説，佛不曾有此説。佛但教人持戒修善念，報君、親、師父、檀信之恩也。又言：「佛又要脱世網，至愚迷者也。」昔陶淵明云：「誤落塵網中，一去三十年〔六〕。」淵明，一士人也，尚欲脱之，況學佛者乎？又言：「畢竟學之者不過至似佛，佛者一懶胡爾。」間嘗有門人問曰：「佛當敬否？」曰：「佛是胡人之賢，智者安可慢也〔七〕？」程夫子既是道學君子，何為兩其説焉？教弟子曰：「佛為胡人之賢，智者不可慢也」，卻自罵佛曰「懶胡」？豈道學君子之為乎？又言：「他自個自私獨善枯槁山林自適而已，世上不過少這一個人。」以愚言之，世上亦不多這一個人。佛為一大事因緣，故出現於世，欲令衆生開示悟入。佛之知見，豈是自私獨善者也〔八〕？又言：「佛又要周遍，謂既得本，不患不周遍，決無此理。」可見程子不曾多閱佛書。若多閱佛書，鮮佛之道，横遍十方，豎窮三際，在凡不減，在聖不增，決不疑此周遍之説。蓋因程子存物我之心，滯於一偏〔九〕而不能撤籬而為大方之家也。悲夫！」

【校記】

〔一〕此句出於《論語·泰伯》：『泰伯其可謂至德也已矣。』『至德』指最高的道德；盛德。
〔二〕『伯夷叔齊』事見於《史記·伯夷列傳》。『義人』指言行符合正義或道德標準的人。
〔三〕此句出於《孟子·萬章》。
〔四〕曾：底本誤作『會』，據文意及明嘉興大藏經本《道餘録》改。
〔五〕佚：即『佛』。
〔六〕此二句見於《陶淵明集》卷二《歸園田居》六首之一。
〔七〕此數句見於朱熹《論孟精義》卷三下。『敬否』原作『敬乎』，『智者』原作『知者』。
〔八〕此句明嘉興大藏經本作『他是箇自私獨善』。

〔九〕偏：底本誤作『遍』，據文意及明嘉興大藏經本改。

明道先生嘗語韓持國曰〔一〕：『如説妄説幻為不好底性，則請別尋一個好底性來，換了此個不好底性著〔二〕。道即性也。若道外尋性，性外尋道便不是。聖賢論天德，蓋謂自家元是天然自足之物〔三〕。若無汚壞〔四〕，即當直而行之；若小有汚壞，即敬以治之，使其復如舊〔五〕。所以能復〔六〕如舊者，蓋謂自家本質元是完足之物。若合修治亦修治之，義也〔七〕；若不消修治而不修治，亦義也〔八〕。故常簡易明白而易行。禪學者總是强生事，至如山河大地之説，是他山河大地，干你何事〔九〕？蓋〔一〇〕如孔子道如日星之明，猶患門人未能盡曉，故曰：「予欲無言。」如顔子則默識〔一一〕，其他未免疑問。故曰：「小子何述焉〔一二〕？」又曰：「天何言哉？四時行焉，百物生焉。」可謂明白矣。若能於此言上看得破，便信是會禪也；若未尋得〔一三〕，蓋實是無去處。説此理本無二也。』

【校記】

〔一〕『明道先生』的這段話見於程顥《二程遺書》卷一《端伯傳師説》。

〔二〕此句《二程遺書》無『個』字。

〔三〕此句《二程遺書》『天然』下有『完全』二字。

〔四〕此句《二程遺書》『無』下有『所』字。

〔五〕此句《二程遺書》無『其』字。

〔六〕復：《二程遺書》作『使』。

〔七〕此二句《二程遺書》作『若合修治而修治之，是義也』。

〔八〕此句《二程遺書》作『亦是義也』。

〔九〕此句《二程遺書》『干』上有『又』字。

〔一〇〕蓋：《二程遺書》作『至』。按：下引孔子語皆見於《論語·陽貨》。

〔一一〕此句《二程遺書》『則』下有『便』字。

〔一二〕此句《二程遺書》無『焉』字。按：《論語·陽貨》亦有『焉』字。

〔一三〕此句《二程遺書》作『非是未尋得』。

逃虚曰〔一〕：『明道語韓持國：「如説妄説幻是不好底性，則請別尋一個好底性來，换了此個不好底性著。」此是明道曰生此説〔二〕，佛未嘗有此説。如《首楞嚴》云：「因妄有生，因生有滅，生滅名妄，滅妄名真〔三〕。」永嘉云〔四〕：「真不立，妄本空，有無俱遣不空空。二十空〔五〕門元不著，一性如來軆自同。」《圓覺》云：「一切衆生，種種幻化，皆生如來圓覺妙心。猶如空華，從空而有，幻華雖滅，空性不壞。衆生幻心，還依幻滅。諸幻盡滅，覺心不動。依幻説覺，亦名為幻。若説有覺，猶未離幻。説無覺者，亦復如是。是故幻滅名為不動。」佛説幻妄，如是而已。明道既言道卽是性，性豈有好不好耶？此妙真如性，本然清净，豈容外物之所污染〔六〕？故佛以蓮華為喻。蓮華生於淤泥之中，而不被淤泥之所污染〔七〕。此妙真如性，在衆生煩惱心中，而不被煩惱之所濁亂〔八〕。昔南嶽讓白六祖曰〔九〕：「某甲有個會處。」祖曰：「作麽生？」讓曰：「説似一物卽不中。」祖曰：「還假修證否？」讓曰：「修證則〔一〇〕不無，染汚〔一一〕卽不得。」祖曰：「祇此不汚染，諸佛之所護念。汝既如是，吾亦如是。」若然，性豈有汚壞修治者哉？明道於窮理盡性之學，恐未徹在。言〔一二〕：「禪學者總是强生事，至如山河大地之説，是他山河大地，干你何事？」殊不知《楞嚴經》中，富樓那言〔一三〕：若此妙覺，本妙覺明，與如來心，不增不減，無狀忽生山河大地，諸有為相，如來今得妙空明覺，山河大地有為習漏。何當復生？佛告富樓那言：譬如迷人於一聚落，惑南為北云云。此迷非〔一四〕本，性畢竟空。昔本無迷，似有迷覺。覺迷迷滅，覺不生迷。又引金、木為喻，極是明白。言人既證寂滅，更不再起生滅之相也。明道若會得孟子「萬物皆備于我〔一五〕」，決不説「禪者强生事」也。又言：「孔子道如日星之明，猶恐門人未能盡曉，故曰：予欲無言，如顏子默識，其他未免疑問。故曰：小子何述焉？又曰：天何言哉？四時行焉，百物生焉。若能於此言看得破，便信是會禪也。」明道若看得此言破，決不疑禪者「山河大地」之説矣。韓持國當時何無一語以答之？惜哉！』

【校記】

〔一〕『逃虚』這段話《大佛頂首楞嚴經疏解蒙鈔》卷十中有節録。
〔二〕此句明嘉興大藏經本《道餘録》作『此是明道自生此説』。『曰』當為『自』字之誤。
〔三〕此四句見於《首楞嚴經》卷七。

〔四〕『永嘉』的這幾句偈詩見於《景德傳燈録》卷三十永嘉眞覺大師《證道歌》。

〔五〕空：底本脱漏，據《證道歌》補。

〔六〕此句《大佛頂首楞嚴經疏解蒙鈔》作『豈容外物染汙』。

〔七〕此二句《大佛頂首楞嚴經疏解蒙鈔》作『蓮華生淤泥，不為淤泥之所垢染』。

〔八〕此句《大佛頂首楞嚴經疏解蒙鈔》無『而』字。

〔九〕此句《大佛頂首楞嚴經疏解蒙鈔》無『昔』『曰』二字。下面的機語對答見於《五燈會元》卷三《南嶽懷讓禪師》。

〔一〇〕則：《大佛頂首楞嚴經疏解蒙鈔》作『卽』。

〔一一〕染汚：《五燈會元》《大佛頂首楞嚴經疏解蒙鈔》作『汚染』。

〔一二〕《大佛頂首楞嚴經疏解蒙鈔》『言』上有『明道』二字。

〔一三〕『富樓那』下一段文字見於《楞嚴經》卷四。

〔一四〕非：《楞嚴經》作『無』。

〔一五〕此句見於《孟子·盡心》。

明道先生曰〔一〕：『佚學只是以生死恐動人，二千年來無一人覓此〔二〕，是被它〔三〕恐動也。聖賢以生死為本分事，無可懼故，不論生死〔四〕。佛之學為怕生死故，只管説不休。下俗之人，固多惧，易以利動。如禪學者〔五〕，雖自曰異此，然要知〔六〕只是此箇意見，皆利心也。或〔七〕曰：此學不知〔八〕是本來以公心求之，後有此蔽。或本只以利心上得之，曰本是利心上得來，故學者亦以利心上信之〔九〕。惟學佛人人談之〔一〇〕，瀰漫滔天，其害無涯。《傳燈録》千七百人，敢道無一人達者〔一一〕。有一人見得「朝聞道，夕死可矣」〔一二〕、與曾子易簀〔一三〕之理，臨死須尋一尺布帛裹頭而死，必不肯削髮胡服而終。又言學禪者曰〔一四〕：艸木鳥獸之生，亦是幻〔一五〕。曰：子以〔一六〕生息於春夏，至秋冬便卻變壞，便以為幻故，亦以人生死為幻，何不付與他物？生死成壞，自有此理，何者為幻？』

【校記】

〔一〕『明道先生』的這段話見於《二程遺書》卷一。
〔二〕此句《二程遺書》『二千年』上有『奇怪』二字。
〔三〕它：《二程遺書》作『他』。
〔四〕生死：《二程遺書》作『死生』。
〔五〕此句《二程遺書》『如』上有『至』字。
〔六〕要知：《二程遺書》作『要之』。
〔七〕或：《二程遺書》作『籲』。
〔八〕知：底本誤作『如』，據文意及《二程遺書》改。
〔九〕此句《二程遺書》無『上』字。
〔一〇〕此句《二程遺書》作『惟佛學今則人人談之』。

〔一一〕此二句《二程遺書》作『舊嘗問學佛者：「《傳燈録》幾人？」云：「千七百人。」某曰：「敢道此千七百人無一人達者。」』

〔一二〕此句《二程遺書》作『果有一人見得聖人朝聞道夕死可矣』。按：『朝聞道，夕死可矣』，出自《論語·里仁》。

〔一三〕『曾子易簀』見於《禮記·檀弓上》。

〔一四〕此句《二程遺書》無『又言』二字。

〔一五〕此句《二程遺書》作『亦皆是幻』。按：下文亦作『亦皆是幻』。

〔一六〕以：《二程遺書》作『以為』。

逃虚曰：『明道説：「佛學只是以生死恐動〔一〕人，二千年來無一人覺此，是被他恐動也。」若如此説，二千年來只有明道一人不被他恐動，可謂豪傑之士也。又言：「聖賢以生死為本分事，無可懼故，不論生死。」《易》曰：「原始反終，故知死生之説〔二〕。」豈不是聖人論生死邪？如佛論生死，《圓覺》有云：「一切衆生，於無生中，妄見生滅，是故名為〔三〕輪轉生死。」何嘗恐動人也？又言：「佛之學為怕生死故，只管説不休。」佛之學者，了生死性空，豈得怕生死也？只如佛因中為哥利王割截身體，不生瞋恨〔四〕。又如師子尊者，罽賓國王問尊者施頭，尊者曰：「身非我有，何悋此頭？」罽賓斬之〔五〕。又如静靄法師，因周武毁教，不能救，自舍其身，抽腸胃以挂松枝，條其肉布於石上，捧心而死〔六〕。斯等載在方册，不可名數。佛學者何嘗為怕生死也？又言：「下俗之人，固多偲，易以利動。」若言二千年來無人覺此，二千年來並無聰明上智之人，俱是下俗之人，被他恐動也。明道之言，何其妄誕如此？又言：「禪學者是利心上得來，故斈者亦以利心上信之。」禪學者生死且不思，況存利心邪？又言：「《傳燈録》千七百人，敢道無一人達者，有一人見得『朝聞道，夕死可矣』，與曾子易簀之理，臨死須尋一尺布帛裹頭而死，必不肯削髮胡服而終。」要知聖人之道，豈專在形服上也？假如中國之士，盡是圓冠方履，人人盡見得聖人之道乎？聖人之道，不專在形服上也明矣。明道直欲六合之間，四夷八蠻，凡戴髪含齒者，必欲盡從周置衣冠，方信是會聖人之道。明道之執見僻説，若委巷之曲士，誠可笑也。又言：「禪家者曰草木鳥獸之生，亦皆是幻。生死成壞，自有此理，何者為幻？」夫天地之間有形器者，生死成壞，其理固然，以達人〔七〕觀之，何者是實？何者非幻？明道未之思耳。』

【校記】

〔一〕動：底本闕漏，據上下文及明嘉興大藏經本《道餘録》《二程遺書》補。

〔二〕此二句出自《易·繫辭上》。

〔三〕名為：《圓覺經》作『説名』。

〔四〕此見於《金剛般若波羅蜜經》等。

〔五〕此見於《景德傳燈録》卷二《第二十四祖師子尊者》。

〔六〕此見於《續高僧傳》卷二十四《周終南山避世峯釋静藹傳》。

〔七〕人：底本闕漏，據上下文及明嘉興大藏經本《道餘録》補。

明道先生曰〔一〕：『道之不明，異端害之矣〔二〕。』

【校記】

〔一〕『明道先生』的話見於《二程文集》卷十二《明道先生行狀》。

〔二〕矣：《明道先生行狀》作『也』。

逃虛曰：『道之不明，其來久矣，非惟佛、老為異端之學而害之也。三代之末，百家諸子競〔一〕起角立，淳厚之氣日銷，澆薄之風日長，莫非天運使然爾。若欲人心復古，不悖於道，除是唐、虞、周、孔復生，通乎神明，以化治天下，則可也。若不如是，無可奈何，則得各從其志。』

【校記】

〔一〕競：底本誤作『兢』，據文意徑改。

明道先生〔一〕：『有人問：天下盡為佛，可乎？其徒言：謂〔二〕其道則可，謂其迹則不可〔三〕。明道曰：若盡為佛，則是無倫類，天下卻都没人去裏〔四〕。』

【校記】

〔一〕『明道先生』的這段話見於《二程遺書》卷二上。

〔二〕謂：《二程遺書》作『為』。

〔三〕此句《二程遺書》無『謂』字。

〔四〕裏：《二程遺書》作『理』。

逃虛曰：『明道言：「盡為佛，天下卻都没人去裏。」明道如斯之見，與杞國憂天傾者，可同日而語也。』

明道先生曰〔一〕：『昨日之會，大率談禪，使人情思不樂，歸而懷恨〔二〕者久之。此說天下已成風，其何能救？故亦有釋氏時〔三〕，或尚只是崇設像教〔四〕，其害至小。今日之風，便先言性命、道德，先驅了知者才愈高明，則陷溺愈深。在某則才卑德薄，無可奈何也〔五〕。然據今日次第，便有數孟子，亦無如之何。』

【校記】

〔一〕『明道先生』的這段話見於《二程遺書》卷二上。

〔二〕懷恨：《二程遺書》作『悵恨』。

〔三〕此句明嘉興大藏經本《道餘録》作『古亦有釋氏時』，《二程遺書》作『古亦有釋氏盛時』。按：『故』『古』通用，下文亦作『古』。

〔四〕此句《二程遺書》無『或』字。按：下文此句無『尚』字。

〔五〕也：《二程遺書》作『佗』。

逃虚曰：『明道言：「昨日之會，大率談禪，使人情思不樂，歸而懷恨者久之。」明道何乃自苦如此？《詩》云：「善戲謔兮，不為虐兮〔一〕。」聖人删詩尚取之，况於談禪者乎？明道若會得「終日談而未常談，終日聞〔二〕而未嘗聞」之理，决無不樂而懷恨也。「天下習已成風。其何能救？」明道若救不得，不若「相忘於江湖〔三〕」，豈不快者？明道何拘拘於小節而自苦如此？又言：「古亦有釋氏時，或崇設像教，其害至小。今日之風，便先談性命、道德，先驅了知者才愈高明，而陷溺愈深。」明道何其言之謬也！烏有才高明被惑而陷溺愈深者哉？豈不知顔子默識〔四〕，曾子一唯〔五〕，因其資性高明，便領得聖人之説。其次者則不能也。如佛在靈山會上，百萬人天衆前，拈起金波羅華，惟迦葉破顔微咲，餘衆罔措〔六〕。所謂才高明而陷溺愈深者，其謬甚矣。大凡從聖人之學者，不談性命、道德，談聲色、勢利，可乎？聲色、勢利，有害於人，非士君子之所談也。性命、道德，是本分事，不可一日無者，何害於事？且如佛法來中國已二千餘年，山河社稷、國土人民、君臣父子相生相養之事，何曾斷絶？不知佛之學為害〔七〕，害何事而不欲人之從也？又言：「今日次第，便有數孟子，亦無如之何。」以愚言之，今日若有孟子聞禪者之説，未必不擊節嘆賞。』

【校記】

〔一〕兮：底本誤作『子』，據文意徑改。按：此二句出自《詩·衛風·淇奧》。

〔二〕聞：底本脱漏，據文意及明嘉興大藏經本《道餘録》補。按：此二句出自《注維摩詰經》卷二《弟子品第三》，乃僧肇語，原話作：『終日説而未嘗説也，終日聞而未嘗聞也。』

〔三〕語出《莊子·大宗師》。

〔四〕此句見於《論語·顔淵》朱熹注。

〔五〕語出《論語·里仁》：『子曰：「參乎！吾道一以貫之。」曾子曰：「唯。」』後因以『一唯』謂應諾迅速，全無疑問。

〔六〕此事始見唐金陵沙門慧炬所撰《寶林傳》，後《人天眼目》《無門關》《五燈會元》《廣燈録》《聯燈會要》等亦載之。『金波羅華』，指金色之波羅華，蓮華之一種。

〔七〕此句底本『知』上衍『佛』字，據文意及明嘉興大藏經本《道餘錄》删。

明道先生曰〔一〕：『昔之惑人也，因〔二〕其愚闇〔三〕；今之入人也，乘〔四〕其高明。』

【校記】

〔一〕『明道先生』的這幾句話見於《二程文集》卷十二。

〔二〕因：《二程文集》作『乘』。

〔三〕愚闇：《二程文集》作『迷暗』。

〔四〕乘：《二程文集》作『因』。

逃虚曰：『佛以慈悲方便，化度衆生，皆令入無餘涅槃。人雖有愚闇、高明之殊，佛性一也。縱愚闇者可惑，高明者其可惑乎？若謂佛善惑人，明道之言失矣。』

伊川先生曰〔一〕：『今語道，則須要寂滅湛静〔二〕，形如槁木，心若死灰〔三〕。豈有直做牆壁木石而謂之道？所貴智周天地萬物而不遺〔四〕，幾時要如死灰？動容周旋而中禮〔五〕，幾時要如槁木〔六〕？論心術無如孟子，孟子謂「必有事焉」〔七〕。今既〔八〕如死灰槁木〔九〕，卻於何處有事？』

【校記】

〔一〕『伊川先生』的這段話見於《二程遺書》卷二上。

〔二〕此句《二程遺書》『須』下有『待』字。

〔三〕此二句《二程遺書》作『形便如槁木，心便如死灰』。

〔四〕此句《二程遺書》『貴』下有『乎』字。

〔五〕此句《二程遺書》作『所貴乎動容周旋中禮』。

〔六〕此句《二程遺書》『幾』上有『又』字。

〔七〕此二句《二程遺書》作『論心術無如孟子，也只謂「必有事焉」』。按：『必有事焉』，語出《孟子·公孫丑》：

『必有事焉而勿正，心勿忘，勿助長也。』

〔八〕既：底本作『卽』，據文意及明嘉興大藏經本《道餘録》《二程遺書》改。

〔九〕死灰槁木：《二程遺書》作『槁木死灰』。

逃虛曰：『形如槁木，心若死灰者，此是二乘灰斷〔一〕及外道邪禪也。大乘圓教菩薩所修諸戒定慧，及淫怒癡俱是梵行〔二〕，何曾死吃怛地便為究竟也？灰心泯智之徒，禪祖叱之為魂不散底死人〔三〕，實為生死根本爾。伊川未知佛氏此說。』

【校記】

〔一〕灰斷：謂小乘之羅漢，或入火定，或由荼毗，而色身灰滅也。

〔二〕此見於《圓覺經》，句中『淫』，《圓覺經》作『婬』。

〔三〕此是玄沙禪師語，見《福州玄沙宗一大師廣録》中。

伊川先生曰〔一〕：『神與性元不離〔二〕，則其死也何合之有？如禪家謂別有一物常在偷胎奪陰〔三〕之說，則無是理。』

【校記】

〔一〕『伊川先生』的這段話見於《二程遺書》卷三。

〔二〕不離：《二程遺書》作『不相離』。

〔三〕偷胎奪陰：《二程遺書》作『偷胎奪蔭』。

逃虚曰：『偷胎奪陰，豈是常事？伊川謂禪家説别有一物常在偷胎奪陰，烏有是理哉？昔王正言問黄龍心禪師曰〔一〕：「人生之三緣和合乃生〔二〕，有卽死卽生〔三〕，奪胎者如何〔四〕？」師曰：「正言為漕使，到處是正位〔五〕。正言疑否〔六〕？」正言曰：「不疑。」師曰：「不必疑也〔七〕。」正言領其説〔八〕。禪家之説，如斯而已。如言别有一物常在偷胎奪陰，此是伊川自造此説誣禪學者。伊川良心何在？』

【校記】

〔一〕此則因緣見於《聯燈會要》卷十五《洪州黄龍悟新禪師》章，又見於《五燈會元》卷十七本傳。

〔二〕此句《聯燈會要》作『嘗聞三緣和合而生』。

〔三〕此句《聯燈會要》作『又聞卽死卽生』。

〔四〕此句《聯燈會要》作『何故有奪胎而生者』。

〔五〕此二句《聯燈會要》作『如正言作漕使，隨所住處，卽居其位』。

〔六〕此句《聯燈會要》作『還疑否』。

〔七〕此句《聯燈會要》作『復何疑也』。

〔八〕此句《聯燈會要》作『正言於言下領解』。

或問伊川先生言〔一〕：『理之盛衰之說，與釋氏之言何如〔二〕？』伊川曰：『到他說，便亂道，又卻〔三〕窺測得些。彼其言成住壞空曰：成壞則可，住與空則非也。如小兒既生，日日長行〔四〕，而〔五〕不曾住，是他本理。只是一個消長盈虧耳，更無〔六〕別事。』

【校記】

〔一〕這段話見於《二程遺書》卷二上。
〔二〕此句《二程遺書》作『與釋氏初刼之言如何』。
〔三〕卻：《二程遺書》作『去』。
〔四〕此句《二程遺書》『日日』上有『亦』字。
〔五〕而：《二程遺書》作『元』。
〔六〕無：《二程遺書》作『沒』。

逃虛曰：『釋氏言成住壞空為一刼，猶世言春夏秋冬為一歲，豈亂道也？如言成壞則是，住與空則非，大凡物成則現存為住，壞則後没為空，顯然之理，伊川非之，亦謬矣。』

伊川先生曰〔一〕：『學佛者難吾言人皆可以為堯、舜〔二〕，則無僕隸。不材言人皆可以為堯、舜，聖人所願也。其不為堯、舜，是可賤也，故曰為僕隸〔三〕。』

【校記】

〔一〕『伊川先生』的這段話見於《二程遺書》卷二上。

〔二〕此句《二程遺書》『人』上有『謂』字。

〔三〕此二句《二程遺書》作『是所可賤也，故以為僕隸』。

逃虛曰：『佛願一切衆生皆成佛道，聖人言人〔一〕皆可以為堯、舜。當知世間出世間，聖人之心未嘗不同也。伊川知此否？』

【校記】

〔一〕人：底本誤作『又』，據文意及明嘉興大藏經本《道餘録》改。

伊川先生曰〔一〕：『學者於釋氏之説，直須如淫聲美色以遠之。不爾，則駸駸然入於其中矣。』

【校記】

〔一〕『伊川先生』的這段話見於《二程遺書》卷二上。

逃虛曰：『釋氏之説，無非化人為善，而不化人為惡，何得如淫聲美色以遠之？伊川之言，何太過邪？』

伊川先生曰〔一〕：『釋氏説道，譬之以管窺天，只務直上天〔二〕，惟見一偏，不見四旁，故皆不能處事。聖人之道，則如平野之中〔三〕，四方無〔四〕不見也。』

【校記】

〔一〕『伊川先生』的這段話見於《二程遺書》卷十四。
〔二〕天：《二程遺書》作『去』。
〔三〕此句《二程遺書》『如』下有『在』字。
〔四〕無：《二程遺書》作『莫』。

逃虚曰：『佛以大圓鏡智〔一〕照了虚空世界，塵毛刹海〔二〕，無所不知，無物不見。所以佛十號中有曰「正遍知〔三〕」、「明行足〔四〕」。若以管窺天者，夫子自道也。』

【校記】

〔一〕大圓鏡智：又作『大圓鑒智』，謂可如實映現一切法之佛智。
〔二〕語出《華嚴經義海百門·種智普耀門第三》。
〔三〕正遍知：音譯三藐三佛陀，能正遍了知一切之法。
〔四〕明行足：卽天眼、宿命、漏盡三明及身口之行業悉圓滿具足。

伊川先生曰〔一〕：『佛言前後際斷，純亦不已是也。彼安知此哉？』

【校記】

〔一〕『伊川先生』的這段話見於《二程遺書》卷十四。

逃虛曰：『佛言前後際斷〔一〕，則是始終一如爾。聖人之道，純亦不已〔二〕，豈有異也？伊川安知此哉？』

【校記】

〔一〕前後際斷：截斷前際（指過去）與後際（指未來），謂截斷過去與未來相對立之見解。故下云『始終一如』。

〔二〕語出《禮記·中庸》。

伊川先生曰〔一〕：『釋氏尊宿，有言覺悟是也〔二〕。既以〔三〕達道，又卻須要印證，則是未知也。得他人道是，然後無疑，則信人之語〔四〕，不可言自信。若果自信，則雖甚人之語〔五〕，亦不聽。』

【校記】

〔一〕『伊川先生』的這段話見於《二程遺書》卷十五。

〔二〕此二句《二程遺書》作『釋氏尊宿者，自言覺悟是』。

〔三〕以：《二程遺書》作『已』。
〔四〕此句《二程遺書》作『則是信人言語』。
〔五〕之語：《二程遺書》作『言語』。

逃虛曰：『學佛者雖悟道了，必從明眼宗師勘辯印證，始得受用。誠有此說。譬如金之真僞，非鍛師則不能别。若真金，愈鍛愈明；若藥汞銀，一鍛卽流去〔一〕。如聖門弟子顔回，終日不違如愚。孔子曰：「回也不愚〔二〕。」曾點之浴沂舞雩，孔子曰：「吾與點也〔三〕。」聖人之許與，豈非印證也歟？禹聞善言則拜，大舜樂取於人以為善〔四〕，舜、禹豈是不自信者？伊川言：「若果自信，則雖甚人之語，亦不聽。」程夫子崛强自任，傳聖人之道者，不當如是也。』

【校記】

〔一〕語出《五家正宗贊》卷二《黄龍南禪師》，又見於《大光明藏》下卷、《聯燈會要》卷十三、《五燈會元》卷十七本傳。
〔二〕語出《論語·為政》。
〔三〕語出《論語·先進》。
〔四〕語出《孟子·公孫丑》。

伊川先生曰〔一〕：『釋氏之學，又不可道他不知，亦儘極乎高深，然要知〔二〕卒歸於自私自利之規模。何以言之？天地之間，有生便有死，有哀便有樂〔三〕，釋氏所在便須覔一個占姦〔四〕打訛處，言免死生，齊煩惱，卒歸乎自私。』

【校記】

〔一〕『伊川先生』的這段話見於《二程遺書》卷十五。
〔二〕要知：《二程遺書》作『要之』。
〔三〕此句《二程遺書》作『有樂便有哀』。
〔四〕占姦：《二程遺書》作『纖姦』。

逃虛曰：『伊川言：「釋氏之學，不可道他不知，亦儘極乎高深，要知卒歸於自私自利。」若言釋氏之學既有知，儘極乎高深，安得卻歸於自私自利？自私自利是小人所為，君子則不然。何況乎佛圣人清淨寂滅之道者哉？天地之間，生死哀樂，三尺童子亦知有也。言釋氏占姦打訛，卒歸於自私，伊川誣伕，何其甚之甚矣！』

伊川先生曰〔一〕：『學禪者常謂天下之忙者，無如市井之人。若〔二〕以市井之人，雖日營利，猶有休息時〔三〕。至忙者無如禪客，何以言之？禪客〔四〕之行住坐卧，無不在道，存無不在道之心，便是常忙〔五〕。』

【校記】

〔一〕『伊川先生』的這段話見於《二程遺書》卷十五。

〔二〕若：《二程遺書》作『答』。

〔三〕此句《二程遺書》『猶』上有『然』字。

〔四〕禪客：《二程遺書》作『禪者』。

〔五〕此句《二程遺書》『便』上有『此』字。

逃虛曰：『學禪者行住坐卧無不在道，謂之常忙。如士君子之學於聖人而曰「道也者不可須臾离也〔一〕」，亦忙矣乎？』

【校記】

〔一〕語出《禮記·中庸》。

伊川先生曰〔一〕：『學佛者多要忘是非，是非安可忘得？自有許多道理，何事忘為？夫事外無心，心外無事，世人只被為物所役，便苦事多〔二〕。若物各付物，便役物也。世人只為一齊在那昏惑迷闇〔三〕海中、拘滯執泥坑裹，便事事轉動不得，没着身處。』

【校記】

〔一〕『伊川先生』的這段話見於《二程遺書》卷十九。

〔二〕此句《二程遺書》『便』下有『覺』字。

〔三〕迷闇：《二程遺書》作『迷暗』。

逃虚曰：『是非之心，人皆有之。心才一舉，是非紛然；心若一歇，是非寂爾。豈但學禪者邪？所以禪祖云〔一〕：「境緣無好醜，好醜起於心。心若不强名，妄情從何起。妄情〔二〕既不起，真心任遍知。」世人只為認著有我，便被物所役。若達我無我，則能轉物也。程子墮在拘滯執泥坑裏，事事轉動不得。悲夫！』

【校記】

〔一〕句中『禪祖』指唐土四祖道信，其偈語見於《祖堂集》卷三《牛頭和尚》章，又見於《景德傳燈録》卷四、《五燈會元》卷二《法融禪師》等。

〔二〕妄情：《祖堂集》作『妄心』。

伊川先生曰〔一〕：『禪家出世之説，如閉目不見鼻，然鼻自在。』

【校記】

〔一〕『伊川先生』的這段話見於《二程遺書》卷三。

逃虚曰：『《華嚴·離世間品》云：「入得世間，離得世間。」世俗無知之人，聞言世間便作世間想，聞言出世間便作出世間想，卻不知世間卽出世間，出世間卽世間。癡人面前，豈可説夢？』

伊川先生曰〔一〕：『禪家之言性，猶太陽之下，置器其間，方圓大小不仝〔二〕，特欲傾此與彼耳〔三〕。然在太陽幾時動？又其學者善遯〔四〕，若人語以此理，必曰：我無修無證〔五〕。』

【校記】

〔一〕『伊川先生』的這段話見於《二程遺書》卷三。

〔二〕大小不仝：《二程遺書》作『小大不同』。

〔三〕傾此與彼耳：《二程遺書》作『傾此於彼爾』。

〔四〕此句《二程遺書》無『者』字。

〔五〕無修無證：語出《四十二章經》，指究極之境界。於此境界，已然超越修行（修）與體悟（證）等之對立分别，亦卽證無所證、修無所修的無為真人之境界。

逃虚曰：『《首楞嚴》云：「五陰之説〔一〕，如頻伽瓶，盛空以餉他國，空無出入〔二〕。」佛以此喻識情妄有來去，其如來藏妙真如性，正是太陽元無動静。程子誤解佛言，故作此説。』

【校記】

〔一〕五陰之説：明嘉興大藏經本《道餘録》作『五陰之識』。

〔二〕語出《楞嚴經》卷二，原文作：『譬如有人取頻伽瓶，塞其兩孔，滿中擎空。千里遠行，用餉他國。識陰當知，亦復如是。』『頻伽瓶』，以瓶之形狀似頻伽鳥（即妙音鳥，常住極樂净土）而得名。

伊川先生曰〔一〕：『禪學只到止處，無用處，無禮義。』

【校記】

〔一〕『伊川先生』的這段話見於《二程遺書》卷七。

逃虚曰：『程子豈知禪道也哉？寔際理地〔一〕，不受一塵；佛事門頭，不舍一法〔二〕。若有止處，無用處，如車之無輪，鳥之無翼，決無此理也。』

【校記】

〔一〕寔際理地：即『實際理地』，謂真如無相之境界。

〔二〕此幾句見於《宗鏡録》卷五十一：『所以實際理地，不受一塵；佛事門中，不捨一法。』

伊川先生曰〔一〕：『或問〔二〕：佛之道是也，其迹非也。曰：所謂迹者，果不出于道乎？然吾所攻其迹耳，其道則吾不知也。使其道不合于先王，固不願學也；如其合於先王，求之六經足矣〔三〕，奚必佛？』

【校記】

〔一〕『伊川先生』的這段話見於《二程遺書》卷四。

〔二〕問：《二程遺書》作『曰』。又，此句前，《二程遺書》有『先生不好佛語』句。

〔三〕此句《二程遺書》『求』上有『則』字。

逃虚曰：『程夫子不知釋氏之道而攻其迹，迹本乎道，既不知其本，焉知其迹之是非而攻乎？孔子聖人學無常師〔一〕，師郯子、老聃、萇弘、師襄、項槖，所以集大成也。佛豈卑於老聃、諸子者哉？伊川不願從而師之，亦陋矣。伊川言：使其道不合于先王，固不願學；如其合於先王，求之六經〔二〕足矣。奚必佛？斯言是已，如何卻又偷佛説為己使，如此則求之六經亦不足矣。程夫子何其謬哉？』

【校記】

〔一〕語出《論語·子張》：『夫子焉不學，而亦何常師之有？』又，韓愈《師説》：『聖人無常師，孔子師郯子、萇弘、師襄、老聃，郯子之徒，其賢不及孔子。』

〔二〕經：底本誤作『徑』，據文意改。

伊川先生〔一〕：『或問曰釋氏有理障之説〔二〕，曰：釋氏有此説，謂既明此理，而又執持此理〔三〕，故為障。此錯看了理字也。天下只有一個理。既明此理，夫復何障？若以理為障，則已與理為二〔四〕。』

【校記】

〔一〕『伊川先生』的這段話見於《二程遺書》卷十八。

〔二〕此句《二程遺書》作『問釋氏理障之説』。

〔三〕此理：《二程遺書》作『是理』。

〔四〕此句《二程遺書》『則』下有『是』字。

逃虚曰：『釋氏言理，無孤單法，有理便有事。若執其理而違其事，是理障也。何故？萬事萬理，其可執一者乎？若執其一，豈不是障？』

伊川先生曰〔一〕：『今之學禪者，平居高談性命之際卻好〔二〕，至於世事，往往直有都不知〔三〕者，乃是寔無所得也〔四〕。』

【校記】

〔一〕『伊川先生』的這段話見於《二程遺書》卷十八。

〔二〕此句《二程遺書》無『卻好』二字。

〔三〕不知：《二程遺書》作『不曉』。

〔四〕此句《二程遺書》作『只是實無所得也』。

逃虛曰：『今之有一等禪者，惟弄口頭士大夫座間，供談咲而已，幾曾有寔得，蓋可非也。若以禪者一槩如此，大似魚目混珍耳。』

伊川先生曰〔一〕：『釋道之見偏〔二〕，非不窮深極微也，至窮神知化，則不與〔三〕矣。』

【校記】

〔一〕『伊川先生』的這段話見於《二程遺書》卷二十四。

〔二〕偏：底本誤作『遍』，據文意及《二程遺書》改。

〔三〕不與：《二程遺書》作『不得與』。

逃虛曰：『釋道之學，既窮深極微，烏得窮神知化而不與乎？是程子見之偏也。』

伊川先生曰〔一〕：『釋氏有一宿覺〔二〕，言下覺之説如何？曰：何必浮屠？孟子常〔三〕言覺字矣，曰：以先知覺後知，以先覺覺後覺也〔四〕。知是知此事〔五〕，覺之是覺此理〔六〕。』

【校記】

〔一〕『伊川先生』的這段話見於《二程遺書》卷十八。
〔二〕此句《二程遺書》『釋氏』上有『問』字。
〔三〕常：《二程遺書》作『嘗』。
〔四〕此二句出自《孟子·萬章下》：『天之生斯民也，使先知覺後知，使先覺覺後覺。』
〔五〕此句『此』字脱漏，據文意及《二程遺書》補。
〔六〕此句《二程遺書》作『覺是覺於理』。『之』字疑衍。

逃虚曰：『一宿覺者，永嘉大師，到曹谿参六祖，言下頓覺悟了，一宿卽返，叢林中呼為一宿覺〔一〕。《楞嚴》云：「覺明明覺〔二〕。」梵語佛者覺也，自覺覺他，覺行圓滿，故名為佛。孟子之言，與佛異焉。』

【校記】

〔一〕『一宿覺』之典見於《祖堂集》卷三《一宿覺和尚》，又見於《宋高僧傳》卷八、《景德傳燈録》卷五、《五燈會元》第二本傳。

〔二〕語出《楞嚴經》卷四：『由彼覺明，有明明覺。』

伊川先生曰〔一〕：『世之學者〔二〕，多入於禪，何也？曰：今人不學則已，學則未有不歸於禪者〔三〕。卻為他求道，未有所得。思索既窮，見寬廣處〔四〕，其心便安於此。曰：是可及否？深者固難及〔五〕。』

【校記】

〔一〕『伊川先生』的這段話見於《二程遺書》卷十八。
〔二〕此句《二程遺書》『世』上有『問』字。
〔三〕此句《二程遺書》作『如學焉，未有不歸於禪也』。
〔四〕此句《二程遺書》『見』上有『乍』字。
〔五〕此句《二程遺書》作『曰：深固者難及』。

逃虛曰：『禪有凡夫禪、外道禪、二乘禪、四禪入定禪，惟達摩一宗為最上乘禪，直截根源，無諸紆曲相，謂之頓修。果得此道者，灑灑落落，居一切時，遇一切境，自無留礙。古今賢士大夫多從之，豈不樂哉？程子蓋未常染指也。若知此味，雖世有術如五侯鯖〔一〕，程子亦不嗜矣。』

【校記】

〔一〕五侯鯖：語出《西京雜記》卷二。指漢代婁護合王氏五侯家珍膳而烹飪的雜燴。五侯，漢成帝母舅王譚、王根、王立、王商、王逢時同日封侯，號五侯。鯖，肉和魚的雜燴。後用以指佳餚。

或問伊川先生曰〔一〕：『某嘗讀《華嚴經》第一真空絶相觀，第二事理無礙觀，第三事事無礙觀，譬如鏡燈之類，包含萬象，無有窮盡，此理何如〔二〕？曰：只為釋氏要周遮。一言以蔽之，曰〔三〕：萬理歸於一理也。又問：未知〔四〕所以破他處。曰：亦未得道他不是，百家諸子個個談仁談義，只為他歸宿〔五〕不是，只是個自私為輪廻生死，卻為釋氏之辭善遯，才窮著他，便道我不為者箇〔六〕。到了寫在册子〔七〕上，怎生遯得〔八〕？且指他淺近處，只燒一炷香〔九〕，便道我有無窮福利。懷卻者個心，怎生事神明？』

【校記】

〔一〕『伊川先生』的這段話見於《二程遺書》卷十八。
〔二〕何如：《二程遺書》作『如何』。
〔三〕曰：《二程遺書》作『不過曰』。
〔四〕知：底本作『之』，據文意及明嘉興大藏經本《道餘録》和《二程遺書》改。

〔五〕歸宿：《二程遺書》作『歸宿處』。
〔六〕者箇：《二程遺書》作『這箇』。
〔七〕册子：《二程遺書》作『策子』。
〔八〕此句《二程遺書》無『得』字。
〔九〕一炷香：《二程遺書》作『一文香』。

逃虚曰：『《華嚴》迺稱性之極談，一乘之要軌〔一〕。三觀圓照於無際，一玄総具於毛端。塵含法界，量無廣狹之殊；海印森羅，光絶鉅纖之間，是不可思議之大法也。本然之理，周遍一切，豈是釋氏要遮周〔二〕也？程夫子知萬理歸於一理，而不知一理散於萬事，重重無盡，無盡重重，自他不間於微塵，始終不離於當念〔三〕。窮玄極妙，非二乘凡夫之所能知也。然而百家衆藝，無不圓該；外道天魔，悉皆容攝。涅槃生死，総是空華；地獄天宫，皆為浄土。若言為輪廻生死怕怖而自私，謬之謬矣。大乘菩薩不舍悲願，出生入死，為化度一切衆生，雖在生死惡道之中，如遊園觀爾。又言：「釋氏善遯其言。」既是要遯，焉得又寫在册子上，決非遯也。程夫子卻將淺近瑣末燒一炷香這等事來以誣佛聖，此豈是道學君子之所為？若程夫子得聞華嚴三觀之旨，決不有此説。若以華嚴事事無礙觀言之，豈止燒一炷香而有無窮福利，乃至一微塵許法亦具不可思議功德矣。程夫子未之聞也，奚足怪哉？』

【校記】

〔一〕語出《大方廣佛華嚴經疏·序》。

〔二〕遮周：《二程遺書》作『周遮』。謂遮掩、回護也。

〔三〕此二句出自《新華嚴經論》卷一。

晦庵先生曰〔一〕：『佛氏見影，朝説者個〔二〕，莫〔三〕説者個，至於萬理錯綜，都不知〔四〕。』

【校記】

〔一〕『晦庵先生』的這段話見於《朱子語類》卷一百二十六。

〔二〕者個：《朱子語類》作『這箇』。下同。

〔三〕莫：《朱子語類》作『暮』。

〔四〕此二句《朱子語類》作『至於萬理錯綜如此，卻都不知』。

逃虛曰：『佛氏見影，朝説者個，莫説者個。若舍者個，再有何説？至於萬理萬事總不出者個，晦庵恐未見影在。』

晦庵先生曰〔一〕：『被異端説虛静了後，直使令〔二〕學者忙得更不敢睡。』

【校記】

〔一〕『晦庵先生』的這段話見於《朱子語類》卷十二。

〔二〕令：《朱子語類》作『今』。

逃虛曰：『纔説個虛静便不忙矣。若曰使令〔一〕學者忙得更不敢睡，此是朱子寱語〔二〕。』

【校記】

〔一〕令：《朱子語類》作『今』。

〔二〕寱語：本指夢話。引申為胡説、無稽之談。《明覺禪師語録》卷二：『山云：「今日困。」濟云：「者老漢寱語作什麼？」山便打，濟掀倒繩牀。』

晦庵先生舉佛氏語曰〔一〕：『千種言，萬般解，只要教君長不昧〔二〕。此説極好。問程子曰：佛氏之言近理，所以為害尤甚。所謂近理者，指此等事〔三〕否？曰〔四〕：他〔五〕只是守得這些〔六〕光明，全不識道理，所以用處七顛八倒。吾儒學則是居敬為本〔七〕，而窮理以充之，其本原不同處在此。』

【校記】

〔一〕『晦庵先生』的這段對話見於《朱子語類》卷一百二十六。

〔二〕語出《景德傳燈録》卷三十石頭和尚《草庵歌》。
〔三〕此等事：《朱子語類》作『此等處』。
〔四〕《朱子語類》『曰』下有『然』字。
〔五〕他：《朱子語類》作『它』。
〔六〕這些：《朱子語類》作『這些子』。
〔七〕此句《朱子語類》作『吾儒之學則居敬為本』。

逃虚曰：『若論道理，天下只有一個道理。縱使上古聖人，下至近代諸子百氏，所説無出此一個道理。若以佛氏全不識此個道理，亦難言也。蒙以道理是一、用處不同則有之。《易》曰：殊途而同歸，一致而百慮〔一〕。豈不然乎？若言佛氏只守這些光明，無非從道理出來，豈從外得？朱子以程伊川之言為是，卻不近理而昧其心也。』

【校記】

〔一〕語出《易·繫辭下》：『天下同歸而殊塗，一致而百慮。』

晦庵先生曰〔一〕：『釋氏之教，其盛如此，如何抝得它轉〔二〕？吾人家守得一世、再世不崇尚他者已難得〔三〕，三世之後，亦必被他轉了。不知大聖人出，所過者化，所存者神〔四〕，又何如？』

【校記】

〔一〕『晦庵先生』的這段話見於《朱子語類》卷一百二十六。

〔二〕此句《朱子語類》作『其勢如何拗得他轉』。

〔三〕已難得：《朱子語類》作『已自難得』。

〔四〕此句《朱子語類》『神』下有『時』字。

逃虛曰：『教之盛衰，係乎時運，如海潮焉。其長也，欲落之不可得；其落也，欲長之不可得。自然之勢，如何抝得他轉？大槩人於目前尚無奈何，何況三世之後？朱子何慮之深也？所言大聖人出，所過者化，所存者神〔一〕，又何如？予曰：亦無如之何也。』

【校記】

〔一〕語出《孟子·盡心上》：『夫君子所過者化，所存者神，上下與天地同流。』

晦庵先生曰〔一〕：『釋氏專以作用為性。如某國王問某尊者曰：「如何是佛？」曰：「見性為佛。」曰：「如何是性？」曰：「作用是〔二〕性。」曰：「如何是作用？我今不見〔三〕。」尊者曰：「今現作用，王自不見。」王曰：「於我有否？」尊者曰：「王若作用，無有不是。王若不用，體亦難見。」王曰：「若當用時，幾處出現？」尊者曰：「若出現時，當有其八。」王曰：「其八出現，當為我說。」波羅提卽説偈曰：「在胎為身，在世為人，在眼曰見，在耳曰聞」云云〔四〕。禪家有黠者曰〔五〕：「若尊者答國王時〔六〕，國王何不問尊者曰〔七〕：『未作用時，性在何處？』」

【校記】

〔一〕『晦庵先生』的這段話見於《朱子語類》卷一百二十六。

〔二〕是：《朱子語類》作『為』。

〔三〕『我今不見……在耳曰聞云云』，《朱子語類》作『曰云云』。

〔四〕上一段對話見於《宗鏡録》卷九十七及《景德傳燈録》卷三、《傳法正宗記》卷五《第二十八祖菩提達摩》章。

〔五〕此句《朱子語類》作『禪家又有偈者云』。

〔六〕此句《朱子語類》作『當來尊者答國王時』。

〔七〕曰：《朱子語類》作『云』。

逃虛曰：『晦庵言：釋氏專以作用為性。作用為性，如義學之卽體之用〔一〕，卽用之體也。若言專以作用為性，吾未之聞也。假如《傳燈》一千七百則公案，那裡都説作用為性？佛祖説法，隨機應用。只如晦庵言禪家有黠者云：尊者荅國王時，國王何不問尊者曰：未作用時，性在何處？此是後來祖師〔二〕拈這公案開示學人，豈是黠也？晦庵蓋未知禪門中事，惟逞私意以詆佛，其可哄乎！』

【校記】

〔一〕之用：底本作『用之』，據文意及明嘉興大藏經本《道餘録》改。

〔二〕祖師：底本作『師祖』，據文意及明嘉興大藏經本《道餘録》改。

晦庵先生曰〔一〕：『達摩未來中國之時〔二〕，如遠、肇法師之徒，只是説〔三〕莊、老，後來人亦多以老、莊〔四〕助禪。古亦無許多經。西域豈有韵？諸祖相傳偈，平仄押韵語，皆是後來人假合。』

【校記】

〔一〕『晦庵先生』的這段話見於《朱子語類》卷一百二十六。

〔二〕此句《朱子語類》無『之』字。

〔三〕説：《朱子語類》作『談』。

〔四〕老、莊：《朱子語類》作『莊、老』。

逃虚曰：『晉魏之時，儒、釋之文俱尚老、莊，彼時伕經翻譯過東土來，潤文之人，如《維摩詰所説經》，肇法師注并肇論，其中行文用字，或出入老、莊者有之。遠、肇、道安、支遁輩，其文多尚老、莊，其見亦有相似處。故達摩過東土來，説個不立文字〔一〕，直指人心，見性成佛，掃蕩義學。儒者言老、莊助禪，則不然也。且如《維摩》肇論，其文或似老、莊，如《般若》《華嚴》《涅槃》《寶〔二〕積》《楞伽》等大經，何嘗有一言似老、莊？其立法自成一家，儒、老二教不曾有此説也。至於偈有平仄押韻，出于後人編集之手，或有之，何足較也？朱子不論其大體而責其枝末，何識量之狹哉？』

【校記】

〔一〕不立文字：指以心傳心。禪宗認爲悟之内容，無法以文字言語傳述，須由師心直接傳予弟子心，此種以心傳心之境地，稱爲不立文字。《祖堂集》卷二《菩提達摩和尚》：『達摩曰：「我法以心傳心，不立文字。」』《宗鏡録》卷一《標宗章》：『此土初祖達摩大師云：「以心傳心，不立文字。」則佛佛手授，授斯旨；祖祖相傳，傳此心。』

〔二〕寶：底本誤作『寔』，據文意及明嘉興大藏經本《道餘録》改。

晦庵先生曰〔一〕：『釋氏云〔二〕知死，只是學一個不動心。告子之學，只是〔三〕如此。』

【校記】

〔一〕『晦庵先生』的這段話見於《朱子語類》卷一百二十六。

〔二〕云：《朱子語類》作『先』。

〔三〕只是：《朱子語類》作『則是』。

逃虚曰：『釋氏、古尊宿死者，多剋日剋期而去，載在方册，不可勝數。若似告子之不動心〔一〕，何足道哉？』

【校記】

〔一〕語出《孟子·公孫丑上》：『敢問夫子之不動心，與告子之不動心，可得聞與？』『告子曰：不得於言，勿求於心；不得於心，勿求於氣。』

晦庵先生〔一〕舉伊川云：『釋氏之見，如管窺天，只見直上，不見四旁〔二〕。某以為不然。釋氏之見，蓋是瞥見水中天影耳。』

【校記】

〔一〕『晦庵先生』的這段話見於《朱子語類》卷九十七。

〔二〕『伊川』的這段話見於《二程遺書》卷十四：『釋氏説道，譬之以管窺天，只務直上去，惟見一偏，不見四旁，故皆不能處事。』

逃虛曰：『釋氏之見，大包無外，細入無間。若言瞥見水中天影，晦庵失卻眼在。』

晦庵先生曰〔一〕：『僧家所謂禪者，於其所行全不相應。向來見幾個好僧説得禪，又行得好，自是其資質為人好耳，非禪之力也。所謂禪，是僧家自舉一般見解，如秀才家舉業相似，與己全不相干〔二〕。學得底人，有許多機鋒，將出來弄一上了，便收拾了；則〔三〕其為人，與俗人無異。只緣禪自禪〔四〕，與行不相應爾。僧家有一〔五〕行解者，行是行事〔六〕，解是禪也。』

【校記】

〔一〕『晦庵先生』的這段話見於《朱子語類》卷一百二十六。

〔二〕此句《朱子語類》『與』下有『行』字。

〔三〕則：《朱子語類》作『到』。

〔四〕此句《朱子語類》『自』下有『是』字。

〔五〕一：《朱子語類》作『云』。

〔六〕行事：《朱子語類》作『行己』。

逃虚曰：『僧家有一等弄虚頭禪者，東邊�一言半句，西邊趱一言半句，以資談柄，便是會禪。他那裏曾梦見禪在？有一等天資高者，一聞便領悟，卻不曾實下工夫，所悟卻淺，習氣種子卻深，故被習氣所使，造諸惡業，與俗人無異者有之。假如有一等秀才，讀聖人之書，開口便談仁義道德，观其所行不孝不義，非為妄作，至乎犯形憲〔一〕，而貽辱父母者，往往有之。此乃教門中人之不才，非釋迦、仲尼之罪也。朱子當置之勿論。』

【校記】

〔一〕形憲：即『刑憲』。指刑法。漢王充《論衡·答佞》：『聖王刑憲，佞在惡中；聖王賞勸，賢在善中。』

晦庵先生〔一〕因論釋氏多有神異，疑其有之，曰：『此未必有。便有，亦只是妖怪。』

【校記】

〔一〕『晦庵先生』的這段話見於《朱子語類》卷一百二十六。

逃虛曰：『神異一事，非但佛有之，至於天仙龍鬼，雖大小不同，亦皆有之。凡學佛者，當求安心法門，頓悟妙理為務。若真積力久，自然神通光明，非是顯異惑人也。若言佛之神異為妖怪，朱子亦怪矣。』

晦庵先生曰〔二〕：『或問伊川：禪家言性「傾此與彼〔二〕」之說，曰：此是「偷生奪陰」之說爾〔三〕。禪家言偷生奪陰，謂人懷胎，自有個神識在裡了，我卻撞入裡面去逐了他，我卻受他血陰。它〔四〕說傾此與彼，蓋如一破弊物在日下，其下日影自有方圓大小，卻欲傾此日影為彼日影。它說是人生有一塊物事包裹在裡，及其死〔五〕，此個物事又會去做張三，做了張三，又去〔六〕做王二。便如人做官，做了這官〔七〕，又去做別官，只是無這個道理〔八〕。或舉世間有如此類底為問，先生曰：而今只是理會個正理。若以聞見所接論之，則無有了期〔九〕。若曰〔一〇〕：橫渠說「形潰反原」，以為人生得此個物事，復歸太原去，又別從裡面抽出來生人〔一一〕。如一塊黃泥，既把來做個彈子了，卻依前歸一塊裡面去，又做個彈子出來。伊川便說是「不必以既屈之氣為方伸之氣」〔一二〕，若以聖人「精氣為物，遊魂為變〔一三〕」之語觀之，則伊川之說為是。蓋人死則氣散，其生也，又從太原裡面出來〔一四〕。』

【校記】

〔一〕『晦庵先生』的這段文字見於《朱子語類》卷一百二十六。
〔二〕傾此與彼：《朱子語類》作『傾此於彼』。下同。
〔三〕此句《朱子語類》『此』下有『只』字，『爾』作『耳』。
〔四〕它：《朱子語類》作『他』。
〔五〕此句《朱子語類》『死』上有『既』字。
〔六〕去：《朱子語類》作『會』。
〔七〕此句《朱子語類》作『做了這官任滿』。
〔八〕此句《朱子語類》無『個』字。
〔九〕此句《朱子語類》無『有』字。
〔一〇〕若曰：《朱子語類》作『又曰』。
〔一一〕此四句《朱子語類》作『橫渠説「形潰反原」，以為人生得此箇物事，既死，此箇物事卻復歸大原去，又別從裏面抽出來生人』。『橫渠』，即宋理學家張載。『大原』，即『太原』，指根源、根本。
〔一二〕語出《二程遺書》卷十五。
〔一三〕語出《易·繫辭上》。
〔一四〕此句《朱子語類》作『又是從大原裏面發出來』。

逃虚曰：『儒者説個死生，只言形氣聚散，而不言心識。佛氏言因緣業感、輪轉生死，皆由心識所致也。然形氣有盡，而心識無盡。一切衆生，本無生滅與不生滅，皆因妄認四大為自身相，六塵緣影為自心相〔一〕，妄想執著，起諸憎愛，造諸善不善業，及乎業報至時，此之心識，循業發現，故有輪轉生死，六道升沉也。若學般若菩薩達法性空，涅盤尚不可得，况生死乎？所以《圓覺》有云：「生死涅槃，猶如昨夢。」程、朱説禪家言性「傾此與彼」、「偷生奪陰」，禪家不曾見有此説。輪轉生死，釋氏有是言也。方册所載者不必説，據目所見者而言〔二〕，本朝洪武二十四年八月内，河南府龍南司牡丹被夫踢死，其魂徑到薄姬娘娘廟中，在内伏侍三年，後借本處袁馬頭死屍還魂，時懿文太子往陝西，駕回至湖南府〔三〕，官啟袁馬頭借屍還魂事。太子回朝奏，太祖高皇帝遂遣内官取來，廷問是實，賞賜鈔帛。有旨令兩家給養〔四〕。天下人之所共知者。若程、朱、横渠言「形潰氣散」，無復再生，如何有此借屍還魂者？若有此借屍還魂者，豈無輪轉生死者哉？程、朱但説「精氣為物」，不言「遊魂為變」。變則輪轉之理顯然可見。程、朱、横渠，何不推此理也？』

【校記】

〔一〕語出《圓覺經》。

〔二〕此句明嘉興大藏經本《道餘録》作『據目前所見者而言』。

〔三〕湖南府：明嘉興大藏經本作『河南府』。

〔四〕此『借屍還魂』事又見於明王圻《續文獻通考》卷二百二十三《物異考》、明祝允明《祝子志怪録》卷三《司牡丹》等。

晦庵先生言〔一〕：『夷狄之教入於中國，非但〔二〕人為其所迷惑，鬼神亦被他迷惑〔三〕。大抵廟中所塑僧像〔四〕，乃勸其不用牲祭者。其它廟中，亦必有個勸善大師〔五〕。蓋緣人之信向者既衆，鬼神只是依人而行。』

【校記】

〔一〕『晦庵先生』的這段話見於《朱子語類》卷一百二十六。
〔二〕非但：《朱子語類》作『非特』。
〔三〕此句《朱子語類》無『神』字。
〔四〕此句《朱子語類》作『大乾廟所以塑僧像』。
〔五〕此二句《朱子語類》作『其他廟宇中，亦必有所謂勸善大師』。

逃虚曰：『佚氏之教，無非化人為善，與儒者道並行而不相悖。不相悖者，理無二也。僧勸鬼神不用牲祭，是不殺害物命，此仁者之心。以此心相感，鬼神敬信而從之也。豈是非理之事、淫詖之辭，使鬼神迷惑者邪？朱子何見之不明如此？』

晦庵先生曰〔一〕：『僧家尊宿得道，便入深山中，草衣木食，養數十年。及其出來，是甚次第？自然光明俊偉。世上人所以只得叉手看他口動〔二〕。』

【校記】

〔一〕『晦庵先生』的這段話見於《朱子語類》卷一百二十六。

〔二〕口動：《朱子語類》作『自動』。

逃虛曰：『古之師僧，初得道者，必居于山林，煨個折脚鐺子煮飰喫三十年，二十年名利不干懷，大忘人世，單單守此道。昔人謂之曰「保養聖胎〔一〕」。又云：「如鳥雛纔出殻，須要養他羽翼全成，方可縱其高飛遠舉〔二〕。」初得道之人，必須保守堅固，方可出來行道，磨不磷，涅不緇〔三〕，那時得甚生〔四〕氣槩，光明俊偉，不由人不敬伏。況其机鋒峭峻，世無敵者。朱子見之，亦必甘心叉手，看他口動也。』

【校記】

〔一〕保養聖胎：亦作『養聖胎』、『長養聖胎』。唐齊己《白蓮集》卷八《自貽》：『心中身外更何猜，坐石看雲養聖胎。』《景德傳燈録》卷六《江西道一禪師》：『長養聖胎，任運過時。』『聖胎』，本指聖人之胎。《佛本行集經·樹下誕聖品上》：『如我所知，我女摩耶王大夫人懷藏聖胎，威德既大，若彼産出，我女命短，不久必終。』又指菩薩修行階位中之十住、十行、十回向等三賢位。因其以自種為因，善友為緣，聽聞正法，修習長養，至於初地而見道，生於佛家，故稱

『聖胎』。見《仁王經》卷上《菩薩教化品》及良賁的《仁王經疏》。

〔二〕語出《圓悟佛果禪師語録》卷十五《送圓首座西歸》：『悟則刹那履踐，工夫須資長遠。如鵓鳩兒初生下來，赤骨歷地養來餧去，日久時深羽毛既就，便解高飛遠舉。所以悟明透底正要調伏。』

〔三〕語出《論語·陽貨》：『不曰堅乎？磨而不磷。不曰白乎？涅而不緇。』梁寶唱撰《比丘尼傳》卷三《建福寺智勝尼傳》：『逢涅不淄，遇磨不磷。』這是佛典中較早的用例。『磷』，指薄；減損。『緇』，指黑色。

〔四〕甚生：謂非常。《伊川語録》八上：『若能於《論》《孟》中深求玩味，將來涵養成甚生氣質。』

晦庵先生曰〔一〕：『《維摩詰經》，舊聞李伯紀之子説是南北朝時一貴人如蕭子良之徒撰〔二〕，渠云載在正史，然檢不見。』

【校記】

〔一〕『晦庵先生』的這段話見於《朱子語類》卷一百二十六。

〔二〕此句《朱子語類》無『朝』字。

逃虚曰：『《維摩詰經》凡三譯：一吳支謙譯，三卷；二姚秦羅什譯，肇法師註，七卷；三《説無垢稱經》，唐玄奘譯，六卷。三經本同，譯有異爾。此經惟談不思議解脱境界，非下根小器之人得聞。晦庵言：李伯紀之子説是南北朝一貴人如蕭子良之徒撰，渠云載在正史，然檢不見。斯經既有三譯，決非人撰者，信知是此人誑語。晦庵於格物致知之學講之甚熟，如何於此事卻不格也？』

晦庵先生曰〔一〕：『論釋氏之説，明道先生數語〔二〕，闢得極善，見《行狀》中者。他〔三〕只要理會個寂滅，不知須是强要寂滅它做甚〔四〕？既寂滅後，卻作何用？何況號為尊宿禪和者，亦何曾寂滅得？近世如宗杲，做事全不通點〔五〕檢，喜怒更不中節。晉末〔六〕以前遠法師之類，所談只是莊、列，今本〔七〕集中可見。其後要自立門户，方脱去莊、列之談，然實剽切〔八〕其説。傅奕亦嘗如此説。論佛只是説個大話謾人，可怜人都被他〔九〕謾，更不省悟。試將《法華經》看，便見其誕，開口便説恒河沙數幾〔一〇〕萬劫幾千劫〔一一〕，更無近底年代。』

【校記】

〔一〕『晦庵先生』的這段話見於《朱子語類》卷一百二十六。
〔二〕此句《朱子語類》『明道』上有『如』字。
〔三〕他：《朱子語類》作『它』。
〔四〕此句《朱子語類》無『是』字。
〔五〕點：底本脱漏，據下文及《朱子語類》補。
〔六〕晉末：《朱子語類》作『晉宋』。
〔七〕本：《朱子語類》作『其』。
〔八〕剽切：《朱子語類》作『剽竊』。

〔九〕他：《朱子語類》作『它』。
〔一〇〕幾：底本脱漏，據下文及《朱子語類》補。
〔一一〕幾萬劫幾千劫：《朱子語類》作『幾萬幾千幾劫』。

逃虚曰：『世儒言釋氏寂滅，不知所以，但把寂滅做空無看了，而不知佛書有云：「諸行無常，是生滅法，生滅滅已，寂滅為樂〔一〕。」又曰：「諸法從本來，常是寂滅相〔二〕。」寂滅者言此道不生不滅也。離生滅求寂滅則不是，即生滅而證寂滅乃是。此即有為而無為而無不為也。晦庵言：「他只要理會個寂滅，不知須是强要它寂滅做甚？既寂滅後，卻作何用？何況號為尊宿禪和者，亦何曾寂滅得？近世如宗杲，做事全不通點檢，喜怒更不中節。」晦庵所言，可謂差之毫厘，謬以千里也。杲大慧，宋朝僧，資性高妙，参禪第一，自言我是「参禪精子〔三〕」，法嗣圓悟勤，住徑山，大機大用，非尋常俗流可知。當時士林中稱其「忠孝兩全」。何也？不阿秦檜為忠，俗家無後，為其立嗣，治家舍以正彝倫為孝，載在方册。晦庵言其「做事全不通點檢，喜怒更不中節」。殊不知他生滅心滅寂滅現前，嬉咲怒駡無非佛事，再要點檢個甚麽？頭頭上明，物物上顯，更問甚麽中節不中節？所以永嘉云：「大象不遊於兔徑，大悟不拘於小節〔四〕」也。晦庵言：「晉末以前遠法師之類，所談只是莊、列。」那時士大夫所談，亦是莊、列，盖時尚也。若言剽切其説，鬳齋《列子口義》〔五〕云：「佛生西方，豈應來此剽切？詆之太甚，則不公矣。」誠哉是言！遠法師居廬山，修念佛三昧，莊、列不曾有此修學，非是脱去莊、列之説，自立門户。傅奕，陰險小人也，力詆佛氏〔六〕，唐太宗亦不聽他説。晦庵將踵其後塵，奚可乎？晦庵繼聖絶學，有道君子也，何不思是已？教人「試將《法華經》看，便見其誕，開口〔七〕便説恒河沙數幾萬刼幾千刼，更無近底年代。」吁！晦庵之見，正是蒙莊云：「朝菌不知晦朔，蟪蛄不知春秋也〔八〕。」悲夫！」

【校記】

〔一〕此四句見於《大般涅槃經》卷下。

〔二〕此二句見於《妙法蓮華經》卷一《方便品第二》。『常是寂滅相』，原典作『常自寂滅相』。明嘉興大藏經本《道餘録》亦作『常自寂滅相』。

〔三〕宋嚴羽《滄浪詩話》：『妙喜是徑山名僧，宗杲也自謂「參禪精子」。』

〔四〕此二句見於《景德傳燈録》卷三十永嘉真覺大師《證道歌》。

〔五〕明高儒《百川書志》卷七《子》：『《列子口義》二卷，鬳齋林希逸著。』明心泰編《佛法金湯編》卷十五《林希逸》：『希逸，號鬳齋，仕至中大夫直寶謨閣提舉成都府玉局觀。有莊、老、列三子《口義》行於世。』

〔六〕明趙台鼎《脉望》卷五：『唐傅奕謂：佛乃纖夫幻兒，剽竊莊、列，以文飾之。』

〔七〕開口：底本誤作『問口』，據上下文意改。

〔八〕此二句見於《莊子·逍遙遊》。

晦庵先生常言〔一〕：『《圓覺經》前兩三章好〔二〕，後面便只是無説後强添。如《楞嚴經》，當初只有那阿難一事，及那燒牛糞出〔三〕一呪，其餘底皆是文章之士添〔四〕。那燒牛糞，便如爇茅樣〔五〕。後來也有人祈雨後燒此〔六〕，亦出此意也。』

【校記】

〔一〕『晦庵先生』的這段話見於《朱子語類》卷一百二十六。《大佛頂首楞嚴經疏解蒙鈔》卷十亦有揭引。

〔二〕此句《朱子語類》作『《圓覺經》只有前兩三卷好』。

〔三〕出：《朱子語類》作『時』。

〔四〕此句《大佛頂首楞嚴經疏解蒙鈔》作『餘底皆是文士添造』。

〔五〕爇茅樣：《朱子語類》作『爇蕭樣』。

〔六〕此句《朱子語類》無『此』字。

逃虚曰：『佛經不曾有杜撰者。《圓覺經》是唐罽賓三藏佛陀多羅譯至中國。《楞嚴經》，中天竺沙門般剌蜜帝譯至廣州制止寺，烏長國沙門彌伽釋迦譯語，菩薩戒弟子前正議大夫同中書門下平章事清河房融筆授。凡一經必作三分：序、正分、流通分，如線貫華，故謂之線經。雖有智人，亦不能添減其一言一句。晦庵言：「《圓覺》前兩三章好，後面便是無説後强添。《楞嚴》當初只有阿難一事，及那燒牛糞出一呪，其餘底皆是文章之士添。」此二經乃圓頓上乘，惟顯佛之境界，菩薩修習此法門者，全性起修，全修在性，非餘小乘經之可同日語也。《楞嚴》神咒，佛當時為遣婬魔而説。晦庵言：「燒牛糞出一咒」，不知何據有此説也。佛因弟子問如何持此神咒，佛教以結壇場持咒。中天竺國先取雪山大力白牛〔一〕，食其肥膩香草。此牛惟飲雪山清水，其糞微細，可取其糞和合栴檀以塗〔二〕其地。若非雪山，其牛臭穢，不堪塗地。别於平原穿去地皮五尺以下，取其黄土，和上〔三〕栴檀、沉香〔四〕、蘇合、薰陸〔五〕、鬱金、白膠、青木、零陵、甘松及雞舌香，以此十種細羅為末〔六〕，合土成泥以塗場地，方圓丈六，為八角壇，佛制是如此。燒牛糞出一咒，經中不曾有此。晦庵師儒先生，道學君子，如何妄説燒牛糞這一等鄙惡之事？塗汚佛聖，於理可乎？晦庵既要主張斯文，傳聖人千載不傳之學，如此用心，與市井間小人争販賣者所為何以異哉？可怪！可怪！」

【校記】

〔一〕以下一段文字見於《首楞嚴經》卷七。
〔二〕塗：《首楞嚴經》作『泥』。
〔三〕上：底本誤作『土』，據文意及《首楞嚴經》改。
〔四〕沉香：《首楞嚴經》作『沈水』。
〔五〕薰陸：底本闕漏，據文意及《首楞嚴經》補。
〔六〕末：《首楞嚴經》作『粉』。

或問晦庵先生曰〔一〕：『莊子與佛所以不同〔二〕。』庵曰：『莊子絶不盡，佛絶滅盡了〔三〕。佛是人倫都滅盡，到禪時義理都滅盡〔四〕。』

【校記】

〔一〕這段話見於《朱子語類》卷一百二十六。

〔二〕此二句《朱子語類》作『正卿問莊子與佛所以不同』。

〔三〕此二句《朱子語類》作『莊子絶滅不盡，佛絶滅盡』。

〔四〕此二句《朱子語類》作『佛是人倫滅盡，到禪家義理都滅盡』。

逃虛曰：『佛氏《入楞伽》云：「三界上下法，我說皆是心。離於諸心法，更無有可得〔一〕。」《華嚴》云：「不取衆生所言說，一切有為虛妄事。雖復不依言語道，亦復不著無言說〔二〕。」幾曾有人倫都滅盡、義理都滅盡底說？朱子誣佛，何其如是之甚也？』

【校記】

〔一〕此四句見於《入楞伽經》卷七《無常品第八》。

〔二〕此四句見於《大方廣佛華嚴經》卷二十四《十迴向品第二十五之二》。

晦庵先生曰〔一〕：『釋、老，其氣象大槩相似〔二〕。而老氏之學，尚自理會自家一個渾身，如釋氏自家一個渾身都不管了〔三〕。』

【校記】

〔一〕『晦庵先生』的這段話見於《朱子語類》卷一百二十六。

〔二〕此句《朱子語類》作『其氣象規模大概相似』。

〔三〕此三句《朱子語類》作『然而老氏之學，尚自理會自家一箇渾身，釋氏則自家一箇渾身都不管了』。

逃虛曰：『老氏言無為自化，清浄自正，大槩相似佛言「一切實相性清浄故，一身清浄；一身清浄故，多身清浄；多身清浄故，如是乃至十方衆生圓竟清浄〔一〕。」若言佛氏一渾身都不管了，成大妄語。』

【校記】

〔一〕這幾句見於《圓覺經》。

晦庵先生曰〔一〕：『佛氏之失，出於自私之厭；老氏之失，出於自私之巧。得厭薄世故，而盡空了一切者〔二〕，佛氏之失也；關機巧便，盡天下之術數者，老氏之失也。故世之用兵算數形名等，本於老氏之意〔三〕。』

【校記】

〔一〕『晦庵先生』的這段話見於《朱子語類》卷一百二十六。

〔二〕此二句《朱子語類》作『厭薄世故，而盡欲空了一切者』。

〔三〕此二句《朱子語類》作『故世之用兵算數刑名，多本於老氏之意』。

逃虚曰：『《華嚴》云〔一〕：「居〔二〕有為界示無為法，而不壞滅〔三〕有為之相；居無為界示有為法，而不分別無為之相。」《法華》云：「若説俗間經書、治世語言、資生業等，皆順正法〔四〕。」佛氏何嘗言要盡空了一切也？自私之厭，二乘外道斷滅之見，非佛之究竟法也。老氏之失，非吾所知。』

【校記】

〔一〕下幾句見於《華嚴經》卷二十四《十迴向品第二十五之二》。

〔二〕居：《華嚴經》作『於』。

〔三〕壞滅：《華嚴經》作『滅壞』。

〔四〕此四句見於《妙法蓮華經》卷六《隨喜功德品第十八》。

晦庵先生曰〔一〕：『近看石林《過庭録》，載上蔡説伊川参某僧，後有得，遂反之。偷其説來做己使，是為洛學。某也嘗疑如石林之説固不足信，卻不知上蔡也恁説〔二〕，是怎生地？向見光老示及某僧與伊川居士帖，後見此帖乃載山谷集中，後又見有跋此帖者乃僧與潘子真，其差謬類如此。但當初佛學只是説無存養底工夫，至唐六祖始教人存養工夫。當初學者只是説不曾就在身上做工夫，伊川方教人就身上做工夫〔三〕。所以謂伊川偷佛説為己使。』

【校記】

〔一〕『晦庵先生』的這段話見於《朱子語類》卷一百二十六。

〔二〕恁說：《朱子語類》作『恁地說』。

〔三〕此二句《朱子語類》作『當初學者亦只是說不曾就身上做工夫，至伊川方教人就身上做工夫』。

逃虛曰：『釋迦立教，化度衆生，説施、戒、忍、進、定、慧六者，兼以萬行修之，使其檢束身心，真實履踐，始克證成菩提道果，豈但言説而已哉？至于六祖《壇經》所説，無修而修，修而無修，譬如磨鏡，垢盡明現，發明如來圓頓宗旨爾，豈是六祖始教人存養工夫？伊川參某僧得其説，方教人就身上做工夫，是為洛學。所以謝顯道説伊川嘗參某僧有所得後遂反之，將來教門弟子，是為洛學。時人譏其偷佛説為己使。晦庵欲為伊川諱之，故作疑焉。伊川既是道學君子，當直道而行，便言得其説，則不負於心也。不知伊川講《大學》時，至於《誠意》章「無自欺也」，如何講過了？』

晦庵先生有《久雨齋居誦經詩》一首曰：『端居獨無事，聊披釋氏書。暫息塵累牽，超然與道俱。門掩竹林幽，禽鳴山雨餘。了此無為法，身心同宴如。』

逃虛曰：『以此詩觀之，晦庵心中未必不信佛也。佛書暫得一閱，尚有如是之益，何況終身行之者乎？《感興》詩中有排佛一篇，此是晦庵私意，强欲主張儒學，故作此説，奚足道哉？』

《逃虚子集補遺》

平安南頌并序〔一〕

臣姚廣孝頓首再拜上言〔二〕：臣伏見皇帝陛下，自洪武三十二年已來〔三〕，奸臣惡黨，亂我家邦，陛下惟皇祖社稷是慮，不免興兵躬行征討，歷風霜，冒矢石，雖百戰百勝，而未嘗有殺人之心。内難既平，登大寶位，改元永樂。不四三年，乾坤清寧，民用輯和，天下太康。日月所照之處，罔不來庭，奇珍異獸，進無虚日。臣子觀之，無任欣忭。臣竊自念：陛下萬歲與臣子同享太平之福于無窮也。比者安南孽臣，叛逆無道，陛下乃命將出師，一舉而夷其城，戮其醜，四海萬邦，聞之莫不中心悦服。永樂五年丁亥三月初吉，捷奏宸廷，文武百官，具服上表稱賀。臣忝居文職，不愧年耄才踈，謹掇〔四〕鄙言，以頌陛下神功聖德之萬一也。臣冒死百拜，以進其詞曰：

於赫皇帝，惟古聖智。不殺為心，德同天地。内難既平，四方惟寧。干戈用藏，六合雷聲。君明臣良，天下太康。迺緝迺熙，迺播迺揚。普天率土，罔不歸附。競先效奇，獻琛輸賦。以慰元元，以畀〔五〕安安。烏章椎髻，皆識衣冠。雨暘靡厄，禾黍有獲〔六〕。萬邦同歡，率由〔七〕禮樂。蠢爾安南，姦驕貪婪。不保其國，弗畏於天。上待以義，每加柔惠〔八〕。不思修省，猖獗愈肆。以侵我疆〔九〕，以虐我民。天若不討，天失其仁。爰振師旅，拯民疾苦。乃命上將，如彼方厲。軍行南圖，一出睿謨。授以節鉞，無梗弗鈕〔一〇〕。天兵烈烈，威鎮〔一一〕百粤。狐鼠跳梁，自取誅滅。厥城〔一二〕以夷，厥醜以鈕〔一三〕。海波不動，春日遲遲。神武無敵，光昭天德。殺一〔一四〕不義，以生萬國。羽書南來，奏捷彤墀。羣臣稽首，載跪〔一五〕陳詞。炎荒既静，銅柱斯永。刻石天厓，終古不泯。

永樂六年春二月望日壽椿堂之南牕寫。

【校記】

〔一〕此頌又見於《明經世文編》卷十三。

〔二〕此句《明經世文編》無『姚』字，『再拜』作『載拜』。

〔三〕來：底本誤作『末』，據文意及《明經世文編》改。

〔四〕掇：《明經世文編》作『撰』。

〔五〕畀：《明經世文編》作『卑』。

〔六〕此句《明經世文編》作『有秋可穫』。

〔七〕由：《明經世文編》作『繇』。

〔八〕此句底本『惠』上衍『畏』字，據文意及《明經世文編》删。

〔九〕疆：底本作『彊』，據文意及《明經世文編》改。

〔一〇〕鈕：《明經世文編》作『鉏』。按：作『鉏』似優。
〔一一〕鎮：《明經世文編》作『震』。
〔一二〕厥城：底本脱漏，據文意及《明經世文編》補。
〔一三〕鈕：《明經世文編》作『鉟』。
〔一四〕一：《明經世文編》作『以』。
〔一五〕跪：《明經世文編》作『跽』。

相城妙智庵姚氏祠堂記

太子少師資善大夫嗣孫廣孝謹撰、奉訓大夫尚寶司少卿嗣曾孫繼謹書、從任郎中書舍人廣平程南篆額：姚氏之先，汴梁人，世為人民，家寒微，無夙〔一〕望顯達者。宋高宗南渡，曾祖某挈妻子，亦避兵來江南，首至長洲，蘇州府之屬邑也。不市居，因家相城焉。相城地最窪，水環其廓，居民多以耕漁為業。祖某業醫養親，僦屋一廛而住，無寸田尺土，生計甚踈。然世事佛積善，鄉之人皆敬焉。是鄉之人死者，無地可瘞，火焚骨殖沉之水，其例皆然。吾家無隴墓，蓋以此也。祖生二子，曰震之，曰震卿。震卿，廣孝父也。震之生一子，曰亘。父生二子，長曰恒，字伯遠，續祖父箕裘之業；季曰天禧，卽廣孝也。廣孝尚幼，不願習醫，而白父曰：『某不樂于醫，但欲讀書為學。有成則仕於王朝，顯榮父母；不就則從佛，為方外之樂。』勝國至正間，年十四，卽從佛，父不奪吾志，遂出家於里之妙智庵，禮宗傳為師，訓名道衍。十八薙髮為僧，遊學湖海上。讀古今聖賢書，研究道理，作為詩文，刻意追古，時人多忌而誚焉。本朝洪武四年辛亥，詔取高僧，因病免赴京。八年乙卯，又詔通儒學僧出仕，赴京師禮部考試中式，因不願仕，欽賜僧服還山。十五年壬戌秋八月，孝慈高皇后崩，列國親王各奏，取名僧歸國修崇齋會，於是僧録司左善世宗泐舉〔二〕道衍等三名，九月二十四日引至奉天門早朝，太祖高皇帝親選道衍住持北京慶壽寺，依應上於潛邸二十有餘載，禮遇甚厚。二十五年壬申，詔取赴京，不久即還北京寓所。三十二年己卯，上舉兵平内難，寘於幕下。内難既平，三十五年壬午，上登寶位。十月宣至京，授僧録司左善世，欽賜白金、綵緞、鈔錠若干。未幾，上曰：『左善世道衍有功於朝，宜令蓄髮，加以名爵禮也。』時年已七十，不容固辭。永樂二年甲申三月，上賜名廣孝，并冠帶朝服，陞除資善大夫太子少師。六月奉命，命往蘇、湖二府賑濟飢民，賜玉帶一條，鈔一千錠，就還鄉里。廣孝以上所賜鈔帛分遺親族隣舊，皆使得沾聖澤也。十年壬辰，特賜誥命，贈祖考資善大夫太子少師，祖妣夫人周氏，考資善大夫太子少師，妣夫人費氏。廣孝雖官於朝，仍清净自居，欽蒙聖澤，覃及幽明，榮顯亦至矣。每念相城故里，隴墓既無，祖業何在，歲時祭掃，曾不可得。言于此，無任哀悼。惟妙智庵獨存。庵乃宋宣和間賜紫章大師所建也，距今三百三十餘年，其間廢興非一，僧亦零落殆盡，僅存修學一人守其香燭。俄學來告曰：『庵宇年遠，梁木腐壞，不堪修理。雖欲革故鼎新，無力為之柰何？』余謂學曰：『妙智廼吾昔受經之所，吾合為也。』即捐賄購材，倩傭力撤去故宇，重為剏造。雖非大規模，比舊壯麗有加。始於十二年甲午秋八月，完於十三年乙未秋八月。復敦良匠雕粧西方三聖像，位於兩廊，塐十八大阿羅漢像，列於觀音殿之左右。至于䌷經之室，庖湢之所，几榻椅案，凡器用之物，無不畢備。于是設立祖父母祠堂於西廊下，歲時遣人祭祀，庶可以寓吾孝思也。然欲置田贍僧衆，議曰：「不可。有田則有役，僧反不安，無之可也。」遂寢其事。弟吾不死，每歲給鈔五十錠為香燈之用，吾死則已矣。吾所以設立祖父母祠堂於庵者，欲藉佛聖人之大福庇以圖其悠久故也。吾子能繼吾之志，引而勿替，豈不尤所願哉！』故為記，刻諸玄石，以貽後之人。

永樂二十一年三月十八日嗣曾孫繼同僧修學立石。

【校記】

〔一〕夙：底本誤作『風』，據文意改。

〔二〕舉：底本誤作『學』，據文意改。

永定寺重建海印堂記〔一〕

永定寺，梁天監初永定禪師建於長洲大雲鄉閶門水北之地，吳郡太守顧彥先捨宅為寺。迨唐乾符間賜今額。大順元年，寺罹於火。景福二年，重創于吳縣西南，當闤闠中。道場洞啟，檀度坌集。比舊有加，即今之寺也。石晉天福六年，節使錢元瓘更額為『普慈』。至宋寧宗朝，浙西提刑司鄰於寺，提刑知府發運節制觀文趙公就立為本司祝聖道場，命講師惟一主之。觀文公信向於佛，竭力護持。時有朱〔二〕省元等五省元占住寺宇，公謂五省元曰：『祝聖道場，官員寄寓不便，各助搬挈之資出焉。』於是伽藍始復清净。提刑司有積歲决獄，文卷積濫無稽，盡捨入寺。命工圖造釋迦佛像，布以膠漆，飾以文采，輕堅美妙，非他木石可並，至今嚴奉，累經兵燹不壞。元至正間，九皋聲公來董是寺，法席始盛。公通内外學，尤長於文章，能大弘法施，升堂講教《妙法蓮華經》，緇素耄稚學者數千人，庖供香燈畢具，於是永定名冠諸刹。唐韋應物為蘇州刺史，游寺，以方丈息閒之所，扁曰『閒齋』；集士大夫講論吟咏為樂，至夕則退説法之堂，名曰『海印』。元禮部尚書泰不花公擘窠大書『海印堂』，揭之楣間，觀者欣艷。元季驛騷，張氏據平江，城中僧坊例皆軍住。于是寺宇毁壞，講衆不遑安處，惟佛像與『海印堂』三字在焉。至本朝洪武初，雖有住持，皆無力興修。二十六年，鄰士黄茂之念古道場，一力施財，鼎建佛殿。後住持永壽仍立山門。殿成於一時，易而靡固。不廿年，風雨震凌，瓦壁摧裂，衆屋蕩盡。雖方丈獨存焉，足以栖衆演法，然主席久虚，壽偕其徒善述，禮請前寶積住持北宗大師補處焉。師有戒德，精究講學，人多向慕，寶積久廢，師力為興復，及兹欣然而來。壽仍豁鉢資及募衆施，助師之力，翻盖佛殿，重建海印堂，始于永樂十年春，完于十二年秋，輪奂一新。壽復施長財，印造大藏全帙，函盛匱貯，庋於佛殿左右，以備展誦。壽等不憚勞苦，成此大功，欲使後人知之，因乞予文以記，遂備書廢興顛末，俾歸而刻諸石。明永樂十二年秋。

【校記】

〔一〕此篇可參作者另一篇《永定普慈天台講寺重建海印堂記》（載《吳都法乘》卷十上之上）。

〔二〕朱：底本誤作『未』，據文意及《永定普慈天台講寺重建海印堂記》改。

王光庵傳〔一〕

王賓，字仲光，蘇人也。父某〔二〕，善相人之術，决人死生休咎，其驗如影響。來求相者，肩摩踵接，曾無虚日。雖紫閣麻衣，勿能過之。號曰『電目』，江湖間〔三〕咸呼為『王電目』云。賓生，幼穎悟，有志周、孔之道，不傳父之術。七八歲即入鄉校。幾冠，自唐虞三代以降，至於秦、漢、唐、宋及元，上下數千百年〔四〕中間〔五〕聖經賢傳、諸子百家、陰陽曆數、山海圖志、兵政刑律與夫稗官小説之書，悉皆覽而博記，問無所不知者。賓於醫學尤精，用藥多神效。然未嘗肯與富貴人醫。里巷間貧人及方外士來求醫者〔六〕，即趨往診視，施與藥餌，一不望其報。賓貌甚浸〔七〕，其隱也，不於山林，僦城中〔八〕一廛居之，藥點其面，及肘股皆成瘡，鬆兩角，短布衣，芒屩竹杖，行市井間。及箕踞於道傍〔九〕，露兩股爬癢時，人見其醜惡〔一〇〕，咸避〔一一〕之。間搢紳中有知賓讀書博孝〔一二〕，亦以其醜而無薦舉者。賓乃熙熙自若。賓性至孝，父早喪，母在堂奉養。每日飦必親煮，羹必親調，冬寒則温其衾席，夏熱則凉其枕簟〔一三〕，日侍左右，不敢遠遊。賓平生不娶。味澹薄〔一四〕，無所好嗜，多與方外人交。或閉户閲伕書，以消長日。作詩文尚奇崛，艱深其辭，人讀之，卒莫能通其義者〔一五〕。年七十，先母而卒〔一六〕，至疾革時，抱母不捨，死半晌復甦，呼母連聲，氣方絶。葬後，魂歸於家。夜二鼓，曳履拄杖行，呼曰：『娘娘〔一七〕！』舉室皆驚。其母應之曰：『我在此。』復曰：『兒舍娘娘不得〔一八〕。』母痛哭，既久而息。賓之孝行至於此。賓之著述甚多，稿皆散失不存。有《吴中名賢紀録》《吴下古蹟詩》二集在焉〔一九〕。交遊之知己者，惟同郡韓奕先生云君子〔二〇〕，曰：『賓奇士也，懷才抱德，其隱不居山林而居廛市，醜其形骸，悠悠忽忽井里間〔二一〕，時人皆不識之。間搢紳大夫有知賓讀書博斈〔二二〕，亦以其醜而無薦舉者。故賓得遂其志而樂於隱也。賓平昔奉母至孝，雖死為鬼，亦不忘乎母而歸省焉。烏乎〔二三〕！賓可謂奇士也邪〔二四〕！』永樂七年五月〔二五〕，余撰《王賓傳》，同郡韓夷〔二六〕公達欲鏤板行於四方，此亦君子成人之美也。公達其可嘉也哉！其可嘉也哉！二十五日〔二七〕，姚廣孝識。

【校記】

〔一〕此篇又見《吴都文粹續集》卷四十墳墓。
〔二〕父某：《吴都文粹續集》作『父安之』。
〔三〕江湖間：《吴都文粹續集》作『湖海間』。
〔四〕上下數千百年：《吴都文粹續集》作『上下數百十年間』。

〔五〕中間：《吳都文粹續集》作『其中』。
〔六〕此句《吳都文粹續集》作『里巷人貧者及方外人來求醫者』。
〔七〕浸：《吳都文粹續集》作『寖』。
〔八〕城中：《吳都文粹續集》作『城市』。
〔九〕此句《吳都文粹續集》作『或箕踞道旁』。
〔一〇〕此句《吳都文粹續集》無『其』字。
〔一一〕避：《吳都文粹續集》作『笑』。
〔一二〕博夈：《吳都文粹續集》作『博古』。
〔一三〕簞：底本作『蕈』，俗寫體，此據《吳都文粹續集》録作正字。
〔一四〕澮薄：《吳都文粹續集》作『澮泊』。
〔一五〕此句《吳都文粹續集》無『者』字。
〔一六〕此句《吳都文粹續集》無『而』字。
〔一七〕娘娘：《吳都文粹續集》作『孃孃』。
〔一八〕此句《吳都文粹續集》作『孃孃！兒舍孃孃不得』。
〔一九〕此句《吳都文粹續集》無『焉』字。
〔二〇〕此句《吳都文粹續集》無『奕』字。
〔二一〕此句《吳都文粹續集》『間』上有『行』字。

〔二二〕此句《吴都文粹續集》『大夫』下有『士』字。

〔二三〕烏乎：《吴都文粹續集》作『嗚呼』。

〔二四〕邪：《吴都文粹續集》作『耶』。

〔二五〕此句《吴都文粹續集》無『五月』二字。

〔二六〕韓夷：《吴都文粹續集》作『韓奕』。

〔二七〕此句《吴都文粹續集》作『是年五月二十五日』。

奉題《聽雨樓》〔一〕

勝國之季，兵變之餘，前輩翰墨存者無幾，間或獲一見，如遇雞彝兕敦，不由不使人忻豔也。聽雨樓詩句曲外史及一時名流所作，詞翰兼美，亦希世之寶也。吴中盧士恒父藏於篋中。一日出示於余。余展卷觀之，卷中作者多余故友。兹覩其辭翰，儼若覿彼風度，而不忍釋手也。士恒宜藏於家〔二〕，勿輕示於人焉〔三〕。洪武二年春二月初日〔四〕，吴僧道衍書。

【校記】

〔一〕此篇又見《珊瑚網》卷三十五名畫題跋十一、《式古堂書畫彙考》卷五十一畫二十一、《佩文齋書畫譜》卷八十六歷代名人畫跋六、《辛丑銷夏記》卷四、《大觀録》元賢四大家名畫卷十七、《書畫題跋記》續卷五、《清河書畫舫》卷十一上、《趙氏鐵網珊瑚》卷十五、《珊瑚木難》卷一。按：元張雨《句曲外史貞居先生詩集》卷二有《明静院夕佳樓晋卿秘監絶宗法師同賦》，亦可參。

〔二〕此句《珊瑚網》《式古堂書畫彙考》《佩文齋書畫譜》《辛丑銷夏記》《大觀録》《書畫題跋記》《清河書畫舫》《趙氏鐵網珊瑚》《珊瑚木難》『宜』下有『珍』字。

〔三〕此句《珊瑚網》《式古堂書畫彙考》《佩文齋書畫譜》《辛丑銷夏記》《大觀録》《書畫題跋記》《珊瑚木難》『勿』上有『慎』字。

〔四〕此句《珊瑚網》《式古堂書畫彙考》《佩文齋書畫譜》《辛丑銷夏記》《書畫題跋記》作『洪武二年春二月初二日』，《清河書畫舫》《珊瑚木難》作『洪武二年春二月二日』，《趙氏鐵網珊瑚》《大觀録》作『洪武二年春正月二日』。

題徐幼文《獅子林圖》〔一〕

余友徐賁幼文，洪武間為獅子林〔二〕如海師作此十二景，極為精妙。余嘗題其上，逮今四十餘年矣。今默庵上人繼師林之席，今年春來京師過余，出示此卷，觀之真若隔世事。幼文、如海皆已謝世，余耄獨存，不能不興戚〔三〕於懷也。上人復徵余識其後，故書此以記歲月云。時永樂十五年蒼龍丁酉春三月望日，太子少師姚廣孝識。

【校記】

〔一〕此篇又見《味水軒日記》卷六、卷七、《珊瑚網》卷三十六名畫題跋十二、《式古堂書畫彙考》卷五十四畫二十四、《愛日吟廬書畫録》卷一。

〔二〕獅子林：《味水軒日記》《珊瑚網》《式古堂書畫彙考》《愛日吟廬書畫録》作「獅林」。

〔三〕興戚：《味水軒日記》《珊瑚網》《式古堂書畫彙考》《愛日吟廬書畫録》作「興感」。按：「興感」似優。

《逃虚子詩集補遺》

古塞下曲〔一〕

候吏過輪臺，傳言敵可摧。嫖姚揚旆出，驍騎〔二〕治兵來。潮海〔三〕驚波涌，陰山積雪開。前軍正酣戰，日暮氣雄哉。

【校記】

〔一〕此首詩又見《列朝詩集》閏集卷一、《古今禪藻集》卷二十二，作者均標為『宗泐』，故宗泐《全室外集》卷二樂府收此首。

〔二〕驍騎：《列朝詩集》作『驃騎』。

〔三〕潮海：《列朝詩集》《古今禪藻集》《全室外集》作『瀚海』。

度關隴〔一〕

隴頭流水關山月，月色凄凉水嗚咽。今古征人盡斷腸，野客經過亦愁絶。連林二月氷〔二〕不開，猛虎一吼蒼崖裂。鸚鵡能言好寄書，心事茫茫向誰説。

【校記】

〔一〕此首詩又見《古今禪藻集》卷二十、《石倉歷代詩選》卷三百六十六明詩初集八十六、《明僧弘秀集》卷一。作者均標為『宗泐』，故宗泐《全室外集》卷四七言古詩收此首。

〔二〕氷：《石倉歷代詩選》作『水』。

雙桂庵〔一〕

颯颯西風動林麓，炎蒸散盡秋氣肅。嫦娥開却蟾宮門，當場撒出雙金粟。漫空積地盈四簷，靈葩不許羣芳妍。道人久住忘處所，直疑此境是先天。昔年山谷不知此，却恨晦堂無直指。鼻端驀地來香風，飄飄餘馨襲淡塵〔二〕。於今雙桂兮為名，索我再歌兮奚憑。晝寥寥兮花鳥無聲，夜寂寂兮月落空庭。

【校記】

〔一〕此首詩又見《古今禪藻集》卷二十、《明僧弘秀集》卷六。作者為『德然』。

〔二〕淡塵：《古今禪藻集》《明僧弘秀集》作『談塵』。按：作『談塵』優。

風入松〔一〕

高堂初宵山月明，長松飀飀〔二〕奏清聲。清聲希微獨坐聽〔三〕，援琴細意寫得成〔四〕。調絃轉軫聲方起，忽覺松風生繞指。更深鬼哭巖前雲，夜半龍吟澤中水〔五〕。一彈一奏聲緩促，有似松風時斷續。含商流徵清復哀，能使幽人聽不足。聽不足，琴忽罷，此時寂寂松無風，明月滿天涼露下。

【校記】

〔一〕此首詩又見《列朝詩集》閏集卷一、《四朝詩》明詩卷十五樂府歌行十二、《石倉歷代詩選》卷三百六十六明詩初集八十六，作者均標為「宗泐」，故宗泐《全室外集》卷二樂府收此首。

〔二〕飀飀：《列朝詩集》《四朝詩》《石倉歷代詩選》作「颯颯」。

〔三〕獨坐聽：《列朝詩集》《四朝詩》《石倉歷代詩選》作「坐獨聽」。

〔四〕寫得成：《石倉歷代詩選》作「寫將成」。

〔五〕澤中水：《列朝詩集》《四朝詩》《石倉歷代詩選》作「潭中水」。

少師真容自跋

幼讀東魯書，長習西方教。抹過兩重關，何者為悟道。不厭山林空寂，不忻鍾鼎尊榮。隨緣而住，任運而行。猶孤蟾之印滄海，若片雲之浮太清。了無他説，卽此便是。人問我更何如，手裏素珠一百八。

金山〔一〕

江天樓閣映蝦�，獨慮清寒不慮炎。霞散雁王開寶藏，月來龍女抱香奩。蒜山風隱漁舟集，瓜浦潮廻水怪潛。烟景飽看禪定後，此生綏福恐難兼。

【校記】

〔一〕此首詩又見《古今禪藻集》卷二十五，作者為『慧秀』。

榆城聽角〔一〕

十年遊子在天涯，一夜烋風〔二〕又憶家。恨殺葉榆城上角，曉來吹入小梅花。

【校記】

〔一〕此首詩又見《明僧弘秀集》卷十二、《古今禪藻集》卷二十七、《列朝詩集》閏集卷二、卷六、《四朝詩》明詩卷一百一十四七言絶句十四、《明詩綜》卷九十六、《明詩鈔》明詩七言絶句、《石倉歷代詩選》卷三百六十六明詩初集八

十六、《滄海遺珠》卷四、《鄭開陽雜著》卷四、《滇略》卷八、《（雍正）雲南通志》卷二十九之十四。作者為『天祥』。

〔二〕烌風：《古今禪藻集》作『秋來』，《明僧弘秀集》作『西風』。

牛怨〔一〕

七十餘城一戰收，歸來只合便封侯。火瘢未冷重加軛，春雨春風暗結愁。

【校記】

〔一〕此首詩又見《古今禪藻集》卷十七，作者為『僧宜』。

海雲庵四首〔一〕

歷歷春山裏〔二〕，曾崕〔三〕倚曲房。竹雲時駐影，桂露夕團香。未暮〔四〕先垂暝，方秋已薦涼。莫言金〔五〕索莫，自可勝他鄉。

林屋藏深密，盤盤石逕斜。過樵驚睡犬，回牧亂鳴鴉。垣碧蘿攢葉，籬紅槿綴花。到時須放浪，莫問是他家。

迢遞青村外，崎嶇紫邏間。過林纔見日，到渡不逢山。一室依巖險〔六〕，雙扉傍竹閒。曾看雲際鶴，向莫獨飛還。

一逕通林遠，時聞長者來。水光搖定室，松影落香臺。檍為防虒設，軒因放鶴開。若將吟適興，滿眼是詩林〔七〕。

【校記】

〔一〕此四首詩均見於《逃虛子詩集》卷六。另見於《（正德）姑蘇志》卷二十九。按：據《（正德）姑蘇志》，『海雲庵』在吳縣穹窿山之北麓，宋熙寧間，僧性海建。姚廣孝為僧時，嘗住此内植連理、山茶。《吳都法乘》卷二十二中收第一首。又，題中『庵』，原作『菴』，目録亦作『菴』，此録作通行字體。

〔二〕此首詩《吳都法乘》有按語云：『郡志止載四首，而其第一首却又此八首中所無，此乃縣志所載，而考姚少師本集中又都不見，俟再索之。』按：文中所云『郡志』，當指《（正德）姑蘇志》，『此八首』指《秋日重遊海雲精舍八首》，亦見《吳都法乘》卷二十二中。

〔三〕曾崕：《吳都法乘》作『層崖』。

〔四〕未暮：《吳都法乘》作『未臘』。

〔五〕金：《吳都法乘》作『今』。

〔六〕此句《（正德）姑蘇志》作『一室過依巖險』。『過』乃衍文。

〔七〕詩林：《（正德）姑蘇志》作『詩材』。

壯士吟二首〔一〕

一劍重千金，曾將托生死。不知燕趙間，何人是知己。

相見便知心，時聞擊筑吟。懷恩在一飯，不用酒杯深。

【校記】

〔一〕此二首又見《逃虛子詩集》卷十。

接待寺八詠〔一〕

玄音堂

道本静中心，秋潭皎月沉。無言得真趣，何用覓玄音。

含暉樓

樓高逼層雲，遥瞰東湖境。香斷客不來，斜陽半簾影。

挹清閣

虚閣映漣漪，祥〔二〕㲘隔蕙帷。夜寒深雪裡，正是挹清時。

止息齋

悟得西來意，高齋閉止息。欲語衆人知，流雲去無跡。

雲深處

靄靄復冥冥，晨昏不斷生。欲尋支遁宅，須待有鐘聲。

一掬軒

蕉葉度窗陰，池春緑漲深。誰將一掬水，大地作甘霖。

松花室

翠雲壓真松〔三〕，凉影涵花埒。盡〔四〕静鳥聲幽，風窻墮晴雪。

聽聞室

誰讀貝多文，踈簾捲夕曛。臨來無得説〔五〕，江上冷秋雲。

【校記】

〔一〕此八首詩又見《吴都文粹續集》卷三十三寺院、《吴都法乘》卷二十二下之上、《百城烟水》卷三、《(正德)姑蘇志》卷二十九、《(同治)蘇州府志》卷四十二。

〔二〕祥：《吴都文粹續集》作「禪」。

〔三〕真松：《吴都法乘》作「橋松」。

〔四〕盡：《吴都文粹續集》《吴都法乘》《百城烟水》《(正德)姑蘇志》《(同治)蘇州府志》作「晝」。按：作「晝」優。

〔五〕此句《吳都文粹續集》作『來聽無礙理』，《吳都法乘》作『臨來無得失』。

法相寺〔一〕

古佛千峰下，凌雲何迢迢。空生柏葉香，不逐秋風凋。車馬任來去，溪山総寂寥。了知心無我，示現若芭蕉。

【校記】

〔一〕此首詩又見《古今禪藻集》卷十九，作者為『圓信』。

白雲生歌為王履道賦〔一〕

白雲生，江海客，廣陵不歸今十年，雁書未到風塵隔。落日淮口〔二〕親舍違，每望東道白雲白。焦桐夜鼓天地愁，銀雁紛紛墮〔三〕瑤席。璚花夢落楚天寒，萱草春深露華碧。白雲生，爾孝不負親，爾忠寧負國。讀書只足記姓名，孝劍須當萬人敵。白雲生，勉爾力，犯龍顔，請恩澤，縱不能取封破虜〔四〕將軍萬里侯，亦不失漢家良臣二千石。胡為乎痛言不上賈生書，辛苦尚馳毛義檄。我亦天涯倦行役，慈母在〔五〕堂年未百〔六〕。為君重賦白雲篇，激烈長歌轉凄惻。

【校記】

〔一〕此首詩又見《珊瑚網》卷十三法書題跋、《式古堂書畫彙考》卷二十八書二十八、《六藝之一録》卷三百九十一。

〔二〕淮口：《式古堂書畫彙考》《六藝之一録》作「淮南」。

〔三〕隨：《式古堂書畫彙考》《六藝之一録》作「隨」。

〔四〕破虜：《式古堂書畫彙考》作「破敵」，《六藝之一録》作「破胡」。

〔五〕在：《六藝之一録》作「上」。

〔六〕未百：《式古堂書畫彙考》《六藝之一録》作「半百」。

牛衣卒為王景序賦〔一〕

牛衣卒，隱者流，一貧寧苦困田野，挾筞不肯干王侯。十年從軍不得志，歸來自飯溪邊牛。牛衣為衾石為枕，雷鳴鼻息春齁齁。醒來復梦梦復醒，不知蝴蝶為莊周，又安知魯遷郜鼎秦□〔二〕舟，晉盟踐土齊葵丘。戰國蘇秦何足道，黄金用盡空貂裘。漢家王章不鮮事，妻兒對泣良可羞。牛衣卒，褶袴不掩脛，破帽不戀頭。生不逢堯與舜禪，焉能蹙蹙增煩憂。夜漫漫，風颼颼，東方苦未出，長歌且卧南山秋。

【校記】

〔一〕此首詩又見《珊瑚網》卷十三法書題跋、《式古堂書畫彙考》卷二十八書二十八、《六藝之一録》卷三百九十一。

〔二〕闕文《珊瑚網》作『汎』，《式古堂書畫彙考》《六藝之一録》作『焚』。

題王孟端《送行圖》為彦如寫〔一〕

官河水滿正秋霜，鴻雁南來熟稻粱。此日送君還舊隱，九峯佳處出〔二〕鱸鄉。

【校記】

〔一〕此首詩又見《珊瑚網》卷三十六名畫題跋十二、《式古堂書畫彙考》卷五十六畫二十六。

〔二〕出：《珊瑚網》《式古堂書畫彙考》作『是』。

戲題倪迂《墨竹》〔一〕

以墨畫竹，以言作贊。竹如泡影，贊如夢幻。卽之非無，覓之不見。謂依幻人，作如是觀。

【校記】

〔一〕此首詩又見《珊瑚網》卷三十四名畫題跋十、《式古堂書畫彙考》卷五十畫二十、《六藝之一録》卷四百一、《石渠寶笈》卷三十八貯、《書畫題跋記》續卷五。

御製推忠報國協謀宣力文臣特進榮禄大夫上柱國榮國公姚廣孝神道碑〔一〕

朕惟商宗得傅巖之叟，以佐中興；漢高用赤松之流，以成大業。蓋天之生斯人也，豈偶然哉！惟我太子少師姚廣孝，乃蘇之長洲人〔二〕。祖菊山，父妙心，皆積善。母費氏。廣孝器宇恢弘，懷性〔三〕冲澹。初學佛，名道衍。潛心内典，得其閫奧。發揮激昂，廣博敷暢。波瀾老成，大振宗風。旁通儒術，至諸子百家，無不貫穿。故其文章閑嚴〔四〕，詩律高簡，皆超絶塵世。雖名人魁士，心服其能，每以為不及〔五〕。洪武十五年，僧宗泐舉至京師，朕皇考太祖高皇帝一見異之，命住持慶壽寺。事朕藩邸，每進見論説，勤勤懇懇，無非有道之言。察其所以，堅確有守。積純無疵〔六〕，朕益重之。及皇考賓天，而奸臣擅命，變更舊章，搆為禍亂，危迫朕躬。朕惟宗社至重，匡救之責，寔有所在。廣孝於時識進退存亡之理，明安危禍福之機。先幾效謀，言無不合。出入左右帷幄之間，啟沃良多。内難既平，社稷奠安，乃召至京師，命易今名，特授資善大夫太子少師。既又賜之誥命，祖考皆追封資善大夫太子少師，如其官。朕命儒臣纂修皇考《太祖高皇帝實録》，廣孝為監修官，躬自校閲，克勤所事。嘗歸吴中，以所賜金帛悉散之宗族鄉人。其生平樂善好施，天性然也。永樂之十六年三月〔七〕，來朝北京，仍居慶壽寺〔八〕。朕往視之，與語極歡。至二十八日，召〔九〕諸門人，告以去期，即斂袂端坐而逝。享年八十有四。朕聞之，哀悼不勝，輟視朝二日，命有司治喪葬〔一〇〕，追封榮國公，謚恭靖，賜〔一一〕以勳號。百司官僚暨畿内士庶，遠近傾赴，肩摩踵接，填郭塞衢。雖武夫悍卒，閭巷夫婦，莫不贊嘆嗟咨，瞻仰敬禮，惟恐勿及〔一二〕。凡七日，儀容〔一三〕如生，異香不散。卜地西山，礱〔一四〕石建塔。四月六日發引，靈輀飄灑，法幢旋繞，於以火之，心舌與牙，堅固不壞，得舍利，皆五色，其所養深矣。六月十一日，乃葬，墓在房山縣東北四十里。嗚乎！廣孝德全始終，行通神明，功存社稷，澤被後世。若斯人者，使其栖栖於艸野，不遇其時以輔佐興王之運，則亦安得播聲施於宇宙〔一五〕，垂功名於竹帛哉！眷惟耆艾〔一六〕，深切念懷，乃揚其功德之不可泯者，勒之金石以詔來人。

【校記】

〔一〕此碑文又見《國朝獻徵録》卷六公二、《熙朝名臣實録》卷九、《續藏書》卷九靖難功臣、《日下舊聞考》卷一百三十二。

〔二〕此句《國朝獻徵録》《熙朝名臣實録》《續藏書》《日下舊聞考》無『乃』字。

〔三〕懷性：《國朝獻徵録》《熙朝名臣實録》《續藏書》《日下舊聞考》作『性懷』。

〔四〕閑嚴：《國朝獻徵録》《熙朝名臣實録》《續藏書》作『閎嚴』，《日下舊聞考》作『閎麗』。

〔五〕此句《國朝獻徵録》《熙朝名臣實録》《續藏書》《日下舊聞考》『及』下有『也』字。

〔六〕疵：底本誤作『疪』，據文意及《國朝獻徵録》《熙朝名臣實録》《續藏書》《日下舊聞考》改。

〔七〕此句《國朝獻徵録》《熙朝名臣實録》《續藏書》《日下舊聞考》無『十』字。

〔八〕句中『壽』，底本誤作『善』，據上文及《國朝獻徵録》《熙朝名臣實録》《續藏書》《日下舊聞考》改。

〔九〕召：《國朝獻徵録》《熙朝名臣實録》作『詔』。

〔一〇〕此句《國朝獻徵録》《熙朝名臣實録》《續藏書》《日下舊聞考》『司』下有『為』字。

〔一一〕賜：《國朝獻徵録》《熙朝名臣實録》《續藏書》《日下舊聞考》作『贈』。

〔一二〕勿及：《國朝獻徵録》《熙朝名臣實録》《續藏書》作『弗及』，《日下舊聞考》作『不及』。

〔一三〕儀容：《國朝獻徵録》《熙朝名臣實録》《續藏書》《日下舊聞考》作『儀形』。

〔一四〕礱：底本誤作『磐』，據文意及《國朝獻徵録》《熙朝名臣實録》《續藏書》《日下舊聞考》改。

〔一五〕此句底本『安』字漶漫不清，據《國朝獻徵録》《熙朝名臣實録》《續藏書》《日下舊聞考》録。句中『施』，《國朝獻徵録》《熙朝名臣實録》《續藏書》《日下舊聞考》作『光』。

〔一六〕此句底本『艾』字漶漫不清，據《國朝獻徵録》《熙朝名臣實録》《續藏書》《日下舊聞考》録。

附録

御制贈推忠輔國協謀宣力文臣特進榮禄大夫柱國榮國公謚恭靖姚廣孝神道碑銘〔一〕

朕聞商宗得傅巖之叟以佐中興，漢高用赤松之流以成大業。蓋有命世之才者，必能建輔世之功。其生也，學足以濟時，仁足以澤物，謨謀足以匡□〔二〕家。其歿〔三〕也，聲名洋溢流芳于後世，耿耿而不磨。蓋天之生斯人，豈偶然哉！始之隱約，所以善其身；中之達施，所以見諸用；終之清明〔四〕，所以超其類。凡若是者，惟太子少師姚廣孝有焉〔五〕。廣孝，蘇之長洲人。祖菊山，父妙心，皆積善。母費氏。廣孝器宇恢弘，性懷冲澹。初學佛，名道衍。軌行峻嚴，人皆尊仰。潛心内典，得其閫奥。發揮激昂，廣博敷暢。波瀾老成，大振宗風。旁通於儒，至諸子百家之言，無不貫穿。故其文章閎麗，詩律高簡，皆超絶塵俗。雖文人魁士〔六〕，心服其能，每以為不及。然藴蓄至道，而人莫窺其底裹。洪武十五年，僧宗泐舉至京師。朕皇考太祖高皇帝一見異之，命住持慶壽寺。事朕藩邸，每進見論説，勤勤懇懇，無非有道之言。退察其所以，堅確有守，精純無疵，朕益重之。及皇考賓天，奸臣擅命〔七〕，變更舊章，構為禍亂，危迫朕躬。朕惟宗社至重，匡救之責，實有所在。廣孝于時識進退存亡之理，明安危禍福之機。先幾效謀，言無不合。出入左右帷幄之間，啟沃良多。雖古之明智〔八〕，莫能過也。内難既平，社稷尊〔九〕安，深惟天之所以佑〔一〇〕我國家，而輔成大勳，若廣孝者，實有賴焉。乃召至京師，命易今名，特授資善大夫太子少師。既又錫〔一一〕之誥命，祖考皆追封資善大夫，妣皆追封夫人。廣孝之為宮僚，從容漸漬，忠言匡輔，雖老益盡其心。朕命儒臣纂脩皇考《太祖高皇帝實〔一二〕録》，廣孝為監脩官，躬自校閱，克勤所事。嘗歸吳中，以所賜金帛悉散之宗族鄉人。其生平樂善好施，天性然也。永樂之六年三月，來朝□□〔一三〕京，仍居慶壽寺。朕往視之，與語□□□□□□〔一四〕日，召諸門人，告以去期，即斂趺端坐而逝。享年八十有四。朕聞之，哀悼不勝，輟視朝二日，命有司為治喪葬，追封榮國公，謚恭靖，贈以勳號。百司官僚暨畿甸士庶，遠近傾赴，肩摩踵接，填郭溢衢。雖武夫悍卒，閭巷婦女，莫不贊嘆嗟咨，瞻仰敬禮，惟恐弗及。凡七日，儀形如生，異香不散。卜地於西山，礱石建塔。四月六日發引，靈風飄灑，法雲旋繞。以火浴之，心舌牙不壞，堅如金石，得舍利皆五色，其所養者深矣。於六月十八日遂葬焉。嗚乎！廣孝德備始終，行通神明，功存社稷，澤被生民。故曰有命世之才者，必能建輔世〔一五〕之功。若斯人者，使其棲棲於草野之中，不遇其時以輔佐興王之運，則亦安能播聲光於宇宙，垂功名於竹帛哉！况死生之際亦大矣，廣孝能預燭於事而不惑，其有所見也。眷惟耆艾，深切朕懷，乃揭〔一六〕其功德不可泯者，勒之金石，以詔來世。銘曰：

天生哲人，輔我國家。有猷有為，厥德孔嘉。蚤從於佛，潛養器識。洞燭古今，幽微莫測。弘濟于艱，畫若斷金。內難既平，克享天心。崇德報功，位隆師臣。翊善弘化，正笏垂紳。端居養素，壽考惟〔一七〕祺。翩然而來，人莫我知。儵然而逝，儼乎容儀。克全五福，自天佑〔一八〕之。衣冠士庶，遠邇同趨。填咽都市，瞻拜嗟咨。民夫具瞻，誰其蓍龜。西山之丘，神氣所鍾。岡巒回環，磅礴冲融。妥靈于兹，永固厥封。精英〔一九〕上騰，五色彌空。琢玉示辭，廼敕臣工。於千萬年，流光無窮。

永樂十六年八月十三日。

【校記】

〔一〕此碑文又見《〈康熙〉房山縣志》卷五，題首作『姚廣孝神道碑記，御制』。
〔二〕缺字《〈康熙〉房山縣志》作『國』。
〔三〕歿：《〈康熙〉房山縣志》作『沒』。
〔四〕清明：《〈康熙〉房山縣志》作『清名』。
〔五〕此句《〈康熙〉房山縣志》闕『有』字。
〔六〕此句《〈康熙〉房山縣志》闕『雖』字。
〔七〕此句《〈康熙〉房山縣志》『奸』上有『而』字。
〔八〕明智：《〈康熙〉房山縣志》作『明哲』。
〔九〕尊：《〈康熙〉房山縣志》作『奠』。按：作『奠』似優。
〔一〇〕佑：《〈康熙〉房山縣志》作『祐』。
〔一一〕錫：《〈康熙〉房山縣志》作『賜』。
〔一二〕實：《〈康熙〉房山縣志》誤作『寶』。

〔一三〕缺字《〈康熙〉房山縣志》作『于北』。

〔一四〕缺字《〈康熙〉房山縣志》作『極歡至二十一』，《國朝獻徵録》《熙朝名臣實録》《續藏書》《日下舊聞考》等作『極歡至二十八』。按：上一篇《姚廣孝神道碑銘》亦作『極歡至二十八』。

〔一五〕輔世：《〈康熙〉房山縣志》作『輔佐』。

〔一六〕揭：《〈康熙〉房山縣志》作『揚』。

〔一七〕惟：《〈康熙〉房山縣志》作『維』。

〔一八〕佑：《〈康熙〉房山縣志》作『祐』。

〔一九〕精英：《〈康熙〉房山縣志》作『精靈』。

成祖文皇帝御敕

敕左善世道衍。爾秉性篤實，學行老成。雖托身釋流，而通於儒理。事朕日久，啟沃良多。及朕起兵定難，爾與有帷幄之謀。今立儲宮，須求輔導。爾為舊人，宜膺斯寄。固知樂於優游，無心榮顯，尚宜勉强，以副朕懷。故敕。

永樂二年三月十五日。

敕太子少師姚廣孝

朕惟令德所成，本乎天賦；養正之學，實弘聖功。故有聰明純一之資，必有詩書禮樂之教，所以充其德性而廣其器識也。朕嫡長孫，天章日表，玉質龍姿。孝友英明，寬仁大度。年未一紀，體具志寧。動必合規，言必中理。好學之篤，夙夜孜孜。日誦萬言，心領要義。朕嘗試之以事，輒能裁決得中。斯實宗社之靈，上天賜慶，挺生異質，將以福祐天下，而基命於無窮也。然宏材之建，必由匠石之功；圭瓚之成，必假琢磨之力。卿等皆茂簡德藝，職輔東宮。東宮之子，必資兼弼。宜協心合力，輔導於成。推廣仁義道德之源，開陳二帝三王之治，與我太祖高皇帝之大經大法。凡肇創守成之難，生民稼穡之事，朝夕講論，以涵養本源，恢宏智量，充其盛大之器，以為宗社生民，廣萬年之福，茲國家之慶。卿等亦與有榮聞於無窮焉。欽哉！故敕。

永樂六年十一月初一日。

又〔一〕

皇太子致意少師姚廣孝〔二〕：曩遭權奸險阻，多賴參贊之力〔三〕。今天下太平，正當與卿同遊。豈期春秋高邁，筞履艱辛。久不聞忠愛之言，良切懷想。方今奉命監國，日臨萬幾，恐余菲德〔四〕，不能為民造福。凡有得失，實封未聞〔五〕，助其不及。余能虛襟静志，聽納嘉音。卿得犯顔毋隱〔六〕。今特遣内臣將賫椰〔七〕菓五十〔八〕枚，以達余衷。卿其領焉，副我眷待。

永樂七年十月十五日〔九〕。

【校記】

〔一〕蘇州原妙智庵内新發現了兩通姚廣孝碑刻，其内容與下文相合，故入校記。「又」，碑刻無。

〔二〕此句《相城小記》卷五作「永樂七年皇太子致意少師姚廣孝曰」。

〔三〕此句碑刻作「多賴卿參贊之力」。

〔四〕菲德：《相城小記》作「菲薄」。

〔五〕此句碑刻、《相城小記》作「實對來聞」。按：作「實對來聞」似優。

〔六〕此句《相城小記》無。

〔七〕椰：《相城小記》誤作「卿」。

〔八〕五十：碑刻作「伍拾」。

〔九〕十五日：碑刻作「二十九日」。《相城小記》無日期。

又〔一〕

皇太子諭少師姚廣孝〔二〕：昨者召卿，經綸正務，方知染疾日久，步履艱辛。余有失養老尊賢之禮〔三〕，心實愧焉。今者特賜親用良劑十〔四〕枚，至可領也〔五〕。秋深好將息〔六〕。故諭。

永樂十一年八月十五日〔七〕。

【校記】

〔一〕蘇州原妙智庵内新發現了兩通姚廣孝碑刻，其内容與下文相合，故入校記。『又』，碑刻無，《相城小記》卷五作『又二十一年』。

〔二〕此句《相城小記》卷五作『皇太子諭少師姚廣孝曰』。

〔三〕此句碑刻、《相城小記》『失』下有『于』字。

〔四〕十：碑刻作『拾』。

〔五〕也：《相城小記》作『焉』。

〔六〕好將息：《相城小記》作『好為將息』。

〔七〕《相城小記》無日期。

御祭文〔一〕

維〔二〕永樂十六年歲次戊戌三月辛亥朔越三十日庚辰，皇帝遣鎮遠侯顧興祖諭祭於太子少師姚廣孝之靈曰：惟卿忠誠端謹，識量弘遠。早悟佛理，寄跡方外。事朕藩邸，多歷年所。曩者奸兇搆禍，朕舉義師，以定〔三〕内難。卿竭忠效謀，克殫心膂。識察天運，言屢有驗。一德一心，弘〔四〕濟艱難。輔成家國，其績居多。肆朕統承天位，圖任舊人，特授卿以宮〔五〕寮之位，朝夕啟沃，資益良多〔六〕。比者謁朕北京，相見之頃，詞氣藹然。詎期信宿，端坐而逝。訃音來聞，良深悼痛〔七〕。嗚乎〔八〕！死生者，人事之常。惟卿道德崇高，功行弘〔九〕深，精進圓修，超登妙覺。生能盡忠於國家〔一〇〕，茂建偉績，復能享有壽考，兼備五福。一旦乘化，超焉而逝。出有入無，遊戲三昧。滅而不滅，與道常〔一一〕存。自昔以來，如卿者豈易得哉！今特追封卿為榮國公，賜〔一二〕謚曰恭靖，遣人祭〔一三〕以素羞。惟靈不昧，尚克鑒之。

【校記】

〔一〕蘇州原妙智庵内新發現了兩通姚廣孝碑刻，其内容與下文相合，故入校記。『御祭文』，碑刻作『皇帝御祭文』，《相城小記》卷二作『永樂御祭文云』。

〔二〕維：《相城小記》作『惟』。

〔三〕定：碑刻、《相城小記》作『清』。

〔四〕弘：《相城小記》作『宏』。

〔五〕宫：《相城小記》誤作『官』。

〔六〕良多：碑刻、《相城小記》作『良深』。

〔七〕悼痛：《相城小記》作『悼嘆』。

〔八〕嗚乎：碑刻、《相城小記》作『嗚呼』。

〔九〕弘：《相城小記》作『宏』。
〔一〇〕此句《相城小記》闕『家』字。
〔一一〕常：碑刻、《相城小記》作『長』。
〔一二〕賜：底本原闕，據文意及碑刻、《相城小記》補。
〔一三〕祭：底本誤作『登』，據文意及碑刻、《相城小記》改。

維永樂十六年歲次戊戌四月丁巳朔越初四日甲申，皇帝遣鎮遠侯顧興祖諭祭於太子少師贈榮國恭靖公靈曰：惟卿年齡益高，功行彌篤，遽此告終，歸於圓寂。日月易邁，首七是臨。追念老成，重增悼嘆。茲特遣祭，用仰朕懷。惟靈不昧，歆鑒於斯。

維永樂十六年歲次戊戌四月丁巳朔越初六日丙戌，皇帝遣鎮遠侯顧興祖諭祭於太子少師贈榮國恭靖公姚廣孝之靈曰：昔者朕君藩邸，卿托方外，朝夕相見，式資啓沃。暨朕平定内難，卿克相從，勉效勞勩。謀謨贊畫，識見弘深。忠言讜論，激切至當。為國家之深謀，定社稷之大計。金石之誠，通於天地。用是輔成鴻業，大統斯正。文武百辟，咸酧功能。籌卿之績，擢任三孤。年德之高，無與為比。比者相見，深愜朕懷。方冀久留，聆接言面。一旦乘化，翩然長征。追惟耆舊，痛乎可言！嗚乎！人孰無死，惟卿愽學老成，造詣佛理，修習精勤，至老不替。生能建大勳於國家，歷官師傅而享有五福，以臻遐齡。臨終之日，凝神定慮，斂衽端坐，翛然而逝。誠可謂知生死，超焉於萬物之表者矣。茲特建塔於西山之麓，妥卿神靈，以是日啟途，特遣人祭以素羞。惟卿不昧，尚鑒于斯。

誥命

奉天承運，皇帝制曰：宣忠佐命，蹟已著於中興；崇德報功，禮宜加於天眷。惟耆舊用錫褒崇。故資善大夫太子少師姚廣孝，冲澹有守，敦樸無華。既博洽於儒書，而通於佚理。事朕籓邸，多歷歲年。當奉天靖難之日，獨能决幾先，特立不阿，察人事於未然，識天命之有在。上以為宗廟社稷之計，下以為天下生靈之謀，經營圖回出於肺腑，翊贊籌畫有同股肱，一德一心，輔成大業。爰等差於勞烈，特進位乎孤卿。身愈顯而益謙，功已成而弗有。永懷壽考，政倚賴於舊人；緬想儀型，乃遽亡於一鑑。興言及此，悼痛何勝！惟頎德之賢，宜有泉扃之賁。用加顯錫，以慰冥靈。今特追贈推忠輔國協謀宣力文臣特進榮禄大夫〔一〕柱國榮國公謚恭靖。姚公如存，服兹嘉命。

永樂十六年六月二十二日鎮遠侯臣顧興祖謄黄。

【校記】

〔一〕夫：底本誤作『大』，據文意徑改。

御祭文〔一〕

維洪熙元年歲次乙巳三月辛未朔越二十八日戊戌〔二〕，皇帝諭祭於榮国恭靖公姚廣孝曰〔三〕：

朕惟〔四〕聖君明王〔五〕之興，咸有文武英傑之材相與合德協謀，定大難，成大功，故生則同其富貴，殁則陪其祀享，此古今之通規也。朕皇考太宗文皇帝，以大聖〔六〕之德，順天應人，再安宗社〔七〕，弘靖海宇，茂建太平，亦皆賴卿等相與同心同力，以輔成大功〔八〕。今特加贈卿為少師〔九〕，散官、勳爵、謚號悉如舊。仰惟〔一〇〕皇考，聖靈在天。兹者致隆廟祀，特以卿配享於廟。英靈如在，永永歆承。今遣爾子尚寶司少卿姚繼祭告，惟靈鑒知〔一一〕，尚享〔一二〕。

【校記】

〔一〕蘇州原妙智庵内新發現了兩通姚廣孝碑刻，其内容與下文相合，故入校記。『御祭文』，《相城小記》卷二作『又祭文云』。又，《明仁宗實録》卷八下亦載此文，該題録作『遣尚寶司少卿姚繼祭其故父榮国恭請（靖）公姚廣孝，其文曰』。

〔二〕此句碑刻、《相城小記》無『越』字。

〔三〕此二句《明仁宗實録》無。

〔四〕惟：《相城小記》作『維』。

〔五〕明王：碑刻、《相城小記》作『明主』。

〔六〕大聖：《相城小記》作『大功』。

〔七〕再安宗社：《明仁宗實録》作『載安宗社』。

〔八〕此二句《明仁宗實録》作『亦賴卿等同心協贊，而永世有賴』。
〔九〕此句《相城小記》闕『加』字。
〔一〇〕惟：《相城小記》作『維』。
〔一一〕知：《相城小記》作『之』。
〔一二〕此三句《明仁宗實録》無。

誥命

奉天承運，皇帝誥曰：朕惟謀謨之臣，能宣忠協佐於國家者，生有爵禄之榮，歿有褒崇之命，所以篤始終之義而稱报施之功也。有太子少師贈推忠輔國協謀宣力大臣特進榮禄大夫柱國追封榮國恭靖公姚廣孝，早明内典，旁綜儒孝，侍朕皇考太宗文皇帝於潛邸，小心恭慎，簡在宸衷。當内難方興，佐予城守，險阻艱難，勞勤夙夜。至言讜論，鞠躬盡誠。滋越歲年，良多裨益。先皇帝大統論功推寵，以師臣輔朕儲貳，周旋匡翊，雁容老成。言遊館閣之中，抗志煙霞之表。嗟其已遠，念之如在。今朕紹承天位，追惟舊臣，特進贈為少師，勳爵、謚號悉如故，配享太宗文皇帝廟庭。嗚呼！感會風雲，光華存没。三孤之寵，足以慰於幽靈；九原不亡，尚慨想其歆服。

洪熙元年三月二十七日，鎮遠侯臣顧興祖謄黄。

御祭文

皇太子遣禮部郎中陸貞致祭於太子少師贈榮國恭靖公姚廣孝之靈曰：惟卿資稟温粹，慱學老成。事我皇上，逾四十年。當靖難之日，卿竭誠效力，佐成大功。用錫褒榮，特授卿以三少之職。式資德義，翊贊予躬。而卿年齡益高，功行彌篤，廣視物表，究竟益深。倏兹一旦，翛然而化。追惟耆舊，感悼曷勝！今特遣人，祭以素羞。惟靈不昧，尚其享之。

趙王遣右長史董子莊致祭於太子少師贈榮國恭靖公姚廣孝之靈曰：惟卿致力問學，夙悟真氣。翊贊聖明，遂清内難。恭膺光寵，列位孤卿。壽考令終，特加褒錫。永歸覺路，傷悼實深。奠送一觴，來歆來享。

朝臣祭章

泰寧侯陳珪等：

惟公器宇淵深，學問篤實。名尊望重，夙德老成。進退從容，言辭懇欵。位居三少，寵眷優隆。贊弼之勞，當時莫尚。年踰八袠，戒行益高。何期今兹，遽歸圓寂。重增追憶，哀感曷勝！嗚呼哀哉！尚享。

平江伯陳瑄等：

惟公學究群書，博聞廣識。爰從蚤歲，託迹空門。戒行精嚴，性源融朗。荷蒙眷遇，益竭乃心。攄忠效謀，協贊興運。平定内難，懋著勛勞。論功錫爵，列位三孤。盛福榮名，益隆壽考。比來京國，乘化而歸。追想範行，實愴輿情。捧觴致哀，尚其來格。

吏部尚書蹇義等：

惟公資稟淳粹，器宇弘深。託迹空門，益修戒行。蚤結主知，克勤輔翊。伏清内難，厥績尤彰。崇德報功，位先三少。榮名壽考，善始善終。乘化長征，豈勝瞻慕！臨風致奠，哀悼奚堪！

户部尚書夏原吉等：

惟公秀朗，質匪凡流。玉鑑湛空，氷壺炯秋。問學老成，功行益修。晚際聖明，卓錫薊丘。翊贊帷幄，善斷善謀。輔成大業，獻納嘉猷。列官師傅，屢沐恩休。一朝長逝，竟不可留。追慕平生，孰侶孰儔。一觴致奠，涕泗交流。

禮部尚書吕震等：

嗚呼！惟公之資，冲粹精淑。愽孝洽聞，温其如玉。早從釋氏，道行精熟。既遭眷顧，忠愛斯篤。翊贊皇猷，燭照亀卜。内難既清，克享厚禄。秩列三孤，荣膺五福。詎期乘化，厭古何速。靈車載途，返形山麓。奠此一觴，有淚盈掬。

兵部尚書方賔等：

惟公性資端謹，學問該通。祗事聖明，竭忠翊贊。從清内難〔一〕，懋建大勳。列爵宮僚，位先三少。年登上壽，功行益崇。及此仙遊，重增哀悼。公靈不昧，來鑒於斯。

又

嗚呼！惟公博學，佳譽夙馳。既事浮屠，戒律克持。昔在潛邸，躬遇主知。謀謨參贊，有猷有為。輔相國家，獻替孔宜。既平内難，錫爵少師。厚禄榮名，顯于盛時。何期長逝，溘焉莫追。思惟善範，益仰高風。靈車戒行，妥魄山陲。致奠於兹，有涕漣漣。

刑部尚書吴中等：

嗚呼！惟公質矣，冲和粹温。潛心問學，有德有言。蚤契上乘，遊迹空門。躬事潛藩，深沐寵恩。參贊帷幄，忠愛斯存。廓清内難，功崇秩尊。進退優游，壽祉實繁。詎期化逝，以返其身。追惟行義，哀感莫伸。獻此一觴，永訣千春。

工部尚書宋禮等：

嗚呼！惟公之生，靈秀所鍾。偉然其外，淵然其中。博學多聞，群籍該通。托迹浮屠，蚤悟禪宗。晚際聖明，攄誠效忠。帷幄恊謀，克底成功。内難既平，爰錫褒崇。重禄厚爵，恩眷益隆。出入彤庭，納贊儲宫。年高德邵〔二〕，五福攸仝。何期厭世，遽然告終。追念疇昔，聿懷高風。一觴臨奠，以寫哀悰。

錦衣衛親軍指揮使司掌衛事都指揮僉事劉忠等：

惟公生質温粹，器量宏深。博洽群書，托跡禪教。遭逢聖明，夙荷知遇。暨清内難，翊贊尤多。

崇德論功，錫爵師傅。顯榮壽考，福禄彌臻。及兹乘化，溘焉長逝。追惟曩昔，感愴曷勝！精爽如存，尚其來格。

尚寶司丞袁忠徹、禮部主事王洪等：

嗚呼！公有真如之慧，而能輔聖明以成功；公有豪傑之才，而能脱塵凡以離俗。初遊鹿苑而悟禪心，遂據猊臺而為教首。會衆法而演三乘，明一真而空萬有。覺有情弘開般若之津，指群迷大啟光明之牖。妙道與日而昭宣，達士聞風而輻輳。由是膺聖主之知，建勳庸之茂。龍韜帍署，屢合于聖筭之中；玉帶錦袍，遂秩於儒臣之右。天下想其風采，神明相其眉壽。兹者戀京國而來朝，越江津以馳驟。維摩忽遘於有疾，宸衷每軫於來奏。儼龍駕之撫臨，仰天恩之深厚。遂至無有言説，示法門原出於不二；奄然跏趺〔三〕，化幻身復歸於無有。九重念老成而悼惜，庶士景道風而奔走。昭乎美謚之加，嵬乎崇爵之授。顯德行而加賢勞，超古今而光宇宙。如忠徹等，以先人之故承事於門墻，以同事之屬聽教於左右，忘其年爵之尊，取夫辭學之陋。公小善之不遺，獲奇文以同究。每愛至而誨切，期深養以大就。兹法旆之遠來，即净室以蹔候。垂寂静而涅槃，猶殷勤以善誘。想公皈依摩揭之域，逍遥娑羅之囿，如來以為師，衆善以為友，拂衣寶樹之枝，濯足金池之溜。圓融之性，與日月而長明；自在之靈，同天地之不朽。不生不滅，何住何有。其餘議論之宏達，文筆之雄秀，蓋公三昧之餘事，亦足以名世而傳後。仰法相之如生，尚遲回之宿留。人世永傳嘉言，難又菲奠以效忱，薦薄詞以為侑〔四〕。

都察院左都御史李慶　通政使司左參議孫英
大理寺卿周彦奇　大理寺少卿王勉
光禄寺卿井泉　鴻臚寺卿林
太僕少卿　國子監祭酒胡儼
翰林院學士楊榮　尚寶司少卿袁忠徹
太醫院院使陳　欽天監監使皇甫仲和
吏科等六和給事中蘇弼　中書舍人鮑鱗
行人司正　北京順天府尹甄儀合祭：

惟公器識高明，學問該洽。精修覺行，兼貫儒書。贊輔國家，克有功閥。忠謀至計，久合聖心。位列三孤，顯榮壽考。屢膺寵眷，當代莫倫。胡兹一旦，乗化長征。追懷遺德，徒切哀悰。銜杯致奠，靈其鑒兹。

中府、左府、右府、前府、後府、駙馬都尉等俱有祭葬文，大同小異，不及註載。

【校記】

〔一〕難：底本誤作『雞』，據文意徑改。

〔二〕卲：通『劭』。

〔三〕跏趺：底本誤作『跏趺』，據文意徑改。

〔四〕此二句當有脱誤。

少師姚廣孝事蹟

公姓姚，名廣孝，吳之相城人也。其先世業醫。幼名天禧。嘗白其父曰：『兒不樂為醫，願讀書出仕。不則從佛，為方外之游。』元至正間，祝髮為相城妙智庵僧，法名道衍，字斯道。時相城靈應觀道士席應真〔一〕，讀書有道法，兼通兵機，道衍師之，盡得其術。然深自晦藏，人無知者。已而至京口遊覽，賦詩曰：『樵櫓年來戰血乾，烟花猶自半凋殘。五州山近朝雲亂，萬歲樓空夜月寒。江水無潮通鐵甕，野田有路到金壇。蕭梁事業今何在，北固青青眼倦看。』其友宗泐見其搖膝高吟，咲之曰：『此豈釋子語耶？斯道，斯道，汝薄南朝矣。』既而泐舉衍往燕住持北平慶壽寺。或薦道衍文武異才，燕王召見，問曰：『爾能卜乎？』道衍操吳音連對曰：『會！會！』卽開襟出太平錢五文，啟王自禱，連擲之，睨王曰：『殿下將無作皇帝乎？』王叱曰：『和尚勿謬言！』道衍悚然而退。他日實告之。道衍進言輒合。因薦相術袁珙以决之。蓋道衍常遊嵩山佛寺，遇珙，珙相之曰：『寧馨胖和尚乃爾耶！三角漂白目，形如病虎，性必嗜殺，他日劉秉忠之流也。』道衍大咲，因此自負。王亦聞珙名，召珙至燕，使者與飲於酒肆，王易服，雜衛士中，亦入肆。珙一見，卽趨拜王前，占其他日為太平天子。世傳二語云：『辯〔二〕宰相於嵩山佛寺，識真主於長安酒家。』燕王有靖難之意。時建文帝尊賢禮士，慕行古道，民皆悦之。王密語以人心所向，衍對曰：『天所造，何論民心？』自是遂以道衍為軍師。建文密敕北平指揮張信擒燕王，信受命，日以為憂。其母疑而問之。信以實告，母驚曰：『吾聞燕王當有天下，非汝所能擒也。』於是乘母輿詣燕府，見王告之。王呼為『恩張』，乃召道衍共謀。語未幾，簷瓦飄墮地而碎，王以為不祥。衍曰：『此祥也。』王罵曰：『汝何妄言！此烏得為祥？』衍笑曰：『天意欲殿下易黄瓦耳。』王乃喜。是日謀乃定，七月卽起靖難兵。建文二年正月，燕王東昌戰敗而還。初，靖難師起，衍嘗云：『每日師行必克，但費兩日耳。』及東昌之敗，衍曰：『前已言之，費兩日，乃「昌」字也。自此全勝矣。』上將發北平，時道衍送之郊，跪而密啟曰：『臣有所託。』上曰：『何為？』道衍囑曰：『南方有方孝儒者，素有學行。武成之日，必不降附。請勿殺之。殺之，則天下好學者絶矣。』上首肯之。及靖難師駐金川門，宫中自焚。孝儒卽持斬衰服，晝夜號哭，至是為鎮撫伍雲等執以獻。孝儒不屈，乃繫獄。既而議頒卽位，詔於天下，問左右誰可代草者，皆舉孝儒。乃召出獄，斬衰而見，悲慟不止。上諭之曰：『我家耳，先生何良苦？』〔三〕又曰：『先生為我作詔命。』授以帋筆。孝孺大書數字，擲筆於地，曰：『死卽〔四〕死耳，詔不可艸。』上大聲謂曰：『汝烏〔五〕能遽死，朕當滅汝十族。』乃據其宗枝〔六〕盡抄没之，死者八百四十七人。妻鄭氏與子皆自縊死〔七〕。及母族林彦清、妻族鄭元吉〔八〕等九族皆戮。及友門〔九〕廖鏞、林嘉猷等，亦多坐誅。然後詔磔孝孺於市。永樂二年四月甲申，册立世子御名高熾為皇太子，擢左善世道衍為太子少師，始復姓姚，賜名廣孝。上自稱為少師而不名。亦終不蓄髮，居止多在僧寺。上賜二宫人，不能辭，逾月，猶處子也。乃召還之，不復强。六月，命廣孝往蘇、湖等府賑濟。廣孝初為僧，其姊戒之曰〔一〇〕：『汝為和尚〔一一〕，當發慈悲心。』蓋知其好殺也。及預靖難，姊嘆息，謂人曰：『和尚慈悲，當如是邪〔一二〕？』廣孝既貴還吳，往見姊，姊拒之曰：『貴人何用至貧家？』為不納〔一三〕。廣孝乃易僧服而往，姊堅不出〔一四〕。家人勸之，姊不得已出立中堂。廣孝連下拜〔一五〕，姊曰：『安用爾拜許多耶〔一六〕？曾見做和尚不了底，是甚好人？』言畢，遂〔一七〕還户内，不復再見。永樂五年四月，皇長孫出閣讀書，御名瞻基，時年九歲，命姚廣孝等侍講讀。九年十月，詔廣孝重修《太祖高皇帝實録》。永樂十六年三月，廣孝卒。追封榮國公，謚恭靖，配享太宗廟。

【校記】

〔一〕席應真：《逃虚類稿》卷二《海虞席先生墓銘》作『席德玠』，《吳中人物志》卷十一、《都公談纂》卷上、《（正德）姑蘇志》卷五十八等作『席應玠』。

〔二〕辯：通『辨』。

〔三〕此三句《皇明通紀法傳全録》卷十三作：『上降榻，慰諭之曰：我家事耳，先生何自苦？』

〔四〕卽：《皇明通紀法傳全録》作『則』。

〔五〕烏：《皇明通紀法傳全録》作『焉』。

〔六〕宗枝：《皇明通紀法傳全録》作『宗支』。

〔七〕此句《皇明通紀法傳全録》作『妻鄭氏與諸子皆先自經死』。

〔八〕鄭元吉：《皇明通紀法傳全録》作『鄭原吉』。

〔九〕友門：《皇明通紀法傳全録》作『朋友門生』。

〔一〇〕此句《釋鑑稽古略續集》作『其姊嘗戒之曰』。

〔一一〕此句《釋鑑稽古略續集》作『汝既為和尚』。

〔一二〕邪：《釋鑑稽古略續集》作『耶』。

〔一三〕此句《釋鑑稽古略續集》作『家為不納』。

〔一四〕此句《釋鑑稽古略續集》作『姊堅不肯出』。

〔一五〕此句《釋鑑稽古略續集》作『廣孝即連下拜』。

〔一六〕此句《釋鑑稽古略續集》作『我安用爾拜許多耶』。

〔一七〕遂：《釋鑑稽古略續集》作『遽』。

廣孝嘗過閶門，見酒家懸幟，字甚工，問誰書者，乃一少年。召與相見，曰：『若相當貴，能為吾子乎？家有何人？』對曰：『惟老母與妹。少師見憐，願以身事。』乃辭其母復來。廣孝迎，謂之曰：『惜也年不甚永，官可五品耳。』歸以見於上，曰：『此行得一子。』上為賜名曰『繼』，使侍太子讀書於文華殿。後廣孝復以使事出還，於道得疾，抵城門不入。命其下為幄，曰：『上將來視。』已而駕果至，撫勞備至，賜金唾盂，且問有何言。廣孝以手加額曰〔一〕：『出家人復何所道？但洽南洲好僧，在獄久，願赦之。』立詔出洽。洽者，亦吳之名僧也，嘗為左善世，忤旨下獄。是日出，拜床下，髮已覆額矣。數日後〔二〕，駕再至問疾。尋卒。追封榮國公，謚恭靖。後配享太宗廟庭。初，廣孝之卒也，繼訃於上，上曰：『汝父死，有何言？』曰：『願陛下厚恤臣家。』上大怒，曰：『汝父平生與吾語，何嘗及家事？』乃逐繼。使使至相城，召其弟姪入京，賜第以居，金帛充溢。然兩人皆農夫，愚騃特甚。上嘗憶廣孝言，為僧者宜與家絶，且邏者於其第中往往得廣孝遺筆，亦云乃復還兩人於家。繼於仁宗時召為尚寶少卿，卒年四十二。《震澤紀聞》

【校記】

〔一〕此句底本脱『手』字，據《震澤紀聞》卷上補。

〔二〕此句《震澤紀聞》無『後』字。

姚廣孝之見王光庵也，騎從而往，光庵閉門不應。明日被衲衣再往，扣門者三，光庵問誰，荅曰：『道衍。』光庵曰：『衍斯道歸耶？待我白母。』母許入，遂啟門交拜。且請其母出，拜訖，母曰：『少師。』母曰：『爾為少師，更有大師乎？』光庵曰：『衍斯道，聞爾發跡矣。然所居何官？』荅曰：『吾家不識有此官，阿母不必問。』遂留之飯。廣孝曰：『仲光，明日訪我否？』曰：『然。』辭去。至明旦，僧帽禪衣鞝鞋，策杖往萬壽寺訪之。小僧報一狂夫至，廣孝曰：『王仲光也。』起，延入，拜訖，口無一言，手敲木魚，惟誦阿弥陀佛，不輟聲。問以事，不應。蟠坐良久，曰：『和尚珍重！』乃退。廣孝使小僧隨而聽其言，且敲且誦，時一嘆息曰：『衍斯道，一個和尚做不了。』他日，廣孝來別。方啜茶次，廣孝曰：『仲光，何佯狂也？不及我在京索一官職，庸俟何時？』光庵擲杯於地，涎嗽交流。母曰：『衍斯道可去，吾兒中風矣。』廣孝嘆息而返。《稗史彙編》

姚少師領敕往蜀雲臺觀懸旛，至蘇，暫駐寒山寺。偶在松下散飯，曳履獨行，會吴邑曹貳尹喝道來，少師行如故。尹怒，執而笞之。少師受笞，不自道。人有識之曰：『此姚少師也。』曹恐，伏地請罪。少師作詩曰：『出使南來坐畫船，袈裟猶帶御爐烟。無端撞着曹三尹，二十蒲鞭了宿緣。』〔一〕先自道衍自請於燕王曰〔二〕：『殿下若能用臣，臣當奉白帽子與大王戴。』又嘗侍宴，值天寒甚，王出一對曰：『天寒地凍，水無一點不成冰』，道衍應聲曰：『國亂民愁，王不出頭誰是主。』王大喜，遂欲起兵，令擇日。至期大風雨，王不悦。道衍曰：『殿下是個龍，正要風雨大，方助得勢頭起。急行毋緩！』〔三〕《明史紀畧》

【校記】

〔一〕此段記載又見於《西園聞見録》卷十四、褚人穫《堅瓠集》卷二、《堯山堂外紀》卷八十一國朝、《明朝小史》卷五洪熙紀。

〔二〕此句『先自道衍』的『自』疑為衍文。

〔三〕此段記載又見於《皇明通紀集要》卷八、《明朝通紀會纂》卷一明紀。

《獨庵外集續稿》

《獨庵外集續稿》題記

《獨庵外集續稿》已謄入梓，兹《續稿》二册，付與扶桑小比丘等聞持歸本國，可出似廼師絶海和尚，必有以見教也。永樂元年倉龍癸未冬十一月十一日，道衍。

附録

《獨庵集》序

詩之要，有曰格，曰意，曰趣而已。格以辯其體，意以達其情，趣以臻其妙也。體不辯則入於邪陋而師古之義乖，情不達則墮於浮虛而感人之實淺，妙不臻則流於凡近而超俗之風微。三者既得，而後典雅冲淡、豪俊穠縟、幽婉奇險之辭變化不一，隨所宜而賦焉。如萬物之生洪纖各具乎天，四序之行榮慘各適其職，又能聲不違節，言必止義，如是而詩之道備矣。夫自漢魏晉唐而降，杜甫氏之外，諸作者各以所長名家而不能相兼也。學者譽此詆彼，各師所嗜，譬猶行者埋輪一鄉而欲觀九州之大，必無至矣。蓋嘗論之：淵明之善曠，而不可以頌朝廷之光；長吉之工奇，而不足以詠丘園之致，皆未得為全也。故必兼師衆長，随事摹儗，待其時至，心融渾然自成，始可以名大方而免夫偏執之弊矣。余少喜攻詩，患於多門，莫知所入，乆而竊有見於是焉。將力學以求至，然猶未敢自信其説之不繆也，欲求徵於識者而未暇焉。同里衍斯道上人別累年矣，一日自錢塘至京師，訪余鍾山之寓舍，出其詩所謂《獨庵集》者示余。其詞或閎放馳騁以發其才，或優柔曲折以泄其志，險易並陳，濃淡迭顯，蓋能兼采衆家不事拘狹，觀其意亦將期於自成而為一大方者也。間與之論説，各相晤賞，余為之拭目加異。夫上人之所造如是，其嘗冥契默會而自得乎？抑參遊四方有得於識者之所講乎？何其説之與余同也！吾今可以少恃而自信矣。曰甚愛其詩，每退直還舍，輙卧讀之不厭。未幾，上人告旋，乞為序其帙首，辭而不獲，乃識以區區之識而反之。然昔人有以禪喻詩，其要又在於悟。圓轉透徹不涉有無，言説所不能宣，意匠所不可搆，上人學佛者也，必有以知此矣。毋遄其歸，尚留與共講焉。明高啓《梟藻集》卷二

卷第一

詩

寄題聽松庵〔一〕

俗士嗜繁管，哲人尚焦桐。聞心雖不一，所聞諒難同。嗟哉彼上人，堂堂性海翁。夙習了如幻，耳根具圓通。頓忘世喧啾，惟聽泉上松。築廬倚雲巖，繞屋蟠虬龍。森森挺髯戟，日夕來清風。蒼陰翳崇丘，翠濤撼長空。大音寔希世，非商亦非宫。聲來本無始，聲去寧有終。禪翁已深悟，焉能動乎中。我也山澤臞，年老耳叵聰。何由撥塵緣，竟歲長相從。團蒲共深夜，寂聽開心聾。今我客千里，緬想孰有窮。詩成聊一咲，奚用托冥鴻。

【校記】

〔一〕此首詩又見於《逃虚子詩集》卷二。

題洪厓先生像〔一〕

昔聞絶世士，独羡洪厓翁。心存白雲外，迹混紅塵中。常時跨雪精，千里走西東。或携六角扇，或握九節筇。搴霞陟王屋，披雲上空同。肩拍赤松子，袂挹浮丘公。湌芝飲沆瀣，千歲顔如童。世俗曾未識，高名動玄宗。圖形金殿上，萬古揚真風。

【校記】

〔一〕此首詩又見於《逃虚子詩集》卷二。

次韻荅天平復庵禪師二首〔一〕

清晨荷笠出江城，乘興來參肯待晴。雲起東山藏刹影，水流西澗帶鍾聲。茶燒活火嘗新味，詩寄長牋寫舊情。便欲泉頭分半榻，相依談咲盡餘生。

獨客燕山近薊丘，隨身瓶錫數年留。昨朝過魯非無樂，今日還吴却有愁。屋老郊園蛙産竈，囱寒風雨鼠侵裘。故交猶得師存爱，握手歡呼慰白頭。

【校記】

〔一〕此二首又見於《逃虛子詩集》卷八。詩題《獨庵外集續稿》目録作『次韵荅天平禪師』,《逃虛子詩集》作『次韻荅天平復庵師』。

夏四月,余因清理佛教事自燕還吳,客于西麓主者家,事忙不暇理於花木也。今歲後山復生靈芝,庭蘭忽結實,秋海棠多被豪取,堦下鳳仙叢生如蓬麻,瑞香被蝸牛傷其嫩莖。余課佛之暇,因感而賦詩五首〔一〕

靈芝本無根,其生豈定方。昔聞産涵德,為瑞世乃昌。嗟彼野人家,屢歲發崇岡。烏知衆草沒,秀色不得彰。樵子忽采送,燁燁粲金光。諒無善可感,何以致嘉祥。

猗猗庭下蘭,花開正春日。幽香自襲人,廼有君子德。詎知雨露滋,今年結其實。青青疑佳果,園丁曾未識。何如南畮稼,可給飢人食。為物不適用,雖貴有何益。

娟娟秋海棠,人言斷腸中。神農有畐經,誰能為稽考。處陰乃榮茂,近陽則枯槁。其毒過於鴆,不經亦可曉。如何富貴家,盆盎争尋討。不畏能殺人,但愛顔色好。

鳳仙匪名品,草中亦幽花。白者如璚玉,紅者如丹砂。今年子散漫,滿地猶蓬麻。不理奈荒穢,芟去念佳葩。慎擇留數本,照眼發清華。載看秋雨餘,芳敷媚山家。

瑞香壓衆藹，春初已爭芳。花開錦熏籠，馥鬱且異常。豈但兒女愛，亦使蜂蝶忙。山中有佳本，培養乃乖方。蝸牛果何物，新條被其傷。柔良難自持，在人能保障。

【校記】

〔一〕此五首又見於《逃虚子詩集》卷二。題中「也」，據《逃虚子詩集》、《逃虚子詩集》目録補。又，「因感」句的「因」，《獨庵外集續稿》目録無。

夏初，還吴舊業，已成丘墟，感而有作，簡西溪用愚長老

三千里外路行難，獨策羸驂白首還。摩詰不存方丈室，支郎空買沃州山。遺基尚忍罷奴守，繼後堪嗟豎子頑。欲向西谿同結社，此身那得似君閑。

寄鶴林周鍊師

金門羽客十年别，姑胥城南今喜逢。道家無事從放浪，仙瓢有酒開顏容。璈音遠招雲外鶴，劍氣深伏潭中龍。羡師幽閑如簡寂，東林蓮社宜游從。

登金山寺兼寄甘露長老二首〔一〕

三度來登多景樓，妙高臺上始能游。長江如練山如畫，獨倚闌干咲白頭。
南北驅馳十五年，人間事業任茫然。夜來一宿金山寺，始了生平未了緣。

【校記】

〔一〕此二首又見於《逃虚子詩集》卷九，詩題作『登金山寺寄甘露湛源長老二首』。

贈西麓金山人

山中富貴異尋常，林院秋高物倍芳。庖出佳肴烹紫椹，園收新菜剪紅薑。翠濤清耳松流韻，金粟盈眸桂吐香。醉飽從容應自足，食前何必太官羊。

題幻住《山居圖》〔一〕

萬疊青山萬疊雲，亂泉流處路微分。嶺猿悽斷人愁聽，只隔烟蘿便不聞。

【校記】

〔一〕此首詩又見於《逃虛子詩集》卷九。

感寓二首

吾觀達道人，處世乃無我。不著市朝居，豈厭嵒谷坐。當左冐趍右，當右冐隨左。行藏不欺天，去住自無禍。乾坤尚簡直，鬼神惡繁瑣。詭遇非為功，狡計終有墮。避難而向易，探水欲得火。命分既已定，委順迺為可。

至人無嗜好，所寶惟一善。達尚不足貴，窮則未為賤。居易以自安，失得曾無辨。煌煌大冶金，百煉色不變。柴桑苦辟俗，於道猶未見。同衆人弗驚，獨異世乃厭。所以古聃叟，志在慈與儉。高山能仰止，其孰不忻豔。

八月廿日，出城西，眺望過楓橋，登天平山白雲寺謁圭上人。翌日到西麓，時林園靚深，庭桂盛開，天香滿屋可愛，因懷韓奕先生不得共翫，遂賦此詩以寄〔一〕

我年已老宜逍遙，北還未得心搖搖。盡言山中秋正好，眺望不待山人招。清晨拂衣出城去，籃輿直過江村橋。橋西衆山環紫翠，壠坂惟見芃芃苗。人家門巷盡桑苧，經過始覺先蕭條。沿流路狹曲難認，僕子每問肩柴樵。凕巖深伏樹蓊蔚，龍門斗起山岧嶤。白雲泉頭蹔游目，飛樓湧殿凌曾霄。珪翁留我共禪悦，且向竹裏開山寮。菓傳石鉢貯圓眼，飯來香積炊長腰。盤桓自足世外樂，兩髩不計清霜凋。行行又復過西麓，山深那得聞喧囂。松堂晝閑人不到，庭桂花發蘿烟消。沄沄泉底日影動，冉冉雲外天香飄。此時獨恨無良友，豪吟謔浪從通宵。蒙庵先生舊曾約，路遠忍使兒童邀。先生有道我所愛，眎身不實〔二〕如芭蕉。逃禪往往入深谷，交往霅晝并杭標。何由乘興忽來此，把手歡咲〔三〕今應饒。便當沽酒效慧遠，且留靖節傾山瓢。

【校記】

〔一〕此首詩又見於《逃虚子詩集》卷九、《吴都文粹續集》卷四十九詩。題中『圭上人』、『靚深』，《獨庵外集續稿》目録作『圭老』、『艷深』。又，『八月廿日』，《逃虚子詩集》作『八月二十日』。

〔二〕實：《逃虚子詩集》作『寔』。

〔三〕咲：底本誤作『关』，據詩意及《逃虚子詩集》《吴都文粹續集》改。

題東坡《化龍竹》〔一〕

渭川千畝未為奇，獨羡坡仙掃一枝。後夜風雷頭角露，看他行雨過天池。

【校記】

〔一〕此首詩又見於《逃虛子詩集》卷九。

題《秋山圖》〔一〕

江邊紅葉似春花，紫翠峯巒映晚霞。我輩逢山看不厭，只因生長在山家。

【校記】

〔一〕此首詩又見於《逃虛子詩集》卷九。

題《水仙竹圖》〔一〕

翠袖輕盈向水濱，冰姿瀟灑净無塵。楚人多作湘妃怨，不學陳王賦洛神。

【校記】

〔一〕此首詩又見於《逃虛子詩集》卷九。

題倪雲林《墨竹》〔一〕

開元寺裏長同宿，笠澤湖邊每共過。誰説江南君去後，更無人聽《竹枝歌》。

【校記】

〔一〕此首詩又見於《逃虚子詩集》卷九。

題《臨流萬玉圖》〔一〕

春到孤山雪未消，水邊凉月照人遥。珮環無數空中墮，疑是群姝下九霄。

【校記】

〔一〕此首詩又見於《逃虚子詩集》卷九。

九日留别吴中諸友

來時達上巳，去日遇重陽。難别嗟良友，遲行惜故鄉。江蓮將半落，籬菊未全黄。無那西風惡，催人上野航。

東昌道中〔一〕

凍合長河阻去舟，四山寒氣壓重裘。雪深林路驢難進，火煖田家客易留。且學杜陵詩遣悶，寧為栗里酒消愁。艱難不憚歸燕地，因感親王寵顧優。

【校記】

〔一〕此首詩又見於《逃虚子詩集》卷八。

秋懷五首〔一〕

嗷嗷雲間鴻，唧唧砌下蛩。遠客夜不寐，孤坐心忡忡。勞心非有他，物情自感通。乃知君子憂，所憂惟道窮。

人生苦難定，去來如轉蓬。飄飄不暫息，俄頃西復東。焉知老將至，清霜改顏容。放浪無復得，蓋棺乃全終。

日没還再出，人死無復生。何為牽世累，憂悁不得寧。達人乃知命，悠悠自無營。柴桑且容老，日夕引壺傾。

塵世豈堪戀，流光疾如梭。秋風昨夜來，落葉辭故柯。人生不蚤悟，久矣成蹉跎。一朝忽掩息，惆悵當如何。

人言身後名，不如眼前樂。名既無可用，樂亦有何托。明哲守常道，所遇皆不惡。堪嗟愚無知，區區論今昨。

【校記】

〔一〕此五首又見於《逃虛子詩續集》。

重謁文丞相祠

零丁洋裏實堪悲，赤手扶顛豈易為。但欲臣心盤石固，寧論天運斗星移。嘉謀大節榮青史，老樹殘陽慘舊祠。今日重來見遺像，臨風長咏八哀詩。

支硎山十三詠〔一〕

支硎山

南峯一何高，東峯一何壯。惟有定餘僧，時來泉石上。

報恩寺

舊寺烟霞裏，經營東晉時。支郎今不見，令我起遐思。

南池

秋深水更清，游鱗手可攬。後來觀詠人，誰能繼皮陸。

石室

窈窈環蒼石，陰陰覆白雲。夜深僧入定，鍾磬寂無聲。

八隅泉池

風回波不動，葉落曾無聲。却憐清徹底，有誰來濯纓。

寒泉

涓涓石上流，和雲白於汞。閑來試一勺，令人毛骨竦。

石門

曉〔二〕際神龍出，宵分猛虎衝。白雲開復閉，蒼蘚剥還封。

馬跡石

堪咲支道林，愛馬却成癖。飛步石苔間，千年尚留跡。

南峯

屼立去城遥，嵐霏近午銷。奇形長照日，雄勢獨凌霄。

待月嶺

盤盤去谷遠，矗矗出林危。過樵長待月，不管到家遲。

碧琳泉

壁間瑪瑙紅，澗底琅玕碧。童子為煎茶，山瓢汲還滌。

放鶴亭

隱隱嵓高處，空亭杳靄間。神僧去不返，空望鶴飛還。

牛頭峯

羣山不同高，一峯嵐翠沍。縹緲白雲間，惟見牛頭露。

【校記】

〔一〕此組詩又見於《逃虛子詩集》卷八，題作『支硎山十三詠為韓山人蒙庵賦』。

〔二〕曉：底本誤作『繞』，據詩意及《逃虛子詩集》改。

虎丘寺火後重遊有感〔一〕

勝境天然圖畫開，千年禪刹一時灾。清泉白石銷金氣，碧殿朱樓化刼灰。輿騎不遊猿鶴怨，鍾魚無聽鬼仙哀。重經短簿祠前望，使我愁腸日九廻。

【校記】

〔一〕此首詩又見於《逃虚子詩集》卷八。

題趙伯駒《關山圖》

群山雨初歇，凉颸發清秋。紅樹映危堞，翠靄集高樓。遙峯聳林端，亂石漱溪流。嶺回日影仄，川狹雲氣浮。峻險怯孤旅，金碧凝遠眸。伯駒藝乃精，短幅一何幽。時來為披玩，亦足寫我憂。

卷第二

詩

存仁姪戍烏撒，遣二子持書至北平來見，賦此以寄之

送别江頭十載過，迢迢萬里隔烟波。爾愁謫戍烏蠻遠，我惜離鄉白髮多。二子往還行躑躅，一書展讀泪滂沱。餘生自料應難會，歲月如流豈奈何。

初六日值大雪，賦二首簡書經諸友〔一〕

經窻宿雲暝，金書眼應華。亂雪林際來，繽紛雨天葩。苔砌積已厚，松扉掩還賒。且共圍鑪坐，呼童試煮茶。

諸子無俗韻，遊心在泉石。豈期書金經，來作山中客。風葉響林罅，閒房雪餘寂。既絶塵鞅纏，談詠宜長夕。

【校記】

〔一〕此二首《獨庵外集續稿》目録作『初六日值大雪，簡書經諸友』。

晚步〔一〕

晚步出門去，林端見新月。牛羊下嶺來，踈鍾何處歇。行行且復佇，遥對西山雪。

【校記】

〔一〕此首詩又見於《逃虚子詩集》卷一。

過舊城

遼城餘頹基，荆榛道路難。嗟我閑行客，感激有何歡。遄歸不待暮，鵂鶹鳴天寒。

初春夜，過白雲觀，月下聽《步虛》

真境休言無處尋，琳宫只在白雲深。閒來獨步松間月，應喜清風送玉音。

贈筆生趙英

舊聞吳興多善筆，惟有溫君誇第一。溫君去後有老陸，人傳妙手應無匹。中山狡兔拔霜穎，湘管瑩然如玉質。尖齊圓健無不備，扶賢取勝千金直。嗟余字學曾未工，老陸過愛交應密。往往惠我皆中書，不費纖豪腕頭力。我客燕山今廿載，無筆堪書良可惜。北平趙生藝頗精，老父禿髩年八十。雙瞳炯炯湛秋水，摘毫剔管無虛日。野人獲來黄鼠尾，市估箱盛幾千百。慎擇良材製更精，兔穎未可誇強敵。吳興溫陸今已矣，獨有趙生名一國。他日與生作佳傳，應使後人為典則。

與書經諸友夜坐

松房圍坐轉金經，蓮漏沉沉思入冥。月落長空聲過雁，風高孤塔韻流鈴。茗甌飲罷醒塵夢，梵唄聞來顯性靈。為語諸君休謔浪，夜深應有鬼神聽。

病中

久客燕山兩鬢皤，春逢二月正中和。老年無復愁華惱，弱質應多苦病魔。屋外雲横山作翠，門前烟羃柳如羅。掩關盡日人難到，欹枕詩成強自歌。

自適二首

今年六十四，易卦數已成。數成乃有變，我願安餘生。人老不復壯，樹衰難再榮。處世孰非客，奚須鬱中情。何以適我懷，堆凡〔一〕有真經。幽閒自足樂，寧論身後名。

老年雖在客，於世無所求。止飢瓶有粟，禦寒篋有裘。澹泊乃常事，素摽任盈頭。身死隨地葬，胡用首故丘。吁彼世間士，奔競曾無休。得之又恐失，日夕長懷憂。富貴不足榮，貧賤不足羞。吾看古今人，獨有魯黔婁。

【校記】

〔一〕凡：似為『几』的俗寫。

送范生過古北口〔一〕

関山萬里獨南還，冒雪衝風鬢欲斑。料得人生皆有命，休言名利不如閒。

【校記】

〔一〕此首詩又見於《逃虛子詩集》卷十。

經院門前栽柳

種木盡知松栢好，我忻栽柳易成林。未經一月猶舒眼，寧待三年始覆陰。根畔不堪留馬駐，葉邊應可聽鶯吟。隋堤萬樹知何在，流水浮雲自古今。

劉鍊師惠玄明粉〔一〕

曾聞神仙家，服食玄明粉，非惟能輕身，亦且守玄扎。鍊師忽見遺，欲予固其本。交淺愛何深，此意應難盡。但未鮮吾宗，為道貴日損。

【校記】

〔一〕玄明粉：中藥名，亦名白龍粉。用朴硝與蘿蔔、甘草煎汁熬製而成，可解熱消毒。明李時珍《本草綱目·金石五·玄明粉》：「玄，水之色也。明，瑩徹也。御院藥方謂之曰白龍粉。」

宿新樂精舍

昔年曾此宿，重來亦無期。精籃雖舊有，齋居欻新奇。渌陰蔽短檐，况是雨餘時。林翁頗情親，能念我驅馳。下榻北囱間，延留為烹葵。且莫論禪道，高眠遂所為。

題毗盧殿壁畫水

壁上滄波浩莫窮，豪端寫出羨良工。兼天洶湧千堆雪，倒海翻騰萬里風。霧卷恍疑遥漢下，湍奔應想大江東。此中知有魚龍戲，不著扁舟一釣翁。

東林小憩〔一〕

清和節物勝花時，與客遊行正合宜。最愛東林好風致，緑陰深處語黄鸝。

【校記】

〔一〕此首詩又見於《逃虛子詩集》卷九。

井陘淮陰侯廟二首〔一〕

淮陰壯志豈能量，一飯恩輕尚不忘。何事酇侯疑叛逆，殺身惟恨漢高皇。

擊趙提兵聚井陘，道傍古廟獨存名。可憐千載難言事，都作松風磵水聲。

【校記】

〔一〕此二首詩又見於《逃虛子詩集》卷九。

早行

行行出東門，清晨露未晞。涼風襲我躰，道遠不知疲。僕夫每弛擔，輜車一何遲。時來村落間，長恐岐路迷。要且無官限，從容任所之。

題雪浪石

東坡先生誠可尚，千古文章人慕望。當年出守在中山，落落高名播穹壤。不知何處得此石，黑質白文如雪浪。仇池未足擬其形，太湖安得同其狀。蓮盆設頓世所奇，泮宮移置誰能傍。隋珠趙璧埋灰土，此石愈見光搖蕩。吁嗟先生智若神，天地變滅石乃喪。

恒嶽廟〔一〕

五嶽峙坤維，獨恒最卑小。名與泰華齊，庶類安敢藐。靈氛通紫極，神耀爍玄昊。尊崇自古禮，封建乃鴻造。彤宮凌烟霞，瑤堦映芝草。翬翬揚霓旌，鶬鶬集靈鳥。香靄繞重扃，蒼松蔭方沼。登覽人盡恭，進謁我胃少。極目仰天高，縱步忘路杳。郡侯時奠享，庭燎燭清曉。黔黎賴真貺，灾祥每虔禱。惟神既昭彰，國社當永保。

【校記】

〔一〕此首詩又見於《逃虚子詩集》卷二。

宿鎮陽東莊

不見東道主，獨客豈所宜。深坐茆屋底，聊且賦新詩。門前蔭緑樹，庭下吐紅葵。南薰開我懷，應有後來期。

苦熱憩林中〔一〕

乍熱行子畏，遠遠投中林。雖無主相顧，已自豁煩襟。飲我甘井泉，息我美木陰。盤桓暮忘去，非為聽鳴禽。

【校記】

〔一〕題中『林中』，《獨庵外集續稿》目録作『林下』。

宿山中廢寺

山中禪刹久蕭條，僧老單居已兩朝。疊石傍垣誰設座，斷槎横礀自成橋。風廻草徑禽聲歇，月過松房暑氣消。盡説經年無客宿，不妨容我度今宵。

沙河道中〔一〕

古道繞河濱，平沙漫棘薪。水雲汀宿雁，風雨路行人。杳杳家林遠，依依伴侶親。艱難為尋勝，寧肎一酸辛。

【校記】

〔一〕此首詩又見於《逃虛子詩集》卷六。

題石嶺鎮関侯廟二首〔一〕

古廟千年石嶺前，堂堂神像對爐烟。不回義勇超今古，争感行人掛紙錢。

奮志興劉欲有成，控荆取益顯威名。誰知輕敵身雖死，廟食人間儼似生。

【校記】

〔一〕此二首詩又見於《逃虛子詩集》卷十。

自阜平縣過大泒山二百里抵五臺遊覽成詠〔一〕

阜平從西來，大山與連谷。曾岡歷千重，一磵過百曲。劍鋩露遠峯，練色舒寒瀑。馬跡屢驚人，鳥道長仄足。霞光閃危嶠，雲氣沍崇麓。亂蟬咽陰吹，幽禽響佳木。斷徑鳴孤猱，平坡走群鹿。萬藹雜紅紫，衆葉紛青緑。木皮野客衣，石广山氓屋。遐方日尋勝，空林暮投宿。漫遊許自知，縱覽厭所欲。會當登五臺，清凉我心目。

【校記】

〔一〕此首詩又見《逃虚子詩集》卷二。

送袁廷玉〔一〕

昔遊西崦喜隨君，馬上清吟思逸群。蚤過道陵同踏雪，暮栖梵刹共眠雲。泉頭掃石琴三疊，谷口尋花酒半醺。今日相逢又相别，到家毋惜寄音聞。

【校記】

〔一〕此首詩又見《逃虚子詩集》卷八。

送王文中歸吴〔一〕

琴劍隨身道韻幽，燕山遠遠侍師遊。乘風歸去知親在，非為麻袍不耐秋。

【校記】

〔一〕此首詩又見於《逃虛子詩集》卷九。

蒲劍次韻〔一〕

紫茸裂破出東阿，遥想干將委碧波。閃閃光芒曰月照，青青鋒刃豈人磨。舞風有影游魚怖，斫水無痕感客哥。堪咲闔廬先殉葬，三千池底未為多。

【校記】

〔一〕此首詩又見於《逃虛子詩集》卷八。

八月十四日夜宿北山幽居，乘月吟步新砌

明月離東閣，清光溢囱紗。林宇悄無人，繞樹烏啞啞。空街水雲净，松影眠龍虵。出門縱高步，

茲喜塵路賒。清吟獨無儔，浩興孰可加。若逢眉山翁，其樂豈有涯。

惜春〔一〕

柳上鶯鶯競語，華邊燕燕相追。人生不過百歲，春光能有幾時。

【校記】

〔一〕此首詩又見於《逃虚子詩集》卷八。

晚遊張園看杏花

爛漫燒林似火然，尋香花底蝶聯翩。園翁莫厭人耽玩，一度來觀是一年。

今年中秋雨，至夜雨乃止，陰雲翳天不見月。余攜慶保二子登臺待久，忽雲隙露月，清光溢目可愛，喜而賦此，奉簡韓公茂父〔一〕

林深暮雨積陰寒，待月登臺獨倚闌。未覩天空開玉宇，忽驚雲隙露金盤。照人依舊終銷恨，應我如私合盡歡。遥想伯休沉醉後，還能把酒引兒看。

【校記】

〔一〕《獨庵外集續稿》目録『不見月』下有『二鼓』。

題墨梅〔一〕

家住吳山山下寺，一溪春水數株梅。頻年作客金臺畔，欹枕西窓幾夢廻。

【校記】

〔一〕此首詩又見於《逃虛子詩集》卷九。

送李鍊師原脩還吳〔一〕

薦紳吳下真淵藪，獨欣東郭多交友。我著田衣共頡頏，形服相忘歲年久。閒止文章力追古，宗常問學曾無苟。來儀才廣班馬倫，從衡筆下蛟龍走。吹臺倜儻如達夫，豈特百篇成斗酒。菜薖讀書猶滿腹，議論風飛鉗衆口。幼文詞翰俱清俊，處敬温潤渾如琇。仲廉居富曾無驕，為學孜孜能謹守。吁嗟諸子皆妙年，自信黄鍾非瓦缶。一時聲譽震乾坤，萬丈光芒射牛斗。鶴瓢先生清且秀，深探道術持樞紐。山房每與吾儕會，茫然共入無何有。我念披緇道不同，豈知見愛情尤厚。何如簡寂慕慧遠，至竟高名傳不朽。原脩廼是先生姪，道學向知能授受。先生尸解已多年，不意原脩今白首。余客朔方將廿稔，故交零落存誰某。形影相看我尚留，命危脆若驚霜柳。原脩忽作燕山遊，此會須知信非偶。鐙前咲語不冐歠，舊好難忘長握手。今秋欲返江南去，鶴馭淩風如馬趣。嗟我老矣不同歸，雨淚如傾風怒吼。

【校記】

〔一〕此首詩又見於《逃虛子詩集》卷四，題作『送李鍊師還吳』。『李鍊師原脩』，《獨庵外集續稿》目録作『李鍊士原脩』。按：《獨庵外集續稿》卷五有『李鍊師元脩贊』，知『士』乃『師』之誤，『原脩』即『元脩』。

寄蘇臺滕用〔一〕

風流王謝可同倫，吳下如君有幾人。閑裏金尊多興味，醉餘銕畫倍精神。落英籬菊〔二〕驚霜早，入饌江鱸出水新。他日南歸定尋候，青燈夜雨復相親。

【校記】

〔一〕詩題《獨庵外集續稿》目録作『寄蘇臺滕用行』。按：明陳繼儒《妮古録》卷四：『滕用衡，名用亨。平日多聞强記，尤精究六書法。好古博雅，自三代秦漢而降，山鐫石刻、篆籀分隸之文，靡不研窮考覈，探極其源；商彝周鼎欵識、晉唐宋名公圖畫，見輒能辨其是非，吐論恒傾座間，雖垂老如壯夫。永樂時，徵入修大典，爲仕佐郎。姑蘇人也。』疑『滕用（行）』卽『滕用衡』。

〔二〕匊：本是『掬』的古字，這裡用作『菊』。

寄鍊士周鶴林〔一〕

廿載離吳下，人傳少俊豪。久羈燕地遠，長想鶴林高。池影涵秋月，松聲鼓夜濤。南還如有日，尋訪肎辭勞。

【校記】

〔一〕此首詩又見《逃虛子詩集》卷六。

題藍采和

藍衫拍板似顛癡，到處拋錢引小兒。踏踏歌中無限意，聽來能有幾人知。

東郭草堂

東吳古沃壤，茫茫水為都。闤市去山遠，繞郭江兼湖。民蓄足魚米，來往無長途。紛紜過舟楫，貨利逐賈胡。堤塍集衆牧，浪風躍群鯆。曲渠蔭嘉樹，平田秀新稌。原埜少霜霰，秋老桑不枯。甫里祠蕭條，野王墓荒蕪。孰知苦兵後，物景良可吁。錦谿非要衝，細路無崎嶇。江空天欲墮，海隅玉峰孤。臨流盡人家，比屋多釣徒。王君慕真隱，屏居縛屠蘇。茆檐拂楊柳，槿籬映菰蒲。門迎絶輿馬，去住惟鷗鳧。事親奉滫髓，樂賓進琴壺。黜陟無所聞，長年足歡娛。况宗老子道，豈曰淺丈夫。我家在長洲，鄰邑非遠虖。何時得南還，訪居覓輕艫。從容與談咲，放浪當容吾。斯心未能遂，矯首空踟躕。

九日前登朱氏園亭

踈踈微雨灑窓寒，晚霽園池景可觀。籬落黄花開已遍，滿庭秋色獨憑闌。

晚過白雲觀訪馮、劉二老先生

松關深閇絶塵氛，逕狹難容過鶴群。丹暈出林昏亦見，璈音隔隴遠還聞。庭栽稚栢籠青靄，井汲甘泉帶白雲。簿莫〔一〕來遊因二老，談玄無惜到宵分。

【校記】

〔一〕簿莫：即『薄暮』。

贈金立秀才

顔淵智於愚，原憲貧非病。窮居委巷間，賢聲千古應。彭孫汙且諂，士及鄙而佞。醜行在當日，聞見皆欲屏。所以為學者，修己貴心正。榮瘁無復言，曰知有天命。

卷第三

碑

蘇州府天平山白雲禪寺重興碑〔一〕

天下佳山水固有矣，必遇乎名公偉人，以發其迹，然後境益勝而名乃著也；興壞理亂，措諸事業，必賴乎才能智謀有足為者，然後見其成效也。山水雖佳，微名公偉人以發其迹，則境之蕪沒而名之昧者蓋多矣；興壞理亂，微才能智謀有足為者，必不能見其成效也〔二〕。非惟不能見其成效〔三〕，而反致於顛覆殞墜者，往往亦多矣。故山水事業，隱顯〔四〕成壞在乎其人。若汲汲欲求遇於人〔五〕，而人不可必得者〔六〕；或數千百年之間，不求之而自得者〔七〕，何也？蓋物之隱顯〔八〕成壞，關乎氣運，屬乎時緣，而致然爾，豈在有意而為之〔九〕哉！天平山白雲禪寺刱于唐寶曆間，至宋天聖寶諦大師擇梧來是山〔一〇〕，見寺之基構狹劣〔一一〕，而不足以容廣衆〔一二〕，始開拓其塲地，以成大刹。慶曆〔一三〕中，文正范公愛其泉石清麗，林園茂密，故奏請為香火院。忠宣公繼父之志，遴主法席者，謀諸蘇長公子瞻，遂延致遠録公，始革律為禪矣。寺之住持，非有德有言者，不足以當之，故歷代皆名沙門也。元末丙午，天兵臨吳城，寺燬〔一四〕于燹，罄無所有，但見荒烟茂艸〔一五〕，鞠為狐兎之囿也〔一六〕。洪武七年，復庵圭師〔一七〕來領是寺，復庵乃先住持士瞻摽〔一八〕公之大弟子也，解行〔一九〕兼優，掾略並善。故寺衆與文正公子孫謀曰：『起吾寺之廢者〔二〇〕，非復庵不可也。』於是相率耆彦禮請主之。雖寺有恒產而賦役甚劇〔二一〕，復庵夙夜訓應，弗有勞苦。况東序比丘〔二二〕智在左右羽翼，支費撙羨，以興厥功。故大雄之殿，方丈之室，説法之堂，栖僤〔二三〕之所，山門廊廡，庫庾庖湢，鍾〔二四〕魚鼓板之設，熏炬瓜華之供，廿年之間，無不偹具，而未嘗持一疏，干一人，怳然成此鉅業〔二五〕，若地設天造，可謂能事畢矣。噫！天平泉石之清麗，甲於中吳。文正公為之主維，故境益奇而名益振。寺極其廢，得復庵為之中興，而有以見其成效〔二六〕。以斯論之，山水雖佳，不遇乎名公偉人，則境湮而名昧〔二七〕；興壞理亂，不頼乎才能智謀有足為者，必不能見其成效也審矣。今復庵之中興是寺，雖經營措集，彌歲弗〔二八〕寧，略不見其有艱難困苦之狀〔二九〕，可謂才能智謀有足為者哉〔三〇〕！今年秋，以書來北平，求予述以示其後〔三一〕。余〔三二〕吳人也，天平乃熟游之地，復庵與予交頗厚〔三三〕，知寺之興始〔三四〕惟詳，故弗讓而為之書，乃復繫之以詩曰：

天平之高，冠于吳山。林木茂蒨，雲泉潺湲。巖巖龍門，是為玄関。雄虓既伏，么狐寧扳〔三五〕。

勝妙境界，佛刹是宜。迺刱〔三六〕于唐，賓諦載治。堂搆〔三七〕靚深，緇徒訢〔三八〕依。偉乎范公，朝請主維。敬延柴石〔三九〕，始習禪儀。境益其勝，名益其彰。靡有碩德，莫據猊床。歷代繼席，皆非尋常。人境俱絶，可抗大方。惟歲丙午〔四〇〕，天兵臨吴。欻罹鬱攸，百燬〔四一〕一無。錦綉林園〔四二〕，化為丘墟〔四三〕。有來游觀〔四四〕，無不長吁。復庵補處〔四五〕，效其才能。不廿年間，衆廢具興。比丘智在，乃同厥心。左右贊襄，其力孔任。棟宇蔚而〔四六〕，丹碧爛然。有物畢備，一如其先。濟濟真侶，安居彌堅。寅夕禪脩，天子萬年。

【校記】

〔一〕此碑文又見於《吴都文粹續集》卷三十三寺院、《吴中金石新編》卷六寺觀，題作『天平山白雲禪寺重興碑』。

〔二〕此句《吴都文粹續集》《吴中金石新編》作『必不能見其效也』。

〔三〕此句《吴都文粹續集》《吴中金石新編》作『非惟不能見其效』。

〔四〕隱顯：《吴都文粹續集》《吴中金石新編》作『顯隱』。

〔五〕此句《吴都文粹續集》作『若汲汲欲得其人』，《吴中金石新編》作『若汲汲欲求得於人』。

〔六〕此句《吴都文粹續集》作『而人卒不可必得』。

〔七〕此句《吴都文粹續集》《吴中金石新編》作『不求而自得者』。

〔八〕隱顯：《吴都文粹續集》《吴中金石新編》作『顯隱』。

〔九〕為之：《吳都文粹續集》《吳中金石新編》作『為之者』。
〔一〇〕此句《吳都文粹續集》《吳中金石新編》無『擇梧』二字。
〔一一〕狹劣：《吳都文粹續集》作『狹陋』。
〔一二〕此句《吳都文粹續集》《吳中金石新編》無『以』字。
〔一三〕慶曆：《吳都文粹續集》《吳中金石新編》作『慶歷』。
〔一四〕燬：《吳中金石新編》作『毀』。
〔一五〕此句《吳都文粹續集》《吳中金石新編》無『見』字。
〔一六〕也：《吳都文粹續集》作『矣』。
〔一七〕師：《吳都文粹續集》作『禪師』。
〔一八〕摽：《吳都文粹續集》作『標』。《吳中金石新編》無此字。
〔一九〕解行：《吳都文粹續集》《吳中金石新編》作『戒行』。又，『戒行』上《吳都文粹續集》有『其』字。
〔二〇〕此句《吳都文粹續集》《吳中金石新編》無『吾』字。
〔二一〕此句《吳都文粹續集》無『有』字。
〔二二〕比丘：《吳都文粹續集》作『比邱』。下同。
〔二三〕僤：《吳都文粹續集》《吳中金石新編》作『禪』。
〔二四〕鍾：《吳都文粹續集》《吳中金石新編》作『鐘』。
〔二五〕此句《吳都文粹續集》《吳中金石新編》作『悦然成此大業』。

〔二六〕此句《吳都文粹續集》《吳中金石新編》作『而有以見其成效也』。

〔二七〕名昧：《吳都文粹續集》作『名替』。

〔二八〕弗：《吳都文粹續集》作『不』。

〔二九〕此句《吳都文粹續集》《吳中金石新編》無『有』字。

〔三〇〕哉：《吳都文粹續集》《吳中金石新編》作『矣』。

〔三一〕此句《吳都文粹續集》作『求予述之以示其後』。

〔三二〕余：《吳都文粹續集》《吳中金石新編》作『予』。

〔三三〕交頗厚：《吳都文粹續集》作『友頗切』，《吳中金石新編》作『友頗厚』。

〔三四〕興始：《吳都文粹續集》作『興廢』。

〔三五〕此句《吳都文粹續集》作『猿狖寧攀』，《吳中金石新編》作『夭狐寧攀』。

〔三六〕刱：《吳都文粹續集》作『創』。

〔三七〕堂搆：《吳都文粹續集》《吳中金石新編》作『堂構』。

〔三八〕訢：《吳都文粹續集》作『皈』，《吳中金石新編》作『所』。

〔三九〕柴石：《吳都文粹續集》作『紫石』。

〔四〇〕此句《吳都文粹續集》作『越歲丙午』，《吳中金石新編》作『粵歲丙午』。

〔四一〕燬：《吳中金石新編》作『毀』。

〔四二〕林園：《吳都文粹續集》作『園林』。

〔四三〕丘墟：《吳都文粹續集》作『邱墟』。
〔四四〕觀：《吳都文粹續集》《吳中金石新編》作『者』。
〔四五〕此句《吳都文粹續集》作『復庵振起』，《吳中金石新編》作『復庵主師』。
〔四六〕蔚而：《吳都文粹續集》作『蔚如』。

大同府華嚴禪寺重脩藏閣碑

大同為郡，秦曰雲中。漢改郡為縣，曰平城，屬雁門。元改郡為路，曰大同，又曰西京。逮我聖朝，改路為府，亦曰大同，冀州之域也。其地縣邈，西北通夷狄，東南出燕趙，其山有句注飛派紇真夏屋之崇峻，故秦皇有紫塞之築，漢祖有白登之困。自古以來，寔為險絕要阻之地也。故其民勁悍，不尚文物。苟信向於佛，而冐施予者尠。於是大同之浮圖、招提所在罕〔一〕立焉。雖立也，亦無侈麗宏傑之觀。至於廢而復興者，蓋難乎哉。元季繹騷，屢遭兵燬，居民存者千無二三，况浮圖、招提而有存者，故均為榛莽瓦礫之墟矣。惟華嚴禪寺在府城內，大雄之殿，貝章之閣巋然獨在，如魯靈光，豈非著佛聖之靈異，天神之呵護者歟！夫華嚴創于唐，至金源行章國師載建，蓋千有餘歲。皇明洪武太祖高皇帝，心存聖教，天下府州縣設置僧司，以僧統僧，故大同開司于華嚴本寺。住持月峯福瀾老成有戒行，選任都綱，實稱其職。常以興復華嚴為心。然居民兵後無幾，而好施予者寡，故艱於丐募。乃出己之資，合衆之助，寺之殿閣門廡，庖庫齋寮，方丈之室，棲禪之堂，覆者興之，缺者完之，歃者正之，故者新之，不十載而有成功。府屬混源州，龍山住持智謙與月峯謀曰：『藏閣既完美，龍龕豈可虛乎？』月峯遂與謙師同心戮力，四方行化，裒財若干。戊寅冬，遣其徒某等遠之武林，命工印造一大藏經，卷計五千四十八，函計六百。水陸險難，舟車下上，雖多囏苦勞勩，為重其法而忘其疲也。月峯乃與衆曰：『華嚴之興復，匪我一人之功，而藉衆賢之力。今經藏已實，不可無文以示其後。』故於己卯春，復遣其徒某來北平，請余記以刊諸石。吁！月峯於華嚴除殘起廢，而與他方作者之難易，豈可同日而論！然又有餘力，求文勒石，以傳于不朽，其用心亦至矣。故余不敢以蕪陋讓，遂為之書。乃復繫以詩曰：

垚垚雲中，是為大同。崇山絶谷，積陰其北。土曠而磽，民勁而樸。亦有事佛，化凶為吉。檀度靡脩，刹幢罕立。或燬於兵，廢莫能興。惟古華嚴，靈光獨存。月峯都綱，才能衆服。弗私其己，廼遂興復。謙師翼之，猶行兼飛。勿矜勿伐，成斯大業。龍龕差差，貝章煒煒。佛聖著靈，天神生歡。欲示厥後，必資於言。勒諸玄珉，垂千萬年。

【校記】

〔一〕罕：底本誤作『穿』，據下文『刹幢罕立』句改。

碑銘

迎真道院住持士明李先生碑銘

婁江之水，西通姑蘇城，城之東闕，故曰婁門。由門而西行，不四三百步，曰臨頓里，有漢陸績之宅。績為鬱林守，秩滿，絶海而歸。舟無可裝之物，惟以一石鎮之，移置于宅前，人呼為『鬱林石』，至今存焉。然績之宅為佛氏之廬蓋久矣。元道士李公希閑愛其里地之清佳，人物之妍秀，宜我葆真餐醇者之所居也，廼購地並績宅之西，刱道院曰『迎真』。院之規模不甚宏傑，髯松翠竹，金芝瑤艸，夾徑而入。洞窓環室，雲光霞氛，照暎上下，無一點塵俗氣。其清絶亢爽，為里之勝處之冠，真神仙宅也。凡道士之高明者，如趙仲文、吳無夢等數輩，咸以琴劍棲息其中。人以其地之靈勝，後必有偉達聞望之士出焉。茲若士明先生者，乃其人歟！先生諱得睿，字士明，姓李，吳之崐山人。幼穎異，洒然有出塵之相。父母以其不宜於俗，遂捐愛出家於迎真，師禮趙仲文先生習玄學，幾冠為道士。凡三皇內文，九鼎丹法，延齡衛生之術，醮章鍊度之書，罔不該博，悉領其要。士明性慈惠，見人疾苦，若己之病，捄之如不及。嘗曰：『吾家玄學，其珍貴過金玉。自非風骨夙有靈異者，不能化度也。至如脩鍊葆毓之方，里婦巷夫，其能行乎？況夫人之暴病痼疾，非診候藥餌，莫能治也。』於是從莊子正先生學用藥。子正，吳之老醫也，授以士明黃帝、岐伯之書。先賢治論金石草木之畐經，診候調和之方略，無有不得其妙者。士明又以醫獨用藥，亦未能奏其全功，何也？人之病有在於肢梢顛末，肌膚腠理之間，藥卒不能功者多矣，必施之以砭焫乃可達也。於是又從李清隱先生學鍼法。士明精熟十二經絡，至於取穴下鍼，圓轉滑脱，何啻郢斤僚丸也？蓋士明之用心，於利生亦大矣。然其活人之功德，奚可量哉？吁！使大夫士之得位于時者，以士明之心為心，澤及於四海萬民，不亦善乎？宜士明聲譽揚溢于宇内，王公卿相、鴻儒碩師，仰慕而接遇也。皇明洪武十三年，太祖高皇帝知其名，召至京師。未幾，因托風疾而歸。二十四年，朝廷清理道教，凡庵院宫觀，非唐宋以來刱建及衆少者，悉除額併歸於一所，故迎真遷入玄妙觀。士明就蓑衣何真人祠畔築室以居，尤清勝雅邃可愛。士明昔遇〔一〕青城山道人授以一瓢，其形如鶴，遂扁曰『鶴瓢山房』。搢紳大夫士多以詩文贊詠。士明貌白皙，漆瞳，虬髯，披鶴氅衣，曳緑玉杖，飄飄然而行，真神仙中人也。况士明人兼通周孔之道，故孝於母，悌於兄，慈於孫，睦於九族，豈非有道之士者耶？年七十有三歲，度弟子若干人。二十九年四月廿又八日，無疾而逝。古云尸鮮羽化者，其信然也。至幾日，火厝於婁門之東黄泥岡，送者千人。祥光五色，冪于龕頂。火餘，上首弟子李原進，士明之俗孫也，與諸弟子歛其靈骨，函葬于迎真故基。是日，羣鶴翔空，旋繞其上，衆皆異之。後三載，原進來北平，録士明行實，請衍為文，以勒諸石。衍謂原進曰：『士明高道也，宜求當世大人先生之筆，以昭著其潛德乃可也。若衍者，道既不同，而文學膚鄙，烏足以當斯任者哉？』原進曰：『吾師與上人道雖異，而交厚非一日，知師之出處惟悉，故敢請爾。』於是衍弗獲固拒。洪武三十二年五月廿又三日，乃按録序而銘曰：

凝靈襟兮超恢漠，師明良兮究玄學。霞標冲若兮蛻埃氛，葆熙敷觫兮錬其神。慈惠愛物兮世莫能及，用藥石兮捄人之疾。道風揚揚兮海内大行，既壽且康兮其德孔昌。何仙去兮不我留，大浮黎土兮廼遨廼遊，奈長往兮三千秋。玄堂冥冥兮陰雲晝霾，松楸將拱兮猨鶴夜哀，嗟夫斯人之逝兮使我心懷。

【校記】

〔一〕遇：底本誤作『過』，據文意徑改。

塔銘

華嚴宗主德嵩行和尚塔銘

華嚴大教之興，寔唐大沙門康藏設五教以建其宗也，至清凉國師疏鈔之出，其法始大備。自後圭山能世其業，盛行於關、陝、襄、漢、汾、洛、汴、冀之地，講刹星布，尸其位者多名師德，聽學之徒紛乎其坌集也。至宋長晉二水出焉，克紹其宗，斯教漸行于天下，大江之南，惟東西浙有焉。元季兵興以來，據大床座者，尚聲勢而不以宗教為心，故道場日就衰落而教觀日無聞矣。尋有不尚聲勢以宗教為心者，獨曹谿寶覺凈明大師一人而已。天界有道，不斬其澤，而我融室法師嗣焉。法師能中興大教，載昌末運，化行于東南，而學者賴有所師矣。奈何衆生薄福，魔黨日熾，使法橋斷而法舟傾也。其可哀也歟！門人正示妙圓以法師之氏族、稟繼、出處、言行，具狀來請吴郡道衍為文，以銘其塔。衍按狀，師諱凈行，字德巖，號融室，俗姓潘，蘇之松陵人也。母沈，持戒有淑行。師生岐嶷，性聰慧，孩呱即不味葷血。髫齔時，人授以《法華》等經，輒過目不忘。父母知其不凡，難養於俗，年十三出家于里之永思庵，禮志敏為師，剃落受具，慨然有志於大法。歲丙子，寶覺凈明講《華嚴》教觀，師往依焉。凈明見而器之。明年命侍香，師資道合，若有夙契。凈明講《華嚴》之外，復講《楞嚴》，至『別有全性』處，師豁然有得。朝參夕叩，矻矻罔懈。凡十越夏臘，由是盡得凈明之道，聲聞殷然起於中外矣。庚辰，報恩教公請典賔幙。職觧，普光逸師延歸丈室，集衆聽法。未幾，寶覺復命綱維點授。乙酉，杭之慧曰咲翁聘居第一座。丙申，出世寶覺。壬寅，載領醉李之招提，僅三載，乃遷于東塔。師凡所至，設施講演，安衆造脩，其迹一一有可觀述，人莫不羨之矣。後遭時弗靖，師退休新谿，築室以脩凈業，故曰『西林』。雖守約居閑，弗倦講法。薦紳大夫與禪教之俗彦闖其門，而參聽者無虚日。洪武癸丑，集三宗名德建同聲華嚴會，極殊勝嚴整，人未之見。至今四方行之，寔始自師。甲寅，上詔高僧問鬼神事，師與夢堂噩、楚石琦、別峯同等應詔赴京，館于大天界。翌旦，上宣入内，賜坐，應對稱旨。上命光祿設盛饌以待，恩禮兼至，古無有也。居無何，乞賜還山。丙辰，又應詔設廣薦佛會於鍾山，追拔陣亡將士。師竣事歸吴。時報恩虚席，郡之諸山寺之兩序禮請補處，懇至再而弗獲拒。師應命以來，講席大開，不異全盛日。戊午，復詔天界季潭泐公與各郡名德注釋《楞伽》《金剛》《般若》《心經》，頒行天下，師寔與焉。報恩舊有釋迦大涅槃像，張士誠竊據吴城，多病，間惑日者之説，改為立像。不一年而士誠覆身滅族。師至報恩，欲復其舊，郡之緇素士女無不歡幸，財力之施，不募而自委，遂敦良工，克日而就。翰林承旨宋公濂為之記。師年將耄，倦於訓接，嘗自念曰：『先浄明志在流通《首楞》一經，不及注疏而有疾，迺囑余曰：「吾生平欲弘此經，疾弗起，志願不果。汝當為我弘傳也。」』師受付囑，未嘗一日忘於心。故退席復還西林，雖酷熱苦寒，手不輟筆，注釋是經及《楞伽》，計數十萬言，鍥梓行世。師慧解開朗，識見高遠，故使二經義理顯然，發前賢之所未發，學者多不待指注而自喻矣，人以師為長水再世也。衆復請師歸寶覺，為終老計，別搆于蓮池上，修浄業以待。蓋四方僧徒負笈贏糧而往，從者猶衆。師隱西林日，有才俊士來受學，師遂留之。士放而弗律，至連師受辱，而終無悔恨。師之慈忍，為人之切如此。壬申十二月十二日，師忽示疾。至二十日，告衆而終。停龕至閏月五日，如法茶維，齒舌不壞，舍利無筭。塔于某方之原。世壽七十五，僧臘六十三。嗣其法者若干人。正示、妙圓皆上首弟子也。嗚呼！師仁慈愛物，人有犯至於面叱，旁聽多憒，而師未嘗銜，窮年彌月孜孜於化導，欲使一切人明自本心，達自本性，盡入於大寂滅海乃已。或謂浄明之得師，猶清凉之得圭山也。吁，師其可謂古德者邪！衍不揣而為之銘曰：

於赫龍經，圓頓上乘。不有聖師，吾何以明。維唐康藏，展也大德。迺作搜人，玄義炳若。遂立五教，克建厥宗。化行北南，如春之風。觀得其傳，述成大疏。才供二筆，功蓋前古。揚于明庭，帝心清凉。萬世作則，聲教孔揚。圭山迭興，二水繼出。祖祖相承，芳流無極。列派分支，至於曹谿。

再昌末運，非公而誰。天畀有後，得我融室。如五色麟，如夜光璧。絶去葩華，力行教觀。釋經消文，渙然冰泮。四處住山，不避險難。起廢理亂，勝運攸還。學徒彬彬，講席日盛。牢籠俊英，有説有聽。道行海内，名動搢紳。高僧有詔，屢赴宸京。濟濟其儀，見聖天子。對揚休命，天子迺喜。老退西林，净業是修。復歸曹谿，豈期首丘。法舟已傾，法橋已斷。苦海莫濟，孰不驚惋。堵波嶙嶙，靈骨是窆。爰作斯銘，以昭于後人。

墓銘

屈處士墓銘

處士諱懋，字天榮，姓屈氏，濟南人也。其先楚公族屈原之後，宋高宗南渡，自其遠祖徙家于吴，曾大父某，大父某，父某，遂為吴人。皆不仕，讀書力田於婁江之東南，邑曰嘉定。母陸，生處士。幼孤，性諒直，以慈孝存於心，克恭克虔，扶植其家業。處里井間，人有過，規之以禮義，必欲其遷善；人有德，加之以敬愛，必欲其致美。或有急難，援之如不及，雖蹈水火之危，而終無悔色。故里之人壯者少者，一以父兄待焉。處士年幾五十，悟世無常，遂歸於佛乘。始參曇石琪和尚，後得戒於板的達善世禪師。處士事佛甚虔，日修念佛三昧，動止坐作，聲不輟口。凡遇善事，必力以成之。邑之積善寺募，率衆檀𡑞釋迦彌勒無量壽三如來像，又於留光寺觀音靈木聖像營製寶冠及瓜華莊嚴之具。

至於樹刹幢以摽信，造川梁以利涉，鑿井泉以濟渴，甃衢路以安行，與夫設大齋、興大會以普超冥漠之輩，觀其所用之心，寔可謂一鄉之善士也。卒於洪武二十二年四月初四日。臨終之夕，需浴易衣，設彌陁像于室，力疾面對，厲聲稱念而逝。處士遺命，從佛教法荼毘，某年月日函骨，瘞于艮方之新原。處士春秋七十有七。娶吳氏，生子二人：曰文中，曰文政。女四人：曰妙蓮，持佛戒，日誦《法華》等經；曰妙英，適楊氏宗善；曰玅華，適戴氏；曰妙浄，贅潘氏。孫一人，曰翊。文中字彦信，奉佛猶〔一〕謹，從父之志也。通內外典籍，名僧鉅儒，故多交焉。某年以狀來請吳郡沙門道衍銘處士之墓。衍曰文中嘗從游，義不可謝，遂序而銘曰：

由乎儒，循五常而弗違；入乎佛，秉五戒而弗虧。戒弗虧，常弗違，儒卽佛，佛卽儒，繄若人之所為。矧夫克厚其施，而昌厥支，故一鄉以善人名之也。宜歟否邪？噫嘻！

【校記】

〔一〕猶：當作『尤』。

記

湖山小隱記

吳邑沈孟昌氏，讀書力田于太湖之西，洞庭築室，當消夏灣，居有年矣。榜曰『湖山小隱』，托其方外友清上人來徵文為記。上人曰：『孟昌純雅而嚴整，謹恪而巽順。居其鄉，鄉之人敬其德，無敢犯之者。使有犯之者，亦弗較。居其家，親其親，長其長，而悌其悌。年四十卽茹澹窒欲，以修其行，名僧聞人咸樂與之交焉。孟昌實今人中之所難得者。常慕子之道，欲求一言以為進善之榮也。』余曰：『譆！孟昌與余雖同邑而未嘗識也。上人與余友且久，知其為端人也，言必不妄。余乃信孟昌為隱德君子也。故不敢靳其説焉。夫士之名未顯者，通謂之隱，奚有大小之辯哉？且古君子如伊尹於有莘，傅説於版築，膠鬲於魚塩，原憲於委巷，其隱也，若將終身焉，而未嘗以隱為隱也，大小之説烏有邪？隱有大小之説者，始於晉王康琚之詩也，至於唐白居易又有中隱之説，此皆詩人有激而言也，非隱之真有大小之殊也。後世之士好奇而尚詭，遂躡迹而言之也。故隱之人有迹而無實者滔滔矣。孟昌讀書修行，居湖山之間，而曰「小隱」者，乃自卑之謂也，非好奇尚詭，為有迹而無實者矣。余以孟昌真所謂隱德君子也，故敢以隱無大小之説為告。若夫湖山勝槩冠于中吳，又何待筆舌形容而可知也。惜乎余與孟昌有未識荆州之恨，他日辭老歸故邑，尋孟昌於湖山之間，相與俯仰礴礴，當以我佛隱顯大小之道與孟昌細論焉。姑此為記。』洪武二十一年，歲在戊辰冬十月，燕山慶壽禪寺住持沙門道衍撰。

仰山竹房記

蘇長公詩云：『仍可食無肉，不可居無竹〔一〕。』居不可無竹者何？無則令人俗也。余愛竹天性也，隨所寓皆樹焉，與長公之詩合。故余在江南廬于長洲之上，繞屋皆竹，何止數千百竿？青青照人眉目，如璆琳琅玕，森列於左右前後，可貴可愛。至於春雨時至，土沃而肥，群笋出焉，足以供盤飡。及其成竿，足以充器用。有貞勁之節，無靡曼之態，似乎古之君子，故余愛之也惟宜。況乎風動則有蕭颯之聲，月臨則有瑣碎之影。烟籠霧冪，翠陰若帷；日射天開，青光如洗。余居其間，若處篔簹谷中，惟竹之是親，故朝夕不相舍也。洪武壬戌，余來燕領慶壽，燕地苦寒，沙土燥瘠，不宜於竹。雖纖莖淺蘗，所在亦罕見，故燕人多不識竹也。余乃於方丈〔二〕之側，栽小竹四三本，將有生意，即退居天王塔。塔畔亦栽數本，未能成陰。復徙入城，居於仰山寺，仰山當闤闠中，湫隘殊甚，然不可無竹。尋栽一二，以慰目前。故扁其室曰『竹房』，蓋志余之愛也。室中有唐右丞王輞川《雙竿》，元隱士倪雲林《雨梢》二圖，揭于〔三〕素壁。余終日相對，聊以適其適爾。或謂余曰：『師於竹之愛與彼〔四〕子女玉帛之愛，其愛一歟？異邪？』余莞〔五〕爾而應之曰：『子女玉帛，世之尤物也。竹微物也。尤物惟以蕩人之心，微物能以清人之思。況竹有貞勁之節，無靡曼之態，故君子愛之惟宜也。縱子女玉帛之愛與竹之愛同，寧以此不以彼也？』或又曰：『然則師之愛竹與彭澤之於菊，濂溪之於蓮，豈不同其愛乎？』余曰：『不同也。何居？余於月夕風晨，啓牖敷席，坐于竹之下，嗒焉若亡，不知何為竹，何為我。我與竹無間然矣。彭澤之菊，濂溪之蓮，愛之偏者。愛之偏則為物之累，故不同也。雖然余禪者，寧滯於物耶？豈不聞多福指叢竹以發其機，香嚴聞擊竹悟其道，余將見有登吾室，觀吾竹，發機而悟道者，蓋不可得而知也。』或喜而謝，遂書以為記。

【校記】

〔一〕語出宋蘇軾《蘇文忠公全集》卷五《於潛僧綠筠軒》，原文為：『可使食無肉，不可居無竹。』
〔二〕方丈：底本誤作『方夫』，據文意徑改。
〔三〕于：底本作『干』，俗寫不拘，據文意録作正字。
〔四〕彼：底本誤作『波』，據文意徑改。
〔五〕莞：底本作『筦』，俗寫不拘，據文意録作正字。

箴

敬學齋箴

燕人趙曦景輝，性穎利，工書善行草，然有志于學古之道。嘗以其讀書之所，扁曰『敬學齋』。金華童先生中洲為之記，四明陸君具瞻為之銘。尋復請言於余。余與景輝愛頗厚，故弗讓而為之箴。雖然是箴也，非獨以景輝為規也，蓋將以余有所自警也。箴曰：

學之以敬也可乎？維敬維宜，勤而罔肆，則不為小人而為君子。學之以弗敬也可乎？弗敬弗宜，肆而罔勤，則不為君子而為小人。於乎敬乎，要適厥中。持而靡懈，迺有始終。終始惟一，匪敬弗克。所以顔孟，卓然自立。子之於學，學豈為人。既精既勤，惟德日新。外屏所嗜，內安所存。於乎敬乎，主之而弗竣也。余將見子之才，如木之漸，如川之增矣。

卷第四

序

《楞嚴略疏》序

《楞嚴》一經，釋迦世尊説於《法華》之後，其旨趣也邃而妙，其文詞也密而嚴。世尊大慈為欲使諸菩薩，及末世衆生明自本心，達自本性，故提奬開示，反復曲折。前以七徵，八辨，五陰，十二入，十八界，破妄顯真，後以三回，三緣，十習，六交，五十禪魔，翻邪歸正。然而首楞大定一切事究竟堅固，此則全性成修，全修在性，實圓頓上乘不可言思之大法也哉！昔天台智者大師聞竺乾有是經，夙夜西望而不及見也。唐神龍間始來此土，房融筆受於廣，然後流布海内。奈乎不使天台一見，為之疏解，作將來眼目，為可惜也。何居？天台聖師也，凡經以三分分之，題以五重玄義釋之，其於行法則以三止三觀配之，蓋一經之本末，囊括而無餘矣。故以是經不得天台一疏為可惜也。如此唐宋以來，注釋是經者，至十餘家，有以臆説反昧佛意者。或此得彼失，或彼得而此失，而不見其有全美者矣。至乎孤山净覺，雖天台之學者也，其所見小差，而亦未得為全美也。天竺靈山住持印海實師得法於玉岡潤和尚，師經論該博，教觀淹熟，暮年惟以流通大法為心。領衆之暇，著述《楞伽》《金剛》

《般若》等經二十餘部。其徒妙鮮悉板行于世，特以《楞嚴略疏》托諸僧録司左善世蘧庵公以書來北平，屬衍為序。公與師為法門昆季，衍禪者也，不精於教。雖然，公之命弗可拒。於是以此疏披玩紬繹，累日不去手，愛其條分縷析〔一〕，粲若日星，無豪髮疵翳。至於從横辨説，比之孤山浄覺，特純正無失，可謂全美者矣。師豈非妙得天台之旨者歟？愚故以此而言之曰：後之凡釋佛之經者，當以天台為司南，則可也；不以天台為司南而無失者，亦難必矣。師入滅已七載，大寂定中，聞行是言，其然矣乎？其不然矣乎？姑此為序。

【校記】

〔一〕析：底本作『折』，俗寫二者不拘，此據文意録作正字。

《送斯法師住北禪》詩卷後序

古之釋子，行茂而識高者，未嘗不與搢紳大夫交，搢紳大夫無不樂與釋子交者，何邪？釋子世外人也，無聲色玩好，無勢利馳競，况其行之茂而識之高哉！故搢紳大夫不以儒釋異道，而樂與之交焉。疁城道成斯法師，其行茂，其識高，故疁城之士君子如阮君維則、張君萬端輩，無不樂與之交也。今年法師領蘇之北禪，阮、張二君率其徒分題賦詩，若編貝聯璧，以耀其行也。吁，法師可謂古之釋子也歟！余與法師有舊好，而阮、張二君亦余所敬愛者。故序于詩之後，以見其意云。

金書《大悲咒》後序

梵語陀羅尼，華言揔持，卽神呪也。夫諸經所説神呪，例皆不翻。經是顯説，呪乃密詮。雖顯密不同，其義一也。言総持者，謂咒只一法語，遍有諸力，能與一切有情滅惡生善，破障顯理，無不然也。況我聖觀自在所説廣大圓滿無礙大悲心大陁羅尼者哉！洪惟聖觀自在入三摩地，示同躰悲於一身心，現千手眼，觀照十方，攝持羣有，於世尊前説此神妙章句，令諸衆生受持讀誦，一切所求，若不果遂者，不得名為大悲心陀羅尼也。於是躰菩薩心乘，菩薩願力，敬用粉金書寫，流布世間，與有情輩捄拔諸苦，作大利益。此卽聖觀自在法身，遍一切處，常住不滅也。究其功能，詎可得而言思者哉！輒序于後，以喻受持之人，當起净信敬禮之心，則無惡不滅，無善不生，無障不破，無理不顯，慎勿以慢法而招愆也。

《佛頂尊勝咒》後序

覺遍一切曰佛，妙極無上曰頂。此顯捴持之尊勝，更無有法過之也。蓋諸佛性卽衆生心，衆生心卽諸佛性。所以諸佛闡妙智以度生，衆生悟本有而成佛，初無二致也。釋迦世尊在三十三天諸天會處，因善住天子啟問世尊於金剛座頂放百寶光明，照十方一切刹土，乃為説此総持也。此揔持者，八十萬億如來之所宣傳，非惟世尊特起而説也，上與諸佛令受灌頂，下與衆生令滅苦趣。故其功能尊勝無有與擬倫者哉。季世之人，若書寫受持，禮誦佩戴，能盡誠者，則其明著惟影響爾。何居？諸佛衆生本來同體，如磁之與鐵，葵之與日，自然感驗，豈在有意而為之者耶？况法本無相，此揔持章句，寔不可思議之大法也。故施者受者所得福利，寧有畔際？非餘衆生可知，惟諸佛能知之耳。於是乎序其後，以曉夫將來云。

續完血書《華嚴經》後序

原夫《大方廣佛華嚴經》者，廼中天調御盧舍那如來在摩竭提國，最初三七日不起菩提之塲，而九會宣演成此十萬頌，逈出思議之表，而二乘罔聽。其為法也，浩乎而莫知其涯也，淵乎而莫測其源也，巍乎而莫睹其顛杪也。顯文殊智德，彰普賢行願，五十三善知識，各各示現不思議境界大觧脱門。蓋其清净平等，微妙圓融，更無有法勝之也。有唐于闐國沙門實叉〔一〕難陀譯，傳華土僅千載矣。故四衆受持讀誦，解説書寫者，所得福德奚可量哉！北平有善男子盧真僧，發心瀝指血調硃，書寫是經。真僧夙障所致，壽命不永，才及兩帙，俄以疾殂。後五年，性庵居士黄福儼為人好善樂施，聞義勇為，念真僧行難行之行，心願未滿而卒，復慮大經不全，而歲久毀滅，故捐賄，命能書者十人繕寫續完。及命工裝潢，牙籤縹帶，紈帙髹函，莊嚴殊勝，成此大功德事，可謂盡善盡美者哉！於呼！真僧雖死，於冥漠之中，無餘憾矣。然是經八十一卷，多人共書而完之。一部既成，而不見有多人所書之異，豈非一卽多，多卽一，華嚴十玄門中，一多相容不同門也歟！福儼以是殊勛，上報燕王大恩，下濟幽塗極苦，罄法界中，若怨若親，同乘智慧之航，共泛毗盧性海，福儼之所願，當必遂之矣。於是乎敘其後。

【校記】

〔一〕乂：底本作『乂』，俗寫無別，此據文意録作正字。

重刊《消灾經》後序

儒曰：作善，降之百祥；作不善，降之百殃〔一〕。乃知吉凶禍福，由自心所造，非天人神鬼所能見與也。然而吉凶禍福，既從一念心生，還從一念心滅。若人以一念心知過必改，更不造新，則罪滅福生者，蓋必然也。故我釋尊説此《熾盛光如來陀羅尼經》，令末世衆生受持讀誦，則能化凶為吉，轉禍為福，如經具明矣。吁！如來大慈，為愍苦難有情，設此勝方便也。然或誦此《陀羅尼》者，心造不善，欲求吉福，烏能感驗者哉？苟能一念追悔前愆，更誦此《陀羅尼》者，則禍不待驅而除，福不待求而臻也。於是鏤板流通于世，用序其後，以勉夫持誦者云。

【校記】

〔一〕語出《書·伊訓》。

贈相士袁忠徹序

古鄞袁君廷玉，豪邁士也。世業儒。廷玉於聖經賢傳，諸子百氏，靡不博覽。好為哥詩。少時遊海上，遇異僧，授以相人之術，極於精妙。凡占者，雖達官貴人，罔敢少易。必待以盡誠，然後與之一觀。決人死生禍福，其明驗若燭照鏡對，無髮毛遺失。况察之以言行，喻之以義利，規之以忠孝。雖古之卜者，如司馬季主、嚴君平輩，亦無過於廷玉也。然廷玉喜於佛，多與僧為友，故於余交猶厚。今年冬，使其第四子忠徹來見余於客所。忠徹其進也，于于然而行，衎衎然端而方，容容然和而雅。與之語也，便便然謙而有禮。業相人之術，其精妙克肖廷玉，信知有是父必有是子。故余於忠徹愛而敬之也。未幾，辭還，乞言為贈。余於忠徹既愛之矣，無他告也，乃謂之曰：『忠徹年逾冠，當以廷玉之心為心，後必有大遭遇。然學術如海，愈入愈深，幸毋滿而弗進也。』

新刊《維摩詰所説經》後序

無上法王，教化衆生，惟説一法，曾無二三。然而衆生根器不同，所見各異，故有大小偏圓之説。大小偏圓之説，雖若有殊，其實皆一法也。何以知其然哉？在《華嚴》則曰法界，在《方等》則曰圓覺，在《般若》則曰佛母，在《法華》則曰一大事因緣，在《涅槃》則曰佛性。觀其設教，故有差殊。然究其實，莫不皆一法也。《維摩詰所説經》者，乃不可思議大鮮脱法門，與《華嚴》《圓覺》《般若》《法華》

《涅槃》，雖時會不同，然於其法，豈有異哉？愚以是經既曰不可思議大解脱法門，決非小根小器衆生所能解者。在昔聲聞緣覺，雖預佛會尚不見不聞，況餘衆生者哉？今為法師者，當如經所説，譬大醫王能療衆病，應病與藥，藥皆服行。若不然者，藥反成病，可不慎歟！燕人明資發大乘心，廣募衆緣，刊造是經，印施流布，欲使一切見者、聞者、隨喜者、受持讀誦解説書寫者，盡令證入不可思議大解脱境界。其惠利於人，豈不博而大哉？玉泉長老，古硐耆宿，來請予敘其後。余故歡喜踴躍，遂説偈以贊。偈曰：

洪惟無上正法王，一切衆生大覺父。集諸有衆毗耶離，庵羅樹園建法幢。清净妙門如虚空，不可思議大解脱。無我無作無受者，而於諸法本平等。子寶積與五百衆，各持寶蓋來供養。五百寶蓋合于一，卽表所談不二門。維時長者維摩詰，神通三昧超一切。具無礙辯樹大行，卧疾毗耶化羣有。衆生病故我乃病，衆生病已我乃起。世尊問疾遣衆徒，各各辭説不敢赴。文殊室利無上士，迺能來與作對談。諸天龍神悉歡喜，聞未曾有之妙法。奇哉毗耶方丈室，能容九百萬菩薩。須彌燈王師子座，皆悉受已不迫窄。香積持來飰一鉢，能飽無數菩薩衆。東方不動佛世界，斷取不異陶家輪。大神通力無有量，一切賢聖莫能及。二乘罔措若聾瞽，惟佛與佛能知之。善哉明資真佛子，刊印是經廣流布。令諸有衆得解脱，神力卽是維摩詰。有為無為諸行相，一切何翅尋香城。稽首釋迦大教主，稽首維摩大長者，稽首文殊大菩薩，願皆證我如是説，盡未來際無有盡。

偈

裝潢《華嚴經》偈并序〔一〕

晦堂明師繕寫《華嚴》大經一部，必欲裝褫如法，無力完就者三年。菩薩戒弟子黄福儼為重大法，施財命工，玉成其事。縹帶牙籤，精緻如法。衍因睹此勝妙功德，為説鄙偈以贊美之，真所謂塵附泰山，而露滴滄海者也。偈曰：

華嚴大總相法門，廣漠無際不可説。不可説復難思議，一微塵字義無盡。假使四海水為墨，展太虛空為其紙，聚五須彌以為筆，復使大千世界人，各各手持是紙筆，經於無量恒沙刼，欲寫是經一塵字，徒勞力用莫能得。莫能得中乃可得，大中現小小中大。晦堂明師悟斯旨，毫端演出真法界。毫端雖小不迫窄，法界雖大不寬廣。大小小大悉平等，不可説中不可説。此不可説乃真説，森羅萬象皆傾耳。善哉佛子黄福儼，於斯大法有緣契。命工裝潢以如法，縹帶牙籤極精緻。綾表紈帙藏寶函，用顯華嚴佛富貴。辦此勝妙功德事，不求菩提之大果。菩提大果尚不求，况求世間小名利。以此功德普回向，惟願國主長福樂。三軍萬姓各安業，大法永住于世間。為度難度無緣者，塵塵不離普賢行，物物同居極樂國。

【校記】

〔一〕《獨庵外集續稿》目録無『并序』二字。

贊

大悲四十二臂觀音贊

於戲聖師，行無畏施。惟手與眼，現四十二。我以大悲，應化隨類。從横無礙，豈止於是。通天手眼，門門普示。八萬四千，多不為贅。縱一手眼，少不為背。我以大悲，具根本智。一切卽一，一卽一切。月印千江，春行大地。我以大悲，是無上士。古正法明，今觀音氏。塵勞海中，自在游戲。廣度有情，超越苦趣。諸所作相，了如幻翳。稽首讚言，虛空側耳。

惟順禪人禮補陀求現聖像贊

寶陀羅山南海中，重巒複嶺摩蒼穹。山前兀立正趣峯，睥睨泰華欺衡崧。巖崖峻極金碧重，曉日出海光曈曨。舉頭只尺扶桑東，海樹的皪珊瑚紅。中有梵刹凌虛空，玉樓金殿世莫睹。到此誰數蓬萊宮，霞衣霧縠羅戶墉。潮音雷訇鼓天風，朱英瑤艸香濛濛。頻伽鸚鵡勻語同，招邀雲鵬來海龍。光音大士日宴坐，人天百萬長相從。幡幢幃蓋香雲籠，梵唄敷奏鐃鼓鼙。聖道場地無凡從，凡夫有誠亦可通。善財來參禮且恭，授以三昧道乃隆。神力變現不有躬，有求卽應猶霜鍾。苾蒭惟順禱何懇，載拜悲泣投丹衷。洞中湧出真金容，祥光瑞藹相互融。行願悲智絶始終，文殊普賢亦迎逢。獅子奮迅金毛雄，象王六牙雪花封。坐間老人海若翁，白鬚頳頰凝青瞳。聲光昭焯開瞽聾，熙怡自得心雍雍。生綃畫圖出良工，衍子作頌垂無窮。

觀音畫像贊〔一〕

衆生迷本聞，循聲故流轉。菩薩妙無聞，以諸法空故。諸法既寂滅，菩薩空無相。無相乃實相，應身故隨類。猶如春時風，亦如秋夜月。周流十方國，了無有所礙。攝受諸衆生，而無分別相。分別不可得，菩薩卽衆生，衆生卽菩薩。雖不有差別，而現差別相。衆生故有求，菩薩乃能應。常在白華巖，宴坐紫竹林。闡化諸方所，曾不離本位。善哉覺衆生，是名觀自在。

【校記】

〔一〕此贊又見於《逃虚類稿》卷三。

趙松雪金描觀音并書《般若》《心經》贊

稽首大聖觀自在，甚深般若功德藏。十方菩薩以此修，三世諸佛以此證。聖觀自在本無體，般若海藏空有名。離名離相絶言思，菩薩諸佛無修證。了彼修證不可得，般若畢竟全體空。空空大空勝義空，如夢如影如露電。擬議湊泊欲有得，如蚊蚋將近火聚。善哉吳興趙公子，能入如幻三昧門。文藝精絶玅天下，筆端演出難思議。文身句身遍法界，當知不離於一毫。黄金爛爛耀衆目，非色非空無可説。無可説處熾然説，山河大地同寂聽。以是讚歎聖功德，貍奴白牯作明證。

釋迦出山相贊

清净妙法身，湛寂常不動。無生亦無滅，豈有修證相。洪惟釋迦尊，為利衆生故，而起大悲心。於無生滅中，現此修證相。示同於凡夫，求彼菩提道。棄舍金輪位，踰城入雪山。苦行僅六年，成就妙覺果。修證既非真，覺果亦是妄。真妄二圓離，詎有分別相。猶如水中月，亦如尋香城。縱使工畫師，著筆不可得，況以粉墨加。如追風捕影，畢竟莫能及。我製是讚言，猶敲空作響。

觀音行海像贊〔二〕

歸命過去正法明，現前菩薩觀自在。不舍因中悲願力，以法性身入法界。法界衆生數無量，凡有心想悉能應。衆生心想各不同，菩薩應現乃隨類。一身而能應衆想，凡夫聞之墮疑網。妙圓通力大自在，以無有心故如是。一身普入一切身，一切身入於一身。譬如一月印萬水，水雖衆多月乃一。惟水與月了無礙，菩薩圓通亦如是。又如萬鼓一齊擊，鼓聲雖衆聞乃一。惟聲與聞了無礙，菩薩圓通亦如是。或現鷹巢蚌殻中，或携魚籃入鬧市，或處妙蓮華世界，或生南海寶陀巖。不離穢境色是空，常居净土空是色，色空净穢悉平等，菩薩圓通妙無比。有唐畫師吳道子，曾入圓通三昧門。菩薩變現諸相好，筆端寫出皆合妙。菩薩蹈海如履地，珠衣飄揚隨天風。善財參禮涉波濤，了無驚怖得自在。今之畫者誰氏子，模得其真良可羡。使人見此寶月相，離諸垢染身清净。身獲清净得解脱，此是菩薩勝方便。以此方便施衆生，盡未來際無有盡。願我速滅愛欲障，願我速證無為果，願我速得大智慧，願我速具廣詞辯，願我世世如善財，常隨菩薩得讚禮。

【校記】

〔一〕此贊又見於《逃虚類稿》卷三。

《三教圖》贊〔一〕

瞿曇古佛，宣尼古人，咄哉老聃，三聖同心。彌綸八荒，包括萬象。鼎立世間，天日之仰。卽一而三，卽三而一。稽首贊言，虚空著筆。

【校記】

〔一〕此贊又見於《逃虚類稿》卷三。

清凉國師贊

廣顙而豐頤，美目而秀眉。顒顒然萬夫之望，堂堂乎九尺之軀。才供二筆，具龍勝之辯；匈蟠萬卷，伏韓子之儒。宗傳賢首，大闡玄風，睹光明於金闕；疏注《華嚴》，廣敷妙義，感蓮發於氷池。真古佛之再世，拯迷塗於一期。化旺十方，曾弗有乎滿假；利益一切，不可得而言思。於戲，誠不負為有唐七帝之師也邪！

僧録司左講經靈谷和尚壽像贊并序

玄極禪師號圓庵，睡嵓恕中老和尚之上首弟子也。出於望族，聡慧絶人。蚤歲讀儒者書，工文章。掌記於太白山，有賢聲。同群之士，莫不斂衽歎服。禪師得西丘之正傳，性相雙融，觧行兼致。出世初住四明之翠巖，次遷婺之雙林。所在振興，皆有成績。洪武二十六年太祖高皇帝命僧録選取四方高僧備顧問，禪師乃與其選。赴京師，見太祖，對揚稱旨，即授以左講經之職。越三載，又奉旨住持靈谷説法，供衆無不得其道。於是緇白嚮化，薦紳大夫士咸敬慕焉。當今聖天子即位以來，又加恩賚。禪師日被寵榮，俾宗教有光，天下師門之幸甚也！衍拜瞻禪師壽像，曰忝於眷裔，不揣短拙，而述贊曰：

天上玉麟，僧中丹鳳。氣凌衡岳，匈吞雲夢。評百氏，立中道玄門；藻萬物，得無作妙用。真第一流人，知誰其可儗。住翠嵓猶生法師，示衆頑石點頭；坐雙林如傅大士，講經虛空側耳。宜其流聲天朝，欽承九重雨露之洪恩；闡化靈谷，合受四海象龍之敬禮。叢林由此而中興，師門以之而大起。譆，是誠不負為暮翁之孫空室克家之子也耶！

關侯畫像贊并序

關侯雲長，驍勇絶世，人傑也。蜀先主少時，與侯相友善，恩若兄弟。夜則同寢，晝則稠人廣坐間侍立，終日無倦。周旋上下，不避險𡾟。至於佐先主，提數萬衆，控荆取益，攻樊城，自許以南往往遙應。侯威震海內，使孫吴曹魏日夕驚愳不暇，一何壯也！侯之心在興劉之後，除殘去穢，以復高祖之大業。胡天不遂，侯之志而泯焉。然其忠肝義膽，昭若日星。侯雖沒，其神靈於天地間，能與生民禦災捍患，無往而不在。故千萬世廟食，蓋以此也。况乎荒陬遐裔，庸人穉子，無不慕其驍勇，尊其威名，感其忠義，家奉而戶享之也。且如當侯之時，張遼、呂布之為將，其驍勇威名何下於侯，而忠義不及，故特雄于一時耳。嗚呼，侯可謂人傑也歟！余觀侯之畫像，凛然如生人，故不揣而為之贊。詞曰：

維侯桓桓真罷熊，穹壤河岳英氣鍾。驍勇絶人世罕逢，睥睨吳主輕曹公。忠義藹藹填心匈，虎眉虬髯耀雙瞳，赤心盎面丹砂紅。大刀疋馬横陣中，萬衆披靡誰當鋒。叱霆噫風如游龍，鬼蜮不敢揚其蹤。欲復漢業收全功，世數有定天弗從。寰宇鼎峙侯迺終，神明在天耿若虹。庸人稺子知敬恭，廟食于世宜永豐。丹青遺像嗟良工，凜凜儼若瞻生容。顧侯豈惟一世雄，千古萬古名無窮。

銀青榮祿大夫司徒普眼和尚贊

天下名僧，山中宰相。教苑之碩師，禪林之大匠。道貌豐腴，若雲門偃之美容；甘心澹泊，猶玄沙備之苦行。際遇元君，而位居極品；弘法利生，而寧辭小讓。譬夫月臨星斗，人皆仰其光華；海納川流，孰不服其度量。豈意高句麗產此間世之英材，匪區區筆舌可能與之名狀也。像之贊之，如彩繪空，非愚則妄。

大湖海雲隆長老贊

甘奄糲如倴頭陁，食取接氣；服麆苦如稜道者，坐破蒲團。會天目之的旨，續海巖之正傳。太湖波濤浩渺，未足以儗其匈次之寬也；洞庭峯巒峭拔，或可以並其神觀之秀焉。妙奪乾坤造化，恢廓祖父田園。插一莖艸，建梵刹而彰妙用；炊無米飦，延衲子以結勝緣。所作已周何處去，水光山色只依然。

野舟閒禪師像贊

門庭險巇，手段惡辣。碎佛祖玄關，斷衲僧命脉。神機奮迅，電激雷奔。妙語春容，金鏗玉戛。使南匾頭見之，亦讓其風流；縱覺鐵觜會也，宜承其暴白。鼓沒絃琴，吹無孔笛，囊禪悦於梅谿；炊鋏釘飦，煮木札羹，復法喜於笠澤。奇才聳霞外之孤峯，高標樹天邊之雙塔。主碧玉盤，繼大業於父兄；凝黄金臺，待賢者於賔客。力可挽少林已墜之綱宗，壽宜學趙州甲子之七百。等閒平地起清風，千里萬里阿剌剌。

東臯和尚贊

澹乎其無為，偉乎其有儀，淵乎其不可知。弘天台之教觀，作浄土之指歸。詠閒齋春樹，來郡守得韋應物；慕東林白蓮，招社友如周續之。聲聞〔一〕若九臯鶴，學富猶五総龜。説法黄金殿上，而人多貴其顯著；遁跡青草湖邊，彼獨樂其隱微。於戲噫嘻，是可謂文章之巨擘，道德之宿師者耶！

【校記】

〔一〕聞：底本作『耷』，俗字，此録作正字。

華嚴德嵓和尚贊

德量海涵，道容玉粹。習賢首以弘宗，寔優曇之現瑞。氣呑辯臻，汗流融叡。四處住山，叢林為之鼎盛，未足以羨其能事；疏《楞嚴》數十萬言，闢諸家之異説，乃可以見其了義。况乎全法界心，觀法界境，作衆生之指南；披如來衣，坐如來座，疑古佛之再世。高名簡在於帝心，惟日對揚而稱旨。至於佚其老也，退處笠澤之濱，而徒侶之歸也，若雲趍而川逝。其可謂四依之一乎？誠不負為曹谿寶覺浄明大師之嫡孯也歟！

真慶泰院主遺像其孫道權長老請贊

松栢之姿，江河之量。用善得名，興慈為行。白雲室裏，既有其傳持；禪月堂中，寧無其趣向。以土苴睎夫家寶，以陽餤觀乎世相。居南郭，主城市山林；開東閤，延大方龍象。語其德也，猶前輩之共欽；顧其儀也，詎同宗之獨讓。真實為人福澤深，宜爾子孫多令望。

左善世啓宗佑法師贊

猗歟法師，叶夢誕彌。嶷然不群，玉立之姿。肫肫其仁，雝雝其儀。欲韞厥光，光將焉夷。欲混於塵，塵莫能緇。宗彼衡台，無師自悟。卽具之旨，猶鑑之睹。惟玉岡翁，神合道遇。敢效北齊，遙稟龍樹。禪教悉究，釋儒兼通。彼以為異，我以為同。孰是孰非，吾何以從。砥柱中流，百川皆東。著書垂世，誕敷心要。其言孔彰，其文彌妙。克紹山家，優入堂奧。弗美於讚，弗惡於誚。相彼耆英，欽遇聖明。榮膺僧録，善世重名。兢兢日惕，對揚明庭。重光佛運，在師一人。

李鍊師元脩〔一〕贊

貌古而樸，心虛而寧。為鶴瓢之正續，寔仙李之雲仍。用坎離以毓其道，施砭焫以濟其生。浮雲富貴，零露功名。烟霞樂趣，風月吟情。含英咀華，以著其秀；鏤冰琢雪，以見其清。况夫歷吴楚適燕趙，覽山川之奇觀；上玉京入琳館，高名運乎公卿。雖然，余將見其御風騎氣於十洲三島，與列禦寇之争衡也哉！

【校記】

〔一〕李鍊師元脩：即《獨庵外集續稿》卷二中之『李鍊師原脩』。

龍嵓彦禪師贊

秋亭嫡子，臨濟遠孫。儀宇拔俗，德相出塵。跨三腳驢，拈金圈栗棘；登九折坂，歌白雪陽春。名播諸方，善楊岐之種草；心存常住，顯石囪之本真。制伏魔外，有惡辣手段；年餘八十，尚矍鑠精神。拋却住山斧子，閒來嵒穴潛身。光風霽月無邊好，餘福宜留蔭後昆。

妙雲資和尚贊

匈懷磊落，氣宇軒昂。抱奇才，實燕南俊秀；作大樹，為濟北陰涼。松月軒中，倒握吹毛，而衲子乞命；護龍河上，全提正令，而祖道恢張。位居僧録以善世，名簡帝心而日章。師表天下，似圓照本特達於趙宋；道行海内，猶國一欽專美於李唐。孰云朔方無是老，豈知雪磵有此郎。噫，是真可謂末世之光明幢也歟！

銘

碧虛銘

惟此太虛，一碧無際。澄凝空同，豈有租滓。清浄本然，徹上徹下。不見其形，寧有取舍。來無所從，去無所住。餤發冰河，花開銕樹。凡夫無知，認為真如。一念瞥興，生死根株。是故智者，離分別相。但有言説，敲空作響。

無二銘

至道之精，惟一無二。曰相與性，由彼有此。相空卽性，性無自性。性起卽相，相無自相。性相如如，了無罣礙。萬像森羅，印于一海。二旣不有，一亦勿守。恢廓無垠，寧存樞紐。智者能牖，愚人自窒。絲忽有差，噬臍焉及。

卷第五

傳

袁忠敉傳

袁忠敉者，字公安，鄞人也。其先居南昌。六世祖子誠，趙宋高宗時知臨安，扈從至鄞，遂家焉，故世爲鄞人。祖士元，通經脩行，有文學，元時爲翰林檢閱。父廷玉，倜儻豪放，少博聞能詩，兼得相人之術，而名動海宇。忠敉生而性純謹，篤于孝友，日以讀書力田爲務。廷玉嚴於教導，忠敉偶有過，或撻之至流血，毋怨。周旋弟妹間，能曲盡其情意。每念宗族弗振，後必有軍伍累，常戚戚不自安。洪武十五年，朝廷遣官至台溫明三府，追獲方氏餘軍。里之人與廷玉有銜，指爲故官，亦軍也。

適廷玉送弟廷珪赴廣東判茂名縣簿，忠敉被縶，官不容辨，不得已，乃代其父。時年十有九。官為捶楚，逼其轉指於人。忠敉泣以告曰：『我父清白人也，受誣苦，莫敢聲於言，詎忍又誣它人邪？』告之再，廼免。明年春三月，發府軍前衛水軍所操練，月給食粟，每歲運糧輸遼陽，有賞鈔，忠敉必自節用，撙羨歸其家。奉親祀先，惟恐不逮。凡遇祖父親識鄰舊，度己之所有，具以醴肴，或賮以鏹帛。苟一禮有缺，則慙汗無已。其尚義之心如此。忠敉喪其儷，鰥居八年，同營所交者謀欲為之再娶。忠敉謝曰：『父母在堂，不得命，不敢苟為也。』故人咸譽其賢。自是營中輕蕩子弟見忠敉，莫不敬且媿焉。二十四年春，復運糧輸遼陽，舟回至萬里沙，颶風大作，舟敗而死于海。年二十七也。嗚呼！忠敉聰敏過人，倜儻有父風。平居時，嘗念其族後必有軍伍累，今為軍者，果多人，何其先見之明如此！忠敉之死也，人皆痛之。蓋賢者不必壽，自古而然，亦何憾之有？弟忠教事父母，其孝行肖忠敉，可謂難兄難弟者歟！贊曰：

余嘗觀袁氏譜牒，自漢至於趙宋以來，上下數千百年，蟬聯奕葉，清白相傳，為顯官聞士者，世不乏人。忠敉廑於讀書問學，况其孝友之行，今人中之所罕得者。何不幸淪落軍伍，弗能展其志，而沒于海也！嗚呼已呼！其命也夫！其命也夫！

雜著

學愚贈盈上人

愚者具樸鈍之質，恥不若人，欲學其智也。智者秉穎利之資，有大過人者，欲學其愚也。何居？豈古之所謂智不如愚者邪？然求聖人之道，智者能也，愚者不能也。智學愚是能學於不能，欲求聖人之道奚可乎？蓋智者常患於過也，過則失其樸，故學於愚，非愚者之實可貴也。淮陰盈巽中，有智之士也，勇於義，與人交，無久近，有不善則面直之，人不能堪，故所至有毁而無譽也。巽中求聖人之道者，以智處世，不令人之譽而致人之毁，其智不如愚者歟？巽中嘗參侍於先徑山愚庵，且請學其愚，吾將見巽中之譽，一日而暈飛矣。巽中宜毋自畫！

讀至天隱《文集》〔一〕

余少為浮屠而嗜於文，凡昔浮屠之號能文者之文，無不徧求而博覽也。其文或贍而不奥，或簡而不詳，或深而太晦，或怪而太奇，或文之過而不顯其道，或道之昧而不貫其文，是多不得其正者也。得其正者，惟宋之鐔津，元之天隱也。鐔津之文，無復論矣。天隱之文，姿性亢爽，問學深著。故其作也，劌心鏤肝，敦章琢句，力欲削去陳腐，而不背馳於作者之徑。珠瑩氷潔，照映簡册，使人讀之味雋永而不厭也。袁文清公言：『天隱之文，持束太過而不少縱。』文清之言，未嘗不然也。天隱曰：『蓋古之縱者，非求於為縱也，束之極則至是矣。不能是而苟於縱，則無以禦隔陳言。』吁！非天隱之於文不精詣而深到，惡能有是言耶？余故每以天隱之言為規。雖然天隱之言，非但規於余，世之學於文者，舍是而將何規哉？

【校記】

〔一〕此篇又見於《逃虛類稿》卷四。

祭瓛瑩中文

維某年月日燕山慶壽禪寺住持比丘某，以湯茗蔬食之奠，致祭于故青州華嚴住持瑩中賢弟禪師，詞曰：

嗚呼！惟師天資穎妙，蚤從良師問學，見解純而不駁，一時輩跂望多有所不及者，西齋之門一人而已。然師生於檇李，衍生於姑蘇，俱出乎浙之右，同其鄉也。族姚氏，同其姓也。師典記於徑塢，衍亦典記於徑塢，同其門也。師出世嗣西齋，衍嗣西麓，齋、麓俱稟於寂照，同其祖也。故衍與師為從兄弟。衍年謬長師，往來慰問，心至情厚，猶骨肉也。洪武八年，詔取通儒學僧出仕，師與衍偕赴京師，陳情以辭，得不改形服而還舊業，同其志願也。師後徇衆請說法於蘇之萬壽，舉廢理亂，栖衆行道，無不合軌度。薦紳先生，至於里井小子，交相稱美，聲華藹然著於人之耳目矣。十五年八月，親王命僧録選取禪德，衍與師又同選舉也。僧録舉衍於燕，師於齊。九月，奏奉旨意，與師即日出都門，師之青州，衍之北平也。至於執别之時，師甚愁然。而衍慰之以語曰：『燕與齊相去千里，書疏往來不難也。會面之日，豈得無哉，何憂之有也？』師雖然其言，而刺刺終不已。師年壯，多才力，處事圓轉，若珠之在盤也。叢林衰落之秋，力行祖道，扶末運，整頹綱，想在師矣。何天不仁，俾師入滅邪？何宗門之不幸如此邪？嗚呼哀哉！衍與師同鄉也，同姓也，同門也，同祖也，同志願也，又同選舉也。若然，豈一生之好能如是乎？必三生多世之緣會于此矣。何不幸致師先衍而去耶？嗚呼痛哉！衍孑孑然旅於北平已十三載，敬奉王命還吴凡四度，因事忽遽，不得一往拜奠，怠慢之罪，尚何言哉！今年亘國家清理佛教，衍復還於吴，謹差是日，躬詣塔下，聊薦蘋蘩之供，以展微誠也。噫！秋風兮凄凄，秋烟兮霏霏。蘿龕人去兮，玄鶴空歸。故山寂寥兮，宿草荒迷。草荒迷兮路微。孤塔鵠峙兮，青松如帷。千秋萬歲兮，誰其主之，使我涕漣漣兮無已時。尚享。

學喻

余嘗論夫學者，非惟儒者之學為學也，通而言之，九流諸子，百工伎藝，各有業也，各有師也，從其師而受其業，皆得謂之學矣。其有學者，己業不精，舍之而求人之業；己師不信，背之而從人之師。既師之非一，業之有異，其可得而謂之純正人矣乎？今年夏，余南還吴，館于雙峨之下江城。六月，雨淫淫不止，溽暑困人如醉，人非事迫不得已，則不敢出也。忽有穉沙門僕僕而來，汗沾衣如洗，進於前，拜而立。余恠而問之曰：『爾何名？』曰：『廣瑄。』『爾何來？有何事如此其急耶？』瑄曰：『濾溪石隱叟，吾師也。師聞禪師還吴，躍然而喜，即遣瑄走謁，且願從禪師而受學也。』余咲而為之言曰：『瑄，爾之欲學也，將以何為學耶？圓顱方服，佛之徒也，佛聖人之道是學也。今為佛之徒者，經論之不攻，戒定之不習，多學於操穎，揮翰綴篇，摛藻花竹丘園之詠，風雲月露之詞，蓋將欲假塗以干名，挾伎以遊食也。吁！是徒也，己業不精，舍之而求人之業；己師不信，背之而從人之師。是可謂純正人也歟？是可謂佛之徒也歟？安得不有墨名儒行之譏者歟？且夫佛聖人之道，大而不見其邊表也，小而不見其芒忽也，背而常向，暗而常明，迎之而非前，隨之而非後，恢恢焉，晃晃焉，融有空，貫古今，齊物我，泯賢愚，學而得之者，則能以越死生，超凡聖，神變化，利幽明，至有不可得而名貌者矣。吾以世之道其有過於斯哉？何為圓爾顱，方爾服，號為佛之徒，而不學佛聖人之道，反從事於揮翰摛藻之業？舍有用之道，而求無用之伎，何異棄圭璧而取瓦礫，去棟梁而拾薪櫍也，其不甚惑也哉！爾之歸也，以予言質之爾師石隱叟，叟以余言為然耶？為不然耶？瑄其自勗哉！』作《學喻》。

景玉字説

水月禪師有子，貌甚莊，材甚良，其志也甚峻，終歲力學罔倦，無故不他出，極不欲與庸流伍，其自貴重如此。禪師責其介，而命其名曰珉。今年夏，吴郡道衍自燕南還，訪禪師於西谿。禪師與余為法門昆季。珉，姪也。請余字。故以景玉表之，乃復為之説。夫珉，美石也，次於玉也。古之君子貴玉而賤珉，所以士之瑞珉者，取乎賤之意也。今禪師名子不以玉而以珉，非欲賤其子也，因責子之介而不能處卑用和以從於〔一〕，故名以抑之，欲使子以自省焉耳。今余字之以玉者，曰見子之材且良，欲子成其大器也。珉雖美石，徒可以供觀玩，適其用，不過為士之珮。惟玉溫潤瑩潔，其德配君子，故君子貴之。其為用也，在朝廷則為璽，為圭璋；在宗廟則為璉，為罍洗，豈珉之可並言也哉？今子學以明其道，行以成其德，他日去賤而就貴，有似乎玉以成其大器也。子宜惎焉，則吾有所望於子也。

【校記】

〔一〕此句疑有脱字。

書

與韓公望書

衍夏中寓西麓，畏熱，終日坐于簷楹之下，少賓客，乃得其靜慮。但苦頭風故疾，每每舉發，不能安於食息。故不免挐舟入城，乞治於執事。幸執事弗以異道為嫌，反以舊交為愛，不憚溽暑，過雙峩客所情話，留信次而去，兼惠以妙藥。投之四三服，而賤躰頗覺平復。偶舟便，不及走謝，即出城而歸也。執事雖不我責，至今於邑無已。承借胡仲申先生《文集》，衍乍回山中，人無知者，闔戶蕭然，若處世外，遂出胡先生《文集》展讀。閱兩日，不覺心目舒朗，意氣揚逸，若登岱岳，仰觀俯瞰，天地萬象，而不出乎衽席之間，爽籟欻發，清風穆如，使人罷罷而躍躍，何其快哉！頭風之疾，洒然脱去。昔曹掾讀陳琳檄以愈頭風，信不妄矣。衍數年前遊京師，先生未下世，於友人座間獲睹其文一兩首，自謂先生之文止乎此而已也。一日，衍過潛溪先生舘下，潛溪以衍頗知於文，留坐久之，評論近代士大夫之文。潛溪問曰：『胡仲申之文何若？』余曰：『胡先生之文奇。』潛溪不以予言謬而應之曰：『奇亦文之病也。』今觀先生之全集，豈以一奇而能盡先生之文也。先生之文，其雄壯者，如猛將仗劍馳騎，突入圍陣間，呼聲震山谷，使萬衆披靡而莫敢當其鋒也；其高古者，如宗彝寶鼎，珠盤玉敦，列于宗廟之上，而世無識者也；其和雅者，如古君之峩冠偉裳，坐於堂奥之間，撫虞氏之琴，鼓文王之操，而聞者無不得其所樂也。然衍今之所見者如此，亦粗知其一二焉耳，豈能盡知先生之文也哉！先生才大而識高，窮年矻矻沈醉於六經，而博究於諸子，聖賢大學之道，洞然無疑於匈中，故於文也，無非載道而已。所以先生言理而理勝，指事而事實。潛溪雖一代斯文宗主，究其長也，與先生齊駕並驅，未知孰先孰後也。使先生生于宋，蘇長公見而待之，當不在六君子之下。如此，則先生之文詎可以一奇而能盡之乎？若以一奇而能盡之，正如無知者窺虎之一斑而謂之全虎也，見海之一漚而謂之全海也，豈不大謬也歟？抑亦可咲而可怒也歟？何潛溪當日不以余言為妄，唾而叱之，反強而應之，衍廼知潛溪為有道寬厚長者也。今衍思之悔之，其赧汗無地可容矣。況先生於吾佛也，未嘗不與其徒交，曾無一言毀譽于文字之間，蓋可見先生為真儒也，非偽儒也；有德者也，非不德者也。惜乎不得與先生一見，而親承其誨益也。兹因執事甚愛先生之文，故以向與潛溪所評之謬，及今觀全集所見如此布聞於執事。向所評之謬不足論也，以今所見如此，執事以為何如？幸賜一言之教。新秋稍涼，當嵒見也。未間惟自重。不宣。

荅靈谷左講經書

衍自太白山拜違慈相，倏忽二十年。雖嘗奉狀，終不若一面為快。馳仰之心，匪言可盡。恭唯和尚道足以濟衆，德足以御人，文足以黼黻宗教。況乎人物之魁梧，春秋之強盛，置身霄漢之上，榮膺顯戢，日近聖天子之清光。況屢沐殊渥，雖大覺璉、圓照本之寵榮於宋，亦無過和尚今日也。健羨，健羨！衍蓬藋之質，駑蹇之才，雖粗聞於道，而福德凉薄。然久羇於燕，敬蒙殿下不以愚陋是棄，眷顧殊深，但無可報效為愧悚耳。況年僅七十，頭風惡疾，一月之間，凡四三作。一身尚不能料理，豈能為衆者乎？故五七年前，即退慶壽，寄居天王塔，就閑養痾。奈去城殊遠，醫藥不便，近徙入城，姑蹔居爾。餘毋足與和尚道者。四月十四日，忽賔甯二子來，出示教帖。開誦之餘，使兒童艸木動容增氣，其忻抃之私，豈能云喻。翌日，即引二子見殿下，進佛像、語録，甚喜，賜齋及飯米廚料等物。次日，謝恩畢，二子遂分首行化。雖不能滿意，終無載月而歸。人還故，略具狀奉復。餘在二子面布。維時新秋漸凉，惟冀順時葆艾，以大法自重。不宣。

荅太醫院使戴元禮書

衍闊別已八載，仰德之心，不言可知。嘗欲奉狀，申起居之敬，又不敢容易瀆尊，故止耳。每想侍執事西方之游，謁道陵，上小西天，登華嚴堂，宿天開寺，盤桓周覽，馬上賦詩而歸。此生此樂，無復再得，靖而思之，真若一夢事爾。興懷致此，曷勝悵然！袁保往往京迴，得詢動止。且言執事老而益壯，飲食加進，旦莫趍朝無惓，何矍鑠如是也！况欽承兩朝聖天子之寵渥，榮顯父母，豈常人之所能及哉！此皆執事平生用藥活人，積德之報爾。忻艷何可言也！衍福德凉薄，久寓北平，但苦頭風不時舉發，去執事太遠，無由得妙劑一治奈何。近移城居，惟有念佛待盡而已。前者靈谷二僧來，蒙惠手教，披誦如對清度，深慰渴思。即依尊命，引二僧見殿下，大喜，顧問少頃，賜齋飲等物。此乃執事付囑之力，豈區區可能成就也？兹曰二僧還便故，用勒狀奉復。參見未知何日，惟以道自重。不宣。

題跋

二燕説

鷰有二：一巧而一拙，拙之頷紫，而巧之頷斑白也。巧者擇廬而營壘。壘密綴，邃且固，啣泥於遠涂，力殫口弊，數日而後就。雛成，凉候一來即捐去。拙者，不擇廬而營壘。壘草緝，淺且陋，啣泥於近洫，從容紓徐，不終日而就。雛成，凉候一來亦捐去。何北人愛巧而惡拙耶？巧者至，則延而進之；拙者至，則揮而退之。夫巧者難而勞，拙者易而佚。難而勞者，未必為巧；易而佚者，未必為拙。雛成，凉候一來，即皆捐去。若然，則難而勞者，徒費其力，不如易而佚者之自得也。吁，世之用心於機巧者，其猶鷰歟！雖或快意於一時，然終至於顛覆，乃與拙者同歸於盡也，幾何不被拙者之所哂邪？悲夫！

題《鼓缶稿》

古之論夫詩者，無他論也，不過謂其陶冶性情耳，然所貴乎合作也。貴乎合作，則詎可以一途而取之耶？近世之論夫詩者，則不然。但見其雄壯富麗，館閣氣象，忻艷有餘，則取之；見其幽寂枯淡，草澤況味，厭惡不足，則弗取之。吁！而不知詩之為陶冶性情，曰其境之所感發而為言也。若登金門，上玉堂，雖欲為幽瘠枯淡之語，不可得也。若處草萊〔一〕，飫藜藿，雖欲為雄壯富麗之語，亦不可得也。蓋莫不各因其境之所感發而然也。若或反是而為之者，顧其為人非狂則妄矣。如此則陶冶性情何有哉？尚何暇問其合作不合作也歟？愚以謂大凡作詩者，不知其為陶冶性情，則未可與之言詩矣。吳郡韓奕先生志尚高遠，雖居城市，如處巖谷，而未嘗以窮達得喪介于懷，日以吟詠陶冶性情，因其境之所感發，故其詩也，冲幽淡閑，得其性情之正者矣。每酒酣興發，於松根石上，鼓缶高哥，逸響振林木，泣鬼神，罔知身在塵世，而世之人亦無有知者，可謂古之樂道君子者哉！先生一日示以詩集，曰《鼓缶稿》。余見而甚愛之，且以絃而哥之，至再四而不厭，可謂一唱而三嘆者邪！先生以余頗諳於詩，命題其後，余因以古今論詩之不同者如此，書于卷尾，俾後之學者，則知詩之所自，誠不可以一途取之而論也。於是乎書。

【校記】

〔一〕萊：底本作『菜』，據文意徑改。

題佛祖三經後

昔楊次公曰：『有律無人，大教尚存。人存律廢，大教則墜。』旨哉斯言！故我覺皇四十九年，三百餘會，始於鹿野苑中說《四十二章經》，終於泥連河畔說《遺教經》，始終不離於律也。溈山大圓禪師得百丈正傳，有警策學者之説。雖文富義博，亦不離於律也。信知乃佛乃祖同一心性，同一眼目，同一舌頭，而無豪髪之有間者，蓋其道無二致也。宋時叢林中以此二經與《溈山警策》聯為一帙，目曰『佛祖三經』。宣和間，遂禪師直注句下，以便學者。嘗板于世。歴歲綿遠，殆將澌泯。今北平天王古源深師以佛祖之心為心，回施長資，復用鋟板流通，使後生晚進之士，受持讀誦，精究義趣，以律束身，而不放逸懈怠，至乎孜孜於道，悉能見性明心，入於佛祖之閫域。斯為有律有人，尚何慮大教之不存者歟？

題舊擬古樂府後

余少嗜於詩，每見能詩者，必叩其作詩之法，當以何為先也。一日，偕友人高啓謁遂昌鄭先生，先生留坐論詩。余以舊作數篇求教，先生喜而語余曰：『子曾擬古樂府乎？』余曰：『未也。』先生曰：『學詩者，當先擬古樂府，得其情意，然後為詩，自無不實之患也。』余曰悟先生之説，遂將古樂府擬數十篇，已而為詩，意自有餘也。槀存于篋已三十年。門人清愚欲謄出以傳于後，余一見之，真若前世事爾。火之又不忍，乃從其録焉。他日貽咲于大方之家者，蓋必然矣。

題政黄牛臨《十七帖》

宋惟政禪師為人峭勁，雅潔趣韻，敻絶當世，住杭之臨安净土寺。閒出山，則乘一黄犢，塗人競觀之，時號『政黄牛』云。禪師栖遲巖谷間，嘲風嘯月，以自適其適。雖世之達官富翁，不能屈致於家。其高尚如此。詩詞殊閑淡，字畫與晉宋間人争衡。淮海秦少游極愛其書，凡見必收蓄焉。今觀所臨《十七帖》，雖不越其規矩，而甚有新意。惜乎少游不得見也！帖後有金源中都延聖住持廣善偈，并黄華後人王萬慶識觀之歲月。余以杭之去中都幾四千里，中都今之北平也。况金、宋相拒，不知何年流至於彼也。及乎胡元平金、宋，都于中都，又相去百年。逮今皇明，四方歸附以來，而此帖復還于南，能仁交上人得之。嗚呼！此帖往來北南及萬里，歷宋金元至於聖朝，閱四百餘載，遭累世之變，經多人之手，而能保存于世，非禪師道高德重，有神物呵護，何至於此哉！交上人當十襲珎祕，以永永其傳也。

題《獐猿畐〔一〕》

夫獸之劣，惟獐與猨。攀危躍險，縱而忘還。類彼小人，不以禮閑。横逆是趨，罹禍靡慚。是故君子，用圖以傳。悟斯旨者，廼樂其全。

【校記】

〔一〕畐：《獨庵外集續稿》目録作『圖』。

跋鄧文肅公臨《急就章》〔一〕

嘗論《急就篇》，此小學家之説，漢史游倣〔二〕《凡將》爲之也。末敘『長安涇渭街術』，後或增以『齊國』『山陽』二章。宋歐陽脩居史館日，以餘力及於是篇，取州名哀次之。然是篇去古逾遠，脱漏訛舛不無，人欲辨其失得而增補之〔三〕，亦徒自勞爾〔四〕。漢人以藁法書之，故曰章草。此草書之祖也。近世人多尚草真行，未始學而先習草，如人未能立而欲走，蓋可咲也。況章草之來，本〔五〕於科斗籀隸〔六〕。觀其運筆圓轉，用意深妙，烏有不通籀隸而能學者哉？苟有聰明之人，雖不通籀隸，能彷彿其形，似猶可，其奈刻鵠不成者邪〔七〕！自東漢以來〔八〕，臻乎妙者，惟皇象、鍾繇、王右軍而已。唐宋間，人臨鍾、王所書，亦不多見，欲習之者，不通籀隸，誠難乎哉！此卷巴西鄧文肅公所臨。公在元時，不獨以文章名世，而又以能書名世。號稱『三大家』，公與焉。觀公運筆用意，甚合古人之妙。此卷寔希世之珎也〔九〕。亮上人出示，乞余題，余故以草書之難習，併録于卷末，非但以警於人，而有以自警也。

洪武二十七年倉龍〔一〇〕甲戌秋七月獨庵道衍寫于海雲東軒。

【校記】

〔一〕此跋又見於《珊瑚網》卷十法書題跋、《書畫題跋記》續卷七、《式古堂書畫彙考》卷十七書十七、《六藝之一録》卷三百五十六、《佩文齋書畫譜》卷七十九歷代名人書跋十、《大觀録》元賢法書卷九。

〔二〕倣：《珊瑚網》作『傚』。

〔三〕此句《珊瑚網》無『之』字。

〔四〕爾：《珊瑚網》作『耳』。

〔五〕本：《珊瑚網》作『作』。

〔六〕籀隸：《珊瑚網》作『籀篆』。下同。

〔七〕邪：《珊瑚網》作『耶』。

〔八〕東漢以來：《珊瑚網》作『東漢以降』。

〔九〕此句《珊瑚網》作『此卷實希世之寶也』。

〔一〇〕倉龍：《珊瑚網》作『蒼龍』。

跋范石湖《送府判舅赴興元詩》

大丈夫之遇知于時，登庸于朝，能至於功成名遂而身退者，古今幾何人哉！宋隆興中，范公至能，官至參知政事，耄年帥江東，陛辭設燕，上命侍行，過西小軒，再坐，二内侍捧縑素來，上有『石湖』二大字銜書，尚濕〔一〕。公拜謝，奉觴上壽，乃退。公後見東宫曰：『石湖已拜宸翰，有壽櫟堂，願得寶書。』太子忻然書三大字賜之。遂歸老石湖之上，花竹亭觀，優游其間，號『石湖居士』。觀公風韻，洒然真若神仙中人也。公平生政事文章，皆可觀采，有《石湖集》一百三十六卷行世。姜白石為公家之西席，白石好古博雅，倜儻豪俠，不以幅尺持己，惟公能容焉。顧公之德量才力，人罕有及者。名傳萬世，雖死如生。嗚呼，公豈一時豪傑者哉！湜庵禪師以公所作《送府判舅赴興元詩》見示，詞句清逸，格律高遠，逼似唐人。况夫親親之情，藹然見於言外，使人讀之，詠歌之，則禮義之心油然而興起矣。余以公之為人論之，可謂功成名遂而身退者歟！姑識于卷末，以昭來者。

【校記】

〔一〕濕：底本誤作『溫』，據《氏族大全》卷十六改。

跋北磵《酧梅坡詩》〔一〕

古之大有道之士，其自不以詞章翰墨為貴重。人之貴重其詞章翰墨者，為其人也，為其道也。百世之下，人得其片言隻字，不問工拙，猶獲至寶，而十襲〔二〕藏之，豈非貴重其人之與道也哉！北磵和尚，妙喜嫡孫，佛照真子，住净慈日，名公鉅卿，慕其道行，莫不争先而快覩。然於詞章翰墨皆遊戲三昧，其肎自貴者耶？觀其《酧梅坡詩》，句語合作，字畫得體，流落藂林中，年愈久而迹愈新，得之者寶之而無失。蓋其人之與道可貴重故如此。今之後生晚學，務近於詞翰而遠於道，欲求人之貴重者，寧不有愧於心乎？

【校記】

〔一〕此跋又見於《辛丑銷夏記》卷二。

〔二〕十襲：《辛丑銷夏記》作『什襲』。

書牧庵法師二帖後

牧庵書法雖出入二王，亦有自得之妙，故無意而成書也。世之號能書而意在筆先者，亦當讓雄。吳郡道衍書。

跋章彦復《畫菜》

山谷有云：『不可使士大夫不知此味，不可使天下之民有此色〔一〕。』紫微閣吏章彦復善寫，似可謂知此味者也。金華童冀先生得彦復一本，宋翰林詩于上。先生持贈於余。余於此物乃本色盤饌，豈不知此味乎？然而先生不獻於廟堂鍾鼎之臣，而見惠於山林枯槁之士。噫！先生是真可謂知此味者矣。

【校記】

〔一〕山谷之語見於《山谷别集》卷十《題畫菜》。

跋懷素《千文》石本

懷素號藏真，永州狂僧也。初，學書無帋，繞屋藝芭蕉數百本，以供揮染。觀素之嗜於書，其用心何廑且苦耶！書成，名動海内。凡求書者，必飲以酒，助發其興。須臾，落筆風生，鬼神莫測也。北平趙曦景輝以素《千文》石本見示，余以此本必素早年書也，雖未見其從横超放，奮迅激烈，如驚電爍空，疾雷破山之勢，亦自可愛。景輝宜藏弆之。

跋倪雲林《墨竹詩卷》

倪瓚，字元鎮，號雲林，常之錫山之人也。性迂疏而雅潔，酷嗜詩畫，居處事物，一務清致，綽然有米南宫之風。名動湖海間，人莫不畏而愛之。至正甲午，辟亂寓于笠澤，扁舟往來，時入城府，多托宿於仙佛之廬。城南開元寺方厓禪師亦甚好清玩，故多館穀焉。余故得與雲林長共游息。嘗寫竹枝與余，而詩于上曰：秋水汀州飛鸊鵜，湯休倚棹一題詩。問師唱得誰家曲，嫋嫋西風動竹枝。世變後，各天一方，不得相會者五七，不未嘗不想其風度也〔一〕。雲林於洪武辛亥卒於錫山之故里，入已廿餘載。方厓亦相繼入滅。余客燕山，不知老之將至，興懷至此，曷勝悵然！近因友人知余性愛竹，乃以雲林寫贈一庵長老竹梢見惠，回觀感嗟嘆之不暇，故道雲林與余平昔交接之好如此云。二十一年八月十三日獨庵道衍跋。

【校記】

〔一〕此句疑有誤。

疏榜

儒士李濟川乞化疏

廟堂鍾鼎之榮，天分有在；陋巷簞瓢之樂，賢者惟能。顧予小子之匪才，忝於儒門而肄業。自許甘貧處賤，豈期罹蹇邅屯。每慚日給之不敷，况當軍役之為擾。囊空羞澁，寧有留一錢之看；庖久荒凉，烏能置重味之食。天寒歲暮，豈不念哉；妻啼児號，實可憫也。故敢干疏財仗義之士，要必逢傾箱指廩之賢。鮑叔分金，高名揚於當世；魯公乞米，珎帖遺於後人。恕我多言，冀君一諾。

順德府天寧寺造佛殿疏

贊禪師肇基創業，賜額歸美於唐朝；劉太保落髮受經，策勳崇盛於元室。為世亂適罹于燹，匪人咎自招其殃。廢既有時，興豈無日。復衆園，扶梵刹，安僧已，搆茆堂，祝聖壽，轉法輪。奉佛當營華殿，與群氓作歸依主，巽十方開大施門。綵筆生風，白水真人，雲輸川委；璇題耀日，黄面老子，斗仰山瞻。福有所歸，功非小補。

國家古籍整理出版專項經費資助項目

姚廣孝全集

四

（明）姚廣孝◎著　詹緒左◎校點

安徽師範大學出版社
·蕪湖·

新輯作品

姚少師五言詩帖〔一〕

我本巖壑人，不樂城市住。從来禮法踈，自得山林趣。山林有何好，窈窕忘世慮。素積洞口雲，緑藹沙頭樹。深林暮煙集〔二〕，長空孤鶩翥。遠峯疑有無，飛瀑如雨澍。其中隱者居，茂密堪旅寓。安得天隨子，遊從隨杖屨。清倪濤《六藝之一録》卷三百九十一

【校記】

〔一〕此首詩帖又見於《式古堂書畫彙考》卷二十九書二十九。

〔二〕此句《式古堂書畫彙考》闕『暮』字。

姚少師七言詩帖

亭亭玉立翠均枝，彷彿瀟湘暮雨時。雖是無心終有節，從來霜雪不能欺。吳僧道衍題。

清陸心源《穰梨館過眼録》卷十三

行香子〔一〕

蹤跡祇園〔二〕，談笑神仙，到樽前又愛逃禪〔三〕。波瀾石底〔四〕，風月吟邊。似辨申安〔五〕，書中素，醉中顛。

忘情世慮，泉石因緣，兩芒鞋幾度朝天。歸來此日，重話他年。共夜窗燈，春苑樹，晚湖船。

【校記】

〔一〕明鄭鄤《峚陽草堂詩文集》詩集卷二收《偶見姚少師詞戲和》，卽引此首。然此首又見於明王行《半軒集》卷十二，是作者《和衍上人見寄二首》之一。兹録以備考。

〔二〕祇園：《半軒集》作『衹園』。

〔三〕此句《半軒集》作『到尊前人愛逃禪』。

〔四〕此句《半軒集》作『波瀾舌底』。

〔五〕此句《半軒集》作『似辯中安』。

偈寄東林社主西緒大法師

渡口庵居迥絶塵，六時蓮漏禮彌勤。山家山外君休論，我亦東林社裏人。

洪武二十二年歲在屠維大荒落秋七月廿又三日，燕山慶壽道衍再拜。偈寄東林社主西緒大法師帖

題畫

青山古樹涇，滄江斜日裏。不見野舟翁，更憶雲林子。消搖天地內，此樂復何似。安得長相逢，清流為洗耳。明朱存理《珊瑚木難》卷六

題王孟端《竹卷》

嫋嫋煙中映夕曛，踈踈石上拂晴雲。展圖却憶西江夜，獨坐寒牕對此君。五月初九日題于壽椿堂。《書畫題跋記》卷六

題《龍門春曉圖》為復庵

雙崖寂寂翳雲松，曙色纔分露氣濃。憶得巖僧從定起，數聲啼鳥一聲鐘。瞳瞳初日曙光微，淰淰山雲靄竹扉。五丈石邊琴一曲，桃花三月鯉魚飛。明錢穀《吳都文粹續集》卷二十五題畫

題元王蒙《太白山圖》

我憶先年遊海上，膽氣矗豪一何壯。潮音聽罷便翻身，會稽諸山都入望。太白峯高縹緲間，白雲為鄉秋浩蕩。祇疑蓬萊移在此，華頂雁山俱退讓。獨行策杖探幽深，爽氣拂拂穿衣襟。風生陰谷猛虎嘯，霜落老樹窮猿吟。斯須經由小白嶺，二十里路青松陰。澗空水淺紅葉墮，徑險石滑蒼苔侵。無人作伴心不怯，好如劍客來游俠。扳蘿陟磴不知倦，目睇雲霄路旁歇。鷺池倒浸玲瓏巖，寺藏巖畔真奇絶。烟霞林麓拔地起，金銀樓閣凌空設。歡然如入芙蓉城，龎眉老禪來出迎。松堂掃榻忘旅況，石鼎煮茗輸真情。何幸明時逢有道，不惜永夜談無生。黄鶴山人瘦如鶴，胸中礧磈填邱壑。妙筆描成太白圖，鄭虔祁岳宜潛縮。觀公持卷來相睇，驚喜舒開嘆奇作。肆意揮毫為一題，老眼昏華淚雙落。

永樂十五年秋七月十一日，前天童雲壑禪師以王君叔明作《太白山圖》見示，徵余題。余因想壯年曾遊是山，故不揣短才，遂賦此以塞禪師之命。逃虚老人姚廣孝識。清張照《石渠寶笈》卷三十三

慶壽寺語録

二破不成一，黄昏候日出。一法鎮長存，面南看北辰。若作一二會，隔壁猜啞謎。永劫受沉淪，圓通解脱門。

禾黍不陽艷，競栽桃李春。黐令力耕者，半作賣花人。

霜華撲戶北風凉，荒院蕭蕭夜愈長。莫只擁衾閒瞌睡，火爐頭話合商量。

今朝三月十五，慶壽陞堂打鼓。山門厨庫交參，露柱燈籠起舞。

室利室利，蘇嚕蘇嚕，報禪流，休莽鹵。蟭螟虫吞却虎，大地山河無寸土。《增集續傳燈録》卷五本傳

《閒居》詩殘句

春燕雛成辭舊壘，午鷄啼罷啄陰階。《續燈存稿》卷六本傳

《御溝》詩殘句

静涵金殿影，清斷玉街塵。清陳田《明詩紀事》乙籤卷三

論文殘句

姚少師廣孝論文有曰：今之為釋老文字者，往往勦取釋老之説，甚至模倣其體。明余繼登《典故紀聞》卷七

《耕漁軒詩》後序〔一〕

余居穹窿，閒年將期。然客之來無虛日，識之者寡，求志相得、語相合者尤寡甚，常鬱鬱不自樂。日有隱君子徐良輔氏，峨其冠，儼其服，翹翹然而來。與之揖，貌加恭，坐於室西隅。與之談，言加温，夐與向之來者異。余私喜之曰：『不意今日有是子也！』起辟〔二〕席，傴而問焉，曰：『子來何居也？』良輔曰：『某家太湖之濱，讀祖父之書，親耕漁之業，不求知於人，不謀庸於世。樂乎其心，恆猶有餘；忖乎其己，每若不及。既飫其食，又燠其裳，故吾適其適，而不外之也。吾以偃休之所，名之曰「耕漁」，幸而賢士大夫多為詩文，以道吾事，遂成一卷。子雖浮屠而識予初，將求子之文以序其後，子弗吾拒也〔三〕。』余然而受其卷，披而覽之，凡作者多吾友也，如勾吴周砥，嘉陵楊基，會稽唐肅，吴郡王隅，介休王行，渤海高啓，河南高巽志，東海徐賁。或規以文，或歌以詩〔四〕，若駢貝聯錦，爛然錯陳而炫人目也。予甚嘉之。意良輔不求知於人〔五〕，而自適其適，何賢士大夫交相贊詠之盛，豈非其德之所感耶？況吾友數君子，學廣而識明，行高而德厚，期樹業〔六〕如古先哲，凡毁譽人一一弗妄，人得其言者，亦勿〔七〕易也。今良輔交其人，而得其言，余以見良輔之賢，信不失矣。雖然良輔之交於數君子不薄矣〔八〕。然而數君子或出於仕途，或羈於異方，或處於城郭，雖欲適良輔之居，敘耕漁之樂，不可得也。然予浮屠也，多閒暇，又非若數君子之出處，願從荷鋤〔九〕於町疃之間，聽鳴榔於煙波之上，倦則休於軒，醒而歌，醉而卧，或倚於牀，或枕於股，冥然出於萬物之表者，良輔非我其誰與俱乎？遂序其末。

至正二十五年二月十八日古汴沙門道衍序。　清吴升《大觀録》卷十七

【校記】

〔一〕此後序又見於《趙氏鐵網珊瑚》卷十五。

〔二〕辟：《趙氏鐵網珊瑚》作「避」。按：二者為古今字。

〔三〕此二句《趙氏鐵網珊瑚》作「將求子之文以序其後乎，弗吾拒也」。

〔四〕此二句《趙氏鐵網珊瑚》作「或規之以文，或歌之以詩」。

〔五〕此句《趙氏鐵網珊瑚》無「意」字。

〔六〕期樹業：《趙氏鐵網珊瑚》作「樹期業」。

〔七〕勿：《趙氏鐵網珊瑚》作「弗」。

〔八〕此句「數君子」下《趙氏鐵網珊瑚》有「亦」字。

〔九〕鋤：《趙氏鐵網珊瑚》作「鉏」。

書中州先生《後和陶詩》〔一〕

中州先生以陶靖節詩多寓己意而和其韻，其辭如繭抽泉决，略不見其艱窘，矧有牽強者耶〔二〕？

讀之使人歆艷無已。愚嘗謂靖節人品卓絶，志趣閑遠，況其於詩得三百篇之遺意，所以不假刻琢，自然成章。後世雖有擬效之者，皆彷彿想像，豈能企及者哉？今先生寓以己意，而特和其韻，不亦難矣乎？蓋先生才力老成，問學淹貫，二十年來，奔走北南〔三〕，雖涉歷世故，樂天知命，有合於靖節之志趣，故其所和之詩，與前人之擬效者，大有徑庭也。然其所和者，因歲月久遠，不一而成，故有前後之説耳。前和者，金華蘇先生平仲書。後和者，先生與余同客于燕，而欲余書。余於先生之作而甚愛之，不容不書也。遂拭老眼，勉録于簡。覽者當求先生是詩之玅，慎勿以余之字畫工拙為較也！故識于卷末。

洪武二十五年倉龍壬申冬十月廿又七日獨庵道衍。書中州先生《後和陶詩》

【校記】

〔一〕此篇《列朝詩集》甲集卷十七、《明詩綜》卷八有節録。

〔二〕耶：《明詩綜》作「邪」。

〔三〕北南：《列朝詩集》《明詩綜》作「南北」。

《韓山人詩集》序

文之至精者為詩。詩之作，雖不用經書語，不讀經書、不知義理者，弗能作也。苟作之，則空疎膚近，鄙陋惡俗，不足入於大人先生、宗工秀士之目矣。故凡作詩者，必讀經書為然。何哉？詩乃吟詠性情，其意止乎禮義，不讀經書，昧於義理，必不合乎其作也。三百篇之詩，其中有婦人女子之作，孔子亦取焉。婦人女子雖不能盡讀經書，其言禮義與經書合，蓋得乎性情之正者也。自漢魏而降，詩法之變，不淳乎古，故作之者，狃於近習，雖有聲律之拘，其言亦皆止乎禮義而已也。如晉宋謝靈運之清新，鮑明遠之俊逸，陶靖節之曠達，唐杜子美之渾涵，李太白之豪放，韓退之之峻險，柳子厚之清潤，李長吉之怪奇，韋應物之閑澹，孟東野之窮窘，溫庭筠之纖麗。如此者，雖才氣不同，志趣有異，至其樂於吟詠，皆出乎自然而得其性情之正者也，所以名於一時，流於千古，豈易得者哉？吳郡韓奕公望，為人端雅純正，讀書通經安命，諸子百氏，靡不博究，雖居市廛，如處巖壑，足跡未嘗及府縣之門，交游惟喜山林之士。或乘籃輿，或駕蓬壺，山顛水涯，松根石上，解衣盤薄，酌瓢泉，理絲桐，觸境感懷，吟詠為樂，是亦得其性情之正者也。故其詩冲澹幽婉，無一點塵俗氣，厠於晉唐作者之間，亦毋忝也。公望歿已三載，第夷集其詩，凡若干篇，萃為一帙，將欲板行，屬序於予。予與公望年相若，交最舊，相知惟深，弗拒夷之請，因以作詩必讀經書、明義理，然後能合作之說，序於簡首，使後之學詩者觀之，亦有所警焉。

永樂七年秋七月既望，資善大夫太子少師姚廣孝序。元韓奕《韓山人詩集序》

《節庵集》序

錢唐高先生孟昇，號節庵。為童子時，即通經，習為文章。既長，學博而識遠，才大而器宏。洪武間，年踰冠，有司以文學薦之于朝，遂登仕版。三為校官，皆有能績。今天子統御之初，求賢良以佐治，於是擢為宗人府經歷。宗人府貴要，居諸府司之右；經歷雖幕職，在朝文武官屬，雅相敬重。永樂四年，詔選四方名儒，會于文淵閣，纂脩《永樂大典》。先生入為副總裁，編摩有方。同館之士，咨訪惟多。公退于家，求詩文者，踵相接，又皆詶應如響，略無難色，故人無不景慕之。素嗜吟詠，或登山臨水，悼古感今；或花時月夕，賓友燕賞；或贈別懷舊，題詠圖刻，莫不有作。作必合於古今體製，一不苟成也。先生之第二子廉，手持其《節庵集》者，過余請序。為之展卷諷咏，其純雅者，如韶護之迭奏；其穠儷者，如綺組之錯陳。至於宏放逸發，如江漢之奔流，曲折千里，而不可遏也。可謂一代之奇作也歟！余時奉命監修《大典》，與之處久而交厚，序可得而辭乎？於是與廉書其梗槩於卷首云。吳郡姚廣孝。　明高得暘《節庵集序》

《筠溪牧潛集》序

自唐宋以來，浮屠氏文之善鳴者，獨鐔津翁一人而已。文之合作，固不在言；其為善者，以神聖道德性命死生變化發前人之所未發。輔其教而為文也，非特雄於僧中，士林中歐陽子者文名魁於當世，見翁之文，亦歎服而言曰：『不意僧中有此郎也！』南渡後，僧非無文，而其文也縟駁萎薾，而不足以耀宗工秀士之目，亦徒為文爾。至於元善鳴者，盛稱三隱，曰天隱，曰笑隱，曰覺隱。雖三隱並名，而居最者天隱耳。天隱之文，雖未見其如長江大河浩汗無際波濤洶湧魚龍騰躍駭膽慄魄之勢，然其規矩準繩精密簡古削去陳言為可愛爾。使歐陽子見之，亦必點首而稱道之也。余少好於文，得天隱之文，讀之耽翫不舍，至有忘其寢食者。每下筆，欲少效之，駑鈍蹇劣，雖竭其力而弗能及，未嘗不置筆而歎也。蘇州府磧砂寺僧嗣詵以天隱《筠溪牧潛集》板刻不存，欲載鋟梓以永其傳，來徵予序於卷端。嗚呼，天隱之文，予少欲學而似之不可得，恒有愧於其心，又奚敢以鄙辭而加其首乎？雖然天隱之文流布於世，猶水之在地，豈藉人言而後行耶？詵懼其板泯而不傳，重為刻之，其意不可孤也。故勉而為序。詵，長洲人，靈谷幻居和尚弟子，出世鎮江丹陽縣之孝感云。永樂十四年歲在丙申夏四月十有三日太子少師吳郡姚廣孝序。《吳都法乘》卷八

《普明國師語録》序

大丈夫秉慧劍，般若鋒兮金剛燄。非但能摧外道心，早曾落卻天魔膽。日本智覺普明國師，握吹毛劍，三住明藍，為一切人，全生全殺，外道天魔，奔走乞命，可謂出世之大丈夫也哉！其門人芳通某甲來中國，持師語録，過余請題。遂焚香再四展玩，愛其斬釘截鐵，語不留礙，不能無擊節嘆賞，而書以歸諸。永樂二年，歲在甲申冬十月二十又六日，資善大夫太子少師兼提調僧録司事姚廣孝書。

（日）伊藤松輯《鄰交徵書》初篇卷之一《詩文部》

《蕉堅稿》序

詩之去道不遠也。蓋其繫風俗、關教化。興亡治亂，足以有徵；勸善懲惡，足以有誡。故閭巷思婦之賦，田埜小子之作，其言出於性情之正者，而孔子亦取焉。況夫郊廟朝廷會盟燕享，讚頌功德，被之於絃歌，奏之於金石者哉？以斯論之，詩者其可以末技少之而已耶？故漢魏六朝之下，至於唐宋以來，大夫士之尚於詩者特盛。然有一以風雲月露之吟，華竹丘園之詠，留連光景，取快於一時，無補於世教，是亦玩物之一端也。吾浮圖氏之於詩，尚之者猶衆，晉之湯休，唐之靈徹、皎然、道標、齊己，宋之惠懃、道潛，皆尚之而善鳴者也。然其處山林草澤之間，煙霞泉石之上，幽閒夷曠，以道自樂。故其言也，出乎性情之正，而不墜於庸俗，誦之讀之，使人清耳目而暢心志也，蓋亦可羨矣。日本絶海禪師之於詩，亦善鳴者也。自壯歲挾囊乘艘，泛滄溟來中國。客於杭之千歲巖，依全室翁以求道。暇則講乎詩文，故禪師得詩之體裁。清婉峭雅，出於性情之正，雖晉唐休、徹之輩，亦弗能過之也。禪師平生所為詩，凡若干篇，其徒等聞哀為一帙，題曰《蕉堅稿》，來求余序其卷首。余謂禪師三住名刹，據大床座，以直指之道，開示學者，望重於海內。禪師之睎於詩，猶土苴耳。況夫以蕉堅擬之，奚肯沉泥於吟詠者哉？無非遊戲三昧而已也。噫！為禪師之後，當以禪師為法，慎勿效留連光景，取快於一時，則去道遠矣。去道遠矣，無非玩物喪志，亦何益之有哉？故余序於篇端，使學者觀之，蓋亦有所警焉。永樂元年蒼龍癸未十一月既望，僧録司左善事道衍序。（日）伊藤松輯《鄰交徵書》二篇卷之一《詩文部》

《徑山南石和尚語録》序〔一〕

余三十時，值元季繹騷，遯跡巖壑間，廼得參徑山愚庵及公咨叩禪要。公以余性頗慧，不倦開發，命掌記，侍公左右三載，得嘗鼎臠，而知其味矣。是時，浙河東西禪林尊宿，如了庵欲、楚石琦、行中仁、恕中慍、了堂一、木庵聰輩，提唱宗乘，若震雷掣電，人莫能測。於是諸大老道重天下，四方龍象奔走，雲臻而霧集，不異宏智〔二〕、妙喜、真歇行道於宋紹興間也。余私喜之曰：『像季之世，何幸得見佛日之朗耀〔三〕，法雨之廣澤如此耶！』不數十年，諸大老相繼入滅，禪林中寥寥然一無所聞。縱有一人半人，號稱善知識者，惟務杜撰僻説，胡喝亂棒，誑嚇〔四〕里夫巷婦，真野狐種類也。故識者之所哂而不道，祖翁命脉，一髮而已，其可哀乎！間有俊傑之士，深伏草野而不肯出，慮世之涇渭不分，珠璧瓦礫之相混故也。如我南石和尚，儒釋兼備，宗説俱通，負超卓之才，懷奇偉〔五〕之器。行中仁公住雲巖，得和尚，猶慈明之得黄龍也。後和尚出世，瓣香嗣公，蓋不忘其所自爾。和尚初住蘇州普門〔六〕，次靈巖，三遷主萬壽。未幾，退隱吳淞之上，日與山翁野老説無義語為樂，而大忘人世也。逮我聖天子卽位以來，詔天下儒釋道流之深通文義者，纂修《永樂大典》。和尚應詔而起，留京三年。書完，值國家建報恩大齋會，而和尚預〔七〕焉。居無何，杭之徑山住持缺席，僧録司公舉非南石和尚不可補處。於是和尚忻然遂行，登凌霄峰頂，握黑漆竹篦，以驗方來。獅子〔八〕哮吼，衆獸瘖伏，况野狐者哉！余兹喜祖道復興，如雲開睹孤月。四衆歡悦〔九〕，而讚歎莫及。和尚老且病，倦於人事，卽引退，卜地於寂照〔一〇〕塔左，結廬以居。然而參學者，亦肩摩接踵〔一一〕而至也。上首弟子寶華文彬長老，録和尚《四會法語》，裒為一帙，持來京師，乞余序其首。余以和尚得法於行中公，余參學於愚庵，二公同嗣元叟端禪師，余與和尚為法門昆季，敘〔一二〕不可得而辭也。和尚諱文琇，字南石。凡四坐道場，皆有成績可觀。此乃和尚之餘事，故略之矣。於戲！和尚所説法語，圓轉混合，猶春之應物，而不見其迹。此録宜鋟梓，以垂將來作〔一三〕後學楷模也。雖然，同宗之士，非具金剛眼睛者，亦不能攬〔一四〕焉。是為序。永樂十一年春二月二十七日，菩薩戒弟子資善大夫太子少師吳郡姚廣孝序〔一五〕。《南石文琇禪師語録》

【校記】

〔一〕此篇序文又見於《吳都法乘》卷二十二下之下。
〔二〕宏智：《吳都法乘》作『宏覺』。
〔三〕此句《吳都法乘》作『何幸得也，見佛日之朗耀』。
〔四〕誑嚇：《吳都法乘》作『誑謔』。
〔五〕奇偉：《吳都法乘》作『琦偉』。

〔六〕蘇州普門：《吳都法乘》作『蘇之普門』。
〔七〕預：《吳都法乘》作『與』。
〔八〕獅子：《吳都法乘》作『師子』。
〔九〕歡悦：《吳都法乘》作『歡喜』。
〔一〇〕寂照：《吳都法乘》作『妙喜』。
〔一一〕接踵：《吳都法乘》作『踵接』。
〔一二〕敘：《吳都法乘》作『序』。
〔一三〕作：《吳都法乘》作『為』。
〔一四〕攬：《吳都法乘》作『覽』。
〔一五〕此二句《吳都法乘》無。

贈像師華宗禮序

雕刻之工與畫工異矣。雕刻以斧鋸刀鑿而成，畫以筆成，故雕刻難而畫易也。於是自古迄今而畫者良工多，雕刻者良工鮮。苟非性靈而兼得師授，烏能造其妙乎？能造其妙者，方為良工也。東倉華宗禮善雕刻，人物甚肖，蓋其性靈兼得師授而然，亦可謂工之良者。永樂己丑冬，余擇嘉木，求宗禮刻造西方阿彌陀、觀世音、大勢至三聖像。宗禮不計工，而成三聖之德容態度，無毫髮之隙，儼然如覩蓮華座上生佛相好，使人瞻仰禮敬，歡喜踴躍，讚歎無已。雖畫之善者，惟影耳，詎能及之者哉！矧宗禮之專志於雕刻佛像，舉家不食葷血，不逆取直，其誠恭如此。經中以像師稱之者，惟宗禮為宜。工畢，求言為贈。余謂工非性靈而兼得師授，不能造其妙也。況吾黨之學聖人之道者哉！因以為序。《吴都法乘》卷二十九

《新注法華經》序

《經》云：『法華經藏，深固幽遠，無人能到〔一〕。』若然，豈言説可能跂及者哉？此卽釋迦世尊於三七日中所説：華嚴法界，無二無別。雖智如鶖子，未免驚疑，況餘衆乎？此實難信難解，不可思議大解脱法門也。陳隋間，天台智者大師顗公，靈山親承大蘇妙悟，證法華三昧，獲旋陀羅尼。既而居江陵，為章安等弟子開玄義十卷，惟釋經題，所謂九旬談妙者也。後居瓦官寺，復為章安等以權實本迹開顯之旨別釋經文，名曰文句，亦十卷。先是，光宅所註，其中不免訛謬，大師悉去之，以正其説。至唐，荊溪尊者又推廣大師之説，撰釋籤十卷，釋玄義妙樂十卷，釋文句，則一經之妙大備而無餘蘊矣。然而文辭浩博，義理深玄，自非老於座主之學者，弗能入也。於是元之慧愚谷者，一以大師成言註於句下，以使初學啟發蒙昧。惜乎歲久，板刻不存。前住上天竺一庵如法師，乃前高僧具庵法師之弟子也，得其正傳，博通教義，講説熟閑，於今兩浙一人而已。間居南京大報恩寺，念祖道之荒凉，大教之將墜，於是亦一以大師成言註述斯經，不敢妄加己見，混餚其説，疑誤後學。比慧愚谷者加

詳，編為七卷。吳中顧道珍繕寫，極為嚴整。道珍與同學佛人管叔純、馮覺成、顧道昇、顧禧然、姜孟圭等，共募衆緣，為之刊梓流通。一日，叔純等懷香過予，徵予序引。予時年八十四歲，抱病在家，焉能措筆，然覩茲盛德之事，亦當為之助喜。若以『法華經藏，深固幽遠，無人能到』，豈可以言説跂及者哉？姑摭一二為序，以弁其端。當知此經不可思議，果報亦不可思議。上足以答君親之厚恩，下足以濟飛潛之幽趣，如太虛空，豈有量哉！故為序。後之覽者，當求言外之意云。

永樂十六年正月十五日資善大夫太子少師吳郡姚廣孝序。《卍新纂續藏經》第三十一册

【校記】

〔一〕語出《妙法蓮華經》卷四《法師品第十》。

進《永樂大典》表〔一〕

資善大夫太子少師臣姚廣孝等誠惶誠恐，稽首頓首上言：伏以皇明之治，大一統車書，昭聲教之隆；聖人之道，貫百王制作，備典章之盛。丕顯太平之鴻業，永為經世之宏規。臣聞泰運肇開，人文乃著。卦爻始立〔二〕，書契遂興。故羲禹開天河洛，闡圖書之瑞；成康致治豐鎬，宣雅頌之音。道咸具于聖經〔三〕，事實關于氣運。恭惟皇帝陛下，聰明睿智〔四〕，仁聖〔五〕武文，受天命而主百神，坐明堂而朝萬國。九疇時敘〔六〕，庶績咸熙。治定功成，禮明樂備。爰懋昭于聖學，遂大播于綸

音。以為〔七〕堯舜之道，載諸典謨；文武之政，布在方策。前聖遠而微言隱，諸子出而衆議興。簡編浩山海之繁，經制異質文之尚。欲觀會通而行典禮，必合古今而集大成。敕遣使臣，博采〔八〕四方之籍；禮招儒彦，廣紬中祕之儲。事蹟務在于周詳，義例必令于明白〔九〕。於是，上自古初暨于昭代，考索參朝〔一〇〕之逸典，蒐羅百氏之遺言。名山所藏，金匱所紀，人間之所未覩，海外〔一一〕之所罕聞，莫不具其實而陳其辭，參于萬而會于一。旁通庶彙，宏〔一二〕著三才，該貫幽微，并包宇宙。允發揮于既往，用啟迪于方來。聚衆寶于府庫之中，珪璜有序；觀〔一三〕萬物于日月之下，品類咸彰。于以立教而經邦，于以開物而成務。巍乎冠古超今之作，煥乎經天緯地之文。討論仰稟於聖謨，裁定恪遵于宸斷。嘉名載錫，睿藻薦頒。雲漢昭回，並拜九重之賜；龍光輝燭，允為多士之榮。仰聖教于中天，開文明〔一四〕于萬世。昔石渠論事，徒矜議奏之煩〔一五〕；册府成書，未悉彝章之懿。惟茲大訓，實邁前聞。臣廣孝等學本庸疏，材非通敏〔一六〕，忝預編摩之任，叨蒙眷遇之恩。屢閲歲時，僅成卷帙。敢上塵於觀覽，期俯賜于矜容。經綸大經，建立大本，尚資稽古之功；博厚配地，高明配天，永贊崇文之治。謹繕寫成《永樂大典》二萬二千八百七十七卷，凡例并目録六十卷，裝潢成一萬一千九十五册〔一七〕，隨表上進以聞。無任瞻天仰聖激切屏營之至。

永樂六年十二月□日資善大夫太子少師臣姚廣孝等謹上表。連筠簃叢書本

【校記】

〔一〕此表又見於《蟫精雋》卷一。

〔二〕立：《蟫精雋》作『畫』。

〔三〕此句《蟫精雋》作『道具載於聖經』。

〔四〕睿智：《蟫精雋》作『睿知』。

〔五〕仁聖：《蟫精雋》作『神聖』。

〔六〕敘：《蟫精雋》作『序』。下同，不另出校。

〔七〕以為：《蟫精雋》作『是以』。

〔八〕采：《蟫精雋》作『採』。

〔九〕此句《蟫精雋》作『義例必令其明白』。

〔一〇〕參朝：《蟫精雋》作『累朝』。

〔一一〕海外：《蟫精雋》作『海内』。

〔一二〕宏：《蟫精雋》作『弘』。

〔一三〕觀：《蟫精雋》作『覩』。

〔一四〕文明：《蟫精雋》作『大明』。

〔一五〕熉：《蟫精雋》作『能』。

〔一六〕此二句《蟫精雋》作『臣等學本庸疎，才非通敏』。

〔一七〕此句《蟫精雋》無『潢』字。

與王學士達善書

僕不覿清度者將月餘，正馳想間，忽价至，出示教帖，乃知足下欲假《華嚴》《楞嚴》《圓覺》《鐔津集》諸書披閱，其喜慰何可言耶？僕即發櫃取書，一一卷帙，交付與來价。然僕之所以喜慰者何也？近世士大夫自家之書尚不讀，况外書也哉？自非足下讀得自家書，看得道理明白，胸中無滯礙，孰肯借外書，留意而披覽焉？於是使僕不得不喜慰也。僕少壯時，在吴中讀書於穹窿山海雲精舍。有二老冠章甫，衣縫掖，于于然而來。初見揖坐，聽其言，以為道學君子也，心甚敬之。交既久，扣其中空空然，觀其行，真小人不若也。二老每見人事佛讀佛書，即面侮而笑之，背毁而罵之。見人作為文章，便云：『文藝末也，學之何為，顔子何嘗有一辭也？』一日，過余，值雨留宿。夜坐談論，以儒釋之不同處，問余曰：『何在？』余曰：『在迹。迹不同，而本同也。先儒之所以論其迹而非之而本不可無也。』二老未服余言而哂之，余乃激而問二老曰：『若然，佛之學決不可從也，佛之書決不可讀也。且如考亭朱先生亦披閱佛書，《大全集》中有《久雨齋居誦經》詩曰：「端居獨無事，聊披釋氏書。暫息塵累牽，超然與道俱。門掩竹林幽，鳥鳴山雨餘。了此無為法，身心同宴如。」如此則誦佛經〔一〕不為無益也。慈湖楊先生每日誦《金剛般若經》，至將諸本較正一本，手書板刻于慈湖書院，至今存焉。二先生皆道學之師，而中心未嘗不有佛也。蓋其輔名教，而不欲沉湎於佛耳。況張横渠晚逃佛老，呂東萊曾究禪學者乎？如言「文藝末也，不必學，顏子未嘗有一辭」，何其大謬歟！德行本也，文藝末也。有本有末，有德有言。四科中，文學孔子許游夏。況文者載道之具，道非文不能傳於後也。但不可偏勝，豈有不必學之理乎？汝徒知顏子無辭傳世，而不知顏子之一愚，正是無文之文被于天下後世，使學者皆得以師之，何待綴輯篇章以名世也。』二老聞僕言，惶媿無地已，後載不過我，遂與之絶交焉。僕以二老自家不能文，而妬人為文，故説大言以欺衆，而厭人之能，是誠何心哉？兹因足下讀書多，燭理明，肯借佛書披閲，僕之喜慰殊甚，故舉二老之謬以告。足下以僕言為然乎？不然乎？後日朝回求見，必有以教我也。三月十三日，姚廣孝和南。《吴都法乘》卷二十七

【校記】

〔一〕經：底本誤作『誙』，據文意徑改。

與夏尚書

僕衰老，欽蒙聖恩，優存在家，終日杜門沉坐，惟觀佛待盡。餘無足言者。區區所念，《太祖實録》，萬世法則，此是國家至重之事。廣孝年來奉命監修，忝與閣下同事，然僕耄且病，才短識暗，罔知所以，不過書名而已爾。蒙意《實録》中，最難書者，發迹、定鼎、征伐等項。且喜稿完，呈進了當，

其餘事類全賴閣下與祭酒學士諭德諸總裁先生商議。凡事訪問稽考，從實修纂，補遺潤色，次第成書，以副上意也。如或延緩，歲月寖久，亦非所宜。惟閣下諒察。《皇明經世文編》卷十三

神龜頌并序

大明太祖聖神文武欽明啓運俊德成功統天大孝高皇帝，洪武三十一年，陟遐以來，至今永樂二年，已及七祀。今上皇帝陛下，為繼體之君，受命膺籙，思念太祖神功聖德，夙夜靡寧，欲立碑孝陵，而未得其石。乃召石工四出尋採，而不有獲。一日，工至龍潭，俄遇一石，長濶數丈。钁土深三丈，未見其根。偶于石罅中，得一石龜，僅盈尺，隆脊而昂首，蟠尾而藏足，其靈光燁燁射人。工獲之而進焉。上大悦，擇日於奉天門，賜文武群臣觀看，群臣莫不忻忭稱賀，實為希世之大寶也。噫，此豈非聖君孝誠之至，感乎上下神祇，而致斯祥哉！皇祖在天之靈，得不慰悦而昭鑒也！太子少師臣姚廣孝，不揣短才，忝官文職，睹兹嘉禎，豈容默默，於是稽首頓首，獻以頌曰：

於赫皇祖，道齊邃古。上帝錫祐，肇基洪武，為天下之父。為天下之父，孰敢不來服。惟帝用賓，棄我下民。我民其傷，如喪吾親。嗣皇為君，桓撥孔厪。舊邦維新，思我皇祖，夙夜靡有寧。烈烈神功，巍巍聖德。後古是則，須以銘刻，用彼玄石。玄石潛密，遐搜罔得。猗龍潭之陽，石乃發祥。嗣皇孝彰，神龜是張。龜文其甲，惟天之假。非果非獵，非使非蔡，大寶焕若，著君之明達。維龜匪偶，千歲奚久，其神罙守。其神罙守，徵君之壽。君壽無疆，股肱惟良。以綏遐荒，子孫用光萬

世其永昌。 明陳子龍《明經世文編》卷十三

平胡頌并序

臣昔聞太祖聖神文武欽明啓運俊德成功統天大孝高皇帝，繼天立極，平定四海，成大一統，分封諸子，以蕃王室。 繄我太祖，見皇帝陛下蚤具大智，雄武英斷，出於人上，遂封於燕。 太祖嘗謂群臣曰：『吾王坐鎮朔漠，朕無北顧之憂矣。』四十餘年，天清地謐，胡塵不飛者，皆皇帝之力也。 洪武戊寅，太祖賓天，皇帝繼登大寶，應天順人，四國仰化，九夷來歸。 梯山航海，貢犀象而獻寶玉者，庭無虛日。 三軍萬姓，雍和緝熙，若唐虞之世。 天地神明，至於昆蟲草木，罔不喜豫。 陛下端居九重，退奸進賢，崇德信道，以詩書為宮室，禮樂為園苑，文章為冠裳，仁義為心腑，恭儉淵默，正己南面，古之賢王，遠不及矣。 惟此殘胡遺孽，梗化不庭，跳踉草野，肆虐讎殺。 皇帝曰：『吁！此胡虜者，生於沙漠，昏懵無知，而未嘗聞一善言，見一善行，所以從逆滋惡，徒欲殞厥命耳。 朕甚憐之。』且遣使賚敕書以撫諭，欲其自省改惡而全生也。 豈意胡賊，反不順命，拘殺我信使，寇攘我邊陲。 皇帝不得不怒，乃謂廷臣曰：『胡賊禽獸人也，不知禮義，惟務橫逆，罪不可宥。 朕當親率六軍以討之。』群臣載拜稽顙言曰：『蕞爾胡虜，狐豕之類，跳踉叫呶於無人之境，豈知天之大小也。 若舉兵討之，烏足以當我熊虎之將。 願陛下運籌於九重之上，決勝於萬里之外可也。 冰谷雪磧，人所不堪，其可枉聖駕而勞玉體歟？』皇帝曰：『吁！卿等所言，愛朕之過也。 豈不聞軒轅氏之戰蚩尤於涿鹿乎？朕但知

殺賊以安天下，何恤此行勞苦？爾卿等無載言。』於是卽命將帥整師旅，齊隊伍，節鉦鼓，禡旗纛，鑿山開道，輓粟飛芻，百物畢備，差日啓行。爰于永樂庚寅二月，春日載陽，東風扇和，陛下出九重之城，御六龍之車，百靈導於前，萬騎擁於後，金盾雕戈而耀日，羽旄彩幟以遮天。虎賁之士，何其勇也！魚麗之陣，何其大也！號令一出，遵行恐後，奉公惟僅，不速而疾，曾未及月，卽抵虜境。群凶嗷嗷，無處逃命。摟其窟穴，盡其醜類，所獲馬駝牛羊，不計其數。掃淨朔漠，洗清草野，士卒卷甲，兵不血刃，誠為王者之師，自古所無有也。凱奏駕還，山川清明，父老黔黎，争拜於道，昔之呻吟者，皆化為謳歌矣。皇帝乘鸞輅，登天門，御宸極，告社廟，天日順祥，神人胥慶。太祖昔封帝于燕，坐鎮朔漠，孰知今日之明驗也如此！太祖在天之靈，寧不慰悦也哉！皇帝陛下，神功聖德，當載之史册，被之絃歌，勒之金石，以垂萬祀，此臣子之所先務也。臣廣孝忝在文職，雖短才淺學，不足以發揮盛烈，豈可默默而已乎？遂作頌百拜，以獻頌曰：

於赫皇帝，丕以雄武，受封燕兮。坐鎮朔漠，胡塵不飛，四十年兮。太祖陟遐，繼登寶位，握乾符兮。道齊三皇，子養萬姓，永蘿圖兮。聲色犬馬，珠玉金貝，不為寶兮。詩書禮樂，制度文章，是所好兮。退奸進賢，化育流行，天下平兮。胡虜無知，猖獗草野，侮邊城兮。皇帝赫怒，卽日舉兵，躬行討兮。狐豕之類，彼惡敢當，若摧槁兮。六師煌煌，萬騎舂舂，示天威兮。直抵虜境，群凶倉皇，無所依兮。殲厥大憝，宥其徒衆，何寬仁兮。士卒卷甲，兵不血刃，盎如春兮。凱奏駕還，歸馬放牛，如雲集兮。父老羅拜，來迎鸞輿，歌且懌兮。奠於山川，告于社廟，鬼神會兮。北南一覽，盡歸王化，大無外

兮。神功烈烈，聖德巍巍，與天齊兮。紀諸史册，刻之金石，昭萬世兮。明陳子龍《明經世文編》卷十三

天界寺毘盧閣碑

天界善世禪寺，舊在京城闤闠中。洪武二十一年戊辰二十一日寺灾。翌日，前住持宗泐率寺衆奏聞，太祖聖神文武欽明啓運俊德成功統天大孝高皇帝御奉天門，諭泐等曰：『佛氏以清浄寂滅為教，建立佛刹，不宜于城市闤闠中，與民居混，穢濁喧囂。佛靈雖無有礙，僧徒禪誦有妨。宜徙於虚曠闃寂之地，僧得安於禪誦，而無延燎之患，庶乎稱其教也。』泐再拜稽首對曰：『陛下聖意，與佛意合。聚寶門外西行不四三里，有山地曠絶幽邃，林麓茂密，與民居不相接，可建立佛刹。』上亟命泐引某官相視地方，為圖進呈。上曰：『可。』遂徙於此，而興建焉。錦衣衛指揮尹某，奉敕督役，凡寺之方向、規制，泐與謀畫，所用一切材料、工傭之費，盡出公帑。不三年，而門廡殿堂，庫庾庖湢，於教所宜有者皆具，惟毘盧閣旃檀林闕然。寺成，其額依舊所賜，曰『天界善世』。寺宇之清灑開廓，比舊倍焉。又命泐復主之，以完寺事。未幾，泐示寂。後三易住持，而不見有作也。青州府僧綱司都綱禪師道成，二十八年十一月宣至京。三十年丁丑秋八月朔日，奉旨住持。甫及期，太祖高皇帝賔天，皇上繼登大寶，屢沐〔一〕寵恩。永樂元年癸未，欽選使日本回朝。六年戊子夏四月，首建旃檀林，屋計若干楹間，為衆僧習誦休息之所。八年庚寅，募緣創造毘盧閣若干楹間，其崇若干尺，廣如崇若干

尺，修去廣若干尺，一一梁柱，一一門闥，一一牕牖，一一闌楯，皆以刻畫，髹彩金碧，丹堊為飾。階戺庭霤，甃以礀石，其平如掌。至於羅網鈴鐸，出微妙音，振動林木，聞者莫不忻忭。閣之雄傑瓌偉，如岡如陵，搴霞凌雲，倚天照日，廣博無礙，同於虛空。十年壬辰冬始樂成，上供法報化三佛及設萬佛之像，左右庋以大藏諸經法匭，後延觀音大士示十普門，下奉毘盧遮那，如來中坐千葉摩尼寶蓮華座，一一葉上有一如來，周匝圍繞，旁列十八應真羅漢，二十威德諸天，珠瓔寶幢，旛蓋帷帳，香燈瓜華之供，靡不畢備。俾一切人登陟禮敬，覩此不可思議大解脱境界，無有不發無上菩提之心。十四年丙申，又建方丈二所，基于閣之兩傍，相對翔峙，山林增其亢爽，神物益其英靈，非惟綺嚴梵刹，亦足壯觀天都。然其所用梓材陶甓彩繪工傭之費，計若干〔二〕萬緡，悉出於衆檀度也。以此希有勝妙功德，上資太祖高皇帝聖靈莊嚴報土，欽惟皇上聖壽億萬斯年，永為天下蒼生之主。秋九月，禪師具狀來，請余文為記，刻石以告夫來者，謂佛法利濟有情，豈不博而大哉？必也依人而後行。所以釋尊於靈山會上，付囑國王大臣護持象季之教法也。兹寺始蒙太祖賜額，移徙興復，仰惟神功與天同大。逮我皇上，繼承大統，平治萬邦，兆民樂業，天下大康，歲穀之豐登，資生之蕃息，無有一物不被其仁風德澤者也。今禪師雖乘願輪來董是刹，成兹妙寶樓閣，開大施門，皆出於帝之力也。一宜書。易三住持，而不有作者，而禪師作之，俄然成此大業，略不見其艱苦之心，勞悴之態，如幻如化，孰不羡之？二宜書。以此不可思議大解脱境界示一切人，俾其皆發無上菩提之心。三宜書也。廣孝雖謭才陋學，故弗敢辭，廼以寺之前後興復，備悉為記。禪師字就峰，道成其諱也。容貌魁偉，身頎然出人一頭地，才能度量，又人所不能及。前為僧録司右闡教，政平僧安，上喜，恩陞左善世云。頌曰：

毘盧法界無有邊，無邊法界一塵攝。法界不廣塵不狹，自在解脱難思議。有大長老曰道成，宿修普賢之妙行。乘斯願力應於世，來董天界大禪刹。廣開法施度諸有，能以土木為佛事。鼎建毘盧寶樓閣，廣博嚴凈世希有。藻棁璇題日月明，朱甍碧瓦烟霞燦。梁柱門闥與牕牖，髹彩丹堊為嚴餙。階戺庭除甃礖石，瑩潔無染平如掌。佛子遊行践其上，如鳥飛空不見迹。闌楯寶網懸鈴鐸，出微妙音振林木。盡談苦空無我法，聞者靡不生凈信。上延法報化身佛，下奉毘盧大教主。中坐千葉蓮花臺，一葉一佛衆圍繞。旁列十八大聲聞，諸天龍侍常拱衛。幢旛瓔珞及寶盖，香燈瓜華微妙供。有來登陟瞻禮者，皆發無上菩提心。如上種種諸勝緣，皆蒙帝力所成就。無着無染常清凈，無漏無為不斷滅。以此無量功德海，上資太祖嚴報土。伏願天子壽無疆，金輪永與法輪轉。普天率土揚化風，勒文蒼巖詔來古。

永樂二十二年八月。明葛寅亮《金陵梵刹志》卷十六

【校記】

〔一〕沐：底本作『沭』，俗寫不拘，此録作正體。

〔二〕若干：底本誤作『若于』，據文意徑改。

蘇州府景德教寺重興記

《易》曰：『二人同心，其利斷金。同心之言，其臭如蘭。』聖人言人能同心，金雖堅可斷，則其言也有意味如蘭之臭氣可取也。所以天下之事無鉅細，為之者同心則成，不同心則敗。故周武伐紂，有亂臣十人惟一心，紂有億兆人億兆心，紂所以敗，武所以成也。然人之於事為者何以能同其心哉？在乎公無私而已爾。公無私，則衆人之心自然同矣，故其事為鮮有不成者也。非惟無不成，況成之有易焉爾。勝國之季，余多游江湖間，見佛氏之居，號鉅禪刹者，寺之衆常千有餘指。災後欲起其廢，為住持人長年引衆鳴鐃擊魚，穿長街，入短巷，遍行於衆落間，化募檀施，至有歷數代住持，三五十年，不能成一殿，完一閣。過其門者見之，無不嗟咨而太息也。余以其寺之衆非不多也，化募檀施非不廣也，然其事業久而無成者，蓋人之心不同，以私無公故也。吳城景德寺，晉中書令王珉舍宅為寺基，于深巷之中，極幽闃清邃，如山林間，故代有名僧出焉。近年以來，寺罹回祿，遂成丘墟，寺之衆亦零落殆盡。以是觀之，何日可能起其廢也？有僧曰智仁，與其徒孫嗣賢、如珣、净琚、志圖興復。此四人者，日以應赴經齋所得嚫資，俱入公帑，寸累銖積，以為材植磚灰瓦石工傭之費，而未嘗登一富人之門求其財施。權輿於永樂改元癸未，至于二年甲申而成二殿及僧堂廚庫衆屋。雖寺宇未十成，而已有可觀也。比前所見號鉅禪刹者廣行化募三五十年，不能成一殿、完一閣者，豈不霄壤之有間哉？智仁等余舊所識，知其為謹愿人也，來請余記。余因嘉其四人同心而公無私，事業之易成如此，可書以為將來之勸，故不辭而為記。寺之刱始顛末，沿革事產，元之翰林國史編脩官楊載之記備詳，茲不復書。《吳都法乘》卷十上之上

麝香塢淨念精舍記

蘇城西之諸山，高而大者，惟穹窿山。山之陰，折而小西曰麝香塢。姚子得塢之地近百畝。一逕而入，窈邃衍夷若盤谷。然離地百餘步，有茅屋數家為隣。鳳凰山如几當其前，穹隆山如屏直其後。竹樹蒼翠，池泉澄渟，諠囂不聞，靚深可愛。於是姚子結廬其間，作退藏之所。中奉西方教主阿彌陀如來像，晨香夕燈，精脩念佛三昧，衆妄頓消，一真不立。於是取《楞嚴經》中大勢至『圓通法門，淨念相繼』之語，名之曰『淨念精舍』。夫人之心，本來清淨，良由一念妄興，卽有淨有垢也。一念垢則為衆生，一念淨則為諸佛。惟佛與生在乎一念。若一念著淨，淨卽為垢；一念忘垢，垢卽為淨。所以智人無淨而淨，淨而無淨，無念而念，念而無念，是謂真淨、真念也。雖然如是見者，尚存於法，未為究竟。當知此心如太虛空，念起念滅如空中花，是垢是淨如水中月，衆生諸像如鏡中像，畢竟無有實者。我此精舍，如海上漚，亦不可得。凡過吾精舍，作是觀者，卽登不退轉地。於是姚子復說伽陀，以啓其來者之淨信。伽云陀曰：

吾觀世間人，心如太虛空。良由一念興，而有淨與垢。垢則為衆生，淨則為諸佛。一念若著淨，是淨卽是垢。一念若忘垢，是垢卽是淨。所以大智人，無淨而為淨，無念而為念。淨念不可得，斯為

圓通門。故我此精舍，如彼海上漚，畢竟不可得。凡過精舍者，若作如是觀，卽入三摩地。《吴都法乘》卷十上之下

蘇州府楓橋寒山寺重興記〔一〕

出閶門而行〔二〕，不十里而楓橋〔三〕。橋之西南去尋丈地〔四〕，寒山寺在焉。寺臨運河塘〔五〕，其塘北抵京口，南通武林，為衝要之所。舟行旅〔六〕馳，蟬聯蟻接，晝夜靡間。唐元和中，有寒山子者，不測人也，冠樺皮冠〔七〕，著木屐〔八〕，被繿縷〔九〕衣，掣風掣顛，笑歌自若，來此縛茆以居。暑暍〔一〇〕則設茗椀〔一一〕，濟行旅之渴。挽舟之人，施以草屩，或代其輓。修杜多行甚廑〔一二〕。尋遊天台寒巖，與拾得、豐干為友，終隱入巖石而去。唐詩人張懿孫賦《楓橋夜泊》，有『姑蘇城外寒山寺，夜半鐘聲到客舡』之句，天下傳誦，於是黄童白叟皆知有寒山寺也。希遷禪師於此創建伽藍，遂額曰『寒山寺』。寺當山水之間，不甚幽邃，來遊者無虛日。唐詩人張懿孫賦《楓橋夜泊》，有『姑蘇城外寒山寺，夜半鐘聲到客舡』之句，天下傳誦，於是黄童白叟皆知有寒山寺也。自唐歷五代，及宋與元，寺凡幾興廢，碑刻漸沉，無可考見〔一三〕。粤自聖朝永樂三年，深谷昶禪師老成有戒行，僧録司劄授住持〔一四〕。深谷涖其任〔一五〕，赤手奮發，化募衆檀，剃荆榛，畚瓦礫，先建大佛殿〔一六〕，次立丈室山門及説法之堂，栖禪之所，庖庫湢溷，凡合有者畢備。殿内塑釋迦世尊中坐蓮花臺〔一七〕，迦葉、阿難〔一八〕侍側，文殊、普賢二大士坐于左右〔一九〕，梵王帝釋秉爐而前，十八應真列于兩傍，香臺〔二〇〕晻曖，金碧焜焜，一會靈山，儼然未散。方丈中間設寒、拾、豐干之像〔二一〕，不敢忘其所自也。道場一新，規模可觀〔二二〕。搢紳大夫士

之遊覽〔二三〕，豈無如懿孫之題咏者耶？雖然，深谷興復之偉績，其可泯沒無聞〔二四〕？於是深谷所交之友請余記〔二五〕，勒石以告夫來者。

永樂十一年十月吴郡〔二六〕姚廣孝撰。《吴都法乘》卷十上之下

【校記】

〔一〕此記又見於《欽定古今圖書集成博物彙編神異典》第一百十五卷，題作『寒山寺重興記』。《寒山寺》卷二有節録，中有『余藏鈔本《逃虚子集》亦無此文』，故入新輯。

〔二〕而行：《古今圖書集成》作『西行』。

〔三〕此句《古今圖書集成》作『不十里卽楓橋』。

〔四〕此句《古今圖書集成》無『西』字。

〔五〕此句《古今圖書集成》無『寺』字。

〔六〕旅：《古今圖書集成》作『履』。

〔七〕樺皮冠：《古今圖書集成》作『樺布冠』。

〔八〕木屐：《古今圖書集成》《寒山寺》作『木履』。

〔九〕繿縷：《古今圖書集成》《寒山寺》作『藍縷』。

〔一〇〕暑暍：底本誤作『暑臈』，據文意及《古今圖書集成》改。按，『暑暍』指暑熱。《宋史·陶弼傳》：『課民植木

官道旁，夾數百里，自是行者無夏秋暑暍之苦。』

〔一一〕茗椀：《古今圖書集成》作『茗飲』。

〔一二〕《古今圖書集成》無此句。

〔一三〕此二句《古今圖書集成》作『碑刻澌泯無考』。

〔一四〕此句《古今圖書集成》無『僧録司』。

〔一五〕《古今圖書集成》無此句。

〔一六〕此句《古今圖書集成》無『大』字。

〔一七〕此句《古今圖書集成》作『殿內塑釋迦世尊於中』。

〔一八〕阿難：《古今圖書集成》作『阿羅』。

〔一九〕此句《古今圖書集成》無『于』字。

〔二〇〕香臺：《古今圖書集成》作『香雲』。

〔二一〕此句《古今圖書集成》作『方丈則設寒拾豐干之像』。

〔二二〕可觀：《古今圖書集成》作『可覩』。

〔二三〕此句《古今圖書集成》作『都人士之遊覽』。

〔二四〕此句《古今圖書集成》作『寧可泯沒無聞歟』。

〔二五〕此句《古今圖書集成》作『其同參友雲海請余記』。

〔二六〕吴郡：《古今圖書集成》作『長洲』。

永定普慈天台講寺重建海印堂記〔一〕

永定普慈天台講寺，按宋廸功郎平江府和靖書堂山長劉承《僧田記》，梁天監初，永定祖師建于長洲大雲鄉閶門水北之地，蘇州刺史顧彥先舍宅為寺。迨唐乾符間，始賜敕額〔二〕。大順元年，寺罹于火。景福五年〔三〕，重創于吳縣西南，當闤闠中，道場洞啓，檀度坌集，比舊有加，即今之寺也。石晉天福六年，節度錢元璙〔四〕更額為『普慈』。至趙宋寧宗朝，浙西提刑司鄰於寺，提刑知府發運節制觀文趙公就立為本司祝聖道場，命净信講師惟一主之。觀文公信向於佛，竭力護持。時有朱省元等五省元占住寺宇，公謂五省元曰：『祝聖道場，官員寄寓大為不便。』公以禮待，各助搬挈之資出焉。於是伽藍庶復清净〔五〕。提刑司有前代累歲决獄文卷，堆積腐爛，不堪稽考者，公盡舍入寺。命善工團造〔六〕釋迦佛像，布以膠漆，飾以金粉〔七〕，輕堅美妙，非木刻泥塑者可並，至今嚴奉，累經兵變〔八〕不壞，其靈驗如此。元至正間，九臯聲公來董是寺，徒衆廼蕃，法席始盛。公容儀秀整，通内外學，尤長於文章，望重於時。能大弘法施，陞堂講教《法花》妙經，緇素耆艾童稚習學者數千人，庖供豊足，香燈畢具，於是永定名冠諸刹。唐韋應物為蘇州刺史，《遊永定寺》詩有『閑齋春樹陰』之句，公以方丈息焉之所，扁曰『閑齋』，大夫士休沐之日則會集于兹，講論吟咏為樂，每至夕則返説法之堂，名曰『海印』。元禮部尚書泰不花公擘窠大書『海印堂』三字，揭諸楣間，觀瞻者莫不忻艷。元季驛騷，張士誠據蘇州，城中僧坊例皆軍住。於是永定寺宇亦毁壞，講衆不遑安處，惟佛像與『海印堂』三字在焉。至於本朝洪武初，雖有住持，皆無力興修。二十六年，寺鄰黄居士茂之念此古道場乃衆生植福之地，一力施財，鼎建佛殿。三十年，本寺住持永壽仍立山門三楹間。殿成於一時，易而靡固。不二十年，風雨震凌，瓦甓〔九〕摧裂，兩廡衆屋蕩盡。惟方丈獨存，烏足以栖衆演法而行其規矩也？然而主席久虚。壽偕其徒善述，禮請同郡前寶積住持北宗大師〔一〇〕補處焉。師有戒德，精究講學，有結衆緣，人多向慕，寶積久廢，師力為之興復。及受兹請，欣然而來。壽仍割衣盂之資〔一一〕及募衆施，助師之力，翻盖佛殿，重造海印堂，始於永樂十年春，完於十二年秋，輪奂一新。壽復施長財，印造一大藏經，函盛匱貯，庋于佛殿左右間，以備寺衆展誦祝釐。來遊觀者無不歡喜，合掌而去。壽等感師不憚勞苦，成此大功，詎可不使後人知之，於是過余乞為文以記。余以壽乃鄉中故舊，弗多讓，遂備書寺之歷代廢興顛末為記，俾歸以刻諸石。《吴都法乘》卷十上之上

【校記】

〔一〕《逃虚子集補遺》收《永定寺重建海印堂記》，與本記可以互參。

〔二〕此句《永定寺重建海印堂記》作「始賜今額」。

〔三〕景福五年：《永定寺重建海印堂記》作「景福二年」。

〔四〕節度錢元璙：《永定寺重建海印堂記》作「節使錢元瓘」。

〔五〕庶復清净：《永定寺重建海印堂記》作「始復清净」。

〔六〕圖造：《永定寺重建海印堂記》作『圖造』。
〔七〕此句《永定寺重建海印堂記》作『餙以文采』。
〔八〕兵變：《永定寺重建海印堂記》作『兵燹』。
〔九〕瓦甓：《永定寺重建海印堂記》作『瓦壁』。
〔一〇〕北宗大師：底本誤作『此宗入師』，據《永定寺重建海印堂記》改。
〔一一〕割衣盂之資：《永定寺重建海印堂記》作『豁鉢資』。

牛首山佛窟寺建佛殿紀略

牛首山在鍾山之南，去都城不五十里。山不甚高峻，兩峰相峙，若牛頭出于雲表，故曰牛首山。是山也，泉石清奇，草木偉秀，天竺古師嘗巖棲穴止，自昔名聞天下，蓋他山所無有者。浮屠氏樹梵刹，立精舍，以揚其靈勝，與西北之清凉，西南之峨眉，並為聖道塲地也。佛窟寺不知肇基歲月，按南唐保大四年碑，佛窟荒事垂二百餘年莫偶，檀信李先主惜其勝槩，乃興修焉。更宋與元至國朝，僅五百餘載，中間不知又幾興廢也。楚岡賓師來主是寺，化募衆檀，首建大殿五楹間，輸材運甓，皆以身先，佑力者不呼而争至。創始于永樂十年之春，落成于十八年之春。明葛寅亮《金陵梵刹志》卷三十三

尹山崇福寺隆禪師塔銘〔一〕

非常之人為非常之事，為非常之事必非常之人，此理之固然也。夫佛聖人之教，神變化利幽明，天人之向仰，龍神之拱翼。求其法者多〔二〕，奮然不顧其形命，非挺特雄偉，非常之人，其可能乎？如薩埵之飼虎，達王之代鴿，藥王之焚身，仙人之截體是也。今隆禪師者，詎非其倫也歟！禪師諱永隆，姑蘇施氏子。在襁褓即不茹葷血，惟佛法是慕。年逾冠，白父母，求出家，遂舍入尹山崇福寺，投禮天泉澤法師之孫永定，祝髮為僧。洪武甲子，試經論〔三〕祠部度牒，受具戒。師志力苦味澹〔四〕，耿耿與常人殊。乙丑九月十五夜〔五〕，師聞空中天神報曰：『此寺成于梁之天監，燬于元之丙申，迨今三十年。吾受佛囑，衛此伽藍。師能重建，當陰相之。』師乃感天神之言，遂化募衆檀〔六〕，刺指血書《華嚴》《法華》二大經以立願。書時筆端出舍利，燁然有光，人罔不駭異信敬。師裒資庀材，先刱大雄殿。舟往三衢購〔七〕大木，過錢唐江〔八〕，颶風漂〔九〕筏將入海。舟之衆皆歎泣，師曰：『吾之所為者，非出于己。天神來報，故為尔。吾以天神大權，焉可妄而不陰相乎〔一〇〕？』俄頃風轉，廻筏抵江岸。木商黃有亮異之，與同友曰：『奇哉！殿成，當為造大佛像以報。』辛未八月，殿乃成〔一一〕。二十五年壬申，朝廷度僧。師引其徒赴京師試經，請給度牒〔一二〕。時沙彌三千餘人，其中多有不能記經欲冒請者。於是上怒，送錦衣衛，皆罪〔一三〕為軍。師慈愍，無可救。二月二十四日，詣奉天門奏聞，欲焚身以求免。上允。二十五日〔一四〕，敕内臣，以武士嚴衛其龕。至雨華臺，師出龕，望闕拜辭，入龕索筆〔一五〕，書偈曰：『三十三年一幻身，洞然性火見全真。大明佛法興隆日，永祝皇圖億萬春。』又取香一瓣，書『風調雨順』四字，師語內臣曰〔一六〕：『煩奏上，遇旱以此香祈雨〔一七〕，必驗。』須臾，秉炬自焚，煙燄凌空，異香撲人，群鶴飛翔于龕頂。良久，火餘，斂舍利無算。二十七日，上以三千餘人悉宥罪，給與度牒〔一八〕。時大旱，上召僧録司官迎師所遺之香，到天禧寺率衆禱雨〔一九〕，以三日為期。至夜，卽降大雨。上喜而謂羣臣曰：『此真永隆雨也〔二〇〕！』于是御製《落魄僧詩》以彰之〔二一〕。四方之人聞之，莫不感慕流涕而稱頌者。是年秋八月，其弟子時習函靈骨，歸葬于尹山而塔焉。永樂二年甲申春，廬州童福宗居士以師行實一通來京師，請予〔二二〕銘其塔。嗚呼！凡血氣之屬，以貪愛為本，奚肯拔一毛以利於人乎？今禪師者，德感天神，重建梵刹，又能捨全體以救衆難，豈非挺特雄偉、非常之人也哉！故衍弗敢讓，乃序以銘曰：

形生之徒，貪愛為本。丐其內施，一毛焉肯。孰肎舍身，以濟厥衆。大心上士，始克勤勇。吁嗟禪師，天神佑翊。重建寶坊，緊誰之力。吁嗟禪師，不昧因果。如彼藥王，如彼薩埵。但知利生〔二三〕，寧恤猛火。奏聞于上，上廼曰『可』。吁嗟禪師，積薪自焚。羣鶴翔空，煙燄成雲。感動聖主，信非常人。三千得度，且泣且訴。吁嗟禪師，道高一世〔二四〕。不斷不常，無來無去。函是靈骨，塔藏于尹。師之德風，千古不泯。

京都僧録司左善世吳郡道衍撰　姑胥北禪講寺前住持沙門德完書　南陽滕用亨篆額

永樂二年歲次甲申夏四月佛誕日住山沙門師魯立石。《吳都法乘》卷六下

【校記】

〔一〕此塔銘又見於《國朝獻徵録》卷一百十八，題作『尹山崇福寺永隆禪師塔銘』。《金陵梵刹志》卷三十一有節録。

〔二〕此句《國朝獻徵録》無『者』字。

〔三〕論：《國朝獻徵録》《金陵梵刹志》作『給』。

〔四〕此句《國朝獻徵録》《補續高僧傳》卷二十本傳無『味』字。

〔五〕此句《國朝獻徵録》『夜』上有『日』字。

〔六〕此句《補續高僧傳》作『遂鳴衆檀』。

〔七〕購：《國朝獻徵録》作『構』，《補續高僧傳》作『搆』。

〔八〕錢唐江：《國朝獻徵録》《補續高僧傳》作『錢塘江』。

〔九〕漂：《國朝獻徵録》《補續高僧傳》作『飄』。

〔一〇〕這幾句《補續高僧傳》作『吾之所為，皆神所警發。神寧食言者乎？』

〔一一〕這二句《補續高僧傳》作『以洪武辛未八月，殿乃成』。

〔一二〕這二句《補續高僧傳》作『師引其徒赴京師試經請牒』。

〔一三〕罪：《國朝獻徵録》《補續高僧傳》《金陵梵刹志》作『籍』。

〔一四〕二十五日：《補續高僧傳》作『以二月二十五日』。

〔一五〕筆：《國朝獻徵録》《補續高僧傳》《金陵梵刹志》作『楮』。

〔一六〕此句《國朝獻徵録》《補續高僧傳》《金陵梵刹志》無『師』字。

〔一七〕祈雨：《國朝獻徵録》《金陵梵刹志》作『蘄雨』。

〔一八〕此三句《補續高僧傳》作『於是三千餘人悉宥罪，給牒為僧，皆師賜也』。

〔一九〕禱雨：《補續高僧傳》作『祈雨』。

〔二〇〕此句《國朝獻徵録》《金陵梵刹志》無『也』字。『也』，《補續高僧傳》作『耳』。

〔二一〕此句《補續高僧傳》作『上親製《落魄僧詩》以彰之』。

〔二二〕予：《國朝獻徵録》作『余』。

〔二三〕利生：《國朝獻徵録》作『剩生』。

〔二四〕此句《國朝獻徵録》作『道高于世』。

故僧録司左善世存翁大法師塔銘

存翁大法師諱弘道，字竺隱，號存翁。蘇州府吴江之澄源里人。姓沈氏。父亨，樂于田園。母徐，能守婦道。忽有梵僧遇〔一〕其居，環視水木清華之勝，言此宅當出名僧。後生師。甫及晬，見佛像，即合掌，能稱西方佛號。父母異之。母歿，鞠于嫂氏。十年就外傳讀書，日記數千言。見人誦《法華》等經，歷耳便能成誦。年十三，其父以青鎮密印寺僧雲屋慈有行業，遂命出家，禮慈為師。時我庵和尚主杭之芝雲，慈輔和尚知山門事。師忻慕之，欲往從焉，而義有所不可，乃為詩言志，致書於慈。慈呈我庵，庵喜曰：『此子異日必大吾宗也。』即給牒度為僧，授法衣以表信。十九薙髮，進受滿分戒。自此為學，孜孜靡懈。往逕山，見原叟端禪師，命典記，弗就，竟歸密印。是年園竹生五竿挺，因名其軒曰『五竹軒』，藏修焉。聞雷峰魯山文法師講授有規矩，乃從其遊。于是《不二法門指要鈔》《金錍光明觀經疏抄》等書，一聞其説，罔不貫通。魯山甚奇之。會我庵由四明延慶遷主上竺，師往拜焉。我庵見師，喜動眉睫。詢及芝雲時事，師言慈之入寂，我庵為之嗟悼，而語師曰：『吾宗綱格諸書，汝曾讀耶？』師曰：『然。』『部味教觀權實之旨，汝曾聞耶？』師曰：『然。』我庵曰：『即文字而求之耶？離文字而求之耶？』師曰：『不即不離。』我庵曰：『吾宗解行二塗，缺一不可。觀子解心，粗有所發。苟非依解進行，空言無施，將何以造玄極也？』師曰：『願和尚陶鑄。』我庵曰：『且為我掌記，待我休去歇去，卻為汝通箇消息。』未朞月，上方丈請益，值我庵危坐，師請曰：『前日承和尚指教，嘗于静夜試以平日所聞，返照己心，圓具法界，念念即空，即假即中，百界千如，事理具足。若明日以此心對一切塵境，接一切人事，未免掉散昏沉，不能任運泯合。不知過在何處？』我庵厲聲叱曰：『未在，去！』師汗流浹背，頓覺平日所聞所行一切疑礙處冰消瓦解，生大歡喜，遂禮拜。我庵復記之曰：『吾祖靈山親承，大蘇妙悟，以此解行之道，轉相授受，至于今日，子善護持。他日教門灰寒火冷之際，以此對揚明廷，重光末運可也，勿作最後斷佛種人。』由此師之所學始服儕輩。未幾，我庵示寂，去從絶宗繼法師于薦福，日與大璞玘公、大徹昱公輩研窮考覈，益精而明。圓覺雲外慶公延師退處長干，方丈之西築小室，修一行三昧。明年秋八月，夢觀仁公請師為後生學者講妙宗，至『三輩一。』掌教九年，慈仁廉慎，教門賴焉。二十四年春，師以年老告閑〔五〕，上優許之，其年七十七也。遂見任僧官，于萬百千中求佛同心者。汝為衆所推而至，出萬百千之上，是為希有。特命為僧之第遷住上天竺。有詔開設僧道衙門，師領杭郡都綱。明年起師為僧録司左善世，敕命有曰：『朕昨敕皇上有旨，箋注《楞伽》等經。師與全室、具庵二公同注，頒行天下。上御製《竺隱説》賜之。十五年，中拾得此疏，聞師重興懺法，謹以致獻』。全室泐公等謂『故物復還，此乃懺法流通之兆也』。十年，持。』親書流傳，靈山以為故事。兵變，失去既久。逮師重建懺日，忽有人持疏，跪于師前，言『自餘燼嘗住此山，悟所夢實符讖也。昔慈雲祖師嘗製疏，勸人修期懺，曰：『求三寶之真福，感諸天之護竹軒夢與大明照師同遊靈竺，賦律詩一首。既覺，但記得後二句：『出紅塵戶外，德業至今存。』照公行法殆將絶聞，至是復行之，郡之緇白咸嗟希有。靈山懺席至今歲修不絶，師之力也。先是，嘗于五疏，力請乃起。師與其徒净珠、志常畚瓦礫，刜荊榛，募緣重建光明懺堂若干楹。自元季世亂，期懺年，詔天下高行僧道問鬼神事，師建議惟允。杭之靈山，兵後廢甚，衆謂非師莫振其席。於是諸山製千手眼大悲菩薩像，六時禮誦，期生净土，為終焉之計〔四〕。會稽楊維禎廉夫為作《大悲像記》。三聖朝洪武初，湖郡守知師有行學，請主慈感。居無何，即退，築室于澄源〔三〕溪上，扁曰『無為舍』，造老師碩宿，咸稱羨焉。秀之天巖耀公于車溪廣福退席，請師自代，遂拈香嗣我庵，不忘法乳之恩也。居座端，表率多衆。時重修〔二〕《教苑清規》，命師秉筆。師乃斟酌古今時宜，芟繁補缺，無不中節。

往生觀』文，忽示微疾，顧其徒正謨等曰：『昔吾祖法智祖師嘗謂：「心境叵得故，染可觀净；不礙緣生故，想成相起；惟色惟心故，當處顯現。」吾所修念佛三昧，以此爲準。則今夕世緣當謝，焉能效悠悠之徒寫四句偈辭世耶？第念山林老朽之質，欽受聖恩殊厚，不能報效萬一，爲可媿也。汝走報夢觀、南洲，要與一見而去。』是夜五鼓，南洲先至，師語之曰：『子與我有法門之義，正謨等未歷事。我身後，幸策進之！』及夢觀至，師念佛將去，但爲一開目，以首點之，泊然而逝，二十五年九月三十日也。師四坐道場，凡所至處，無不興修。惟靈竺懺堂，其功最鉅，爲都綱，爲都街僧録，三宗諸山有所依怙焉。上之待師，每以殊禮，賜詩賜膳，前古所未有。師之所爲，愈久愈謹，未嘗有毫髮忤上意。師心寬平，誨人不倦，人雖有甚可怒者，亦每善諭之，略無愠色。於是親王公侯大臣禮遇甚優，師亦不以爲榮。至於庸人孺子頂禮者，必喣嫗垂誘，以勉其爲善。師平生所著詩文若干卷。師之才思雅贍，體製高古，誠傑作也。世之號能文者，如楊廉夫、宋潛溪輩見之，莫不斂衽歎服。此乃師觀佛之餘遊戲翰墨爾。師凡主修佛，以事徵應叵著。孝慈皇后上昇，岐陽王李請師崇建佛事於靈谷，更闌施斛食。師開示鬼神，感天燈數千炬照耀林表。上爲征南陣亡將士設廣薦法會，大駕親臨，靈光燁燁，若虹霓然，五色卿雲冠於鍾山之頂。上大悦。師後入滅於長干，夢觀治喪盡禮，南洲亦預焉。停龕五日，儼如生容。闍維，煙燄所至，拂人若蓮華香，燼餘舍利無筭。世壽七十有八，僧臈五十有九。所度弟子心裕、法印等十人，嗣法者行立、净珠等四十餘人，登門受業者净瑩、志常、廣儀等若干人。師無恙時，遣門人如肆建塔於天竺雙檜峯之麓，曰『靈隱塔〔六〕』。至是正謨〔七〕奉靈骨歸杭，與湖山諸剎師德聚而窆焉。永樂十年秋八月，門人法印以南洲所述師之行狀請銘其塔。余雖耄且病，因念師平昔與余為忘年交，多承誨益，故弗拒，按狀序而銘曰：

一念三千解行全，大蘇妙悟百世傳。部味教觀何幽玄，我庵得旨疏且箋。法師聯芳教弥權，青鎮五竹兆已先。天竺下上宜榮遷，文藻黼黻成勝緣。四衆仰德加敬虔，左街政聲彌八埏。廣薦説法天子前，法才浩汗音清圓。龍顔喜動驚四筵，神燈下照光煜然，福及鬼蜮資人天。胡為一夕傾法船，苦海莫濟淚漣漣。靈龕深密窣堵堅，刻銘山河垂萬年。《吳都法乘》卷六下

【校記】

〔一〕遇：《補續高僧傳》卷二本傳作『過』。按：作『過』優。

〔二〕重修：《補續高僧傳》作『增修』。

〔三〕澄源：《補續高僧傳》作『潨源』。

〔四〕終焉之計：《補續高僧傳》作『終焉之規』。

〔五〕告閑：《補續高僧傳》作『告閒』。

〔六〕靈隱塔：《補續高僧傳》作『雲隱塔』。

〔七〕正謨：《補續高僧傳》作『至謨』。

前僧録司左善世啓宗佑法師塔銘

永樂五年丁亥春正月二日，法師示寂于京都天禧寺。時朝廷迎請大寶法王西天大善自在佛至京師，聖天子大悦，神人胥歡，館於靈谷第一禪林。於是會集天下禪講教僧三萬餘衆，開建無遮大會，普濟法界一切幽爽，以報皇祖昊天罔極之恩，殊為廣博綺嚴，何異祇園佛會，古今所未見。師奈世緣已謝，先入寂而弗獲預焉。師舁龕闍毘之日，執雪柳而送者萬僧，士女之奉佛慕善者又數千人，悲慟哀泣，如佛入滅。至於傳龕舉火之次，綿雲若蓋覆于龕頂，天花繽紛亂墜，猶雪日暈，虹彩交光，炫燁良久不散。須臾，有六白鶴自東南來，盤旋數匝，徑西長往，人皆異焉。火後，僧徒收師舍利殊夥。至于灰土，衆皆抉去，亦得舍利者無算。徒弟法咸函師靈骨，歸於姑蘇，建塔于西山受經之地。件繫群行，來請余銘。余與師同郡，自幼為友，契義甚厚，故弗敢讓焉。師諱大佑，字啓宗，號蘧庵，姓吴氏，姑蘇吴縣人。母性淑慎，事佛至切。師將誕，母夢一僧入其室，自稱闍那笈多，覺而遂孕。師三歲，始學語，聞其兄誦楞嚴呪，即隨口誦之，衆罔不驚異。常見僧搭紅袈裟者，問母曰：『何僧也？』母曰：『講主。』即應聲曰：『我做講主也。』年十二，出家于寄心庵，投嗣貴，剃髮為僧，受滿分戒。凡内外經書，一覽輒便通大義。始與古庭學師為友，習賢首之學；次從東皋聲公遊，習天台教觀。一日，閱玉崗潤和尚《四教儀集注》，至《隨喜品》注云『一空一切空』之説，豁然有省。自此天台一宗綱格諸書，若素習而貫通焉。後於弘教天泉澤公會中充懺司之職，晝夜孜孜，力學罔怠。師見是時吴下諸師德，多不事邊幅，於戒檢有虧，心靡悦服。况教中人多滯於語言文字，而局於一偏，致人有入海算沙之譏也。于是番然遊于武林，從愚庵及公于净慈參究禪學，深有所得。師嘗欲嗣法及公，公謂之曰：『汝于台衡之學有夙契，汝還歸，講教為然。』師後出世甫里白蓮，遂效北齊之龍樹，瓣香遥稟玉岡，當日人言非是者相半，師亦不恤也。國朝洪武四年辛亥，以高僧詔至京。明年壬子，與蔣山廣薦佛會〔一〕。十年丁巳，陞住本府之北禪，與衆講説《心經》《金剛》《楞伽》三經，提挈要義，開示學者。一時同儕輩咸服而嘆曰：『善哉！法師與前輩諸老大有徑庭矣。』檀施日湊，集于自然。建大佛殿，以容多士祝釐。未幾，師乃倦于人事，退歸山中，適嘉定圓通為邑之鉅刹，舊以甲乙住持寺之耆宿，現無隱者，請師開山為十方講寺。居無何，復退還西山，修念佛三味，晝夜六時，寒暑不輟。洪武二十五年〔二〕壬申，僧録司缺官，應召至京。陛見，皇祖大喜，授以右善世。二十九年丙子，陞左善世。師之為政簡當，協于輿情，公卿大臣，無不崇重。於是欽賜金襴袈裟，衣衾靴履，鈔若干錠。三十一年〔三〕戊寅，太祖賓天，師知世變，卽棄官還姑蘇，於穹隆山築室以遁。今聖天子登大寶位，永樂三年夏，應召復赴京，館于天禧之西庵。明年丙戌，詔師纂修釋書。師摠括大般若六佰卷要義，稿成，忽遘微疾，更衣辭衆，面對西方，趺坐而逝。世壽七十四，僧臈六十二。師平昔所著《净土指歸》若干卷，《净土真如禮文》一卷，《彌陀金剛二經直解校勘》《天台授受祖圖》《法花撮要圖》《净土解行二門圖》，悉板行于世。手度徒弟法成等若干人，嗣法弟子台之能仁住持慧徹〔四〕，杭之上天竺住持得完〔五〕等若干人。師性明朗慈裕，嗜閑静，寡交合。其識見議論，高出行輩。惟佛法是務，不尚雜學。況乎不局于一師，不泥于一宗。如師者當於古人中求之，今人中所未見也。廣孝平生于净土法門，頗有所得，每與師會，于山中促膝而談，不知日之云暮，其喜無量也。嗚呼，師今已矣，惋悒曷勝！雖然，師之生也，豈真有所來耶？師之滅也，豈真有所去耶？生本不生，滅本不滅，常寂光中，何往非在，尚何言説之有哉？故勉為之銘，以昭于後。銘曰：

聖教將興，至人出兮。聖教將湮，至人歿兮。教以乘運，詎可必兮。人以相時，故間得兮。佛道窈妙，衆莫測兮。偉乎法師，誕且特兮。以道為心，配古德兮。性樂静恬，惟著述兮。淵才妙辨，孰能敵兮。圓融敷暢，弗泥迹兮。篇章貫珠，光斯熠兮。啟迪後學，開茅塞兮。兩主名刹，聲洋溢兮。詔至卽起，奉明辟兮。對揚于庭，皇情懌兮。授以兩銜，登要秩兮。撫安僧徒，慈且直兮。皇祖陟遐，卽棄職兮。遁于西崦，石為室兮。今上見知，載召入兮。待以高僧，禮貌實兮。進退有道，人莫及兮。宗教凌夷，宜柱石兮。西歸蓮邦，一何速兮。教苑後生，將何取則兮。嗚呼法師，示真寂兮。舁龕闍維，群祥緝兮。吳山之陽，窆靈骨兮。建窣堵波，何崇飾兮。勒文蒼珉，永弗失兮。《吳都法乘》卷六下

【校記】

〔一〕此句《續佛祖統紀》卷之二作『明年預廣薦法會於蔣山』。

〔二〕洪武二十五年：《續佛祖統紀》作『洪武二十六年』。

〔三〕三十一年：《續佛祖統紀》作『三十二年』。
〔四〕慧徹：《續佛祖統紀》作『慧澈』。
〔五〕得完：《續佛祖統紀》作『德完』。

故天禧寺首座古澗清禪師塔銘

夫佛出世，攝化羣生，一以大乘而度脱之。然隨機應用，方便多門，故有禪、教、律焉。禪以明心，教以講説，律以持守，此三者若天主三目，闕一不可，奚有大小勝劣之間哉？自唐宋以來，去佛逾遠，為其徒者，各宗其宗，自相矛盾，猶世之仇敵然，亦可恠也。能圓合互融，會三為一，而無滯著者，不多見有其人焉。今所見者，惟古澗清禪師而已。古澗諱玹清，古澗其字也，東昌之聊城人。族祝氏。母吳。以元至順辛未十月八日巳時生。師自幼失恃，志求出家。年十四，母與兄送於邑之興國寺，從深講主習學經書，頗有鮮性。十六，造大都福源寺崇講主，薙髮為僧。尋于廣慈破衣和尚座下聽講《梵網經》，心生愛樂，自此不啖葷血。十八，禮無智老師于正覺，參碧峰碩德于萬安，精進習禪，凡歷七稔。二十五，見指空和尚於法雲。師纔展具，和尚振威一喝，驀尔有省。和尚云：『參堂去！』後詣大同，載參碧峰。又拉道侶遊武朔二州，過太原西八州，渡黄河，躋碎金巖，陟石窑子，掛瓶錫於無依禪刹。越四載，二十八，至河西沙陀里小中山，往陝西開元清古潭會中結制安居。次謁藍田天然禪德。復參長安東関古澗深公、還原涓公。三十一，偕明上人遊関東，至陝府度夏。三十三，至嵩州天寧參鎮壁忠公，往少林禮初祖，依松庭長老，抵洛陽安國，請居座端，表率多衆。三十五，再過嵩州，與涓、隆二師於古庵和尚處安禪。閲二寒暑，忽覺身輕如葉，數日而止。聖朝吴元丁未，于洛陽安國定中見寶誌公左肩持錫，行童侍立，謂師曰：『汝往南方去。』師荅云：『容某住四旬。』後果符其語。洪武改元，領徒五人至唐州羅漢寺。又拉道侣二十人，至德安寶林依無念和尚。冬季至四祖、五祖。又過龍門至三祖。遇雪村聚公，語言契合，有偈為贈。二年遊池州，禮金地藏於九華山，至荆溪一原和尚處請益，過京口登甘露見斷雲徹公，遂來京都天界，於総統覺原禪師會中歸堂。時楚石琦公、以中及公、白雲度公因朝覲亦寓天界，得參禮焉。総統有偈贈曰：『走遍千山與萬山，何曾踏着上頭関。草鞋跟斷知端的，方信龍河語不閑。』既而介定光嚴首座抵姑蘇，見萬峰檇李，見天真錢唐，見無像。尋登徑山，拜國一禪師塔。其秋至四明，渡海禮補陀觀音大士。師發願云：『某得大事明白後，建八萬四千觀音寶塔。』明年登鄮峰，禮阿育王舍利寶塔，光現者三，禮維衛佛於戒香，禮彌勒佛于鶴林，禮祖于雪竇。又明年還杭，受具戒于西湖昭慶戒壇。五年，復經車方見萬峰，請為首座。静中見月輪湧出于前，頓覺身心清凉，無所住著。七年，回京請給度牒，見西天善世禪師板的荅于鍾山，居七佛庵者五載。蔣山物先義公，請師居前堂。同玉峯寶師粧塑釋迦彌陀阿彌陀佛三大像，三載畢工。復往嵩山禮祖，還天界齋僧十萬指。十七年，師與碧峰之徒寶證捐衣貲，及募衆緣，建碧峰寺及碧峰骨塔。十八年，天界設散蓮經齋會，請師施食，臨筵放光三道。二十一年，天界厄于回禄，天禧夢觀和尚延師，居前板作人天眼目，於是營大衆浴室一所。秋鮮居西庵。逾年後，禮五臺文殊大士，現攝身等光。於是師發大願，願文殊成佛會中為一弟子奉侍。入滅後，收取舍利作四萬八千文殊寶塔。既而道經真定，拜金銅大悲像于龍興，施財飯一郡之僧。師凡所至佛刹，必捐金設供；或殿塔頹圮者，必助其營葺。衣鉢之資，一無所吝。至于刊板印施《法華》《金剛》《孔雀》等經，及《燄口施食儀文》《觀音塔圖》《勸念佛圖》，累年不絕，莫能數計。師之財法二施等無有盡，夜施鬼神食者餘四十年。居天界時，欽遇聖朝設廣薦佛會，請師每夜施食，感天燈下燭，祥光烜發，靈應不可殫記。師形儀魁梧，戒檢精嚴。至于參方謁善知識咨決大事，不憚萬里重趼，多人處一人半人處，靡不踏其閫。以此見聞廣博，鮮悟超卓，故能會諸宗于不二法門，融萬行于第一義諦，與其自相矛盾者，豈不霄壤之間哉？於是名公鉅卿，及士庶人等，無不敬仰供養。永樂九年九月初一日，示寂於長干〔一〕山中。世壽八十一，僧臘四十一。荼毗後，塔靈骨于南山之陽。所度弟子若干人，及化士女念佛持經者，莫可勝筭。上首弟子妙乘為人端謹，嚴持戒律，人多嚮信，亦為天禧首座，能繼師道。今秋七月，以師行實一通，過余請銘其塔。余與古澗交既舊，故弗敢辭，而銘曰：

惟佛之法，心之所宗。無勝無劣，非異非同。云何後人，罔究厥理。各宗其宗，交相譏毁。間有智人，圓合互融。彼此兩忘，惟古澗翁。胸次廓然，律儀是守。教藪禪藂，靡不參叩。道林應夢，竭來南詢。行業日進，聲價日騰。見解超卓，形儀魁梧。分座表率，後昆楷模。造像印經，盡其誠信。勝妙莊嚴，傾橐無吝。施鬼神食，餘四十年。感驗匪一，光明爛然。不慕諸聖，不重己靈。况求世間，榮利榮名。所以四衆，敬仰靡止。終于長干，順世而已。倬彼靈塔，南岡之原。勒銘樂石，永矢弗諼。

永樂十年倉龍壬辰秋八月資善大夫太子少師兼監修國史吴郡姚廣孝譔。《吴都法乘》卷六下

【校記】

〔一〕長干：底本誤作『長于』，據文意徑改。按：下文有『終于長干，順世而已』，可證。

故揚州府僧綱司都綱兼天寧寺住持簡庵略禪師塔銘并序

簡庵禪師當勝國之季，與余同參學於逕山。師之識見高遠，議論宏闊，啟我蒙昧多矣，余故以兄事之。暇則同遊泉石林藪，題詠唱和為樂者甫十載。國朝洪武間，師出，住山行道，余亦應詔北上，不相見者三十餘年。永樂改元癸未，余來朝京，上命蓄髮冠帶，輔導東宫，時師綱教維揚，始獲一會，皆老顔荒髩，握手笑談如初。維揚去京纔一帶水，余意與師時得聚首，且盡餘生之歡。不期師無疾，先我而逝，嗚呼痛哉！其徒孫永禎狀師行實一通，屬余銘其塔。蓋余素知師者，念其舊好，吾何敢辭，遂按狀而書之。師諱睿略，字道權，號簡庵。嘗以松月扁其軒居，故人呼為『松月翁』。蘇之茂苑人也。蚤歲出家于城南真慶院，投禮昱大銘為師。年幾冠，受具戒，從九皋聲公，於永定習天台教觀。師不樂於名相，乃逃入禪。遂參逕山愚庵及和尚，見而異之，俾掌藏鑰。秩解，退歸真慶。每於大山深谷之間，茅屋茂林之下，息焉游焉。日與幽人韻士，吟詠適興。其詩格高趣遠，絶肖唐人製

作，無一點塵俗氣，不下於雪畫、越徹，故一時聞人爭羨其高哉。師勇於為義，朋友有難，奮不顧身而力援之。如師者，古之人何加焉！洪武六年癸丑，出世住吳縣延慶，次住寶華。三十年丁丑，京都僧省舉師住上元縣延祥寺，有湯泉，亦一勝境也。於是，師聲名日盛。三十五年壬午，任揚州府僧綱司都綱兼天寧〔一〕住持。師性閒靜，安貧守道，不肯俯仰於人。然人之向慕者，如水之東注焉。師心廓然，空一切相，而不住無為。乃於天寧建大殿，中間塐釋迦彌勒無量壽三大佛，殿後塐文殊普賢觀世音三大士，左右壁畫華嚴善財童子參五十三善知識，金碧髹彤，刻飾綺嚴，極於崇侈，非他方可並。不三年，而有成績。師居僧司，安僧護法，政理清平。緇白之衆，咸服其能事也。化緣將畢，至十年壬辰十月初二日，無疾辭衆而終，年七十有九。舁龕茶毗，府衛官屬，皆設祖奠，道俗人等，執紼而送者數千百人。火後，靈骨塔于功德山觀音寺之旁。天寧耆宿，感師之德，分爪髮衣履，瘞于天寧塔院，而尊奉之。師平日所作詩有《松月集》，中吳隱君子俞貞朮為序，以行于世。徒孫二人：曰永禎，永志。作銘曰：

於乎簡庵，志在別傳。不樂名相，遂從於禪。首參逕山，得其旨要。退歸城南，安貧守道。泉石是居，松月為伍。吟詠適情，超然得所。勇於為義，不顧其躬。朋友有難，力援始終。弗矜厥功，弗有厥德。可並古人，衆皆悦服。出世住山，風規異常。名聲昭灼，宜步大方。遷主延祥，維揚綱教。護法安僧，政令不撓。空一切相，不住無為。鼎建大殿，不日成之。諸佛菩薩，聖像施設。金碧五采，絢爛奇絶。瞻仰加敬，如暗遇燈。緇白四衆，咸服其能。七十有九，化風將墜。一旦而入，無聲三昧。火餘靈骨，塔□蜀□。勒文貞石，永永不已。

永樂十一年歲在癸巳春二月，資善大夫太子少師吴郡姚廣孝撰。明釋睿略《松月集》卷十七

【校記】

〔一〕天寧：《吴中人物志》卷十二誤作『天宫』。

故承直郎太常寺丞柳莊袁先生墓誌銘

永樂八年歲在庚寅十二月初五日，承直郎太常寺丞柳莊袁先生卒于家，訃至京。明年辛卯正月二十二日，其子中書舍人忠徹奏聞。上為之哀悼，賜鈔六百錠營葬事，遣中貴官祭于其家。二十四日，忠徹傳奉敕旨，命臣廣孝撰先生墓誌。臣謹奉命。按賜進士出身吏部員外郎臣陳宗問行狀，先生諱珙，字廷玉，姓袁氏。系出南昌，世多聞人。宋南渡有諱子誠者，知臨安府兼大宗正司丞，扈蹕至鄞，遂家焉。其孫鏞，以進士死忠於德祐間。曾祖諱景安，登進士第。祖諱衍，隱德弗耀。考士元，文林郎翰林國史檢閲官，博學能文，器量恢廓，性明果義，有所不可，則奮力正之，故鄉閭以中直稱。初衍無子，以弟澤民承後。澤民仲子士元謂弟無繼兄之義，白於有司，奉澤民歸宗，而已為衍子，俾得倫序不紊。自號『南村先生』，實德祐忠臣之嫡孫也。生子四人，曰珙，曰珪，曰瑛，曰璟，珙即先生也。先生性剛毅直方，不泛交於人，安貧養志，粹乎有道之士也。當勝國之季，勵精儒業，九

流百氏之書，靡不涉究，然時與願違，遂游歷湖海間。遇異僧別古崖於補怛洛伽山，一見而奇之，因授以相人之訣，期先生後必以術顯。先生决人貴賤壽夭，禍福休咎，如指諸掌。凡求占者，必先察其心志，聽其語言，次觀其形氣，然後斷之以吉凶，規之以忠義。雖達官貴人，遇之不以禮，則拂袖而去，豈以勢利能動其心哉?聖朝啓運，天下和平，先生乃歸鄞城之西，聿新其先業所居，前後皆樹以柳，扁曰『柳莊』，鄉之人皆稱為『柳莊先生』。洪武間，上在潛邸聞先生名，遣使以幣禮聘焉。先生既拜受，卽沐浴戒，行李而起。及見，上大悦。先生於是肅恭而前，凝神佇思，面對聖容，俯仰左右，一目而盡得矣。先生再拜稽首，而言曰：『聖上太平天子也。龍形而鳳姿，天廣地闊，日麗中天，重瞳龍髯，二肘若肉印之狀，龍行虎步，聲如鐘，實乃蒼生眞主，太平天子也。但年交四十，髯鬚長過於臍，卽登寶位。』時上雖聽其説，而未全信。居無何，先生辭還故里，錫賚殊厚。洪武三十五年壬午六月十七日，上誕膺天籙，嗣登大寶，發政施仁。萬幾之暇，因感先生昔言之驗，若左右券，無毫髮遺失。於是敕遣内侍，驛召至京，拜太常寺丞，授承直郎，待以特禮，賜冠服鞍馬，文綺鈔錠，及居第在京，以便其老。上巡狩北方，己丑冬十月，尋有旨召至行在。先生卽日就道。東殿特念其衰老，非霜露所堪，於是賜貂裘安車，而敦遣焉。既入覲，奬諭有加。已而得請展省先塋。復敕驛置歸其鄉，恩至渥也。及先生卒，上賜鈔以營塟事，遣中貴官祭于其家，復敕臣撰墓誌。先生感荷聖恩，始終榮顯，自古所無有。先生卒時，年七十有六。先生平日，篤于孝友，天性然也。親疾革，則焚香籲天，減己之年，以益親壽，疾果差，人以為孝感所致。暨失怙恃，哀毁過禮。先生時厄於貧窶，衣衾棺槨為之必竭其力，由是禮無不備。宗族之貧乏者，恒啬己用以賑之。弟妹之孤嫠者，咸推恩以撫之。有嫁娶之不能者，出財力以相成之。先生與鄉黨也，正而不群；處妻子也，嚴而有禮；交朋舊也，以信義而不阿；卹患難也，救之惟恐不及。人有以役當徒，而委之金百鎰，不相聞者餘十年。及其歸，以金還之，封識如故。友人以事殁于逮者，莫之能贖，先生收厝以歸其母。先生臨利害，一以理勝，略無顧忌趨避，其忠義正大如此。先生好為歌詩，與客燕飲酒酣，擊缶仰天豪吟，人以為康節先生也。先生知命之終，屬纊之日，怡然如常，溘爾而去。故鄉閭父老，及所交游者，罔不悲嘆。公卿大夫士，走哭奠祭者，踵相接于道。先生娶倪氏，有婦德。子男五人：長忠敉，先卒。次忠敏，淳而勤於家事。次忠教，遊藝校庠，賫志而殁。次忠徹，性資穎悟，善承家學，由鴻臚寺序班陞上寶司丞，今調中書舍人。嘗扈從北巡，上尤寵厚也。次忠斆，又勤于學。女一，適慈溪士人潘惟聰。孫男七人：應驪，應騄，應驪，應駒，應騊，應驥，應駿。孫女三人，皆幼。忠徹奔喪歸，以是年三月二十四日，扶柩至桃源楊山，入壙葬于先隴之左。嗚呼！先生為人剛方中正，學純行端，綽有古君子之遺風。於是皇上見知，特加禮遇，豈惟其技術之精妙而致然爾？昔袁天綱父子事唐太宗，名著方策，以為希世之有。今觀先生與其子忠徹，際遇聖天子，始終恩寵，莫大之榮顯，豈天綱父子可能跂及者哉？先生平日相人之奇驗，九靈山人戴良傳備詳，兹不復繫。銘曰：

袁氏之系，出于南昌。世多聞人，積德其滂。臨安來鄞，乃為故鄉。鏞死于節，德祐忠良。文林學古，器量恢弘。挺生先生，資性剛方。不泛其交，克紹厥芳。涉究經史，吟詠詩章。縱逸弗群，雄豪是長。不事其家，遊歷海邦。歘逢異僧，奇其目明。因以授彼，相人之方。術日以精，名日以張。課子畊讀，號曰柳莊。曁于昌朝，際遇聖皇。優寵異等，官拜太常。子職中書，橋梓揚揚。既貴且富，日覲清光。高年賜歸，以壽以康。豈期無疾，終于蘭堂。遣官置奠，錫賚盈箱。子嗣孫承，尚有餘慶。塟于桃源，先隴之傍。勒文蒼堅，終古不忘。明程敏政《明文衡》卷一百

奉安西方三聖像祝文

維永樂八年歲在庚寅五月朔，粵十有一日丁丑，資善大夫太子少師姚廣孝，謹命良工雕刻西方教主阿彌陀佛觀世音菩薩三聖像，裝飾圓成，安置座席。是日，粗脩茶菓蔬食之供，敢昭告于三聖曰：洪惟我佛，名無量光，與二大士，共作梯航。等濟迷流，俱超凈邦。衆生有緣，得所依怙。昕夕思念，如子憶母。今我投誠，造像供養。求捄哀懇，滅除罪障。若臨命終，神躋寶地。面禮慈容，親蒙授記。兹差榖旦，奉安座席。聊陳菲供，曷勝慚恧。惟冀三聖，興大哀憐。俯賜昭格，如我願焉。《吴都法乘》卷十一

祭天童用愚顔禪師文

惟師與吾，生同其邑，齒亦相似，偕從於釋。師性聰慧，吾詎能及。才日以廣，學日以益。志超儕輩，卓然自立。歘罹兵亂，鄉閭背馳。親友俱棄，形迹棲棲。篋匱囊空，惟影之隨。飯以糲食，衣

以麻緇。鵁止于棘，蛟伏于泥。艱難備嘗，心不少衰。教苑禪藂，遍于坤維。道之所在，迺可為依。尋適武林，卽登逕塢。愚庵奇之，頫垂青顧。俾職綱維，衆無不豫。復謁嬾庵，千歲巖主。延師典藏，四聞厥譽。載參凌霄，玄機迅颷。特立不羣，鶴鳴九皐。湖海士俗，以景其高。始拈鈯斧，住千頃山。木石為隣，巖扉無關。煨芋附火，何如懶殘。白雲與我，盡日閒閒。飛泉可濯，懸蘿可扳。松根石上，自足怡顏。不涉世趣，恍閱十年。俄遷萬壽，浙江之右。克徇時緣，入廛垂手。延接方來，將無作有。風穴汾陽，師宜為後。道行湖山，德伏耆舊。僧省公遴，榮陞天童。鵬翼斯展，九萬里風。大闡玄猷，啟迪瞽聾。後生晚進，贏糧景從。詔起來京，編摩聖經。龎首皓皓，老成典型。訪吾官廨，共敘生平。風晨雪夕，對榻舒情。師以疾辭，退還杭城。棲〔一〕居江干，養痾以寧。豈期弗瘳，溘爾川逝。維夏之半，訃音倏至。法舟既傾，苦海孰濟。中腸痛熱，兩目交淚。師視死生，去來游戲。世禮難忘，聊營一祭。《吴都法乘》卷二十一上

【校記】

〔一〕棲：底本誤作『樓』，據文意徑改。

題僧日南畫水仙

昔浮屠師之工於伎藝者，多有其人焉。如巨然之山水，華光之墨梅，妙善之寫神，日觀之蒲萄，

貫休之羅漢，一行之於術，穎師之於琴，智永、懷素、高閑之於書，湯休、皎然、齊己之於詩，皆名顯當時，而蹟存千載者也。蒙聞浮屠氏之道，可以脱死生，超凡聖，真出世間無上之妙道也。學浮屠氏者，當以其道為本，有餘力則工于伎藝，作游戲三昧乃可爾。若不以其道為本，而沉著於伎藝者，可謂作無益而害有益，寧不戒哉！使其伎藝縱如巨然等之工，雖名於時，不能脱死生，超凡聖，亦徒其爾。吳僧日南畫水仙，頗得其妙。一日，介其友真師持所畫者，過余請題。余故書此以告之，欲日南之工乎其本，能脱死生，超凡聖，豈不韙乎！《吳都法乘》卷二十九

跋仇山邨七言詩卷

仇先生仁近，宋季老儒也，與白先生湛淵詩名並稱於吳下，人謂之仇、白，若唐之皮、陸也。二先生晚年謝事，樂於湖山泉石間，多與方外士游名山勝地、佛刹靈區。足跡所到，無不有其題詠。兵後，石刻墨本，百無一二存也。此數詩乃仇先生晚年所作，録與天平士瞻翁者，兵後亦失去。翁之徒，今天平住山復庵禪師，復得之於他人。復庵以為傳家之珍，徵余題其後。衍壯時過天平，見翁於松下。翁善辯，評論古今人物惟允，於詩亦稱道仇、白也。仇先生詩，前輩以曾論，余尚何言哉？然是詩既失而復得，禪師宜加寶重。洪武二十年歲在戊辰十二月望日，燕山大慶壽獨庵道衍。《式古堂書畫彙考》卷十七書十七

跋蘇文忠公書杜工部《榿木詩》卷

坡翁書大槩骨撐肉，肉沒骨，自出新意，亦一快哉！今觀此書，其字畫更圓熟，遒勁可愛，與余舊所見諸帖敻別。文幹當寶愛，以傳諸子孫於無窮也。永樂己丑春三月望日，吳郡姚廣孝識。《式古堂書畫彙考》卷十書十

歐陽文忠公詩帖〔一〕

右歐陽文忠公酬蘇子美五言二十六韻詩墨蹟，洪武間余在北京時於一戍卒家見，遂索取之。自念平生行湖海上有年，前代名賢墨蹟多見，獨文忠書不曾見焉。今見此詩墨蹟，如獲夜光明月，曷勝欣喜！裝潢成卷，秘於篋笥中已十五年矣。嘗觀東坡居士文集，有跋文忠公書云：歐陽文忠公用尖筆乾墨作方濶字，神采秀拔，膏潤無窮，使後人觀之，如見其清眉豐頰，進趨煜如也。今觀此墨蹟，方知東坡之言不虛矣。此卷付與孫詒謹藏，永為家寶。永樂十年秋七月廿二逃虛老人書於京都崇禮坊之官廨。《六藝之一録》卷四百五

【校記】

〔一〕此文又見於明趙琦美《趙氏鐵網珊瑚》卷三。

宋釋居簡《酬梅坡詩》卷

吾宗先德善於詩文者，非以此自多，欲假其敷暢佛理，曉人心地耳。明教曰：禪伯修文豈徒爾，要引人心通禪理。此之謂也。今觀北磵和尚《答梅坡詩》有云：坐到忘言處，蕭然似舊時。正如鬧市裏颺碌塼，打着者方知中。吳萬壽文琇北磵和尚《酬梅坡詩》墨跡跋語，余三十年前在吳門客舍筆之，今日漸藏主攜來示予，展卷觀之，眞若夢中事也。況卷中跋之人，如蘧庵、佛華、南琛、道權諸道友，大半歸西矣。惟余與佛華尚存於世，使人嗟嘆無已。故書於卷尾。後之覽者，能無感乎！永樂十四年秋九月十六日逃虛老人吳郡姚廣孝書。《辛丑銷夏記》卷二

《佛説摩利支天經》跋

《佛説摩利支天經》，藏内凡三譯。惟宋朝天息災所譯者七卷，其中咒法儀軌甚多，仁宗親製《聖教序》以冠其首，然而流通不廣。以廣流通者惟此本，乃唐不空所譯。其言簡而驗，亦多應菩薩之願力，豈可得而思議耶！於戲！李珏問神人，稱名而免難；隆祐奉聖像，致禮而獲福。況能依佛所説，誦此經者哉！今菩薩戒弟子鄭和，法名福善，施財命工，刊印流通，其所得勝報，非言可能盡矣。福善一日懷香過余請題，故告以此。

永樂元年歲在癸未秋八月二十又三日，僧録司左善世沙門道衍。明鄭和刻本《佛説摩利支天

經》跋

跋唐僧義道書《法華經》〔一〕

《法華》一經，是經之王。若人受持誦讀，正憶念解其義趣，其功其德不可思議。若但書寫，是人命終，當生忉利天上。如來是真語者，實語者，豈虚言哉！唐僧義道，與女人陳燕子丁，共以小楷細書是經，為薦亡母解脱清昇。觀其點畫波撇，一一珠回玉轉，文彩墨光，照耀眼目，若出一手者也。千載之下，使人見之，無不頂戴喜躍。其孝誠之心，蓋可見矣。薊門李周輕氏，多親近善知識，或受是經，周輕藏弆有年。夜光之璧，明月之珠，雖希世之寶，以是經出世，以大寶比之〔二〕，則失其貴矣。周輕徵余〔三〕題其後。是經何義，存翁法師敷文布於前，余尚何言哉？是軸甚為難有，周輕宜加護焉。洪武二十八年蒼龍乙亥春三月廿〔四〕有三日，獨庵比丘道衍。《大觀録》宋君臣法書卷二

【校記】

〔一〕此跋又見於《式古堂書畫彙考》卷八書八、《江村銷夏録》卷一。

〔二〕此句《江村銷夏録》無『以』字。

〔三〕余：《式古堂書畫彙考》《江村銷夏録》作『予』。

〔四〕廿：《式古堂書畫彙考》《江村銷夏録》作『念』。

跋趙蒼雲《王孫天台圖》

丙寅春仲，無懰中鼓枻過華栖碧湖上。流連匝月，談詠甚適，耳目洞爽。蕭君沉博嗜古，所藏碑版甚夥。商確評圖，彼此恍然盡得象外物表之趣。偶示趙蒼雲《王孫天台圖》，人物景色，飛鳥有情，宛轉離合，極快意事。作惘之狀，是入僧中三昧者。栖碧有題，予踵其後。予久作東西南北人，他年一會，儼然未散，其在斯乎！道衍識。趙蒼雲《劉晨阮肇入天台山圖》

跋文丞相詩帖〔一〕

予〔二〕每讀公《指南録》，至其為母夫人小祥，并懷弟妹、妻妾、子女諸詩，未嘗不為之流涕太息也。今於王君季境家獲觀公所作諸詩真蹟，忠義之氣，藹然於紙墨之間，真與日月争光。予雖從浮圖學槁木死灰之人〔三〕，亦不能不為之感動，使章甫逢掖有國有家覽之，當何如哉！當何如哉！洪武十三年秋七月，吴郡沙門道衍。《趙氏鐵網珊瑚》卷四

【校記】

〔一〕此跋又見於《孫氏書畫鈔》卷一法書、《式古堂書畫彙考》卷十五書十五、《六藝之一録》卷三百五十、《大觀録》宋名賢法書卷七。

〔二〕予：《大觀録》作『余』。
〔三〕此句《孫氏書畫鈔》『浮圖』下有『輩』字。

跋張外史書雜詩〔一〕

張貞居詞翰俱清逸，飄飄然如參〔二〕白鸞遊霞鄉，自非有仙風道骨者不能到。唐之羽流中，杜光庭輩詎足專美於前矣〔三〕。彦廉宜寶之。

時洪武十九年蒼龍丙寅吳僧道衍敬觀於春草堂〔四〕。明汪砢玉《珊瑚網》卷十一法書題跋

【校記】

〔一〕此則題跋又見於《書畫題跋記》續卷八、《趙氏鐵網珊瑚》卷六等。
〔二〕參：《書畫題跋記》《趙氏鐵網珊瑚》作『驂』。
〔三〕矣：《書畫題跋記》作『哉』。
〔四〕此句《趙氏鐵網珊瑚》無『時』『敬』二字。

釋迦文殊普賢畫像贊

猗歟調御師，釋迦無上尊。圓明體性空，海慧不可量。示同於凡夫，現丈六金像。白毫珂月光，

紺髮螺旋頂。從緣下兜術，降靈於王宫。富貴棄敝屣，學道居雪山。麻麥充肌腸，巖石為伴侶。六年迺成道，化度諸人天。淵才與雅思，談説妙無比。分身百億國，常在菩提塲。無取亦無見，曾不離色聲。曼殊覺有情，智力何勇健。禪贊於聖者，作大師子吼。遍吉大薩埵，行願猶無盡。出沒衆生界，象王自迴顧。洪惟三大聖，一心一處坐。或以三為一，或以一為三。不從亦不衡，不近亦不遠。如彼帝網珠，交光互相映。虚堂雨妙花，天神常翼衛。畫師張僧繇，丹青善形狀。嗟予三十〔一〕舌，讀詠莫能及。有如熱時錟，亦如尋香城。無去亦無來，無生亦無滅。若作如是鮮，諸佛常現前。《吳都法乘》卷十一

【校記】

〔一〕十：似當作『寸』。

九蓮童子觀音像贊

大士無定相，應現隨其機。千百億方便，豈特童子身。惟此九蓮華，其數配九有。大士居九有，如處九蓮中。蓮生於淤泥，清净無染着。大士於九有，出沒了無礙。蓮華與大士，平等無有二。若能如是鮮，觀音常現前。《吳都法乘》卷十一

題釋迦布髮掩泥像

釋迦因中為婆羅門，在雪山修菩薩行，無佛出世，亦無經法。於是捨金身而求半偈，後於然燈佛前獻六枝花，求佛授記，殷勤禮拜，布髮掩泥，奚足恠哉！於斯時也，則知有法之可重，而不知有身之可貴。學道之人，當以此為亀鏡，但患不能發如是心，不患不得其道也。吁，其信矣夫！永樂十年九月二十六日，菩薩戒弟子姚廣孝為吳城梵行華嚴住持〔一〕用中講師焚香拜題。《吳都法乘》卷十一

【校記】

〔一〕持：底本誤作『特』，據文意徑改。

靈谷定巖戒道影贊〔一〕

以此見定巖，指槐為柳；不以此見定巖，認辰作斗。若然則何以見定巖也〔二〕？廓太虛而為量，湛秋水以為神。其於説也，無説而説；其於聞也，無聞而聞。行猶霜潔，貌若春溫。榮領非常之巨刹，欽承莫大之鴻恩〔三〕。名無遠而弗〔四〕屆，德不孤而有隣。吁，是誠可謂先龍翔訢大中之嫡孫也耶〔五〕！《續燈存稿》卷七《金陵靈谷定巖浄戒禪師》

【校記】

〔一〕此贊又見於《續燈正統》卷十五本傳。
〔二〕此句《續燈正統》作『然則何以見定巖』。
〔三〕此二句《續燈正統》無『之』字。
〔四〕弗：《續燈正統》作『不』。
〔五〕此二句《續燈正統》作『是誠謂先龍翔訢大師之嫡孫也耶』。

九靈先生畫像贊

冲然而中虛，脩然而外頎。將用于世也，其才良，其行揄。或困于時也，其神完，其體紓。若人者，寔廊廟之具，匪山澤之臞。蓋其於學也，深得虖道之妙，詎世俗之可窺！雖摛文弄藻，嘲風詠月，特其緒餘，要當與秦太虛、黃庭堅並駕而齊軀者矣。舍是之外，則非吾可得而知也哉。元戴良《九靈山房集》卷三十

明渤海孫氏積善堂題贊

水積成淵沼，土積為山丘。如何積善行，舉世無與儔。渤海多華胄，懿德貽孫謀。交源深且長，

涓涓若川流。賢裔善繼述，世澤承箕裘。道義恒自持，勳業加進脩。出言必誠信，力行無惰媮。忠厚存諸心，謹恪寧他求。餘慶日已鍾，素履仍優游。大易有明訓，永言紹遺休。逃虛老人姚廣孝。

明渤海孫氏積善堂題贊手卷

陋容自贊二首

貌厲春霜，心溫冬昫。愚而弗明，拙以奚取。勿安自欺，寧樂人與。願蘄永世，無毀無譽。

其二　并序

洪武初，余為僧，住持杭之天龍禪寺。寺衆極清苦，余故憔悴，如藥山、玄沙也。林静子山，吳興趙君仲穆之外孫，文章學問，名于一時。况善于丹青，得外家之傳，極為精詣。與余交甚善。一日，過余丈室，戲寫陋容。余贊于上，携至北平，失去二十五年矣。今翰林庶吉士楊宗昜得之，裝潢成卷，示余。余觀之，真若前生事也。故感慨不已，載贊于上，以歸宗昜焉。其詞曰：

昔之圓顱楛褐也，脩脩然巖壑之人。今之峩冠錦袍也，堂堂乎廊廟之臣。昔真而今妄耶？昔妄而今真耶？真也妄也，如土苴之與埃塵。若然，則孰得而為天全乎？是猶空谷之響，大地之春。丹青莫能為之狀，文字莫能為之陳。芒乎芴乎，更無可道者，惟以一默而為親。《吳都法乘》卷十二

自題肖像

看破芭蕉拄杖子，等閒徹骨露風流。有時搖動龜毛拂，直得虛空笑點頭。《續燈存稿》卷六本傳

自題贊

仰山寺有明姚少師廣孝畫像，其自題贊云：

這個禿厮忒無仁，聞名垂千古，不值半文，惜自悟之晚也。清汪啓淑《水曹清暇録》卷四

諸上善人詠

文殊師利菩薩（第一）

智德巍巍七佛師，金猊為座六銖衣。因中曾受迦文記，報盡還從净土歸。

梵語文殊師利，此云妙德，乃過去七佛之師。釋迦會中示菩薩形，助揚聖化。居衆菩薩之首，又稱法王子。《觀佛三昧經》佛記文殊，當生極樂世界。《文殊發願經》偈云：願我命終時，滅除〔一〕諸障礙。面見彌陀佛，往生安樂剎〔二〕。生彼佛國已，成滿諸大願。阿彌陀如來，現前授我記。文殊為過去七佛之師，本來是佛，然其發廣大願求生極樂者。龍樹《論》云：八十翁之舞，為教兒孫故也。

【校記】

〔一〕滅除：大正藏本《文殊發願經》作『除滅』。

〔二〕此二句大正藏本《文殊發願經》作『面見阿彌陀，往生安樂國』。

普賢菩薩（第二）

同體悲興出世間，願深如海行如山。一毛孔裏經塵刹，猶往西方見聖顔。

普賢亦云遍吉。在華嚴逝多林末會發十大願，普為法界衆生臨命終時同生極樂。偈曰：願我臨欲命終時，盡除一切諸障礙。面見彼佛阿彌陀，即得往生安樂刹。我既往生彼國已，現前成就此大願。一切圓滿盡無餘，利樂一切衆生界〔一〕。大心菩薩雖妙悟本明，頓同諸聖，然猶力用未充，未及如來出現普利衆生，故依極樂世界親近彌陀，蒙彼授記，方能化身無數，普利一切衆生界也。

【校記】

〔一〕偈出《大方廣佛華嚴經》卷四十《入不思議解脱境界普賢行願品》。

普慧菩薩（第三）

善哉遍吉是伊兄，塵劫之前覺道成。悲願度生無有盡，葦江會裏亦彰名。

普慧，普賢弟也。其行願有同於兄。長蘆賾禪師集萬人念佛，建蓮花勝會，親感二大菩薩預會證明。此説具載《禪師傳》云。

天親菩薩（第四）

三昧圓成道外降，論明唯識世無雙。不惟白日昇兜率，又欲超生向樂邦。

天親菩薩，北天竺人也。多造論，有《唯識》《金剛般若》等。雖昇兜率内院，親近彌勒，然著《無量壽論》，有《求生浄土偈》及《五門修法》。若人依此力行，超往極樂，有何疑乎？

馬鳴菩薩（第五）

通宗造論貴全成，繫念彌陀甚發明。五濁衆生能起信，定超樂國證無生。

馬鳴菩薩，西天第十二祖也。嘗著《起信論》，發明繫念西方，最為切要。菩薩三賢位滿，已入初地，如佛記龍樹住於初地生浄土等也。

龍樹菩薩(第六)

妙用無方顯大中，論成能破有無宗。釋尊昔日曾懸記，極樂真歸始奏功。

龍樹菩薩，第十四祖也，南天竺人。受具後，於九旬中誦通三藏，深入法忍，造《中觀論》《智度論》《十住毗婆沙》等。多讚西方，勸人念佛。有偈云：若人願作佛，心念阿彌陀，卽得為現身，故我歸命禮。若人欲疾得，不退轉地者，應以恭敬心，執持稱名號。若人種善根，疑則華不開。信心清净者，花開卽見佛。大乘菩薩尚欲求生，故世尊懸記。具縛凡夫，何所恃而不信哉？

五通菩薩(第七)

度生無盡積功多，遥往西方請佛陀。五十大心隨聖像，丹青從此遍娑婆。

五通菩薩，天竺鷄頭摩寺僧也。往安樂世界，請阿彌陀佛，陳云：『娑婆衆生，願生净土。無佛形儀，請垂降許。』佛言：『汝且前去，尋當現彼。』及五通還，聖儀已至。一佛五十菩薩各坐蓮華，在樹葉下。五通取葉所在，圖寫流布，後以丹青摸遍于娑婆界也。載在南山律師《歷代三寶感通録》。

廬山慧遠法師(第八)

不出廬山種白蓮，開壇立社集群賢。聖容三睹金池上，知與彌陀大有緣。

東晉慧遠法師，俗賈氏，雁門人。學通儒、老。年二十餘，見道安法師，因聽講《般若》，豁然開悟。曰：『九流異儀，皆糠粃耳。』後入廬山。刺史桓伊創東林，居焉。影不出山者三十年。每送客，以虎溪為界。時劉遺民、雷次宗等一十八人依遠游止，拉一百二十三人為蓮社。遠於浄土六時禮誦，精進不退，十年三睹彌陀聖相于金池上。後十九年七月晦夕於般若臺定起，見彌陀佛身滿虛空，圓光之中有諸化佛，觀音、勢至左右侍立。又見水流光明，分十四支流注上下，演説苦空。佛告遠曰：『我以本願力，故來安慰汝。汝後七日，當生我國。』又見佛陀耶舍、慧持、曇順在佛之側，前揖遠曰：『師志在吾先，何來之遲？』既而與其徒曰：『吾始居此，幸於浄土三睹聖相。今復再見，吾往生決矣。』七日後，果令終。弟子舉葬西嶺，謝靈運作銘，張野作序。大宋追謚圓悟大師。有雜文十卷，號《廬山集》，行于世。師為蓮社之始祖云。

慧持法師（第九）

愛繩掣斷志西方，度量冲深道果香。遠老是兄同結社，塤篪迭奏韻悠揚。

慧持法師，遠公之弟也。度量冲深，風神俊爽。與兄集一百二十三人結蓮社。一日，辭兄入蜀，遠留之不可，嘆曰：『人生愛聚，汝獨樂離也。』持曰：『若滯情愛聚，本不應出家。今既割愛求道，正以西方為期耳。』於是悵然而別，先兄往生矣。

道珍法師(第十)

匡廬遷化遠塵埃，崖谷明如列炬開。五苦才離終見佛，來迎奚必用金臺。

梁道珍法師，天監中憩錫廬山。聞昔遠公結社净修之地，心甚慕之，然其初心猶預。異時，忽夢海上數十人櫓舟前邁，珍問：『何之？』對曰：『將適彌陀國也。』珍曰：『願隨往得否？』曰：『以子之意，孰敢相拒？但於此一日之修，功超永劫。彌陀一經，子未之誦，如何求往也？』珍覺後嘆媿，若於聖法有差焉，遂專誦此經。後二年，俄堂虚戶扃有捧銀臺而至者曰：『法師報盡，當昇此臺。』又曰：『師之功行，當乘金臺。奈何初心猶預，故一此耳。』珍謝曰：『果能超三界，出五苦，則珍也見佛之基有漸，奚必金臺耶？』珍亡之夕，崖谷光明洞然，若千炬交輝，鄉民驚異。及旦，卽山問之，乃知珍亡往生之驗矣。

曇鸞法師(十一)

棄却仙書受觀經，長生何似學無生。齊聲念佛看遷化，白日空中奏樂迎。

後魏曇鸞法師，雁門人。少游五臺，因感靈異，遂求出俗。三乘教典，俱能涉覽。性嗜方術，聞江南陶隱居有長生法，千里就之。陶卽授以仙經十卷。鸞喜，以謂神仙可必致也。後還洛下，遇三藏菩提流支。問曰：『佛道有長生乎？』支嘆曰：『長生不死，吾佛道也。道家何有焉？』遂以《十六觀經》授之曰：『汝可誦此，依而行之，則舍穢土取净邦，壽命無量，獲一切勝妙功德也。』鸞深信其言，遂焚仙經，而專《觀經》，雖寒暑疾病不懈。一日，正持誦次，忽一梵僧入室曰：『吾龍樹也，所居净土以汝有净土之心，故來見汝。』鸞曰：『何以教我？』樹曰：『已去不可及，未來未可追。現在今何在，白駒難與回。』言訖而失。鸞以所見勝異，死期至矣，卽集衆教誡，令高聲唱阿彌陀佛。鸞乃西向，瞑目而終。一衆同聞管絃絲竹之聲自西而來，良久乃已。

南岳思大禪師(十二)

禪坐衡山跡尚存，彌陀形夢道彌尊。休言不化衆生去，三世如來一口吞。

後周慧思禪師，武津人也，姓李氏。頂有肉髻。一夕，夢梵僧勸出俗，思乃辭親入道。及受具戒，日習坐一食，誦《法華》等經，至滿千遍。聞北齊慧文禪師有徒數百，其道盛行，乃往求法。經三七日，獲宿智通，得法華三昧。時居南岳，行方等懺法，發願往生，夢中感彌陀説法。於是陳主屢致慰勞，因為大禪師。將欲順世，謂門人曰：『汝當不惜身命。常修《法華》《般若》，念佛三昧方等懺法。無常迅速，宜各勉之。』師泊然而逝。異香滿室，顏色如生。思存日，或勸之曰：『何不下山化度衆生去？』師曰：『三世諸佛被我一口吞却，何處更有衆生可化？』師之機用如此。其稟法弟子甚衆，惟天台智者大師弘闡教觀，大其家光云。

慧命禪師(十三)

南岳齊心禮佛龕，願於浄土作同參。一朝合掌如蟬蛻，誰道俱年八十三。

慧命禪師，深通教法，長習禪觀。與南岳思禪師俱行方等懺法，悉願往生。當命終時，跏趺面西，唱『佛來也』，合掌而蛻。俱年八十三。時人見天神幢旛，唱言『善哉』，來迎而去。

静靄禪師(十四)

抽腸拔肺願無邊，為法之心鐵石堅。舍此穢形生浄土，一花開向覺王前。

静靄禪師，性剛果，惟習禪理。因武帝滅佛，靄恨無力護法，告弟子曰：『吾無益於世，當舍此身。』自割手足，布於石上。掛腸胃於樹枝，割心捧之而卒。仍述偈以示衆曰：『舍此穢形，願生浄土。一念花開，彌陀佛所。』

僧厓禪師(十五)

訪道多年悟大乘，燒燃五指豈難能。臨終天雨花無數，西上聯翩六百僧。

僧厓禪師，住益州多寶寺，其道大行。嘗於城西燒上下五指供養浄土三聖。道俗十萬餘人擁之。人問痛否，答曰：『心既無痛，指何痛也？』乃謂弟子曰：『我滅度後，汝當善事病人及醜陋者。

凡斯徒輩，多是大心菩薩權化。自非悟平等理，何能一切恭敬？』厓往生時，或見天花如雨，身被斑衲，携錫杖，與六百僧乘空西沒。

天台智者大師（十六）

一心三觀妙難思，净土猶能論十疑。坐卧面西終不易，香臺寶樹有歸期。

陳朝智者大師者，諱智顗，荊州華容人。俗陳氏。生時靈瑞不一。幼有奇相，膚不受垢。七歲入果願寺，聞僧誦《法華普門品》，即隨誦之，忽自憶記七卷之文，宛如宿習。十五禮佛像，誓志出家。十八於果願依僧緒薙落。二十進具。天嘉元年，謁光州大蘇山慧思禪師，思一見謂曰：『昔靈鷲同聽法華，今復來矣。』即示以普賢道場，説四安樂行。師入觀三七日，宿通潛發，惟自明了。以所悟白思，思曰：『汝所證，非吾莫識。此法華三昧旋陀羅尼。縱令義學之師千萬，不能窮汝之辯。汝可傳燈，莫作最後斷佛種人。』大建元年，辭思往金陵闡化，凡説法不立文字，以妙辯才無有礙。盡七年，遣徒衆之天台佛瀧〔一〕峯。陳宣帝創修禪居之，割租充衆費。至隋煬帝，請師授菩薩戒，賜号智者。師常披一壞衲，往來天台二十餘年，以五時八教判釋如來一代所説，及示一心三觀圓頓之旨，建寺造像、寫經度僧，不可勝數。篤志西方，勸人進修，著《十疑論》。歷代諸師於净土述作雖多，究其要妙，無越此書。師臨終時，焚香命筆，作《觀心偈》，令弟子唱十六觀名。誡衆曰：『四十八願莊嚴净土，香臺寶樹易到無人。火車相現一念改悔者，尚得往生。行道力終不唐捐，梵音聲終不誑人。』

言已，趺坐而化。壽六十。異蹟甚多，廣如本傳。

【校記】

〔一〕瀧：似當作『隴』。

道喻禪師（十七）

栴檀三寸造如來，遍滿虛空亦異哉。要是佛隨心所現，棘林中有覺花開。

隋道喻禪師出家於開覺寺，深信浄土，念阿彌陀佛，造栴檀像長三寸。後忽死，經七日而甦曰：『我往西方，見阿彌陀佛言曰：「汝造我像，因何太小？」喻白言：「心大卽大，心小卽小。」言訖，其像遍滿虛空，告言：「汝且還本國，香湯沐浴。明星出時，我來迎汝。」』至期，果感化佛來迎。光明照室，卽便命終。開皇八年也。

洪法師（十八）

毗尼法相已堅持，況是西方念日馳。內院不生生浄土，此心能有幾人知。

洪法師者，并州人。一生浄業，手不執錢寶。臨命終時，見兜率陀天童男童女來迎，洪曰：『我期西方，不生天上。』令徒衆念佛，口云：『西方佛來迎也。』言訖而逝，當仁壽四年。

登法師（十九）

高據猊床講《涅槃》，聽徒圍繞盡生歡。勸稱佛號生安養，遍界香雲信可觀。

登法師者，深明教典。於并州興國寺講《涅槃經》，道俗來聽，若長若幼，皆令口念阿彌陀佛名號，勸共往生。至開皇十二年將徂之夕，異香迎接。及殯之時，光明香雲，遍諸聚洛。

道綽禪師（二十）

《觀經》講罷坐匡床，善導相資行益彰。豫感佛言臨滅度，白毫三道照東方。

道綽禪師居西河時，日講《觀經》，薰修三昧。自穿槵珠，勸人念佛。嘗令善導入定，觀得生安養否。佛言：『其道綽亡日，當放白毫，遠照東方。此光現時，來生我國。』果綽亡日，三道白毫，照于房內。梵音聲終不誑人也，明矣。

善導和尚（二十一）

念佛長安化盛行，一聲出口一光明。寫經畫壁難思議，無盡資粮助往生。

唐善導，不知何許人。貞觀中見西河綽禪師九品道場講說《觀經》，導大喜曰：『此真入佛之要津！修餘行業，迂僻難成。惟此觀門，速超生死。』於是常勤精進。每入佛室念佛，胡跪合掌，非力竭不休。雖苦寒日，又須流汗。續至京師，普化四衆三十餘年，念佛者不計其數。諸有布施，用寫《彌陀經》十萬餘卷，畫《净土變相》三百餘壁。和尚嘗自念佛一聲，則有一道光明從其口出，十至于百光亦如此。後謂人曰：『此身可厭，諸苦變易。』乃登高柳向西祝曰：『願佛接我，菩薩助我，令我不失正念，不生退墮。』言已，投身自絶。世傳少康卽和尚後身。

法照禪師(二十二)

五會緣興感五雲，佛聲遥使帝宮聞。當年不受文殊教，歷劫何由獲妙薰。

法照禪師，大曆四年於衡州胡東寺啟五會念佛道場，感五色祥雲覆其寺。雲中有樓閣，睹阿彌陀佛及二菩薩，其身高大，滿虚空中。後往五臺，見竹林寺，照入寺之講堂，見文殊在西，普賢在東，為衆説法。照遂作禮曰：『末代凡夫，知識淺陋。佛性心地，無由顯現。未審何等法門，最為其要。』文殊曰：『汝所請問，今正是時。諸修行門，無如念佛。我於過去因念佛故，得一切種智。』照又問云：『當云何念？』文殊曰：『此世界西有阿彌陀佛，願力難思。汝當繫念，毋令間斷。命終時，決定往生。』説已，為照摩頂而退。遂來并州廣勸人念佛。德宗於宮中常聞東北方有念佛之聲，遣使尋覓，至于大康，見照勸化之盛。回奏，敕迎入内，教宮人念佛，又及五會。

少康法師(二十三)

自是彌陀大導師，一錢一念誘群兒。化行新定如杳益，多少迷流上寶池。

少康法師，縉雲仙都人。貞元初至洛下白馬寺，見殿內文字屢放光明，探取之，乃善導和尚《西方化導文》。康曰：『若於净土有緣，當使此文再放光明。』言未已，光復閃爍。康曰：『劫石可磨，我願無易。』遂至長安善導影堂。禮薦之餘，倏見遺像昇于空中，謂曰：『汝依吾事，利樂有情。藉汝之功，同生安養。』又路逢一僧云：『汝欲化人，當往新定。』卽今嚴州也。康至，彼人無識者。乃以錢誘小兒曰：『阿彌陀佛，是汝本師。若念一聲，與汝一錢。』後經月餘，俟錢者多。康曰：『可念十聲與一錢。』如是一年，無少長貴賤，念佛之人盈于道路。於烏龍山建净土道場，築壇三級，集衆午夜行道。康高聲唱佛，衆共和之。師一唱佛聲，衆見一佛出口，若貫珠焉。康曰：『汝見佛者，决定往生。』又有竟不見者。康臨終時，放光數道，奄然而化。

慈恩窺基法師(二十四)

宗闡慈恩道不偏，三車隨後是虛傳。彌陀通贊垂方便，報滿終期托九蓮。

窺基法師，姓尉遲，代郡人敬德之猶子也。少穎異倜儻，經書疏記，過目成誦。三藏法師玄奘丐其出家，遂為僧入道，從奘受瑜伽唯識宗旨。著論凡百部，号百本論師。嘗有《彌陀通贊》，示西方要義，勸人念佛修净土。有謂基性豪侈，以酒肉婦女三車常隨其後，目之曰『三車法師』。贊寧僧統修《僧史》，極非此説。慈恩一宗，至今有焉。

懷玉禪師（二十五）

涌泉真境屬天台，長坐松龕絶往來。課誦聖經三十萬，迎歸直得紫金臺。

懷玉法師，台州人也。執持律法，名節峭然。布衣一食〔一〕，長坐不卧。日念彌陀佛名五萬聲，通誦《彌陀經》三十萬卷。一日，忽見西方聖衆數如恒沙，内有一人擎一銀臺從窗而入。玉曰：『我欲得金臺往生。』於是而隱。玉倍復精進。後聞空中有聲云：『師頭上有光暈，請跏趺結印。』時佛滿室，遂説偈，含咲而終。

【校記】

〔一〕此句原闕『衣一』二字，據《樂邦遺稿》卷下《懷玉禪師乘金臺往生》『唯服布衣一食』句補。

英法師（二十六）

英法師，居東都講《華嚴經》四十遍，因入綽禪師道場，深入三昧。乃歎曰：『自恨多年空尋文

卷帙隨身不暫拋，尋文證義只徒勞。當來欲得無生忍，不若回心繫念高。

疏，勞身心耳，盍期念佛不可思議！』遂竭力净業，終歸安養。

衍法師（二十七）

道綽垂慈講《觀經》，等閑心月忽開明。五年專念彌陀佛，卽得黃金地上行。

衍法師，遇西河綽禪師講《觀經》，始知觀心念佛法門，遂捐文字，建立道場，日禮千拜，專念阿彌陀佛名號。五年功成，報歸净土。

僧惟岸（二十八）

目瞻二聖果然殊，復記慈容寫作圖。童子願隨歸净土，像前香沐卽跏趺。

惟岸，并州人也。專修妙觀。出定，觀音、勢至二菩薩現于空中，久而不滅。岸頂禮歎泣曰：『幸由肉眼得見聖容，所恨後生無傳焉。』忽有二人，自稱畫工，未展臂間，聖相克就。而已二人不見。岸曰：『吾之西行，乃其時也。吾徒有從我者，當明言之。』有小童子云：『願隨師往。』岸曰：『必能從我，可歸告父母。』父母聞而笑罵之。遂歸寺香浴，于彌陀像前跏趺而去。岸卽焚香像前，索筆書偈，亦逝矣。

酒徒博侶日相交，行擬靈鷊衆盡嘲。不入泥梨非自力，只緣大覺願王高。

僧惟恭(二十九)

惟恭，出家〔一〕荆州法性寺。慢上吞下，親狎非類。或時暫暇，則講誦經文，期生安養。然而酒徒博侶，日盈其室。寺僧靈鷊，其行肖之。荆人戲而嘲曰：『靈鷊作盡業，惟恭躡其迹。地獄千萬重，莫厭排頭入。』恭聞之曰：『我既造業，焉能諱也。然賴西方教主，愍我愆尤，拔我塗炭。』乾寧二年，恭病死，人未知。鷊出寺百步，路逢年少子弟六七人，衣綵執樂，若龜兹部。問其何來。年少曰：『來自西爾。惟恭上人所居何處？』鷊卽指之。少年於懷中出一金瓶，瓶中取一蓮華，其合如拳，漸漸開敷，其大如盂葉，葉之下迭出光明，望寺而馳。鷊乃大驚，不得迴顧。次日鷊還寺，聞鐘聲，又見寺僧咸集門下，則曰：『惟恭夕且死矣。』死之夕，寺僧有夢蓮華光相以臨其室，久而去。鷊因感悟，遂守名節，亦成高邁云。

【校記】

〔一〕出家：底本誤作『山家』，據《净土往生傳》卷下本傳改。

懷感法師(三十)

已知善導是良師，浄土求生信不疑。欲啟後人還造論，臨終合掌向西馳。

懷感法師，居長安千福寺。因善導和尚所勸，若能專念阿彌陀佛，當自有證。遂建三七日道場，未有其應。自恨罪深，欲絶食畢命。善導止而不許。三年專至，乃得見佛金相玉毫，始證三昧。造《往生決疑論》七卷，普化四衆修此法門。臨終佛迎，合掌而逝。

智廉上人(三十一)

身心廉潔道為依，有口何曾論是非。無滅無生端的別，蓮華國裏是真歸。

上人諱智廉。性純確，是非不掛脣吻。遍參尊宿，於道汲汲，然一意西方浄土。年八十二歲，無病書偈曰：『雁過長空，影沉寒水。無滅無生，蓮華國裏。』次日黎明，告衆曰：『我已見阿彌陀佛，身長八尺，金相玉毫。海衆圍繞，而説法言：諸上善人者，當起大信心，修諸善法，來生我國。』説已卽隱。『我既見佛，往生必矣。』言訖，迴身向西，右脇而逝。

藏禪師(三十二)

六念精勤道已成，果然末後睹光明。諸天奏樂皆虛往，化佛來迎卽啟行。

藏禪師，汾州人。早歲出游四方，遍禮塔廟，至老不受道俗禮拜。心誠行苦，不忘净土。命終之日，諸天奏樂，次第來迎，請皆不赴。及西方化佛來迎，辭衆而去。

僧曇鑑（三十三）

定裏彌陀為洗心，缾中蓮現感誠深。勵聲稱號巡廓去，應上香臺聽法音。

曇鑒，江陵人也。常願身昇極樂，面見阿彌陀佛。雖修一毫之善，亦回向莊嚴净土。一日定中，佛以水洒其面曰：『滌汝塵垢，清汝心念。』又於瓶中出一蓮華與之。出定與寺僧敘別。夜深巡廓，勵聲念佛。及旦，依常問訊，趺坐而寂。

大行禪師（三十四）

松食荷衣不外求，法華三昧更精修。瑠璃地現開心眼，三世如來笑點頭。

大行禪師，齊州人。入泰山草衣木食，修法華三昧，感普賢現身，教師念佛。經三七日，夜將半，忽見瑠璃地，心眼開明，覩十方佛，遂右脇而終。異香數日不散。

道昂法師（三十五）

《法花》講罷道圓成，音樂從空直下迎。天趣有生還有死，何如净土證無生。

道昂法師，於相州講《法華經》。聞衆樂音從空而來，報云：『此兜率宮，故下相迎。』昂曰：『天道生死根本，從來不願，所期西方。若音樂旋轉自西來迎，吾當往矣。』言訖，香爐墜手，於高座上端坐而去。

集維那（三十六）〔一〕

梁上傳言豈熱謾，求生浄土本無難。臨終念佛隨超生〔二〕，點鐵成金一粒丹。

集維那者，蘇人〔三〕。於萬壽禪寺〔四〕，綱維多衆。染患垂革，以衣盂之資二次請衆念佛〔五〕。命終後，居衆寮放參時至〔六〕，聞梁上云：『集維那生浄土矣。』堂衆驚駭，疑集無浄業何以得生。斯須，梁上復云：『臨終兩度請大衆念佛，故得往生。』觀集維那事〔七〕，世人臨終請人念佛，實為要道也。出《寶珠集》。

【校記】

〔一〕此則又見於《吳都法乘》卷六中。

〔二〕隨超生：《吳都法乘》作『隨超往』。

〔三〕此二句《吳都法乘》作『集維那，姑蘇人』。

〔四〕此句《吳都法乘》無『禪』字。

〔五〕此句《吳都法乘》無『盂之』二字。
〔六〕此句《吳都法乘》作『衆放參時』。
〔七〕此句《吳都法乘》作『觀此』。

憲章法師(三十七)

教觀該通德業優，人稱虎子更無儔。法堂設坐跏趺去，不取金臺誓不休。

憲章法師，諱仲憫，三衢人。少年卽通大小部，教苑中以『虎子』稱之。後主浮石。嘗大其言曰：『吾座無五百衆，則不講大部。』不能如其言，故一生惟講小部。洎章之終，急歸本業寺，集大衆于法堂，登師子座，方跏趺，忽見西方銀臺自空至，乃唱曰：『吾平生解第一義，誓取金臺往生，何為不然？』瞑目而終。

僧志通(三十八)

净土精修仰昔賢，事儀如法教遵圓。蓮華開合靈禽集，卽是西方境現前。

志通，鳳翔人。見智者大師净土儀式，深自慶幸，於是不敢西唾，不背西坐，如法修進。後見白鶴、孔雀成行西下，又見蓮花光明開合于前。通曰：『净土現矣。』乃起禮佛而終。荼毗時，五色祥雲覆其棺上。

僧法智（三十九）

不拘細律徇凡情，一念回心即往生。金色祥光中夜發，鷄鳴人起訝天明。

法智，居天台山中，念佛為業。性多率略，不拘律儀。於國清寺兜率臺晝夜念佛，時人多不信。忽一日遍辭道俗，『我欲往生。』令親識設齋。終時，金光照野，野鷄驚鳴，江上舟人謂言天曉。

僧雄俊（四十）

戒德全虧念不迷，閻王曾判入泥犁。須知佛力難思議，大火坑成白藕池。

雄俊，城都〔一〕人。善講説，無戒行，所得施利，用之非法〔二〕。又曾還俗入軍營中。後逃難，再復僧相。大曆年間忽死，見閻羅王判入地獄。俊高聲曰：『雄俊若入地獄，三世諸佛即成妄語。《觀經》云：下品下生者造五逆罪，臨終十念尚得往生。俊雖造罪，不作五逆。况平日念佛罔知其數。』言已再甦。俄頃跏趺，乘華臺西往〔三〕。

【校記】

〔一〕城都：《宋高僧傳》卷二十四《唐成都府雄俊傳》作『成都』。

〔二〕此二句《宋高僧傳》作『所受檀信，非法而用』。

〔三〕此句《宋高僧傳》作『承寶臺直西而去』。

僧自覺（四十一）

净土慈尊坐寶蓮，大悲引見豈無緣。幸舒金手來摩頂，决定西昂願弗悛。

自覺，真州人。發願往生。一日似夢之間，大悲觀音接見阿彌陀佛。遂舉念化錢鑄造大悲聖像，高四十九尺，造寺居之。一夕，忽有金色祥光二道，阿彌陀佛自光中乘雲而至，垂金手按摩覺首曰：『汝守願弗悛，利物為先。寶池生處，孰不如然。』後十年七月望日〔一〕，一人在雲間現半身，若毗沙門天王，謂覺曰：『安養之期，於斯至矣。』乃於大悲像前端坐而去。

【校記】

〔一〕此句《龍舒增廣净土文》卷五《唐真州僧自覺》作『後十一年七月望夕』。

永明智覺禪師（四十二）

化旺南屏孰與倫，誦經萬善妙嚴身。徑登上品蓮臺去，直得閻王敬禮勤。

宋智覺禪師，諱延壽。丹陽人，姓王氏，後遷餘杭。總角之歲，誦《法華經》，五行俱下。嘗為北郭税務專知官，見魚蝦輒買放生，侵盗官錢，並為放生。事發坐死，俾赴市曹。錢王使人視之，若悲懼卽殺之，否則舍之。而彼澹然無異色，乃舍之。投翠巖寺出家。參韶國師，發明心要。初往天台智者巖，九旬習定，有鳥如尺鷃，巢于衣裓中。嘗於國清行法華懺，夜見神人持戟而入。師呵之。對曰：『久積淨業，方到此中。』又中夜旋繞次，見普賢前供養蓮花忽然在手。因思夙有二願：一願終身常誦《法華》，二願畢生廣利群品。憶此二願，復樂禪寂。進退遲疑，莫能自決。遂上智者禪院作二鬮：一曰一心禪定，一曰誦經萬善莊嚴淨土。冥心自期曰：『於此二途，有一切行，必成者，須七返拈著為證。』遂精禱佛祖，信手拈之，七度並得誦經萬善莊嚴淨土鬮。由此一意專修，每日晝夜行一百八件佛事。初住雪竇，晚詔住永明寺。徒衆二千。學者參問，指心為宗，以悟為決。有《宗鏡録》一百卷行世，有四偈勸禪人兼修淨土，及撰《神栖安養賦》。開寶八年二月二十六日，晨起焚香告衆，跏趺而逝。後杭州一僧死入冥界，見閻羅王殿供養一畫幢。王晨昏頂禮，僧問主吏曰：『此何人也，王日奉之？』曰：『此杭州永明壽禪師也。世人未有不經王按而得生者，此禪師徑往西方至上品上生，王故敬奉。』其僧再甦，遂往杭州永明尋禮遺像，乃具言之。塔建于大慈山。

四明法智法師(四十三)

三昧薰修豈有涯，妙宗演出自名家。要期畢命生安養，不是焚身學外邪。

法智法師，諱知禮，字約言。金姓，四明人。從寶雲通師傳天台教觀。出世承天，繼住延慶。道化熾行，學徒如林。力行法華、般舟三昧，期生安養。嘗與十僧結社，約懺修三載。自焚其身，决取净土。楊文公億以書勸請住世，傳法度人。師答以書，極談法要，必欲如願。公再四勸留，始改其轍。天台一宗，萬世之下，以師為準的。著《指要》《妙宗》二鈔，《金光》諸記。講座談塵，曾無虚日。後於歲旦結光明懺七日為往生之期，至五日趺座而去，實天聖六年也。趙清獻公抃銘其塔。

慈雲遵式法師（四十四）

燃指陳詞遍吉前，力行三昧自長年。臨終請像為明證，直占西方上品蓮。

慈雲法師，名遵式，字知白。台州人，葉姓。二十受具，學律於守初。繼入國清，於普賢像前爇一指，誓傳天台教觀。雍熙初，謁寶雲通師，北面受業。未幾，智解秀出。智者大師諱日，燃頂終朝，誓力行四修三昧。淳化初，衆請居寶雲，講説無間。靈異之迹，具于本傳。師惟以净土勸人，製大小本《彌陀懺法》《晨朝十念法》《往生坐禪觀法》《念佛方法》《十六觀頌》《念佛三昧詩》。其他著述，不復綴焉。壽六十九。明道元年十月十八日，令徒弟請彌陀像以證其終，葬于月桂峯下。

昭慶省常法師（四十五）

心比西湖水更清，造修慕遠悟無生。搢紳賢士同成社，千古猶存净行名。

省常法師者，住錢唐南昭慶院。克志净業，乃自刺指血和墨書《花嚴净行品》。每書一字，三拜三圍繞，三稱佛名。刊板印成千卷，分施千人。又以栴檀香彫毗盧舍那佛，像成，跪地合掌發願云：

『我與一千大衆結净行社，始從今日發菩提心，窮未來際行菩薩行。願盡此報身，生安養國。』王文正公且為社首。翰林承旨宋白撰碑。翰林學士蘇易簡作《净行品序》。狀元孫何題社客于碑陰。社友八十，比丘一千，同修念佛三昧。廬山蓮社同其高風焉。

靈芝元照律師（四十六）

洞徹毗尼更立言，廣慈得法領芝園。故鄉清泰思歸切，妙觀才成即返轅。

元照律師，字湛然，餘杭人。少依祥符東藏惠鑑師學毗尼。及見神悟謙公講天台教觀，愽究群宗，以律為本。常披布伽梨，杖錫持鉢，乞食于市。四主群席。晚居靈芝三十年。衆常數百。著《十六觀經》及《彌陀經疏》，外有《芝園》等集。自號『安忍子』。臨命終時，諷《普賢行願品》，趺坐而去。

龍井元净法師（四十七）

天竺山中解外魔，晚居龍井友東坡。净修七日無他障，即往蓮邦禮佛陀。

元净法師，字元象。杭人，姓徐氏。十二出家，就學於慈雲。傳天台教觀。住上天竺，廣聚學徒，教庠之盛冠兩浙。元豐間，有利山門施資之厚者，倚權而奪之，衆亦隨散。逾年，其人以散聞，朝廷復令師住，衆又集焉。三年謝去，居南山之龍井。在朝名士如趙清獻公抃，蘇文忠公軾及其弟轍，未莕泰觀等咸為方外友。將終之時，入方圜奄〔一〕宴坐。謝賓客，招參寥子告之曰：『吾净業將成，若七日無障，吾願遂已。』七日出偈告衆，右脇而化。號『辨才法師』。

【校記】

〔一〕奄：即『庵』。《佛祖統紀》卷十一本傳等即作『方圓庵』。

孤山智圓法師（四十八）

以文鳴道是僧豪，獨坐孤山行更高。但得衆生開慧目，聖經箋疏肯辭勞。

智圓法師，自號『中庸子』。從奉先源清師傳天台氏學。居西湖孤山，與林和靖為鄰友。箋註文字，雖病不廢。於彌陀教法，尤剋意焉。遂造《彌陀經疏》并《西資鈔》，以勸發將來。及亡，以陶器二合而瘞之，立石志名字年月，不用謁有位求銘，以虛美我。此師預戒門人也。葬後十五年，積雨山頹。開視陶器，肉身不壞，爪髮俱長。乃更襲新衣，屑衆香散其上，復瘞之。崇寧二年賜謚『法慧大師』。

天衣義懷禪師（四十九）〔一〕

五遷名刹萃英賢，净土兼修不礙禪。竪起拳頭推枕化，寶花池上綻青蓮。

義懷禪師，溫州樂清人也。父以漁為業。懷稚時，坐船尾，隨父漁，得魚即付懷，懷不忍串之，私投江中。父怒捶罵，樂而無悔。遂辭親出家，依景德寺僧。天聖中試經得度。稟法于翠峰顯禪師。凡五住道場。晚居池州栖山庵〔二〕，化人念佛，有《勸修浄土説》。示寂之夕，其徒智才問：『卵塔〔三〕已畢，如何是畢竟事？』懷豎拳示之，推枕而逝。

【校記】

〔一〕此則又見於《吳都法乘》卷五上之上。

〔二〕栖山庵：《吳都法乘》作『杉山庵』。

〔三〕卵塔：《吳都法乘》作『壘塔』。

圓照宗本禪師（五十）〔一〕

延和殿裏闡宗乘，人主稱為福慧僧。報盡西歸登上品，非惟名字續傳燈。

禪師諱宗本，常州人。性質直，少緣飾。貌豊碩〔二〕，言無枝葉。蚤服勤苦，參懷禪師，言下契悟〔三〕。初住蘇之瑞光，杭州太守陳公襄以浄慈懇請之曰〔四〕：『借師三年，為此邦植福。不敢久占〔五〕。』本遂赴之。未幾，神宗〔六〕辟相國寺六十有四院，詔本住慧林〔七〕。召對延和殿，既退，上自〔八〕送之。謂左右曰：『真福慧僧也！』老居靈巖，閉戶密修〔九〕浄業。曦律師嘗神游浄土，見一蓮座，問彼土之人曰：『此何人之座？』曰：『大宋國僧宗本之座。』元符二年十二月甲子，沐浴告衆，右脇若熟睡然，撼之已去。門弟子塔全身于靈嵓。

【校記】

〔一〕此則又見於《吳都法乘》卷五上之上。題中漏『師』字。另，『五十』誤作『十五』。
〔二〕碩：底本誤作『磧』，據《吳都法乘》改。
〔三〕此三句《吳都法乘》作『蚤參懷禪師，契悟』。
〔四〕此句《吳都法乘》無『之』字。
〔五〕占：《吳都法乘》作『留』。
〔六〕神宗：底本誤作『禪宗』，據《吳都法乘》改。
〔七〕慧林：《吳都法乘》作『惠林』。
〔八〕自：《吳都法乘》作『目』。
〔九〕修：《吳都法乘》作『脩』。

黄龍悟新禪師（五十一）

三關已透繼黄龍，繫念西方復用功。可謂有禪兼净土，於兔戴角更威雄。

悟新禪師，少以氣節盖衆，好面折人。初謁栖賢秀鐵面不契。次參黄龍宗覺禪師，大悟玄旨。

自號『死心叟』。榜其居曰『死心室』。繼住黄龍，叢席大振。猶專意净業，有勸念佛文。其説明簡切要，讀之令人發哀起信，固知其為深得净土之旨者也。

大通善本禪師（五十二）

儼臨于衆屼如山，道譽揚揚藹世間。不是虚承圓照後，須知接武向西遷。

善本禪師，姓董氏。漢仲舒之後。其先家大康仲舒村，後遷于潁，遂為潁人。博通内外書，操履清修。參圓照本公，坐定，公特顧之，本默契其旨。一時輩流俱列其下。後住净慈，繼圓照之席，衆輳如雲，時號『大小本』。神孝聞其名，詔住上都法雲寺，賜號『大通禪師』。所至凡見佛菩薩立像不敢坐，齊〔一〕饌以魚胾名者不食。其防心離過，專志净業，蓋有所從來。示寂之際，光明甚熾。

【校記】

〔一〕齊：通『齋』。

長蘆宗賾禪師（五十三）

宗説俱通世共聞，蓮華勝會策全勛。後人欲報劬勞德，修行須遵勸孝文。

宗賾禪師者，號慈覺，住真州長蘆寺。禪理洞悟，願力彌深。然篤勤化物，乃遵廬阜之規，建蓮華勝會，勸修念佛三昧。其法日念阿彌陀佛或百聲千聲萬聲，回向往生浄土，各於日下以十字記之。有《蓮華勝會録》。贖一夕夢一男子烏巾白衣，年甚少，風貌清美，揖告贖曰：『欲入公彌陀會，乞書一名。』贖乃取録，秉筆問曰：『公何名？』白衣者曰：『名普惠。』贖書已。又曰：『家兄亦曾上名。』贖曰：『令兄何名？』曰：『家兄名普賢。』白衣者遂隱。贖覺而詢諸耆宿，皆云《華嚴經離世間品》有二大菩薩名。贖以為佛子行佛事，必有聖賢幽贊，故録以二大菩薩為首。有《葦江集》，内有《勸孝文》一百二十篇，多教人勸父母修浄土為出世間之孝。靈芝照公稱為近代大乘師，信然。

真歇清了禪師（五十四）

洞下諸師務密修，往生端的是良籌。稱揚浄土重重説，莽蕩狂徒見合羞。

真歇禪師，諱清了。左綿雍氏。嗣丹霞淳公，博究群典，行解相應，洞下一宗，至師大振。歷主名刹。因慕南海補怛洛伽山孤絶之處，遂卓庵隱焉，名曰『孤絶』。繼住寶陀寺，革律為禪，務於密修。有《浄土説》以勸四衆，極為切要。大皇后韋氏建崇〔一〕先顯孝禪寺於杭之高亭山，詔師開山。未幾示寂，塔于山中。

【校記】

〔一〕崇：底本誤作『宋』，據《佛祖歷代通載》卷二十改。

慈受懷深禪師（五十五）

落落禪林第一流，如何净土又精修。只緣深會無生旨，東去西來總自由。

懷深禪師，得法於長蘆信公。學究三乘，毗尼尤謹，日以净土為懷。宣和初住惠林。每苦口語人曰：『修行捷徑，莫越净方。』常建西方道場，集衆念佛，郡民翕然從化。真末世之良導也。

白蓮咸教主（五十六）

東掖山中闡化權，洞明三觀行應圓。衣盂散盡還安養，動地香風起白蓮。

咸教主，住台州東掖山白蓮寺，傳天台教觀。常修法華三昧，繫心極樂。元祐七年七月十一日召大衆，出衣盂以散之曰：『吾二十三日當還净土。』至日於方丈門外坐脱。楊次公讚其真，有云：『遺書封了跏趺坐，不住白蓮生白蓮。』

晦庵惠明法師（五十七）

惠光輪下悟台宗，晚托菁山友叶公。日誦法華期往化，寶池金地樂無窮。

晦庵法師，杭之鹽官人。於上竺慧光僧録輪下聽講，二十年間洞達一家教觀之旨。有聲于教庠。晚年引退，投菁山常照，與叶公為友，共話無生，為净土之計。日課《法華》諸大乘經，彌陀聖號日計萬數。一日示疾，召徒屬曰：『吾平生學大乘，求净土，今幸至此，必遂我願。』泊然而去。常照大衆畢集，聞天樂沸空，自西來迎，盤桓頂上。道俗莫不驚異。茶毗獲五色舍利不筭，豈非平生净法薰錬所致耶！

櫨庵有嚴法師（五十八）

行若氷霜繫念專，金池奏樂忽來前。迷人不信生安養，看取臨行《自餞》篇。

有嚴法師，號櫨庵〔一〕。戒檢如氷霜。善文好辨，專志净業。一夕見在金池上，執樂者數人舉音以迓其來〔二〕。乃作《自餞》一篇，不數日而化也。

【校記】

〔一〕《歷朝法華持驗紀》卷下：『結茆櫨木之下，因自號曰櫨庵。』

〔二〕此句《樂邦文類》卷二作『執樂者數人似欲舉音以迓其來』。

桐江擇瑛法師（五十九）

傑出桐江暢本懷，日加净業復清齊。現前十願能成就，卽是當來不退階。

擇瑛法師，富春人。傳天台教觀，行業過人，化道大熾。專注西方，有《往生净土十願》及《横竪二出辨》〔二〕，具載《樂邦文類》。

【校記】

〔二〕《樂邦文類》卷四作『辨橫竪二出』。

喻彌陀（六十）

親睹慈容慧眼開，筆端三昧果奇哉。光明相好重重現，贏得嘉名遍九垓。

喻彌陀，諱思淨，錢唐人。捨妻孥為如來徒，自號『淨土子』。早侍瑛法師講《法華》，及授淨土教法。常念彌陀，及閱《觀經》。暇則畫聖像，極為精妙。凡畫聖像，先於淨室中澄寂其心，想念西方，必得彌陀光明現前，方敢下筆。多畫丈六大像，奇妙入品。俗姓喻，於是世稱為『喻彌陀』云。建立妙行伽藍于杭之北門廷，攝雲水飦僧三百萬，建十蓮華藏。紹興丁巳，端坐室中，目想西方。一七日燃香供佛，奄然而化。

石芝宗曉法師（六十一）

刻意台衡講日新，樂邦歸志勸多人。有能橫截娑婆去，方得名為報佛恩。

宗曉法師，嗣月堂惠詢法師。洞徹教部，一以彌陀行法化人。嘗集大藏經論、諸宗祖師、方外士大夫所著文頌，凡發揮净土之旨者，編成鉅帙，名曰《樂邦文類》，現行于世。又曰《樂邦歸志》。觀法師之用心，其生净土尚何言哉！

慈照宗主(六十二)〔一〕

聽得鵶鳴萬事休，何期夙障遣江州。導師順逆皆方便，只要衆生信解修。

慈照宗主，諱子元，自號『萬事休』。平江昆山茅氏子。投延祥寺志通出家，習誦《法華修止觀》。一日正定中，聞鵶聲悟道。乃慕廬山遠公之風，勸〔二〕人念佛，編《白蓮懺儀》。後往臨澱山湖上〔三〕，刱白蓮懺堂，與四衆同修净業。四十六歲，障臨江州，於逆順〔四〕境未嘗動念，隨方勸化。有《西行集》。乾道二年，宋孝宗〔五〕詔至德壽殿演説净土法門，特賜『白蓮導師慈照宗主〔六〕』。後於鐸城倪普建家告諸徒曰：『吾化緣已畢，時將行矣。』言訖，合掌而寂。塔舍利于松江之力反市〔七〕。

【校記】

〔一〕此則又見於《吳都法乘》卷六中。
〔二〕勸：《吳都法乘》誤作『觀』。按：《廬山蓮宗寶鑑念佛正派》卷四亦作『勸』。
〔三〕此句《吳都法乘》作『後住澱山湖上』。
〔四〕逆順：《吳都法乘》作『順逆』。

〔五〕孝宗：《吳都法乘》作『高宗』。
〔六〕主：《吳都法乘》誤作『至』。
〔七〕反：《吳都法乘》作『及』。按：《廬山蓮宗寶鑑念佛正派》亦作『力及市』。

優曇宗主（六十三）

蓮社宗風力挽回，匡廬山勢更崔嵬。誰知五濁衆生界，又見優曇一朵開。

元優曇宗主，諱普度。江州廬山東林寺白蓮宗善法堂主也。著《蓮宗寶鑑》十卷。元之至大間，奉太子令旨板行天下，於是中興蓮教。其行業始終，自有紀録，兹不復述也。

寂堂師元禪師（六十四）〔一〕

密庵會裏得單傳，佛制毗尼守愈堅。自向十州行化遍〔二〕，好看陸地出紅蓮。

師元禪師，姓祝氏，華亭人。嘗學禪於密庵傑公。戒律甚嚴，篤行念佛三昧，感金甲神自天而降，夢紅蓮華從地而出。由是十州行化，大闡蓮宗。普勸一切人念佛往生，感驗者不可筭數〔三〕。剏白蓮寺於湖之弁山，又剏延聖院於蘇之陳湖磧沙，遂終磧沙焉。

【校記】

〔一〕此則又見於《吳都法乘》卷六中。

〔二〕遍：《吳都法乘》作『後』。

〔三〕不可筭數：《吳都法乘》作『不可勝數』。

天目中峯和尚(六十五)〔一〕

天目山中獨坐時，王臣膜拜道巍巍。禪心不離蓮華國，净土詩成闡化機。

中峯和尚，錢唐人，諱明本。得法于天目山高峯和尚。其道德巍巍，如泰山北斗。王臣歸命，龍象交參。朝廷屢遣使者降賜金帛，敕號『普應國師』。和尚惠辨〔二〕無礙。應接來機之暇，復密修净業。有《懷净土詩》百篇。春秋六十二。示寂之日，光明異發。塔全身于天目山中。

【校記】

〔一〕此則又見於《吳都法乘》卷五下。

〔二〕惠辨：《吳都法乘》作『慧辨』。

玉岡蒙潤法師（六十六）

妙入台宗解行圓，化儀四教演無邊。限修亡倦成三昧，不上青蓮定白蓮。

蒙潤法師，字玉岡。得法於古源〔一〕永清法師。解行俱圓，道德兼重。行道於杭之天竺山中。晚居風篁嶺之白蓮庵。杜門謝客，精修念佛三昧。臨寂之時，化佛來迎，異香滿室。

【校記】

〔一〕古源：《净土聖賢録》卷四本傳作『古原』。

雲屋善住和尚（六十七）〔一〕

行門清净玉壺冰，的是〔二〕蘇臺福慧僧。天上人間俱不願，華開見佛是真乘。

雲屋和尚，諱善住，蘇人也。受業于郡之善慶院。習賢首學於卧佛和尚。性稟高潔，不近聲利〔三〕。學通華梵，能文善書。方外大夫士，無不崇敬。掩關不出，晝夜六時，稱念阿彌陀佛萬聲。讀誦大乘，禮拜懺悔，坐卧向〔四〕西，雖病久不易。吳中之修净土者，惟和尚為最。故緇白多取則焉。有《安養傳》及《谷響集》行世。臨終，異香滿室，倏然〔五〕而去。

【校記】

〔一〕此則又見於《吳都法乘》卷六中。
〔二〕的是：《吳都法乘》作『名重』。
〔三〕利：底本誤作『剎』，據《吳都法乘》改。
〔四〕向：《吳都法乘》作『面』。
〔五〕倏然：《吳都法乘》作『儵然』。

天如惟則禪師（六十八）〔一〕

獅子嵓前得指南，卧雲立雪驗來參。老禪末上生蓮界，念佛休言落二三。

天如惟則〔二〕禪師，廬陵人。得法于中峯和尚。妙悟玄辨，居于人上〔三〕。建師子林菩提正宗寺于蘇城，有『卧雲』『立雪』二室，禪師日坐其間〔四〕。宰官長者、清净四衆、參學之人〔五〕接武而集。禪師以單提獨弄之外〔六〕，復著《净土或問》，勸人念佛，發明西方教法，最為切著。春秋六十九。臨終靈瑞甚異。塔全身于水西之原。

【校記】

〔一〕此則又見於《吳都法乘》卷五下。

〔二〕惟則：《吳都法乘》作「維則」。

〔三〕此句《吳都法乘》作「超于人上」。

〔四〕此句《吳都法乘》無「禪師」二字。

〔五〕之人：《吳都法乘》作「之流」。

〔六〕此句《吳都法乘》作「師以單提直指之外」。

旨觀主（六十九）

戒檢如霜自立期，法華三昧暫無虧。觀成識托蓮胎去，看取芝雲行業碑。

旨觀主者，杭人也，字別宗。戒德甚嚴。自幼至艾，不離天台行法，搠觀室于龍山之陽。歲集同志，克期修證，杭民翕從，多發菩提之心，修行念佛三昧。旨於行法，雖避兵竄逐，亦不暫廢。臨終無疾，沐浴端坐而化。芝雲仁法師《行業記》備詳〔一〕。

【校記】

〔一〕此句《往生集》卷一作『芝雲仁法師《行業集》，載之甚詳』。

西齋梵琦禪師（七十）

默坐西齋觀佛境，緣師實證面無慙。聲香味觸常三昧，多少禪流只解談。

西齋禪師，諱梵琦，字楚石。自幼知有西方教。清晨十念，求生浄土，未嘗一日暫廢。説法海鹽天寧。脱退築室西偏，設小床于室中，日修觀佛三昧。嘗撰《三十二相頌》《八十種好頌》《四十八願偈》《十六觀讚》《化生讚》《折善導和尚觀念偈》及《懷浄土詩》七言長律一百十，標名者一百八，韻者一，復以娑婆苦西方樂為題，擬《漁家傲》三十二，總為一帙，名曰《西齋浄土集》。師臨終，書偈曰：『真性圓明，無生無滅。木馬夜鳴，西方日出。』

二沙彌（七十一）

同心念佛固為嘉，慧眼開時路不差。菩薩來迎齊往化，地搖六種雨天花。

沙彌二人，并州開元寺〔一〕居，失其名氏。同志念佛。經五六年，當捨壽之時，俄然心眼開明〔二〕，同見菩薩來接，地即震動，天花雨空〔三〕，俱坐脱去。

【校記】

〔一〕開元寺：《往生西方浄土瑞應傳》作『開化寺』。
〔二〕心眼開明：《往生西方浄土瑞應傳》作『心開眼浄』。
〔三〕天花雨空：《往生西方浄土瑞應傳》作『天花散空』。

尼大明(七十二)

浄服嚴身飾外儀，口含沈水念阿彌。閻浮報盡超蓮土，香氣來迎也太奇。

大明，居西河。遇綽禪師，講《無量壽經》，明卽發願往生。凡念佛時，先著浄衣，口含沈水。及終之時，大衆見光明滿室，有沈水香氣。衆甚奇之。念佛果因，昭灼若此。可不信歟？

尼浄真(七十三)

顓修浄業自無嗔，十萬金剛誦亦勤。兩見蓮華童子戲，定知上品去棲身。

浄真，長安人。往積善寺〔一〕。衲衣乞食，一生無嗔。誦《金剛》《般若》十萬卷〔二〕，莊嚴浄土。顯慶五年染疾，告弟子曰：『吾於五日內，十度見阿彌陀佛，兩度見極樂世界，蓮華上童子嬉戲。吾得上品，故無疑矣。』言已而終。

【校記】

〔一〕此句底本無『往』字，據《新修往生傳》卷下補。

〔二〕十萬卷：《新修往生傳》作『十萬遍』。

尼悟性（七十四）

自入廬山不染塵，精修願往即歸真。巡看池內蓮華上，多是同盟念佛人。

悟性，洛陽人。於衡州遇照闍黎，教以發願念佛。大曆六年入廬山，忽染疾，聞空中樂音，謂人曰：『我得中品上生。何以知然？疇昔神游極樂，見同會念佛人盡有蓮華也。』遂合掌而逝，身皆金色。時年二十四。

烏場國王（七十五）

萬機之暇念如來，奏樂齋僧日幾回。因悟無常終不免，願將龍椅搏蓮臺。

烏場國王〔一〕，好佛法。萬機之暇，謂侍臣曰：『朕為國主，雖享福樂，不免無常。聞西方净土可以栖神，朕當發願，求生彼土也。』於是六時，念佛行道，每日奏樂，供佛飦僧。王與夫人，躬行其膳〔二〕，三十餘年。臨崩，神色怡和〔三〕，親感化佛菩薩來迎，祥瑞不一。載在《往生傳》。

【校記】

〔一〕烏場國王：《往生集》卷二作『烏萇國王』。

〔二〕此句《往生集》作『躬自行膳』。

〔三〕此句《往生集》作『容色愉悅』。

宋世子（七十六）

父子三人喜共修，蓮華已出寶池頭。兒歸報母須生信，他日同乘般若舟。

宋魏世子，父子三人俱修西方，唯妻不修。女年十四死，後七日更生，啟母曰：『兒見西方〔一〕，父兄三人已有蓮華，後當化生。惟母獨無。兒今暫歸相報。』言訖而化。母依兒言，日念西方，亦生安養。

【校記】

〔一〕此句《往生集》卷二作『兒見西方七寶池上』。

劉遺民(七十七)

濁世簪纓不受拘，相依遠老住匡廬。六時三昧行無間，一品蓮臺看卽除。

東晉劉遺民者，諱程之，字仲思。彭城人。才藻絶群，不委氣于時俗，雖威福當前，其意泊如也。丞相桓玄、大尉劉裕等咸嘉其賢，欲薦于朝，縻以爵祿。程之辭，乃入匡阜，謁遠法師。遠曰：『官祿巍巍，何以不為？』程之曰：『君臣相疑，疣贅相虧。晉室無磐石之固，物情有累卵之危。吾何為哉？』遠然其言。時程之與雷次宗等同依于遠。遠曰：『諸君之來，豈宜忘净土之游乎？』於是謝靈運為遠鑿池種蓮。拉一百二十三人共結蓮社。行念佛三昧，遠俾程之為蓮社誓文。程之居十五年，精修净業。嘗於定中見佛光明，地皆金色。將往生之年，又見阿彌陀佛，身紫金色，毫光發照，垂手下接，以臨其室。程之悲泣自陳曰：『安得如來為我摩頂，以衣覆我？』佛乃為摩其頂，引袈裟以覆之。又一日，想念佛時，見自身入七寶大池，蓮華青白相間，其水湛湛，照人眉目。佛指水曰：『八功德水，汝可飲之。』程之掬食，甘美盈口，異香發於毛孔。是日對佛祝香罷，與衆話別，面西端坐而去。年五十九。桓玄等高之，議以遺民為號云。

張杭學士(七十八)

風流儒雅豈庸常，巨筆如椽孰可當。呪誦大悲成十萬，臨終隨願往西方。

張杭〔一〕，平生信佛，誓課大悲神呪十萬遍，願生西方。年六十，忽寢疾，惟念阿彌陀佛。謂家人曰：『西方浄土元只在堂屋西間，阿彌陀佛坐蓮華上，翁兒在蓮華池金沙池上禮佛嬉戲。』言已良久，奄然而化。翁兒其孫，方三歲而殤〔二〕。

【校記】

〔一〕張杭：《佛祖統紀》卷二十八、《往生集》卷二等作『張抗』。

〔二〕殤：底本作『⿰歹昜』，異構字，此録作通行字體。《往生集》等作『亡』。

庚詵〔一〕居士（七十九）

林谷閑居樂暮年，六時禮誦豫栽蓮。人傳上行先生去，留得清名照簡編。

梁庚詵，字彦寶，新野人。幼聰警，該通經史。性嗜林泉，有十畝之宅，山池居半。蔬食布衣，不治生業。武帝起兵，署為平西府記室，至普通間詔為黄門侍郎，皆不就。晚年遵釋教，宅内建道場，六時禮誦。忽於後夜見一道人，自稱願公，容止甚美，呼詵為上行先生，授香而去。後四年。願公復來云：『不可久住。』言終而亡。年七十八。舉室咸聞空中唱：『上行先生已生阿彌陀佛國已。』武帝敬之。謚貞節處士。見《南史》。

【校記】

〔一〕庚詵：《佛祖統紀》卷二十八、《净土聖賢録》卷八、《净土晨鐘》卷十作『庚詵』。

宋滿（八十）

净邦曾未了唯心，念佛精勤願亦深。計數豆滿三十石，臨終三聖果親臨。

常州宋滿，歸誠西方。以豆〔一〕為數，念佛滿三十石。慶讚之際〔二〕，散與齋人。彌陀、觀音、勢至化為三人，形容憔悴。自云乞食。答曰：『弟子願生西方，更無可疑。師來乞食，深副本心〔三〕。』齋後命終，惟聞天花異香乘空而去。當隋開皇八年九月也。

【校記】

〔一〕豆：《往生集》卷二作『荳』。

〔二〕此句《佛祖統紀》卷二十八作『設齋慶讚』，《净土聖賢録》卷八作『設齋供佛』。

〔三〕此句《净土晨鐘》卷十作『深慰素心』。

黄打鐵（八十一）

念佛時時不絶聲，青蓮華已載芳名。須知一塊邠州鐵，不用工夫鍊不成。

黄打鐵，潭州人。本軍匠也，打鐵為業。常念阿彌陀佛。一日無疾，托鄰人寫頌云：日夜丁丁當當〔一〕，久鍊成鋼。大平〔二〕將近，我往西方。卽化去。自是湖南人多念佛者。

【校記】

〔一〕此句《往生集》卷二等作『叮叮噹噹』。

〔二〕大平：《往生集》作『太平』。

汾陽老人（八十二）

老來事佛慮應消，法忍山中守寂寥。一念便能超往去，不愁十萬路迢迢。

汾陽老人，貞觀五年於法忍山借一空房止宿，常念阿彌陀佛。臨命終時，大光遍照，面西而終。人見其乘〔一〕蓮臺而去。

【校記】

〔一〕乘：《佛祖統紀》卷二十八等作『登』。

張馗(八十三)

販雞為業匪良徒，形影相隨報豈無。不得臨終稱佛號，寶池那有覺花敷。

張馗〔一〕，同州人〔二〕，販雞為業。永徽九年，臨終時，見屋南群雞集，忽一人著緋皂衣，驅雞唱言『啄啄』。其雞四交〔三〕上啄兩眼，出血叫嗥，痛苦在床。至酉時，值善光寺僧來，令鋪聖像，念阿彌陀佛。少頃忽聞異香，奄然而去。

【校記】

〔一〕張馗：《新修往生傳》卷下、《往生西方净土瑞應傳》作『張鐘馗』。

〔二〕此句底本漏闕『人』字，據《新修往生傳》《往生西方净土瑞應傳》補。

〔三〕交：《新修往生傳》作『度』。

韋文晉觀察使(八十四)

志諧西方建道場,觀心念念暫無忘。忽然合掌跏趺去,滿室氛氳感異香。

韋文晉,立行孤潔。常建西方道場,念佛三昧,佛前發願,志諧西方,行菩薩道,守護佛法,轉正法輪,廣度含識。至六月內,面西跏趺。合掌念阿彌陀佛六十聲,忽然而化。異香滿室,內外皆聞。

元子平(八十五)

三月持經性地開,往生一事絶疑猜。異香滿室催西邁,鼉樂迎兼細樂來。

元子平者,大曆九年於潤州觀音寺發心讀誦《阿彌陀經》。三月忽染患,夜聞空中香氣樂音。有人告曰:『鼉樂已過,細樂續來。君當行矣。』良久,念佛命終。室中異香。數日不散。

房翥(八十六)

勸念彌陀發善荄,幽冥感格信奇哉。往生净土為真樂,差勝持經禮五臺。

房翥者,一日暴死,至陰府見閻羅王。王曰:『據案簿,汝曾勸一老人念佛,已生净土。汝承此福,又令生净土,故召來相見。』翥曰:『吾嘗誦《金剛經》萬卷,巡禮五臺,未欲往生。』王曰:『誦經巡禮固為好事,不如早生净土。』翥再懇言,王遂釋還。不久,念佛而終。

張善和（八十七）

世業屠牛報豈輕，臨終十念為傾誠。慈尊應現諸冤釋，不涉冥途卽往生。

張善和者，殺牛為業。命終時見牛數頭，作人言曰：『汝殺我。』善和怕怖，告其妻曰：『急請僧來救我！』僧至，為言《十六觀經》，云：『若人臨終，地獄相現，十稱南無阿彌陀佛，卽得往生净土。』善和云：『便入地獄也，不暇取香爐。』以手擎香，向西念佛。未滿十聲，乃云：『我見阿彌陀佛從西來迎。』言訖而去。

柳宗元刺史（八十八）

才高不獨冠儒宗，海若雄文掃斷空。一念卽超安養國，潮陽遷客逈難同。

柳宗元，字子厚，柳州刺史。極工於文章，與韓愈並名于時。性嗜佛道，通天台教觀。嘗撰《岳州無姓和尚碑》。有云：『佛道逾遠，異端競起，惟天台大師為得其説。』為永州時，龍興寺修净土院，宗元為之周延四阿，環以廓廡，繢二大士像，繒盖幢幡以成就之。并造記以垂不朽。著《東海若》一篇，其詞痛掃沈空滯寂不假修證之徒，其意一遵西方教法。自非宿昔與佛有大因緣，何能信仰如此，其生净土蓋無疑矣。

白居易少傅(八十九)

暮年開閤放婪姬,歸命彌陀宜暫離。不獨姓名垂百世,已將神識托蓮池。

白居易,字樂天。能文詞,風流藴籍,冠于一時。官至太子少傅。暮年侍妾盡遣,居于香山。命工畫西方凈土幀,日對修念佛三昧,發願往生。嘗有偈曰:『余年七十二〔一〕,不復事吟哦。看經費眼力,作福畏奔波。何以度心眼,一聲阿彌陀。行也阿彌陀,坐也阿彌陀。縱饒忙似鑽〔二〕,不廢阿彌陀。日暮而邇遠〔三〕,吾生已蹉跎。旦暮〔四〕清凈心,但念阿彌陀。達人應咲我,多却阿彌陀。達又作麼生〔五〕,不達又如何。普勸法界衆,同念阿彌陀。』自號『香山居士』。

【校記】

〔一〕七十二:《蓮邦詩選》作『七十一』。

〔二〕鑽:《蓮邦詩選》作『箭』。

〔三〕此句《蓮邦詩選》作『日暮而途遠』。

〔四〕旦暮:《蓮邦詩選》作『旦夕』。

〔五〕此句底本作『達人又作麼生』,據《蓮邦詩選》删『人』字。

文潞公(九十)

匡君治國戔經綸，勝會同修十萬人。大願不違生凈土，後來揚馬繼芳塵。

宋文彦慱，太子大保，封潞國公。嘗於京師與凈嚴法師集道俗十萬人為凈土會，臨終安然，念佛而薨。

蘇文忠公(九十一)

天下東坡第一名，喜從吾道樂餘生。要知當日南遷去，惟有彌陀作伴行。

蘇文忠公，字子瞻，號『東坡居士』。深信佛乘，歸依西方。與辨才、參寥諸師為方外友。母夫人程氏死，以簪珥遺物命匠胡錫畫阿彌陀佛像，施與錢唐元照律師，令其普勸道俗歸誠凈土，追薦冥福。復以偈讚曰：『佛以大圓覺，充滿十方界。我以顛倒想，出沒生死中。云何以一念，得往生凈土。我造無始業，一念便有餘。既從一念生，還從一念滅。生滅滅盡處，則我與佛同。如投水海中，如風中鼓橐。雖有大聖智，亦不能分別。願我先父母，及一切衆生，在處為西方，所遇皆極樂。人人無量壽，無去亦無來。』其室王氏死于京師，亦使其子邁等為阿彌陀佛像，奉安于金陵之清凉寺。亦有讚詞。公南行日，篋中有一軸。人問曰：『此何畫也？』公曰：『吾西方公據耳〔一〕。』展而觀之，乃阿彌陀佛像。嘗弔海月大師，有詩云：『生死猶如臂屈伸，情鍾我輩一酸辛。樂天不是蓬萊客，憑仗西方作主人。』觀公念念不忘西方，其往生决矣。

【校記】

〔一〕此句《净土指歸集》卷下作『此吾西方公據也』。

楊傑提刑（九十二）

少林禪味已參嘗，净土玄門復讚揚。不越閻浮生極樂，佛前蓮蘂吐香光。

楊傑提刑，字次公，無為人，號無為子。官至尚書主客郎，提點兩浙刑獄事。尊崇佛法，明悟禪宗。宣揚彌陀教觀，接誘方來〔一〕。公作天台大師《十疑論序》、王古《直指净土决疑集序》、法寶僧監《彌陀寶閣記》《安樂國讚三十章》，備陳西方要津，實為萬世往生之龜鏡也。晚年守郡畫丈六彌陀像，隨行觀念。壽終，化佛來迎。辭世頌曰：生亦無可戀，死亦無可捨。太虚空中，之乎者也。唯將錯就錯〔二〕，西方極樂。宣和中，荆王夫人神游净土，見公坐蓮華上。

【校記】

〔一〕方來：《往生集》卷二、《净土晨鐘》卷十作『未來』。

〔二〕此句《往生集》等無『唯』字。

王古侍郎（九十三）

次公同志覺無為，惟有西方日念馳。净土立言曾直指，至今留決後人疑。

王古侍郎，字敏仲。與楊次公同志歸命西方。嘗著《直指净土決疑集》，次公為序，極伸讚美。朝士大夫有净土之志頗多，然其弘贊净方入正定聚者，惟古與次公而已。詎非大菩薩現宰官身而為説法者歟！

馬玗侍郎（九十四）

净業傳家道大亨，兒郎女婢亦修行。房櫳氣出如青蓋，應有家人夢往生。

馬玗〔一〕侍郎，其先祖少師忠肅公。守杭州日，慈雲懺主以安養佛事授之。自是舉族遵奉。侍郎乃其孫也，字東王。元豐中有僧廣益〔二〕，授以天台智者《十疑論》。公大喜曰：『吾得所依矣。』以慈雲十念法行之二十五年。崇寧中，感疾經夏，盥櫛易衣，念佛端坐而逝。有氣如青蓋，出戶騰空而上。家人長幼貴賤皆夢公往生上品。八月中有婢卧疾，亦念佛而終。荆王夫人神遊極樂，見公與楊傑衣冠濟濟，坐蓮華上。夫人傳記甚詳。

【校記】

〔一〕馬玗：《净土聖賢録》卷七、《居士傳》二十四作『馬圩』。

〔二〕廣益：《净土聖賢録》《居士傳》作『廣初』。

江公望司諫（九十五）

直言極諫顯當時，晚向彌陀信不疑。方便文成還刻石，池蓮準擬占高枝。

江公望司諫，釣臺人。智識高朗。崇寧中為諫官，直言為諱〔一〕，名著一時。酷嗜宗門，參善知識。晚年專修净業，悟入念佛三昧。選念佛方便文刻石流布，指導往生。宣和末，知廣濟軍〔二〕，一日不疾而終，知其為净土歸矣。

【校記】

〔一〕此句《角虎集》卷下作『直言無諱』。

〔二〕廣濟軍：《角虎集》作『廣德軍』。

馮揖給事(九十六)

通儒解道復參禪，歸命彌陀意更專。清泰故鄉思不已，追吟陶令賦歸篇。

馮揖〔一〕，蜀中遂寧府人。字濟川，號不動居士。好佛法，場屋中文字多用《圓覺經》語。明悟理性，欽伏士論。遍參禪林知識，洞達五家宗旨，然篤行彌陀教法。作《西方禮文》三卷、《彌陀懺》一集。在鄉郡建净土會。嘗感香爐中舍利應現，光明照室。舍俸資造大藏經。其功德回向莊嚴净土。揖於老年，懷歸西方甚切。《追和陶溝潛歸去詞》一篇〔二〕，見《樂邦文類》。

【校記】

〔一〕馮揖：《法喜志》卷四作『馮楫』，《樂邦文類》卷五作『憑檝』。

〔二〕句中『溝』字疑衍，《樂邦文類》作『《和淵明歸去來兮》』。

王以寧待制(九十七)

曾參雪嶠了師禪，始向宗乘見不遍。繫念彌陀生心信，華池先已綻青蓮。

王以寧，官至翰林待制。深慕佛法。僧勸其讀《起信論》，竊有疑焉。是書為大乘人説破有蕩空一法不留之書，而末章以繫念彌陀求生净土為言，其旨何也？因過雪峯，以此疑質于清了禪師。了曰：『實際理地不受一塵，萬行門中不捨一法。子欲壞世間相，棄有著空，然後證菩提耶？』以寧曰：『誠有是也。』了曰：『如是則净土之修，於道何損？』遂釋其疑。修念佛法門，自稱阿彌陀佛弟子，號『正信庵主』。

王日休上舍（九十八）

講道龍舒海内聞，精修安養建殊勳。青衣俄引西歸後，人世惟留《净土文》。

王日休，字虚中。國學進士，龍舒人，號『龍舒子』。篤行念佛法門，編《净土文》十卷，孜孜勉人進修。一日講書罷，如常禮念，至三鼓，忽厲聲稱阿彌陀佛數聲，唱言『佛來接我』，屹然立化。有人夢二青衣引公西行，信非妄矣。丞相益國公周必大，睹日休奇跡，製詞以贊，載于本傳。

晁悦之待制（九十九）

洧上從容老法華，洞明三觀入山家。果然神識栖安養，壽量光明豈有涯。

晁悦之〔一〕，官至待制。留心内典，事理洞徹，號『老法華』，亦曰『天台教僧』。初從明智法師而生信，晚年專修净土。與靈芝照律師最友善。至於《答趙子和問西方净土書》，是為真語實語呼，其可不信矣乎？

【校記】

〔一〕晁悗之：《佛祖統紀》卷十五《諸師列傳第六之五》等作「晁説之」。

陳瓘待制（百）

蚤從明智論台宗，一念三千絶異同。瞻部報終歸净土，四華池上禮金容。

陳瓘，字瑩中，號了翁。深得天台宗旨，與明智法師論台宗三千法，其開示净土之義，深切著明。又撰《四明延慶寺净土院記》，備陳西方净土。固知瓘於念佛三昧必能專注，其於往生，尚何説焉。

鐘離少師（百一）

净業工夫已服勤，三年廬墓不忘親。峩冠整服跏趺去，應作青蓮座上人。

鐘離〔一〕少師，諱瑾，字公瑜，會稽人。咸平三年，陳堯啟榜登第，歷官至龍圖閣待制，累贈少師，忠績顯著，喜祐名臣傳載之詳矣。瑾至孝，母夫人任氏卒亡，遂廬顯墓，熏修不輟。服除游宦，日課利益二十事，罔有缺失。尋遷浙西路提刑，被旨修杭州北山下竺為慈雲懺主道場。一見慈雲，究論西方指要，清修彌篤。未幾詔知開封府。出則盡瘁國事，入則不寐念佛。忽夜未央，促家人起。乃告以趁朝尚早。瑾曰：『昨日母夫人報安養期已至。』索薰湯沐盥，振衣峩冠，趺坐而逝。舉家見瑾乘青蓮花座，仙樂海衆迎引西去矣。

【校記】

〔一〕鐘離：《往生集》卷二等作『鍾離』。

王仲回司士(百二)

性地開明感次公，繫心净域日無空。臨終識托蓮胎去，極樂閻浮信不同。

王仲回，無為郡人，官至光州司士參軍。天衣懷禪師住鐵佛道場，仲回嘗請問佛法，鄉里以善人稱之。楊次公乞守丹陽，待次錦綉溪上，仲回數往適問曰：『經典多教念彌陀、生净土，祖師則曰：心卽是净土，不用更求生西方。其不同何也？』答曰：『實際理地，無佛亦無衆生，無樂苦壽夭，有何净穢之分，以生不生為心耶？然或未出衆生之境，樂苦壽夭净穢相形。安可不信教典，念彌陀、求生净土哉？此則無念中起念，無生中求生也。《維摩經》云：雖知諸佛國，及與衆生空。而常修净土，教化於衆生。正謂是也。』又曰：『如何得念不間斷？』曰：『一信之後，更不再疑，卽是不間斷也。』仲回忻躍，轉加精進。豫知死期，與鄉舊告別而終。次公曾夢仲回過謝曰：『向蒙指示净土，今已得生，特來禮謝。』次公翌日召丹徒令陳安止語其夢，安止從此又信净土也。次公傳記備詳。

胡闓宣義(百三)

自恨平生被理迷，彌陀净土不思惟。無邊罪滅有超往，只在臨終念少時。

胡闓宣義，字達夫。平生雖信佛乘，以理障故，不曾修行。至命終時，其子告清照律師曰：『大人感疾，請師垂訪。』師往見之，曰：『惠亭平日與達夫相善，未曾語及末後一著大事，快須念佛生净土。若不求生净土，陰境現前，未知何往？』達夫曰：『心净，則佛土净也。』師曰：『宣義時中曾有雜念染污否？既處世間，寧免雜念？』師曰：『若如是，又安能心净土净也？一稱洪名，滅八十億劫生死重罪，猶如赤日銷霜露耳。當知阿彌陀佛發願度生，光明神力不可思議。』達夫大省，遂念佛名，亦請僧助念。俄頃，安然而殂。年八十四。所謂一念迴光，立卽翻為正因，此人也。

王闐(百四)

一心西土顯金身，最是無功認得親。此説非惟能自信，録成猶足勸他人。

王闐，自號無功叟。深信佛乘，博究藏典，極諳净土修證之道。嘗著《净土自信録》，最為明白切要。録成發願，若人或見或聞，或依或賴，不動娑婆，卽歸樂國。以闐之用心若此，其不往生耶？

孫如珪(百五)

蚤辭塵鞅老龍門，净念西方共子孫。三十餘人來結社，未應廬阜獨名存。

孫如珪，富春人。子應辰，猶子應祥，俱習儒業。觀父之志，兼修净業，遂率同輩三十餘人結社，名龍門社。常有言勸人曰：『三界無安，猶如火宅。九蓮超往，自有法門。』又曰：『莫待老來方學道，要知忙裏好偷閑。』東陽吳克己有《龍門蓮社詩》，載于《樂邦文類》。

李秉御藥(百六)

志在幽閑慕釋宗，終朝繫念與兒同。臨行手結彌陀印，贏得金蓮滿室中。

李秉御藥，性好閑静，志在于佛。壯年參自得禪師，有省。後得净土教法。其子元美秉父之志，偕林師、文師數十賢士效廬山遺則，結净業會于傳法寺。御藥忽染疾不起，夢中感阿彌陀佛現相，又見金華滿室。凌晨，二子掖起趺坐，書偈置筆，結印而去。

金奭(百七)

棄綱[一]投竿不茹葷，精勤念佛徹宵分。臨終三聖親迎引，天樂鳴空遠近聞。

金奭，會稽人，以漁為業。一日猛省，遂改業持戒，日課阿彌陀佛萬聲，無有間斷。後無疾苦，語家人云：『我見西方三聖在門前，我今歸净土也。』索香爐，安坐而化。鄉村遠近，聞天樂妙音。時政和六年。

【校記】

〔一〕綱：疑當作『網』。

張綸總管（百八）

妻子同修不暫閑，大興蓮社擬廬山。幸逢聖主親揮翰，從此芳名播世間。

張綸，高宗時為均州防禦使，充兩浙西路副都總管。性好佛乘。晚年闢宅東偏為道場，鑿池種蓮，傚惠遠結社之遺意。日率妻子課佛萬聲，禮誦罔懈。春秋年月，就精舍建會，信道者雲集，唱佛之聲如潮汐之騰江也。高宗寵之，大書『蓮社』二字為賜。有記文存焉。

閻邦榮承務（百九）

誦呪功成僅廿年，等閑拂袖卽歸元。青衣咲揖彌陀引，始信慈尊不食言。

閻邦榮承務，池州人。偶一僧勸修西方教，持往生呪，邦榮一聞卽信受。每旦，向西誦一千遍，如此者二十年。臨終之夕，家人夢二青衣笑揖侍立其側，阿彌陀佛放大光明接引。及旦，邦榮向西，瞑目跏趺。至於日西，矍然起曰：『我去也。』便拂袖，行數步，舒手結印，微咲而立。妻驚扶之，已去矣。

王哀朝散(百十)

白蓮社結擬匡廬，不問尊卑與智愚。自利利人功莫大，寶池争看一華敷。

王哀，嘉禾人，居錢唐西湖。嘗結蓮社，不問賢愚尊卑、貴賤僧俗，但發心願西歸者，普請入社。有《勸修文》一篇。自利利佗，行願無盡。後果不疾面西化。哀官至左朝散大夫。

吴子章(百十一)〔一〕

醫中積德豈能論，雲屋親傳念佛門。珍重難兄復難弟，青蓮雙綻本同根。

元吴子章者〔二〕，蘇人也。世業醫，以利生之心為務。與兄子才同參雲屋和尚，授念佛法門。精進繫念，寒暑不廢。至於舉家持戒，依法修行。子章臨終無疾，條然〔三〕念佛而化。時至正間也。

【校記】

〔一〕此則又見於《吴都法乘》卷二十五。

〔二〕此句《吴都法乘》無『元』字。

〔三〕倏然：《吴都法乘》作『翛然』。

何曇迹（百十二）

昔年持戒已專精，净業工夫一旦成。瞻部報終親見佛，幡華繚繞滿空迎。

何曇迹，年十八持菩薩戒，事含禪師修净土。一夜四鼓，卽起念誦。師驚問，答曰：『見佛金黄色相，幡華滿空，自西而來。』倏然逝矣。

韋提希夫人（百十三）

峨峨愛業豈能平，哀懇如來意已誠。二八觀門親得授，侍姬五百共西行。

韋提希夫人，釋迦如來在世之日，夫人白言：『世尊教我觀於清净業處。』爾時世尊放眉間光，其光金色，遍照十方無量世界，一切國土皆於中現。韋提希白佛言：『世尊，我今樂生極樂世界阿彌陀佛所。唯願世尊教我思惟，教我正受。』世尊為說十六觀門。當時夫人與五百侍女聞佛所説，皆發阿耨多羅三藐三菩提心，佛咸記，一時往生極樂。

隋皇后（百十四）

净土求生誓在懷，雖居帝室厭裙釵。異香一夕從空至，卽證西方不退階。

隋文帝后，雖居王宮，深厭女質，常念阿彌陀佛，求生西方。至臨終時，異香滿室，從空而至。文帝恠之，問：『闍提斯那是何祥瑞？』答曰：『西方有佛，號阿彌陀。皇后業高，神求生彼國，故有斯瑞。』於戲！世間樂莫越王宮，而后厭之，求生西方。草野窮民，鄙夫賤婦，衆苦熾然交煎，而不思回光返省者，其愚之甚矣。

上黨姚婆（百十五）

發願修行歲月多，空中接引睹彌陀。暫留雲馭無他戀，此去應當別范婆。

姚婆，上黨人。貞觀間，因范婆勸念阿彌陀佛，臨終，見佛來迎。乃告曰：『未與范婆別，請佛暫駐。』佛處虛空。俟范婆至，手執香爐而逝。

荆王夫人（百十六）

越國恩封世念灰，不貪五欲事如來。神遊極樂元非妄，池上蓮華已蚤開。

荆王夫人，恩封越國，姓王氏。厭五欲而傾心净土，躬率內外富貴之人同修三昧。夫人精恪（二）端素，至於給侍嬖使之人無有異念。惟一庶媵懈怠，夫人訓之曰：『我盡室皆勤，惟爾懈怠，不從人言。幻惑在會，恐失道心。不可在吾左右也。』其媵悚悟，精進思惟，净念相繼。一日，謂同事曰：『吾其行矣。』異香滿室，無疾而終。明日同事之妾告夫人言：『夜夢化去妾，托致起居。夫人訓責我勤修西方，今〔二〕獲往生。』夫人曰：『使我又夢，乃可信爾。』是夜，夫人果夢其妾來謝。夫人曰：『西方可至乎？』妾曰：『第從其行。』夫人隨之，見二池塘，白蓮大小間錯，榮瘁不同。夫人問曰：『何以如此？』曰：『此世間人發念修西方者，即成一華，唯其勤怠，故華有榮瘁也。』因見楊傑、馬玗俱在華上。夫人曰：『我當生何許？』妾導夫人前邁，將數里。妾請夫人延望，惟見一壇金碧光明。妾曰：『此夫人往化之地，乃上品上生也。』既覺，訪楊傑、馬玗，傑已死而玗無恙。夫人始生之日，秉爐然香，望觀音閣而立。子孫左右促夫人受獻壽之儀，則已立化矣。荆王，哲宗叔也。

【校記】

〔一〕恪：底本誤作『悋』，據《佛祖統紀》卷二十八《往生女倫傳》改。

〔二〕今：底本誤作『令』，據《佛祖統紀》改。

姚行婆（百十七）

行婆心只在西方，觀想澄凝不暫忘。已感彌陀親攝受，日輪中現紫金光。

姚行婆者，錢唐人。老年惟念阿彌陀佛，無頃刻忘。一日日落西嶺，行婆面坐想念，俄日輪中現佛像，妙相畢具。臨終之時，化佛來迎而往。

廣平夫人(百十八)

不傳〔一〕鈆華卽艷糚，起居食息盡西方。志剛力果逾男子，直上金臺禮覺皇。

廣平夫人，姓馮氏，名法信。政和門司贈少師諱珣之女。適鎮洮軍承宣使陳思恭。夫人多病，體力尩孱。及歸陳氏，病日以劇，數呼醫而藥不能療。時兹〔二〕受深禪師為王城法施主，夫人徑造其室，求已病之方。兹受怜之，教以持齋念佛。夫人諦信不疑。卽屏葷血，却膏粉，專念西方，起居食息皆西方也。病遂愈。十年後，未疾，語侍人曰：『吾已神游净土，面禮三聖。海衆佛子稽首，慶我來生。其國境界勝妙，唯證方知，難語汝曹也。』明日右脅吉祥而逝。室中聞妙香，數日不散。其念佛者不獨往生，現世病苦亦拔。佛之神力可思議耶？

【校記】

〔一〕傳：疑當作『傅』。

〔二〕兹：疑當作『慈』。《樂邦文類》卷三《廣平夫人往生記》等均作『慈受深』。

朱氏如一(百十九)

綉佛書經不憚劬，勸人念佛復為圖。臨終西面倐然去，好是人間列丈夫。

朱氏如一，歸于薛氏之門。年二十餘，卽告其夫，清净自居。道裝素服，蕭然林下。明窓净几，綉《妙法華經》七軸，一句一字凡唱禮者三。及綉彌陀三聖像，極為奇妙。諸大乘經，誦若建瓴〔一〕。嘗鋟木為圖，勸人念佛，所化之數，盈二十萬。年三十七，示微疾。醫進丹砂，如一曰：『吾往生決矣。丹砂何為？』遂不服，右脇而終。橘州曇禪師作《如一傳》。

【校記】

〔一〕瓴：底本作『缾』，異構字，此録作正字。

黄長史女（百二十）

心膓鐵石行冰霜，口念洪名遂立亡。道果既成應有驗，灰盆蓮蘂吐紅光。

黄長史女，四明人。蚤嫁樂氏，喪其夫，誓不再適。居夫舍，修安養之業。臨終時，手結彌陀印，口稱名號，履地而行，屹然立化。火後，徇俗篩灰于地，以驗生處。及開盆，灰中生蓮華一朵，觀者如堵。僧皓鱗目擊，乃為作贊。至今存焉。

李氏十四娘（百二十一）

孀居念佛已多年，身死何妨大火然。舍利光明那有數，齒牙如雪舌如蓮。

李氏十四娘，上虞縣永豊鄉西濬村人。適胡氏，人稱長婆，性剛烈。紹興初夫死，不再嫁，惟念阿彌陀佛及經，見僧則禮，餘人不接。臨終七日前，見僧戴緋繖來告曰：『汝今月十五夜子時死。』問曰：『師何人？』曰：『我是汝念者。』至期，光明滿屋，奄然而盡。火化後，牙如雪，舌如紅蓮花。其明驗如此。

陶氏十六娘(百二十二)〔一〕

貞守閨門德可嘉，白衣人送白蓮華。誦經念佛方三稔，靈瑞昭然道豈賒。

陶氏十六娘，常熟徐村人。年二十六，寡居無子，願生净土，再不事人〔二〕，常念《觀音普門品》。忽夢一白衣人椀中盛水，養白蓮華一朵，與食之。覺後頗異。一日，又夢僧令裝小閣朝西誦《彌陀經》，念彌陀佛。如僧言甫及三年，見佛光明，經函上有火團，如彈子大。初恐燒其經，以手撲之，乃得舍利一顆。其現生感應若此。臨終，化佛來迎，有何疑乎〔三〕？《卍新纂續藏經》第七十八册

【校記】

〔一〕此則又見於《吳都法乘》卷二十一下。

〔二〕《吳都法乘》無此句。

〔三〕此句《吳都法乘》作『别衆而去』。

佛法不可滅論〔一〕

或問少師曰〔二〕：『佛，胡人也。其法為中國之患害〔三〕久矣。其可不滅乎〔四〕？』少師〔五〕對曰：『佛法不可滅也。』或曰：『胡為而不可滅也？』曰：『非唯〔六〕不可滅也，莫之能滅也。』或曰：『佛法為中國之患害，甚於洪水旱暵，其不可滅〔七〕而令其張王乎？譬如〔八〕洪水，治之有道，亦能疏決；旱暵，禱之有靈，亦能消弭。佛是人也，有勢力者必能滅之矣。』少師笑而謂曰〔九〕：『有勢力者，汝不聞三武與宋徽〔一〇〕乎？隨滅而隨興也。非惟隨滅而隨興，況興之愈盛也。縱有其勢力而能滅〔一一〕，但能滅其所主之地耳〔一二〕，能滅其普天率土者哉？』或曰：『人之有勢力者不能滅，天能滅之乎？』曰：『天能滅而不敢滅也。』或曰：『子之言何其誕歟！天何〔一三〕為而不敢滅也？』曰：『孔、老二教法，天故不敢違。天佛之教，諸天奉行，況敢言滅乎〔一四〕？何哉？佛在世時，梵王帝釋〔一五〕，諸天龍神，曾於佛前發大誓願，但有教法處，我當擁護。況敢言滅也〔一六〕？若論諸天神力可能滅也，使其一時運行雷火疾疫盡世界内外所有教法，僧徒廬舍悉皆消殞〔一七〕，有何難哉？然諸天奉行佛之教法，唯恐不逮，況敢言滅也？』或曰：『以子之言，佛法斷不可滅也。子更為我詳言之。』少師〔一八〕曰：『然。吾語汝，汝其諦聽焉。佛乃西方出世間聖人也，生于維衛國凈飯王家〔一九〕，年十九捨王位出家〔二〇〕，居雪山修道，日湌馬麥充飢〔二一〕，苦行六年而成正覺，山河大地悉皆震動。恒以慈悲為心，等觀世間衆生，猶如一子，教令改惡從善，離苦〔二二〕得樂，成一切種智。況佛之化導於人，而無所求也。既捨王位出家，非為求富貴也；日飡馬麥〔二三〕苦行修證，非為求利養也。既無所求於人，其法唯以化人為善，寧〔二四〕中國之患害乎？汝之無知〔二五〕之言，何其甚歟！使世間聖人如孔子〔二六〕，若見佛則必尚而師之矣。豈不聞孔子師老聃、郯子、萇弘、師襄，要知此等聖賢能及佛乎〔二七〕？況佛之大道〔二八〕，水不能漂〔二九〕，火不能燒〔三〇〕，杻械不能拘，刀劍不能刃，毒藥不能中，生而不生，不生而生，滅而不滅，不滅而滅，在凡而不減，在聖而不增，猶太虛空，其可能滅乎？唐之韓愈，宋之歐陽脩〔三一〕輩，以空言欲滅之，正如精衛之欲填東海，螻蟻之欲穴泰山，可笑其不自量也。』或乃聞余言，赧赧然〔三二〕拜謝而退。作《佛法不可滅論》。《歸元直指集》上卷

【校記】

〔一〕此論又見於《吳都法乘》卷二十、《尚理編》（中吳沙門空谷景隆述）。
〔二〕此句《尚理編》作『或問曰』。
〔三〕患害：《吳都法乘》作『害』。
〔四〕此句《尚理編》作『其不可滅乎』。
〔五〕少師：《吳都法乘》《尚理編》作『余』。
〔六〕唯：《吳都法乘》《尚理編》作『惟』。下同。不另出校。
〔七〕其不可滅：《尚理編》作『其可不滅』。

〔八〕譬如：《吳都法乘》《尚理編》作『譬若』。
〔九〕此句《吳都法乘》《尚理編》作『余笑而謂之曰』。
〔一〇〕宋徽：《吳都法乘》作『宋宗』。
〔一一〕此句《吳都法乘》作『縱其有勢力而能滅』。
〔一二〕耳：《吳都法乘》作『爾』，《尚理編》作『尒』。又此句《尚理編》無『能』字。
〔一三〕何：《吳都法乘》作『胡』。
〔一四〕乎：《吳都法乘》作『耶』，《尚理編》作『也』。
〔一五〕梵王帝釋：《吳都法乘》《尚理編》作『帝釋梵王』。
〔一六〕也：《吳都法乘》作『耶』。
〔一七〕悉皆消殞：《吳都法乘》作『悉皆煨燼消殞』。
〔一八〕少師：《吳都法乘》《尚理編》作『余』。
〔一九〕净飯王家：《吳都法乘》《尚理編》作『净飰(飯)王宮』。
〔二〇〕捨王位出家：《吳都法乘》《尚理編》作『舍王位求出家』。
〔二一〕此二句《吳都法乘》《尚理編》作『居雪山日餐(飡)一麻一麥』。
〔二二〕離苦：《吳都法乘》作『拔苦』。
〔二三〕日飡馬麥：《吳都法乘》《尚理編》作『日餐麻麥』。
〔二四〕寧：《吳都法乘》《尚理編》作『寧為』。

〔二五〕無知：《尚理編》作『無智』。

〔二六〕此句《吳都法乘》《尚理編》『孔子』下有『者』字。

〔二七〕此二句《吳都法乘》《尚理編》作『豈不聞孔子師老聃郯子萇弘之徒，老聃郯子萇弘能如佛乎』。

〔二八〕此句《吳都法乘》《尚理編》作『何况佛之道』。

〔二九〕漂：《吳都法乘》作『濡』。

〔三〇〕燒：《吳都法乘》《尚理編》作『爇』。

〔三一〕歐陽脩：《吳都法乘》《尚理編》作『歐陽修』。

〔三二〕赧赧然：《吳都法乘》《尚理編》作『赧赧然』。

净土簡要録

廬山遠法師《念佛三昧詩序》略曰：念佛三昧者何？思專想寂之謂。思專則志一不撓〔一〕，想寂則氣虛神朗。氣虛則智恬其照，神朗則無幽不徹。斯二乃是自然之玄符，會一而致用也。是故靖恭〔二〕間宇，而感物通靈，御心惟正，動而入微〔三〕。此假脩以凝神，積習〔四〕以移性。猶或若兹。况夫尸居坐忘，冥懷至極，智落宇宙，而闇蹈大方者哉！《廬山集》

【校記】

〔一〕不撓：《廣弘明集》《統歸篇》第十卷三十作『不分』。
〔二〕靖恭：底本誤作『靖秦』，據文意及《廣弘明集》等改。又，句中『閒宇』卽『閒宇』。
〔三〕此句《廣弘明集》作『動必入微』。
〔四〕積習：《廣弘明集》作『積功』。

天台智者大師有問：諸法體空，本來無生，平等寂滅。今乃捨此求彼，生西方彌陀浄土，豈不乖理？或又經云：若求浄土，先浄其心。心浄故卽佛土浄。此云何通？答：釋有二義：一者總答，二者別答。總答者，汝若言：求生西方彌陀浄土，則是舍此求彼，不中理者。汝執住此，不求西方，則是舍彼著此，此還成病，不中理也。又轉計云：我亦不求生彼，亦不求生此者，則斷滅見。故《金剛般若經》云：須菩提！汝若作是念，發阿耨菩提心者，説諸法斷滅相。莫作是念！何以故？發菩提心者，於法不説斷滅相。二別答者，夫不生、不滅者，於生緣中，諸法和合，不守自性，求於生體，亦不可得，此生生時無所從來，故名不生。不滅者，諸法散時，不守自性，言我散滅，此散滅時去無所至，故言不滅。非謂因緣生外，別有不生、不滅，亦非不求生浄土，喚作無生。為此《中論》偈云：因緣所生法，我説卽是空，亦名為假名，亦名中道義。又云：諸法不自生，亦不從他生，不共不無因，是故知無生。又《維摩經》云：雖知諸佛國，及與衆生空，而常脩浄土，教化諸群生。又云：譬如有人，造立宮室，若依空地，隨意無礙；若依虛空，終不能成。諸佛説法，常依二諦，不壞假名而説諸法實相。智者熾然求生净土，達生體不可得，卽是真無生，此謂心净故卽佛土净。愚者為生所縛，聞生卽作生解，聞無生卽作無生解，不知生卽無生，無生卽生，不達此理，横相是非，瞋〔一〕他求生净土，幾許誤哉！此則是謗法罪人，邪見外道也。《十疑論》

【校記】

〔一〕瞋：《净土十疑論》作『嗔』。

問：十方諸佛，一切净土，法性平等，功德亦等，行者普念一切功德，生一切净土。今乃偏求一佛净土，與平等性乖〔一〕，云何生净土？答：一切諸佛土，實皆平等。但衆生根鈍，濁亂者多，若不專繫一心一境，三昧難成。專念阿彌陀佛，卽是一相三昧，以心專至，得生彼國。如《隨願往生經》云：普廣菩薩問佛：十方悉有净土，世尊何故偏讚西方彌陀净土，專遣往生？佛告普廣：閻浮提衆生，心多濁亂，為此偏讚西方一佛净土，使諸衆生，專心一境，卽易得往生。若總念一切佛者，念佛境寬，則心散漫，三昧難成，故不得往生。又求一佛功德，與一切佛功德無異，以同一佛法性故。為此念阿彌陀佛，卽念一切佛；生一净土，卽生一切净土。故《華嚴經》云：一切諸佛身，卽是一佛身，一心一智慧，力無畏亦然。又云：譬如净滿月，普應一切水，影像雖無量，本月未曾二。如是無礙智，成就等正覺，應現一切刹，佛身無有二。智者以譬喻得解。智者若能達一切月影卽一月影，一月影卽一

切月影，影影〔二〕無二；故一佛卽一切佛，一切佛卽一佛，法身無二。故熾然念一佛時，卽是念一切佛也。《十疑論》

【校記】

〔一〕乖：底本誤作『乘』，據文意及《淨土十疑論》等改。

〔二〕影影：《淨土十疑論》作『月影』。

問：具縛凡夫，惡業厚重，一切煩惱，一毫未斷。西方淨土，出過三界，具縛凡夫，方何得生〔一〕？

答：有二種緣：一者自力，二者他力。自力者，此世界脩道，實未得生淨土。是故《瓔珞經》云：始從具縛凡夫，未識三寶，不知善、惡因之與果。初發菩提心，以信為本，住在佛家，以戒為本。受菩薩戒，身身相續，戒行不闕，經一劫、二劫、三劫，始至初發心住；如是修行十信、十波羅蜜等無量行願，相續無間，滿一萬劫，方始至第六正心住；若更增進，至第七不退住，卽種性位。此約自力，卒未得生淨土。他力者，若信阿彌陀佛大悲願力，攝取念佛衆生，卽能發菩提心，行念佛三昧，厭離三界，身起行施、戒、脩福，於一一行中，迴願生彼彌陀淨土，乘佛願力，機感相應，卽得往生。是故《十住婆娑論》云：於此世界脩道有二種：一者難行道，二者易行道。難行者，在於五濁惡世，於無量佛時，求阿鞞跋致，甚難可得。此難，無數塵沙説不可盡，略述三五：一者，外道相善，亂菩薩法；二者，無賴惡人，破佗勝德；三者，顛倒善果，能壞梵行；四者，聲聞自利，障於大慈；五者，惟有自力，無他力持。譬如跛人步行，一日不過數里，極大辛苦，謂自力也。易行道者，謂信佛語教念佛三昧，願生净土，乘彌陀佛願力，攝持決定，往生不疑也。如人水路行，藉船力故，須臾卽至千里，謂他力也。譬如劣夫從轉輪王，一日一夜周行四天下，非是自力，轉輪王力也。若言有漏凡夫不得生净土者，亦可有漏凡夫應不得見佛身。然念佛三昧，並無漏善根所起，有漏凡夫，隨分得見佛身麤相也；菩薩見微細相。净土亦爾，雖是無漏善根所起，有漏凡夫發無上菩提心，求生净土常念佛，故伏滅煩惱，得生净土，隨分得見麤相；菩薩見微妙相。此何所疑？故《華嚴經》說：一切諸佛刹，平等普嚴净，衆生業行異，所見各不同。卽其義也。《十疑論》

【校記】

〔一〕此句《净土十疑論》作『云何得生』。

問：西方去此十萬億佛刹，凡夫劣弱，云何可到？又《往生論》云：女人及根缺，二乘種不生。既有此教，當知女人及以諸根缺者，定必不得往生。答：為對凡夫肉眼、生死心量說耳，西方去此，十萬億佛刹。但使衆生净土業成者，臨終在定之心，卽是净土受生之心；動念卽是生净土時。為此，《觀經》云：彌陀佛國，去此不遠。又業力不可思議，一念卽得生彼，不須愁遠。又如人夢，身雖在床，而心意識，遍至他方一切世界，如平生不異也。生净土亦爾，動念卽至，不須疑也。女人及根缺，二乘種不生者，但論生彼國，無女人及無盲聾瘖啞人，不道此間女人、根缺不得生。彼若如此，說者愚癡，全不識經意。卽如韋提夫人，是請生淨土主，及五百侍女，佛授記悉得往生彼國。但此處女人，及盲聾瘖啞人，心念彌陀佛，悉生彼國已，更不受女身，而不受根缺身。二乘人但回心，願生淨土，至彼更無二乘執心。為此，故云女人及根缺，二乘種不生，非謂此處女人及根缺人不得生也。故《無量壽經》四十八願云：設我得佛，十方世界，一切女人，稱我名號，厭惡女身，舍命之後，更受女身者，不取正覺。况生彼國，更受女身，根缺者亦爾。《十疑論》

有人謂：求生淨土念佛脩觀，皆是執著取相，殊非超越之法。今謂：佛言不著相者，葢令不著我人衆生壽者，不住所脩法相，遣蕩人法二執，卽達人法二空，何嘗以繫念進脩而為著相乎？今謂：若脩念佛三昧，定非著相，以佛身無相，有何可著？夫般若真空，元為脩六度人令不住相，六度不脩，般若焉用？真學道者達脩無脩了念無念，終日脩而未始脩，終日念而未嘗念。故《金剛經》云：無我人衆生壽者，脩一切善法，則得阿耨菩提。故知了達之士，則何嘗不脩善耶？靈芝《義疏》

入於於此

慈恩窺基法師有問：其國衆生，無有衆苦，但受諸樂。如何無衆苦耶？答：其國衆生，蓮華化生，無生苦；四序不能遷，無老苦；非分段身，無病苦；壽命無盡，無死苦；無父母親疎，無冤憎會苦；所欲如意，無求不得苦；顔貌端嚴，無諸根缺陋苦；四時一等，無寒暑苦。娑婆世界，有漏形軀，四蛇迫身，三龍害命，乖張病惱，報盡死侵，有愛必離，無怨不會。葢迷至理，橫受陰纏。今兹衆人，永無此等，故云無有衆苦。豈唯近亡麤苦，兼亦妙果非遙。《彌陀通讃》

問：臨終作善，便得往生，何假預前脩諸勝業？答：人生壽夭難測，或卽病困昏迷，或卽非時奄逝。既闕生前之善，難逃後世之殃。預作善緣，恐防斯咎。

清凉國師云：隨心念佛，諸佛現前。既了境唯心，了心卽佛故，隨所念無非佛矣。何難見哉？《華嚴疏》

釋善財初參德雲比丘所説二十一念佛門，約能念心不出五種：一緣境念佛門。念真念應若正若依，設但稱名亦是境故。二攝境唯心念佛門。卽總相唯心，是心是佛，是心作佛故。雖隨我心，心業多種見佛優劣故。三心境俱泯念佛門。卽前遠離念佛門，及不可見門之一分，及如虛空門。四心境無礙念佛門。卽如初門，雙照事理，存泯無礙，故云普照。五重重無盡念佛門。卽稱前第十門而觀察故，如微細等門，亦是此中總意。念佛之門諸教攸贊，理致深遠世多共行。故略解釋，無厭繁説。

道綽禪師有問：何因緣故，一念佛力能斷一切諸障？答：如《經》云：譬如有人用獅子筋為琴弦，一奏〔一〕，一切餘弦悉斷。若人於菩提心中行念佛三昧，一切諸煩惱根皆悉斷滅。亦如有人取〔二〕牛羊驢馬諸乳置一器中，若將獅子乳一滴投之，一切諸乳悉化為水。若人於菩提心中行念佛三昧，一切惡魔諸障，直過無難。《安樂集》

【校記】

〔一〕此句《安樂集》卷上作『音聲一奏』。

〔二〕取：《安樂集》作『搆取』。

善導和尚《臨終正念訣》知歸子致問於净業和尚曰：世之大者，莫越生死。一息不來，乃屬後世；一念若錯，便墮輪回。小子累蒙開誨，念佛往生之法，其理雖明，又恐病來死至之時，心識散亂，仍慮家人惑動正念，忘失净因。伏望重示歸逕之方，俾脱沉淪之苦。師曰：奇哉斯問之要也！凡人臨命終時，欲得往生净土者，須先准備，不得怕死貪生。常自思念：我現在之身多有衆苦，不净惡業種種交纏。若得舍此穢身，卽往生净土，受無量快樂，見佛聞法，離苦解脱，乃是稱意之事。如脱臭敝之衣，得著珍御之服。放下身心，莫生貪著。纔有病患，莫論輕重，便念無常，一心待死。須囑家人看病人，往來揖問人，凡來我前，但為我念佛，不得説眼前雜間〔一〕之事、家緣長短之事，亦不須軟語安慰呪願安樂之詞，此皆是虛華不實殃及之語。及至病重，命將不久之時，家人親屬，不得來前垂泪哭泣，發嗟嘆懊惱之聲，惑亂心神，失其正念，但教記取阿彌陀佛，一時高聲，為我念佛，守令氣絕。待氣盡了，方可哀哭。更或有明解净土之人，頻來策勵，其理最佳。若如此者，千萬往生，必無疑慮也。此是端的要急之旨，當信而行。問：求醫服藥，應不用耶？答：此但論用心矣。其藥醫療，不妨自求。然藥只能醫病，豈能醫命耶？命若垂盡，藥豈奈何？問：神祇禍福，求禱如何？答：

人命長短，生下已定，何假鬼神延之耶？世人迷惑，變更〔二〕求邪？殺害衆生，祭祀神鬼，但增罪業，倍結冤讎，變〔三〕損壽矣。大命若盡，小鬼奈何？空自慞惶，必無所濟。切宜謹之！當以此文帖，安堂前喫食之處，及來往要路之間，令時時見之，常記於心，免見臨危忘失。問：平生不曾念佛者，還用得否？答：此法僧人俗人不念佛人，用之皆得往生，決無疑矣。余多見世人，於平常時念佛禮拜，發願往生，及到病患臨終，但只怕死，都不見言此事，直待形消氣絶，識投冥界，方始十念。譬如賊去關門，濟何事耶？而況死門事大，須自著便宜，一念蹉跎，歷劫受苦，誰人相代，思之思之！見《樂邦文類》

【校記】

〔一〕雜間：《樂邦文類》卷四作『雜閑』，《净土指歸集》卷上作『閑雜』。

〔二〕變更：《樂邦文類》作『反更』。

〔三〕變：《樂邦文類》作『反』。

問：何故不令作觀，直遣專稱名號者，有何意耶？答：衆生障重，境細心麤，識颺神飛，觀難成就。是以大聖悲憐，直勸專稱名字。正由稱名易故，相續即生。若能如上念念想續〔一〕，畢命為期者，十即十生，百即百生。何以故？無外雜緣、得正念故，與佛本願相應故，不違教故，順佛語故。若舍專念脩雜業者，百中希得一二，千中希得三四。何以故？乃為雜緣亂動、失正念故，與佛本願不相應故，與教相違故，不順佛語故，繫念不相續故，心不相續、念報佛恩故，雖作業行、常與名利相應故，樂近雜緣、自障障他往生正行故。比見諸方道俗，解行不同，專雜有異，但使專意作者，十卽十生；脩雜不至心者，千中無一。仰願一切往生人等，善自思量，已能今身願生彼國者，行住坐臥，必須勵心克己，晝夜莫廢，畢命為期，上在一形，似如少苦，前念命終，後念卽生，長時永劫，常受無為法樂，乃至成佛不逕〔二〕生死，豈不快哉！

【校記】

〔一〕念念想續：《樂邦文類》卷四、《重訂西方公據》卷下作「念念相續」。

〔二〕逕：《樂邦文類》作「退」，《往生禮讚偈》作「經」。

釋三種心：身禮拜彼佛，口稱揚彼佛，意觀察彼佛，三業真實故，名至誠心。以真實信心，信知自身具足煩惱流轉三界，信知彌陀本願稱名下至十聲得生，乃至一念無有疑心，故名深心。凡所作為一切善根，悉皆回願往生，故名回向發願心。具此三心，必得生也。若少一心，卽不得生。《觀經疏》

若人欲速得往生，應起無間脩，所謂恭敬禮拜稱名讚嘆憶念觀察回向發願心心相續，不以餘業相間故，曰無間脩。又若貪嗔癡來間者，但隨犯隨懺，不令隔念隔日隔時，常使清淨，亦名無間脩。若能畢命誓不中止，決定往生。《大藏集諸經禮懺儀》

永明智覺禪師有問：一生習惡，積累因深；如何臨終，十念頓遣？答：《那先經》云：國王問那先沙門言：人在世間，作惡至百歲；臨終特〔一〕念佛，死後得生佛國。我不信是語。那先言：如持百枚大石置船上，因船故不沒。人雖有本惡，一時念佛，不入泥犂中。其小石沒者，如人作惡不知念佛，便入泥犂中。又《智論》問云：臨死時少許時心，云何能勝終身行力？答：是心雖時頃少，而心力猛利。如火如毒，雖少能作大事。是垂死時心，決定勇健故，勝百歲行力，是後心名為大心；及諸根事急故，如人入陣，不惜身命，名為健。故知善惡無定，因緣體空；迹有升沉，事分優劣。真金一兩，勝百兩之疊華；爝火微光，爇萬仞之積中。《萬善同歸集》

【校記】

〔一〕特：《萬善同歸集》卷上作『時』。

問：心外無法，佛不去來；何有見佛及來迎之事？答：惟心念佛，以惟心觀，遍該萬法；既了境惟心，了心卽佛，教隨所念〔二〕，無非佛矣。《般舟經》云：如人夢見七寶，親屬歡喜；覺已追念，不知在何處。如是念佛，此喻惟心所作。卽有而空，故無來去；又如幻非實，則心佛兩亡；而不無幻相，則不壞心佛。空有無礙，卽無去來，不妨普見，見卽無見，常契中道。是以佛實不來，心亦不去，感應道交，唯心自見。如造罪衆生，感地獄相。《唯識論》云：一切如地獄，同見獄卒等，能為逼害事，故皆是罪人。惡業心現，並無心外實有銅狗、鉄蛇等事；世間一切事法，亦復如是。然則遮那佛土，匪局東西，若正解了然，習累俱殄，理量雙觀〔二〕。

【校記】

〔一〕此句《萬善同歸集》卷上作「故隨所念」。

〔二〕觀：《萬善同歸集》作「備」，《樂邦文類》卷四作「親」。

問：《觀經》明十六觀門，皆是攝心修定，觀佛相好，諦了圓明，方階净域。如何散心而能化往？

答：九品經文自有升降，上下該攝，不出二心：一、定心：如脩定習觀，上品往生。二、專心：但念名號，衆善資熏，回向發願，得成末品。仍須一生歸命，盡報精修。坐卧之間，常面西向。當行道禮敬之際，念佛發願之時，懇苦翹誠，無諸異念。如就刑戮，若在狴牢，怨賊所追，水火所逼。一心求救，願脱苦輪。速證無生，廣度含識；紹隆三寶，誓報四恩。如斯至誠，必不虚棄。如或言行不稱，信力輕微；無念念相續之心，有數數間斷之意。恃此懈怠，臨終望生，但為業障所遮，恐難值其善友；風火逼迫，正念不成。何以故？如今是因，臨終是果，應須因實，果則不虚。聲和則響順，形直則影端故也。如要臨終，十念成就，但預辨〔一〕津梁，合集功德，回向此時，念念不虧，即無慮矣。夫善惡二輪、苦樂二報，皆三業所造、四緣所生、六因所成、五果所攝。若一念心，嗔恚邪婬，即地獄業；慳貪不實〔二〕，即餓鬼業；愚癡闇蔽，即畜生業；我慢貢高，即修羅業；堅持五戒，即人業；精修十善，即天業；證悟人空，即聲聞業；知緣性離，即緣覺業；六度齊修，即菩薩業；真慈平等，即佛業。若心净，卽香臺寶樹，净刹化生；心垢卽丘陵坑坎，穢土稟質。皆是等倫之果，能感增上之緣。是以離自心源，更無別體。《維摩經》云：欲得净土，但净其心；隨其心净，卽佛土净。又經云：心垢故衆生垢，心净故衆生净。《華嚴經》云：譬如心王寶，隨心見衆色；衆生心净故，得見清净刹。《大集經》云：欲净汝界，但净汝心。故知一切歸心，萬法由我；欲得净果，但行净因。如水性趣下，火性騰上，勢數如是，何足疑焉？

【校記】

〔一〕辨：《萬善同歸集》卷上作『辦』。

〔二〕實：《萬善同歸集》作『施』。

又曰：但發心者，决定得生，秖慮信不堅牢，前後間斷耳。《神栖安養賦注〔一〕》

【校記】

〔一〕賦注：底本誤作『賊住』，據文意及《樂邦遺稿》卷上改。

四明法智法師《答楊文公請住世書》略曰：若求生安養，卽於薄地〔一〕，能藉勝緣，纔獲往生，永無退轉。聞慈〔二〕利益，得不忻求。乃用一心三觀為舟航，復以六時五悔為櫓棹，求往惟心之净土，願見本性之彌陀，然後運同體之大悲，度法界之含識，順佛權巧，求生樂邦。所言儻存忻厭，卽起愛憎。既萌取舍之心，乃生能所之見者，起過之相，誠如所言。立德之緣，今當略説。蓋以忻厭取舍，善能起過成功。故馬鳴立為始覺之基，智者稱為净土之漸，維摩以見愛為侍者，文殊以貪恚為功能，斯皆用之在人，乘之有法。且衆生曠劫住此娑婆，貪於麤弊色聲，著於下劣依正，既無厭離之念，但增繫縛之緣，縱有熏脩，鮮有事遂〔三〕。以此土法，多障致道行難成故。《涅槃經》云：得人身者，如爪上土；失人身者，如大地土。是故諸佛，愍此衆生，以願行功，取清净土，令起忻慕，作受生因，以苦切言，説垢穢相，令其厭惡，成出離心。若非此心，不成始行。故非厭離，舍此無由；不起忻求，生彼無分。《教行録》

【校記】

〔一〕薄地：《四明尊者教行録》卷五、《樂邦文類》卷四作『博地』。

〔二〕慈：《四明尊者教行録》《樂邦文類》作『兹』。

〔三〕此句《四明尊者教行録》《樂邦文類》作『鮮有克遂』。

慈雲式法師《往生略傳序》略曰：念佛功德，比餘善根優劣之相者。經云：若人以四事極好之物，供養三千大千世界滿中阿羅漢辟支聖人，所得福德，不如有人一合掌，一稱南無佛陀，如彼大千聖福，假使百分千分百千億分筭數譬喻，皆所不及。一稱佛名者，功德無量。一稱佛名，功德尚爾，况復十念佛者，况復一日一月一年一生念阿彌陀佛者所得功德耶？復次應知，念佛之人，現世安穩，衆聖守護，離諸災厄。且近校量今時風俗，競祭鬼神，求其福慶〔一〕，望得安穩，信邪殺命，造罪結冤，必無福慶而可利人，虛招來生地獄罪報。《易》曰：積不善之家，必有餘殃。殺生害命，祖承祭法，非一朝一夕，豈非積不善耶，殃咎何疑也？又鬼有邪力，事之既久，物黨方類，死墮其中，世其迷哉！且三界大師，萬德慈父，歸之者罪滅，尚之者福生，諸經具說。若能暫歸三寶，受持一佛名者，現世當獲十種勝利：一者晝夜常得諸天大力神將，并諸眷屬〔二〕隱形守護。二者常得二十五大菩薩，如觀世音等，及一切菩薩當隨〔三〕守護。三者常為諸佛晝夜護念，阿彌陀佛常放光明，攝受此人。四者一切惡鬼，若夜叉羅剎，皆不能害；一切毒蛇、毒龍、毒藥，悉不能中。五者一切火難水難，冤賊刀箭，牢獄杻械，横死枉死，悉皆不受。六者先所作罪皆悉消滅，所殺冤命，彼蒙解脱，更無執對。七者夜夢正直，或復夢見阿彌陀佛勝妙色像。八者心常歡喜，顔色光澤，氣力充盛，所作吉利。九者常為一切世間人民，恭敬供養，歡喜禮拜，猶如敬佛。十者命終之時，心無怖畏，正念歡喜，現前得見阿彌陀佛，及諸聖衆，持金蓮臺，接引往生西方浄土，盡未來際，受勝妙樂，諸有智人，請觀念佛，所獲現世福利功德，豈同世人祠祀之法，現無福利未來受苦耶？《金園集》

【校記】

〔一〕福慶：《樂邦文類》卷二作『福祐』。

〔二〕并諸眷屬：《樂邦文類》作『河沙眷屬』。

〔三〕當隨：《樂邦文類》作『常隨』。

《晨朝十念法》：脩净業者，須每日清晨服飾已後，面西正立合掌〔一〕，連聲稱阿彌陀佛，盡氣為一念，如是十氣名為十念，但隨氣長短，不限佛數，惟長惟久氣極為度。其佛聲不高不低，不緩不急，調停得中，如此十氣連屬不斷，意在令心不散，專精為功故，名此為十念者，顯是籍〔二〕氣束心也。盡此一生，不得一日暫廢。唯將不廢，自要其心，必生彼國。作此念已，發願回向。

【校記】

〔一〕合掌：底本誤作『念掌』，據文意及《樂邦文類》卷四改。

〔二〕籍：《樂邦文類》作『藉』。

大覺世尊以四種法度諸衆生：一者示現相好，令觀察者發菩提心。二者示現説法，令得聞者開悟〔一〕入道。三者示現化事，令見聞者獲諸法利。四者名號流布十方，令其聞者執持繫念罪滅，善生而得度脱。今言念佛者，或專緣三十二相，繫心得定，開目閉目，常得見佛；或但稱名號，執持不散，亦於現身，而得見佛。此間現見多，是稱佛名號為上。如懷感法師，一向稱阿彌陀佛名號，而得三昧，現前見佛。故今普示稱佛之法，必須制心不令散亂，念念相續，繫緣名號，口中聲聲，喚阿彌陀佛，以心緣歷，字字分明，使心口相繫。若百聲若千聲若萬聲，若一日若二日若七日等，但是稱佛名時，無管多少，並須一心一意，心口相續，如此方得一念滅八十億劫生死之罪。若不然者，滅罪良難。若恐心散，須高聲疾喚，心則易定，三昧易成。故感法師《決疑論》中引《大集日藏經》云：小念見小佛，大念見大佛。論釋曰：大念者，大聲稱佛也；小念者，小聲稱佛也。斯則聖教，有何惑哉？明佛乘圓教，此教詮旨圓融，因果頓足，佛法之妙，過此以往不知所裁也。經曰：十方諦求，更無餘乘，唯一佛乘，斯之謂歟？是則大乘中大乘，了義中了義，十方净穢卷懷同在於刹那〔二〕，一念色心羅列遍收於法界，並天真本具，非緣起新成。一念既然，一塵亦爾。故能一一塵中一切刹，一一心中一切心，一一心塵復互周，重重無盡無障礙，一時頓現非隱顯，一切圓成無勝劣，若神珠之頓含衆寶，猶帝網之交映千光。我心既然，生佛體等。如此則方了回神億刹實生乎自己心中，孕質九蓮豈逃乎刹那際內。其或事理攸隔，净穢相妨，安令五逆凡夫十念便登於寶土，二乘賢輩回心即達於金池也哉？《往生净土決疑門》

【校記】

〔一〕開悟：底本誤作『聞悟』，據文意及《樂邦文類》卷四改。

〔二〕此句底本無『於』字，據文意及《往生净土決疑行願二門》補。

孤山智圓法師曰：夫求生净土，是假佗力。彌陀願攝，釋迦勸讚，諸佛護念，三者備矣。苟有信心，往生甚易，如度大海既得巨航，仍有良導，加以便風，必能速到彼岸也。若其不肯登舟，遲留惡國者，誰之過歟？《西資鈔》

觀世人為善心輕，為惡心重，何以得生净土？請以現事驗之：對佛像則不如接大賓之恭謹，學經法則不如求財利之勤劬；毀他則氣麤言滑，讚彼則氣緩語澁；或以我惡之則覆善揚惡，我好之則掩短美長；或為積惡怒他私説，或作微善恨人不知；於惡事則陰費千金，亦能緘口〔一〕；施善人則方營一食，便自矜功。凡此用心，方沉惡趣，欲以少善而求生净土者難乎哉！《彌陀經疏序》略曰：吾佛大聖人，得明静之一者也，乃假道於智〔二〕，託宿於悲，將欲敺群迷使復其本。於是乎無身而示身，無土而示土，延其壽，净其土，俾其忻，促其壽，穢其土，俾其厭，既忻且厭，則漸誘之策行矣。是故釋迦現有量而取穢土，非欲其厭耶〔三〕？彌陀現無量而取净土，非欲其忻乎？此則遺〔四〕之，彼則攝之，使其復本，而達性耳。故净名曰：隨所謂伏衆生，而取佛土者。其是之謂乎〔五〕？雖寶樓金池，為悦目之翫，而非惑蕩之色〔六〕，而能達唯心無境矣〔七〕；雖風樹鳥聲，有入耳之娱，而非沾濼之音，而能念三寶有歸矣。夫如是，則復乎明静之體者，如轉掌耳。故經云：衆生生者，皆是阿鞞跋致是也。《閑居編》

【校記】

〔一〕緘口：《樂邦遺稿》卷上等作『鈐口』。

〔二〕智：《閑居編》第二、《樂邦文類》卷二作『慈』。按：作『慈』優。

〔三〕耶：《閑居編》作『邪』。

〔四〕遣：《閑居編》《樂邦文類》等作『折』。
〔五〕此句原作『其是之謂虖乎』，據《閑居編》《樂邦文類》等删『虖』字。
〔六〕此句據《閑居編》《樂邦文類》等補『之』字。
〔七〕此句原作『而能遠唯心之境矣』，據《閑居編》《樂邦文類》等理順。

寂照法師有問：見性悟道，便超生死，何用念佛求生耶？答：通昧它〔一〕心，聖凡安測？除非遍知，授記應難。真脩行人，自當審察。諸仁者，汝觀自己見性悟道，得入師位，能如馬鳴龍樹否？得大三昧，能如南嶽智者否？宗説俱通，能如忠國師壽禪師否？此等諸師，皆明垂言教，深切勸往，他豈悮人乎？况佛金口讚歎丁寧，昔賢恭稟佛誨，定不謬也。又當自度命終得去住自在否？無始惡業不現前否？捨此報身，定脱輪回否？三塗險道中，出没自由否？天上人間，十方世界託生無礙否？若也了了自信得及，何幸如之？其或未然，竊勿貢高不脩净土。見《直指决疑集》

【校記】

〔一〕它：《樂邦文類》卷四作『他』。

問：六祖《壇經》云：凡愚不了自性，不識身中净土〔一〕，東方願西〔二〕，悟底人在處一種。誌公云：智者知是自性〔三〕，愚人愛往西方。若此道果是真正，何故二大士排遣？答：佛説法有隱顯，教有權實，人根有利鈍，宗師有抑揚，譬如受病不同，處方亦異。今有病喝發黄，方大狂亂，醫者必以寒藥治之，豈可却讚乳石桂附有除寒起廢之功耶？有偏見人，聞寒藥有治熱之功，遂云乳石桂附永不可用，豈不謬哉？達摩單傳心印，誌公方贊大乘，當時人尚未信，豈可又却教念佛求生净土？圓機達士，固自無疑；求法初心，定生猶豫。但〔四〕絶意忘言〔五〕，融通了解，自無矛盾也。

【校記】

〔一〕净土：《樂邦文類》卷四作『西方』。

〔二〕此句《六祖大師法寶壇經》作『願東願西』。

〔三〕此句《樂邦文類》等作『智者知心是佛』。

〔四〕但：底本誤作『俱』，據文意及《樂邦文類》等改。

〔五〕絶意忘言：《樂邦文類》作『得意忘言』。

净覺岳法師曰：所言極樂為權，權必對實也。請試陳之。為以小乘是權，大乘是實耶？為以有法是權，無法是實耶？若謂小乘是權者，且聲聞經中，曾無一言勸讚往生十方净土，故迦葉云：但念空無相無作，於菩薩法游戲神通净佛國土成就衆生，心不喜樂。若謂有法是權者，何但極樂是權？至於泥洹，皆是權耳。故須菩提云：若有法勝於涅槃，我亦説為如幻如夢〔一〕。由是言之，忻泥洹而厭極樂，亦猶逃岸〔二〕赴壑，但〔三〕不免於害也。又若謂吾不取極樂，亦不著泥洹，曠然無朕，不可疑議。若爾則滅後無生，何殊外道斷滅之見？復有説云：吾滅度後，十方世界皆是我身，何必定生西

方極樂？若爾則便同聖人普現色像，尚〔四〕未證謂證。大妄語罪，其誰當之？《義學編》

【校記】

〔一〕此句《樂邦文類》卷四作『我説亦復如幻如夢』。

〔二〕逃岸：《樂邦文類》作『逃峰』。

〔三〕但：《樂邦文類》作『俱』。

〔四〕尚：《樂邦文類》作『儻』。

又曰：佛言末世法滅之後，特留《無量壽經》，百年住世，接引衆生。以此證之，如何芥眎往生之人？蓁塞極樂之路〔一〕？所損至大，可不謹乎？復引大珠和尚云：舍垢取凈，是生死之業。龐居士云：若舍煩惱入菩提，不知何方有佛土〔二〕？以此句偈輕蔑凈土者，固未可也。且不垢不凈之言，卽心卽佛之義，凡稟釋教者，孰不知之？安以真如平等之談，便廢因緣脩證之法？六住大士，尚存分段之生；四果真人，亦有變易之死。云何殂落永謂泥洹？須知菩薩未住〔三〕妙覺已還，常以空心遍脩萬行，終日觀佛，無佛可觀，歷劫度生，無生可度，暫趣於空華凈土，權依於幻化彌陀，破昨夢之塵勞，入乾城之地位，乃至成佛。雖自行冥寂，而利他宛然。故喻之以明鑒之身，現之以隨類之像。世人弗詢大義，惟欣頓悟直入無生，而不思永嘉一宿覺云：若實無生無不生。既豁達而不取空〔四〕，恐莽蕩而招禍此類虖？越中習射，不踰數步之間；隴西學游，翻沒洄波之內。如斯知識，未可參尋。

【校記】

〔一〕此句《樂邦文類》卷四作『如何蓁塞極樂之路』。

〔二〕佛土：《樂邦文類》作『佛地』。

〔三〕未住：《樂邦文類》作『未證』。

〔四〕此句《樂邦文類》無『不』字。

櫨庵嚴法師曰：净土非難易，難易在人。難者疑情，咫尺萬里；易者信心，萬里咫尺。《净土脩因或對》

或問曰〔一〕：多見人發願〔二〕，願命終時，待佛接引，超生净土。若佛接引，豈不是魔？余〔三〕謂：世人發狂願耳。對曰：魔非無也。若謂發願求生净土，承佛接引，必是魔者，則佛誤人生魔宫矣。普賢教人發願云：願我臨欲命終時，面見彼佛阿彌陀。龍樹菩薩歷代聖賢著述〔四〕，豈俱令人發狂願生魔宫耶？子作此説，斷佛種子，非魔是何？《净土魔佛或對》

【校記】

〔一〕此句《樂邦文類》卷四作『或曰』。

〔二〕此句《樂邦文類》作『多見世人發願』。

〔三〕余：《樂邦文類》作『予』。

〔四〕此句《樂邦文類》作『龍樹菩薩歷代聖賢，咸有著述（云云）』。

靈芝照律師曰：《阿彌陀經》念佛示期限，一日七日隨人要約，理必依承。《大本》《觀經》則無日限，下至十念皆得往生。故脩净業者，先須斂念面向西方合掌正身，遥想彼佛現坐道場，依正莊嚴光明相好，自慨此身久沉苦海，漂流生死孤露無依，譬如嬰兒墮在坑穽，叫呼父母急救危亡〔一〕，一志依投懇求脱免〔二〕，聲聲相續，念念不移。雖復〔三〕理事行殊，定散心異，皆成净業盡得往生，不然則無記妄緣，定成虚福耳。《彌陀疏》

【校記】

〔一〕危亡：《阿彌陀經義疏》作『危忙』。

〔二〕脱免：《阿彌陀經義疏》作『解免』。

〔三〕復：底本誤作『後』，據文意及《阿彌陀經義疏》改。

問：《觀經》云：是心作佛，是心是佛。心既是佛，何須念他佛耶？答：秪由心本是佛故，今〔一〕專念彼佛。《梵網戒》云：常須自知，我是未成之佛，諸佛是已成之佛。汝心佛者，未成佛也；彌陀佛者，已成佛也。未成之佛〔二〕，久沉欲海，具足煩惱，杳無出期；已成之佛〔三〕，久證菩提，具足威神，能為物護。是故諸經勸令念佛，卽是已未成佛求他已成佛而為救護耳〔四〕。是故衆生，若不念佛，聖凡永隔，父子乖離，長處輪回，去佛遠矣。

【校記】

〔一〕令：《净土指歸集》卷下作『令』。
〔二〕此句《净土指歸集》作『未成佛者』。
〔三〕此句《净土指歸集》作『已成佛者』。
〔四〕此句《净土指歸集》作『卽是以我未成之佛求他已成之佛而為救護耳』。

薄地凡夫，業惑纏縛，流轉五道，百千萬劫。忽聞净土，志願求生；一日稱名，卽超彼國；諸佛護念，直趣菩提，可謂萬劫難逢，千生一遇。誓從今日，終盡未來，在處讚揚〔一〕，多方勸誘，所感身土，所化機緣，與阿彌陀佛，等無有異。此心罔極，惟〔二〕佛證知。

【校記】

〔一〕讚揚：《阿彌陀經義疏》作『稱揚』。
〔二〕惟：《阿彌陀經義疏》作『唯』。

長蘆賾禪師曰：此方之人，無不厭俗舍之喧煩，慕蘭若之寂静，故有捨家出家，則殷勤讚歎。而娑婆衆苦，何止俗舍之喧煩；極樂優游，豈直蘭若之寂静。知出家為美，而不願往生，其惑一也。萬里辛勤，遠求知識者，蓋〔一〕以發明大事，決擇死生。而彌陀世尊，色心業勝，願力洪深，一演圓音，無不明契。願參知識而不欲見佛，其惑二也。叢林廣衆，皆樂栖遲；少衆道場，不欲依附。而極樂世界，一生補處，其數甚多，諸上善人，俱會一處。既欲親近叢林，而不慕清净海衆，其惑三也。此方之人，上壽不過百歲，而童癡老耄，疾病相仍，昏沉睡眠，常居太半〔二〕。西方之人壽命無量，一託蓮苞，更無死苦，相續無間，直至菩提，所以便獲阿惟越致，佛階決定可期。流轉娑婆促景，而迷於净土長年，其惑四也。若乃位居不退，果證無生，在欲無欲，居塵不塵，方能與無緣慈，運同體悲，回入塵勞，和光五濁。其有淺聞單惠〔四〕，或與少善相應，便謂永出四流，高超十地，詆訶净土，躭戀娑婆，掩目空歸，宛然流浪，並肩牛馬，接武泥犁。不知自是何人，擬比大權菩薩，其惑五也。故經云：應當發願，願生彼國。則不信諸佛誠言，不願往生净土〔五〕，豈不甚迷哉？《葦江集》

【校記】

〔一〕蓋：底本誤作『盡』，據文意及《樂邦文類》卷二等改。
〔二〕太半：底本誤作『太平』，據文意及《樂邦文類》等改。
〔三〕尺璧：底本誤作『釋璧』，據文意及《樂邦文類》等改。
〔四〕惠：《樂邦文類》作『慧』。

〔五〕此句原無『往』字，據文意及《樂邦文類》等補。

父母信知念佛，蓮華種植時也；一心念佛，蓮華出水時也〔一〕。孝子察其往生時至，預以父母平生衆善，聚為一疏，時時讀之，令生歡喜；又請父母，坐卧向西，不忘净土〔二〕；設彌陀像，然香鳴磬，念佛不絶。捨報之時，更須用意，無以哀哭，失其正念。父母得生净土，受諸快樂，豈不嘉哉？平生孝養，正在此時。寄語孝子順孫，無忘此事。

【校記】

〔一〕此句下《净土指歸集》卷上有『念佛功成，華開見佛時也』。

〔二〕此句『不』字上《净土指歸集》有『而』字。

念佛不礙參禪，參禪不礙念佛。法雖二門，理同一致。上智之人，凡所運為，不著二諦；下智之人，各立一邊，故不和合，多起紛争。故參禪人破念佛，念佛人破參禪，皆因執實謗權，執權謗實，二皆道果未成，地獄先辨〔一〕。須知根器深淺，各得所宜。譬如營田人，豈能開庫？開庫人，安可營田？若教營田人開庫，如跛足者登山；若教開庫人營田，似壓良人為賤，終無所合也。不若營田者且自營田，開庫者且自開庫，各隨所好，皆得如心。是故念佛參禪，各求宗旨，谿山雖異，雲月是同，可謂處處緑楊堪繫馬，家家門户透長安。

【校記】

〔一〕辨：《廬山蓮宗寶鑑念佛正宗》卷三作『辦』。

惠覺〔一〕玉法師曰：或言净土乃聖人之權方，所以接鈍根化凡器也。苟能一超直入如來地，何藉於他力乎？對曰：佛世文殊普賢，滅後馬鳴龍樹，此土智者智覺，皆願生净土，應盡是鈍根乎？釋迦勸父王净飰并六萬釋種，亦願生净土，應盡是凡器乎？此等聖賢，應皆不逮今人之利根勝器乎？況若以此為權，指何為實？權實之判，非止一途。自非教眼瞭焉，何以甄別？咨爾有識，當信佛言。招報非輕，切勿容易！見《樂邦文類》

【校記】

〔一〕惠覺：《樂邦文類》卷二作『慧覺』。

死心新禪師曰：參禪人最好念佛。根機或鈍，恐今生未能大悟，且假彌陀願力接引往生，如受蔭宧不愁落第爵祿。現成有一等人，説道我心好，便是不用念佛。我且問你：好心在何處？讚汝則喜，駡汝則嗔。此等邪見，惑亂世人。奉勸諸人，十二時中，不問公私幹辦〔一〕，近賓接客〔二〕，忙中取静，鬧裡偷閑，記取念阿彌陀佛，或百聲千聲萬聲，以為日課，畢世受持，即生彼國。不信佛言，何言可信？不生净土，何土可生？若不猛省，波波役成得甚摩邊事？《勸修净土文》

【校記】

〔一〕辨：通『辦』。

〔二〕近賓接客：疑當作『迎賓接客』。

文法師曰：凡脩净土行者，須善發心。若為自己厭五濁忻九品，則違菩提心，是聲聞行，不應發也。若為衆生起大悲心，求往彼國，希速成就道力，神通遍歷十方，救度一切，令共成佛道者，則順菩提心，是菩薩行，應當發也。《净行法門》

懺悔如〔一〕勤磨古鏡，旋消歷代之昏塵；念佛如私遇明君，頓獲他時之徵拔。春夏秋冬之内，行住坐卧之間，勤思净土莊嚴，常憶阿彌陀佛，如是則念佛三昧現前〔二〕。

【校記】

〔一〕如：《樂邦遺稿》卷上作『似』。

〔二〕此句《樂邦遺稿》『現前』下有『矣』字。

草堂飛錫禪師曰：浴大海者，已用於百川之水；念佛名者，必成就於三昧。亦猶清珠下於濁水，濁水不得不清；佛想投於亂心，亂心不得不佛。既契之後，心、佛雙亡；心、佛既亡，則萬緣、萬境無非三昧矣。《寶王論》

世之人多以寶玉水精金剛菩提木槵為數珠，吾則以出入息為數珠。稱佛名號，隨之於息，有大恃怙，安懼一息不還屬後世者哉？余行住坐卧，常用此珠，縱令昏寐，含佛而寢，覺卽續之，必於夢中得見彼佛，如鑽燧烟飛火之前相，夢之不已，三昧成焉。面睹玉毫，親蒙授記，則萬無一失也。

真歇了禪師曰：洞下一派，皆務密脩。其故何哉？良以念佛法門，徑路脩行，正按大藏接上根器，旁引中下之機。經曰：若人聞說阿彌陀佛，執持名號，若一日至七日，一心不亂，卽得往生極樂國土。若是上根之士，向這裡一提提起，一覷覷破，阿彌陀佛是何面目〔一〕？彼何境界？豈不一超直入如來地？中下之根，全憑信願，繫念卽生。故一心不亂之說，兼含二意，曰理一心，曰事一心。若事一心，乃是第一義諦，人皆可以行之，卽《楞嚴經》憶佛念佛，現前當來，必定見佛，不假方便，自得心開。連攝中下二機之義也，卽一憶念，如龍得水，似虎靠山。若理一心，亦非他法，直將阿彌陀佛四字做箇〔二〕話頭，二六時中，自晨朝十念之頃，直下提撕，不以有心念，不以無心念，不以非有非無心念，不以亦有亦無心念，前後際斷，一念不生，不涉階梯，頓超佛地。所以行海無盡〔三〕，普賢願見彌陀；佛國雖空，維摩專脩淨土。信知乃佛乃祖，在教在禪，皆脩淨業，同歸一源。入得此門，無量法門，悉皆能入。《淨土說》

【校記】

〔一〕目：底本誤作『自』，據文意徑改。

〔二〕箇：底本誤作『固』，據文意徑改。

〔三〕此句原闕『無』，據文意補。按：『行海無盡，普賢願見彌陀；佛國雖空，維摩專脩净土』，是宋代無為楊次公的名句。

問：既是人人本具唯心净土、本性彌陀，何不直下承當，反求十萬億國之外乎？對曰：若會得唯心净土、本性彌陀，何憚十萬億國之程，河沙國土亦未為遠。豈不聞普賢菩薩於一毛孔中舉一步已過不可説世界，毛孔不狹，世界不廣。李長者云：無邊刹海，自他不隔於毫端；十世古今，始終不離於當念。故彌陀世尊直示心中之一佛耳，若指心之全體，不值唯心净土唯心地獄唯心六道所由生也。《楞嚴經》云：十方虚空生汝心內，猶如片雲點大清裹。又云：空生大覺中，如海一漚發。大哉心乎，何法不具！然心、佛及衆生是三無差別。祖師悟處不落思量，寧容擬議？如上分別，大似刻舟求劍，劍去久矣。

問：既是圓融法界，如何空指西方？對曰：只為法界圓融故，法法不離本位也。極樂遍在一切處，乃舉一全收也。如帝釋殿千珠寶網，千珠光影咸入一珠，一珠光影遍入千珠，雖珠珠互遍，此珠不可為彼，彼珠不可為此，參而不雜，離亦不分，一一遍彰，亦無所在。彌陀净土卽千珠之一，千萬佛國一佛國土，各千珠之一。至若三乘人天，下至地獄餓鬼，一一無非千珠之一。聖人善巧方便，專念阿彌陀佛，乃千珠直指〔二〕一珠，見一佛卽見十方諸佛，亦見法界衆生微塵刹海十世古今一印頓圓，無餘法矣。

【校記】

〔一〕直指：《净土十要》卷六、《净土指歸集》卷上作『直示』。

清照亨律師因胡宣義病，謗之曰：吾平生與宣義相善，未曾語及末後一著大事，豈可不知安身立命之處乎？宣義曰：心净則土净也。師曰：宣義十二時中，曾有雜念染汙否？曰：既處世間，寧免雜念？師曰：若如此，又安能心净土净耶？《胡宣義傳》

天衣懷禪師問學者曰：若言捨穢取净，厭此忻彼，則取舍之情，乃是衆生妄想。若言無净土，則違佛語。夫脩净土者，當如何脩？復自答曰：生則决定生，去則實不去。見訥師《惟心净土文》

桐江瑛法師有《辨横竪二出》曰：竪出者，聲聞脩四諦，緣覺脩十二因緣，菩薩脩六度萬行。此涉他位〔一〕。譬如及第，須自有才學。又如歷任轉官，須有功效。横出者，念佛求生净土，譬如蔭敘，功由祖父它力〔二〕，不聞〔三〕學業有無。又如覃恩普轉，功由國王，不論歷任淺深。於横出中，有定散二善，故善導和尚立專雜二脩。文見于前，依此而行，無不驗者。見《樂邦文類》

【校記】

〔一〕他位：《樂邦文類》卷四作『地位』。

〔二〕它力：《樂邦文類》作『他力』。

〔三〕不聞：《樂邦文類》作『不問』。

山堂倫法師曰：諸大乘經，勸生净土，因通二種，一定二散。定謂卽心觀佛，想彼西方依正主伴，唯心本具，我心空故，如來本空，我心假故，如來宛爾，我心中故，如來絶待。或想蓮華開合我居其中，合表卽空，開表卽假，四微體同，卽表中道。故經云：諸佛如來是法界身，入一切衆生心想中，是故汝等心想佛時，是心卽是三十二相八十隨形好〔一〕，是心作佛，是心是佛。此乃如來親示唯心三昧，圓常觀體，了彼净土生佛依正色心，悉我自心性具功德，卽境為觀，心外無佛，性外無土，觀之不已，證無生忍。二者散善，用純實心，信有西方，一心不亂，繫念彌陀，一日七日，聲聲不絶，念念無間。經云：執持名號，一日七日，一心不亂。其人命終，阿彌陀佛，與諸聖衆，現在其前，然事想彼國，但無三觀，名散善耳。故三種净業回向願生，咸登極樂。吾祖智者云：根有利鈍，行有定散，觀佛三昧名定，脩餘善業説以為散。散善力微，不能滅除五逆。此經明觀，故得往生。是知若定若散，或鈍或利，皆净土因，咸趣無生，永無退轉矣。《念佛脩心術》

【校記】

〔一〕八十隨形好：《樂邦文類》卷四作『八十種形好』。

思梵講主有問：《般舟經》中，令念念想阿彌陀佛，此則心有想也。而經後乃云：心有想則癡，無想卽涅槃，前後相違，何耶？答曰：彼經初明觀想彌陀，不可無念。後約三昧功成，見十方佛住立空中，此時當了我心佛心同一真性不可思議，故云有想則癡，無想卽涅槃，非謂從初不得觀想也。又復無念無生之智佛地方成。今人未入觀行之門〔一〕，便説無生無念，豈知馬鳴所教從念至於無念，從説至於無説？《文殊般若經》云：如人學射，久習乃巧，後雖無心，箭發皆中。若人欲入一行三昧，專稱名字，念念相續，卽於念中見十方佛。是知以念止念，以言遣言，皆佛祖脩行之正轍也。《會宗集》

【校記】

〔一〕此句原作『今人未入未入觀行之門』，據《樂邦遺稿》卷上删一『未入』。

海惠禪師一日有學人問曰：願生净土，未審實有净土否？師曰：經云：欲得净土，當净其心。隨其心净，卽佛土净。若心清净，所在之處皆為净土。譬如生在國王家〔一〕，决定紹王基業〔二〕，發心向佛道，是生净佛國。其心若不净，在所生處皆是穢土。净穢在心，不在國土也。《傳燈録》

【校記】

〔一〕此句《景德傳燈録》卷二十八《越州大珠慧海和尚語》無『在』字。

〔二〕此句《景德傳燈録》無『基』字。

圓辨法師曰：唯心净土，一而已矣。良由彌陀悟我心之寶刹，我心具彌陀之樂邦，雖遠而近，不

離一念，雖近而遠，過十萬億剎。譬如青天皓月，影臨衆水，水不上升，月不下降，水月一際，自然照映者也。《寶珠集》

寂室曰：游心禪定悟性宗。人示以净土，必曰：净土唯心。我心既净，則國土净，何用別求生處？今復問之：且《净名經》中，如來以足指按地，見娑婆悉皆嚴净，而衆會不見，唯螺髻梵王得知。今之脩禪者，能如梵王所見清净土否？况汝所居卑室陋屋，必羨之以大廈高堂；脱粟藜羹，必羨之以珍羞甘美；弊袍短褐〔一〕，必羨之以綾羅〔二〕輕縠。若云心净土净〔三〕，則不消如上分別也。况當老病死苦世間違情〔四〕之時，顔色與未悟者同。則是口唱心净土净之言，身被穢土苦惱之縛，其自欺之甚也。不然應須信教仰理，於净土一門，擇善從而脩之。見《樂邦文類》

【校記】

〔一〕短褐：《樂邦遺稿》卷上作『端褐』。

〔二〕綾羅：底本誤作『緯羅』，據文意及《樂邦遺稿》改。

〔三〕此句原脱『土净』二字，據文意及《樂邦遺稿》補。

〔四〕違情：底本誤作『遠情』，據文意及《樂邦遺稿》改。

世人脩行净業，勿得言我今忙迫，且得待閑暇〔一〕；我今貧乏〔二〕，且待富足；我今少壯，且待老時。若己分定常忙，分定貧乏，分定夭折，卽於净業無緣脩習。忽爾喪亡，雖悔何及？是故奉勸諸人，宜於卽今安健之日〔三〕，努力脩之。

【校記】

〔一〕此句《樂邦遺稿》卷下無『得』字。

〔二〕此句原脱『貧』字，據下文及《樂邦遺稿》補。

〔三〕此句《樂邦遺稿》作『卽今安健』。

世人但知生時將養此身，營求資給，而不思捨此身已〔一〕，神識不滅。若無善因，則淪墜苦塗〔二〕。何為生時愛惜此身，死後其心亦是汝者，而不思救度，何也？又世人專為妻子男女奴婢眷屬廣營衣食，無有少怠，而不思命終之時，妻子男女等雖愛徹骨髓，不能相救，唯當獨往。今勸世人，不當以養生故而忘畏死，不當以為他故而忘自為。

【校記】

〔一〕已：《净土指歸集》卷下作『後』。

〔二〕苦塗：《净土指歸集》作『苦趣』。

楊次公《天台十疑論序》略曰：愛不重不生娑婆，念不一不生極樂。娑婆，穢土也；極樂，净土也。娑婆之壽有量，彼土之壽則無量矣〔一〕。娑婆備諸苦，彼土則安養無苦矣。娑婆隨業輪轉生死，彼土一往則永證無生法忍，若願度生，則任意自在，不為諸業轉矣。其净穢壽量苦樂生死如是差別，而衆生迺冥然不知，可不哀哉？《無為集》

【校記】

〔一〕此句底本脱『之』字，據文意及《净土十疑論序》補。

又曰：夫彌陀光明遍照法界〔一〕，念佛衆生攝取不舍。聖凡一體，機感相應。諸佛心内衆生，塵塵極樂；衆生心中净土，念念彌陀。吾以是觀之，智慧者易生，能斷疑故；禪定者易生，不散亂故；持戒者易生，遠諸染故；布施者易生，不我有故；忍辱者易生，不嗔恚〔二〕故；精進者易生，不退轉故；不造善、不作惡者易生，念純一故〔三〕；諸惡已作、業報已現者易生，實慚懼故。雖有衆善，若無誠信心、無深心、無回向發願心者，則不得上上品生矣。噫！彌陀甚易持，净土甚易往，衆生不能持、不能往，佛如衆生何？夫造惡業入苦趣，念彌陀生極樂，二者皆佛言也。世人憂墮地獄〔四〕而疑往生者，不亦惑哉？

【校記】

〔一〕句中『夫』，《净土十疑論序》作『蓋』。

〔二〕嗔恚：《净土十疑論序》作『瞋恚』。

〔三〕此句《净土十疑論序》作『念能一故』。

〔四〕地獄：《净土十疑論序》作『地獄』。

《直指净土决疑集序》略曰：大願聖人從净土來，來實無來；深心凡夫，往净土去，去實無去。彼不來此，此不往彼，而其聖、凡會遇，兩得交際者何也〔一〕？彌陀光明如大圓月，遍照十方，水清而静，則月現全體。月非趣水而遽來，水濁而動，則月無定光；月非捨水而遽去，在水則有清濁動静，在月則無取舍去來。故華嚴解脱長者云：知一切佛猶如影像，自心如水，彼諸如來，不來至此，我不往彼。我若欲見安樂世界阿彌陀如來，隨意卽見。是知衆生注念，定見彌陀。彌陀來迎，極樂不遠，乃稱性實言非權教也。

【校記】

〔一〕此句原作『而得交際者何也』，『而』乃『兩』之形誤，據《净土指歸集》卷上、《樂邦文類》卷二改。

又曰：世有善士，發三種不信心，不求生者，尤可嗟惜。一曰吾當超佛越祖，净土不足生也。二曰處處皆净土，西方不必生也。三曰極樂聖域，我輩凡夫不能生也。夫行海無盡，普賢願見彌陀；佛國雖空，維摩常脩净土。十方如來有廣舌之讚，十方菩薩有同往之心，試自忖量，孰與諸聖？謂不足生者，何其自欺哉！至如龍猛祖師也，《楞伽經》有預記之文；天親教宗也，《無量論》有求生之偈。慈恩通讚首稱十勝，智者拆理〔一〕明辨十疑。彼皆上哲，精進往生，謂不必生者，何其自慢哉！

火車可滅，舟石不沉。現華報者，莫甚於張馗，十念而超勝處；入地獄者，莫速於雄俊，再甦而證妙因。世人愆尤，未必若此。謂不能生者，何其自棄哉！自欺自慢，自棄己靈，流入輪回，是誰之咎？

【校記】

〔一〕拆理：《净土指歸集》卷下、《樂邦文類》卷二等作『析理』。

陳翁與明智法師論台宗三千法，其間示唯心净土之義曰：一念心起，三千性相一時起；一念心滅，三千性相一時滅。念外無一毫法可得，法外無一毫念可得。此乃〔一〕本性不遷之法，中理圓明之體。此體以如理為命〔二〕，其壽無量，非報得命根，亦無連持，本無名字，而不拒諸名，名其土曰極樂，名其身曰阿彌陀。身土交參融乎一妙，所能説法之音不離彼土，而廣長舌相具足周遍，其具如是。是體具乎？是佛具乎？是衆生具虚乎？若有能知彼具之樂者，其有不願往生者乎？向實際之中，要在不往而往；於方便之内，何妨去已還來。機熟感深，足須成辦。

【校記】

〔一〕乃：底本誤作『方』，據文意及《樂邦遺稿》卷上等改。

〔二〕句中原脱『此體』二字，據文意及《樂邦遺稿》等補。

《了齋集》曰：晁説之《答趙子和書略》：有生有死，而凡聖殊；有凡有聖，而身土異。有身則有土，有土則有身，孰穢孰净，可不辨之耶？我釋迦牟尼佛與阿彌陀佛，憫此衆生，乃同一願力，於無量無邊法門之外，建立此一法門。釋迦賓之也，彌陀主之也；釋迦生之也，彌陀家之也；釋迦於病藥之也，彌陀使之終身不病也；釋迦之土猶逆旅也，彌陀之土猶鄉閭也；自西竺以望安樂國，與吾震旦之望安樂國一也。見《樂邦文類》

江公望曰：利根之人，念念不生，心心無所，六根杳寂，諸識消落，法法全真，門門絶待，瞥爾遂成真如實觀。初機後學，唯除賓客寒溫時，大小便利時，可暫停念，如或未免葷茹睡卧，未至昏瞑，乃至營辦家事，種種作務，自不用舍，亦自不相妨礙，心口念念聲聲稱誦聖號，更有甚邪思惡慮敢萌於心？自然純一無雜。若能都攝六根，净念相繼，不過旬月，便成三昧，所謂是心作佛，是心是佛。上根大器，一念直超；平展之流，善觀方便。《念佛方便文》

黄鉞曰：古人以懼心怵迫，發矢入石；怒氣激烈，刺山飛泉。誠一由中，無情能感。况於裂除疑綱，凝結信根。念佛三昧，精進不變，净土雖遠，决定得生。《刻十疑論跋》

王日休曰：參禪大悟，遂脱生死輪回，固為上矣，然至此者恐少。若脩西方，則直截輪回，萬不漏一。故今勸參禪之人，每日留頃刻之暇，脩於西方，若果大悟得超輪回，去佛地尚遠，更往見阿彌陀佛，展禮致敬，有何不可？若未得大徹悟者，壽數忽盡，且徑往西方見佛聞法，何患不大悟也？若不脩西方，則未免隨業受異報也。《龍舒净土文》

參禪取大悟，不肯脩西方，如人有一品官而不受，必欲脩學為大魁，其志甚美，然大魁不可必得，不如且受一官，然後一面脩學。如得大魁，則錦上添花；若不得，則不失其為官人。脩西方者，且受一官之謂也；一面脩學，兼參禪之謂也；不得大魁者，參禪未悟之謂也；不失其為官人者，直説輪回之謂也。既生西方，為有不大悟者哉！譬如人入大城中，必先覓安下處，却出幹事，抵暮昏黑，則有投宿之地。先覓安下處者，脩净土之謂也；抵昏暮黑者，大限到來之謂也；有投宿之地者，生蓮華中，不落惡趣之謂也。又如春月遠行，先須備雨具，驟雨忽來，則無淋灕之患。先備雨具者，脩净土之謂也；驟雨忽來者，大命將盡之謂也；無淋灕之患者，不至沉淪惡趣受苦之謂也。且先覓安下處者，不害其幹事；先備雨具者，不害其遠行。是脩净土者，皆不妨一切世務，人何為而不脩乎？

供佛齋僧，造塔建寺，念誦禮懺，孝養父母，兄友弟恭，宗族之間無不和睦，鄉黨隣里恩禮相與。事君則赤心為國，為官則仁慈利民，為長則善以安衆，為下則勤以事上。或指教愚迷，或扶助一孤弱〔一〕，或捄人急難，或惠施貧窮，或造橋砌井，或施食散藥，或減己奉眷以利人，或臨財饒人以自省，或教人為善，或護善止惡，但隨所作世出世間一切善事，不拘小大多少，止以一錢與人，或以一水止渴，至於毫芒之善，並須起念云：願此善緣，回向西方。念心不斷，必生上品也。

【校記】

〔一〕此句《樂邦遺稿》卷下、《净土指歸集》卷下等無『一』字。

大醫王能治一切病，不能治命盡之人；佛能度一切衆生，不能度一切不信之人。以不信比命〔一〕

盡者可謂極矣。善〔二〕信者，一念也。若人在生時，心念要去，身則隨去；心欲念住，身則隨住。是身常隨念也。亦有念欲去而身被牽繫者。至人死時，唯一念而已。是以一念在浄土蓮華中，則必定託生。況佛菩薩以大誓願招引乎哉！

【校記】

〔一〕比命：《樂邦遺稿》卷下作『此命』。

〔二〕善：《樂邦遺稿》《龍舒增廣浄土文》卷二等作『蓋』。按：作『蓋』似優。

王仲回問楊次曰：如何得念不間斷？次曰：一信之後，更不再疑，卽是不間斷也。仲回然其言，於浄業轉加精進。《王司士傳》《卍新纂續藏經》第六十一册

《推背圖》序

大明永樂三年少師姚廣孝奉旨勒碑藏於乾清宮

木猴手托青龍月，紅日忽沉明月缺。白頭主人棲箕雉，赤頭稚子皆流血。一小再加又一了，眼上一刀丁戊攬。平明騎馬入宮門，散坐皇極金城擾。白虎啣刀砍李花，天下一本只嗟呀。牛宿三星稱宰輔，君恩不顧空嗟呀。幸得足張天火口，梨花落日不長久。璽基忽死金陵座，中原福主東西走。南明巽已午火微，未申奠安舉江西。黄花玉蕊丹桂發，西風吹墜落東籬。戊邊水火自然滅，亥

子恢京胡馬騎。䰟奴空戰三十載，還仕寅方建旌旂。邗上流船亂雷震，天下青龍靖一空。東西南北立二邊，劫我百官長安立。可憐難度雁門關，白頭老人起吳越。耳邊但聞土白敬，他日世人頭如雪。摘盡李花殺盡明，汴梁城內蓋宮闕。天清地白歸京都，從此天下太平設。木猴年間青龍月，此碑一出天下裂。

天罡原敘已失，姚廣孝重敘。

永樂四年秋七月望日，姚廣孝奉旨謹記。永樂四年手抄本《推背圖》

附録

重修西宮，得石刻曰：木猴年，青龍月，紅日忽沉明月缺。白頭王主人棲雉，赤頭蟲子皆流血。一小又一了，眼上一刀丁戊擾。平明騎馬入宮門，散坐皇極京城擾。白虎啣刀砍李花，盖天一木宮槎枒。牛宿三宮稱宰輔，君臣不顧徒傷嗟。幸得三張天大口，李花未白不長久。金臺忽死金陵生，東南福主中原走。南明巽已午火微，未申奠安連江南。黃花玉蕋丹桂發，西風吹墜落東籬。戍邊水火自然滅，亥子窺京胡騎飛。丑奴空戰三十載，還復寅方建義旗。卯上樓船動當震，青龍天下靖一朝。得一朝，失東西，南北兩邊立。劫我百官上長安，可憐難渡雁門關。摘盡李花殺盡胡，天清地白歸京都。京都老人起吳越，耳邊但知十一百。敬他老人頭似雪，汴梁城中造宮闕。從此天下方太平，周家八百人重説。木猴年，青龍月，此碑一出天下裂。永樂六年二月日，臣少師姚廣孝撰。《棗林雜俎》仁集

校後記

幾年前，我在審訂《明僧弘秀集》時，就開始關注姚廣孝其人其文。一個偶然的機緣，我接觸到了他的一篇大陸『未見流傳』的《〈獨庵外集續稿〉題記》[1]，文曰：

《獨庵外集續稿》已謄入梓，兹《續稿》二册，付與扶桑小比丘等聞持歸本國，可出似迺師絶海和尚，必有以見教也。永樂元年倉龍癸未冬十一月十一日，道衍。

這段文字看似簡單明瞭，但遺憾的是國内的研究者誤讀多多。其中有的是明顯的誤讀，如『必有以見教也』，其意顯然是説『迺師絶海和尚』在看了《外集續稿》之後，一定有教益我姚廣孝的地方。然康爾琴的《姚廣孝詩文集版本考述》[2]、《日本刻本〈獨庵外集續稿〉的價值》[3]以及余霞的碩士

① 姚廣孝《獨庵外集續稿》為遼寧省圖書館獨家收藏，該《題記》為《續稿》的序言，見《遼寧省圖書館孤本善本叢刊》第一輯，北京：線裝書局，2003年。

② 康爾琴：《姚廣孝詩文集版本考述》，《圖書館》，2010年第2期，第134—135頁。

③ 康爾琴：《日本刻本〈獨庵外集續稿〉的價值》，《圖書館學刊》，2009年第8期，第91—93頁。

研究生學位論文《姚廣孝及其詩歌研究》(2012)等均録作『必有筧教』。這是把原典豎排的『以見』二字誤判為『筧』,『筧教』遂成費解之詞。

也有的則是潛在的誤讀。主要有以下幾處:

一處是『扶桑小比丘等聞』,康爾琴的兩篇文章和余霞的碩士學位論文,以及王蕾的《館藏精品介紹——〈獨庵外集續稿〉》①、歐陽叔名的《從和刻〈獨庵外集續稿〉説起》②、欒貴明編校的《姚廣孝集》③、遼寧省圖書館藏《獨庵外集續稿》影印説明等均點斷為『扶桑小比丘等』,而『聞』字則屬下句(『聞』被理解成了動詞,指『聽聞』之『聞』)。如此點斷,其誤在於:既使『等聞』(專有名詞)這位『扶桑小比丘』由一人變成了多人,同時也使下面的文句『廼師絶海和尚』失去了明確的針對性(師資、法嗣不明)。

二是『等聞』既被誤斷,下面的句子也跟著出錯,上揭書、文均點斷為『聞持歸本國可出』,『出』又被理解成了『刊印出版』。但如此點斷,接下來的一句『似廼師絶海和尚』就成了難解之句(『似』指何意,點斷者恐難説清)。再者,『出』指『刊印出版』乃現代的語義(《漢語大詞典》《漢語大字典》此義所

① 王蕾:《館藏精品介紹——〈獨庵外集續稿〉》,《圖書館學刊》,2012年第4期,第2頁。
② 歐陽叔名:《從和刻〈獨庵外集續稿〉説起》,《中國圖書評論》,2003年第4期,第41頁。
③ 欒貴明編:《姚廣孝集》,商務印書館,2016年,第156頁。

舉二例均出自於魯迅的作品①)。而在姚廣孝生活的時代,『刊印出版』類的意思大多使用『入梓』『付梓』『刻梓』『授梓』『鋟梓』『鍥梓』等語詞。『梓』指刻板。古時雕版刻書以梓木為上,後因稱書籍刊印出版為『付梓』『入梓』『刻梓』『授梓』等。因此,句中的『出』絕不可能與《〈續稿〉題記》中的『入梓』意義相同。其實,例中的『出似』是一個詞兒(該詞大型語文辭書、佛教辭典等均未收載),其義猶如『出示』。這一用法外典中鮮見,但在佛教典籍中用例頗多,略示幾例如下:

白(長老)擕其頌往謁之,求一言之鑒,取信後學。大和見乃唾云:『此頌如人患鴉臭,當風立地,其氣不可聞。』自是白不敢出似人。(《大慧普覺禪師宗門武庫》;又見《錦江禪燈》卷八《峨眉山白長老》)

紹興十年,首衆僧於徑山,有偈示聰上座曰:『毒蛇猛虎堂前立,鐵壁銀山在後橫。進既無門退無路,如何道得出常情。』聰還鄱陽,取道徽州,謁太守吳元昭,因出似之。吳曰:『毒蛇猛虎空相向,鐵壁銀山謾自橫。長笛一聲歸去好,更於何處覓疑情。』吳與本以同參契分,更唱迭和,若非透脱情境,安能爾耶?(《徑山志》卷之三《薦福本禪師》)

我笑華亭老,虛舟漾明月。撞著問津人,萬劫繫驢橛。開口贈兩橈,老婆心更切。回首與

① 《漢語大詞典》,漢語大詞典出版社,1986—1993年,第2卷,第472頁。《漢語大字典》,湖北辭書出版社、四川辭書出版社1995年,第1卷,第337頁。

翻身，亦未為剿絶。那堪钁頭邊，勿令有斷絶。老戒不放伊，擕之入閩粤。到處出似人，幾個知時節。空也心膽粗，戒戒勿漏泄。《雪峰空和尚外集·頌古·戒庵主示諸老船子圖偈贊因與之結緣》

中秋，上堂：『今夕中秋，苦無佳月。當日有個道士，直上華山絶頂，賞了一夜，萬里無雲，及至下山，依然風雨。又有個山人，取下月來，從袖中出似一寸周圓明鏡，冷光透骨，滿庭如畫，仰看天際，煙霧晦冥。者兩人向外馳求，失卻自己。汝等識得自己麼？……』《丹霞澹歸釋禪師語録》卷一《上堂》

上引四例中，『出似』都相當於『出示』，亦即拿出來給别人看的意思。『出示』的對象或是禪家所寫的偈頌（一至三例），或為山人取下的明月（例四）。另，《了庵和尚語録》卷七《偈頌》中收有二首，題為《華頂天心同塤大章至，出似懷藴恕中之什，次韻二首，一以為東遊之贈，一以簡能仁用章天章用貞》，詩題中的『出似』也顯然是『出示』之義。《〈續稿〉題記》中的『出似』用的正是此義。姚廣孝把『《續稿》二册』『付與等聞持歸本國』『出似（示）』給『絶海和尚』，其目的就在於彼此交流和切磋，故下云『必有以見教也』。

那麼，我們的解讀又是否確當呢？我們還可以從姚廣孝的另一篇同樣是作於『永樂元年』（1403）『十一月』的《〈蕉堅稿〉序》中得到檢驗，且能獲得更多的資訊。原文如次：

詩之去道不遠也。蓋其繫風俗、關教化。興亡治亂，足以有徵；勸善懲惡，足以有誡。故閭巷思婦之賦，田埜小子之作，其言出於性情之正者，而孔子亦取焉。况夫郊廟朝廷會盟燕享，讚頌功德，被之於弦歌，奏之於金石者哉？以斯論之，詩者其可以末技少之而已耶？故漢魏六朝之下，至於唐宋以來，大夫士之尚於詩者特盛。然有一以風雲月露之吟，華竹丘園之詠，留連光景，取快於一時，無補於世教，是亦玩物之一端也。吾浮圖氏之於詩，尚之者猶衆，晉之湯休，唐之靈徹、皎然、道標、齊己，宋之惠懃、道潛，皆尚之而善鳴者也。然其處山林草澤之間，煙霞泉石之上，幽閒夷曠，以道自樂。故其言也，出乎性情之正，而不墜於庸俗，誦之讀之，使人清耳目而暢心志也，蓋亦可羡矣。日本絶海禪師之於詩，亦善鳴者也。自壯歲挾囊乘艘，泛滄溟來中國。客於杭之千歲巖，依全室翁以求道。暇則講乎詩文，故禪師得詩之體裁。清婉峭雅，出於性情之正。雖晉唐休、徹之輩，亦弗能過之也。禪師平生所為詩，凡若干篇，其徒等聞哀為一帙，題曰《蕉堅稿》，來求余序其卷首。余謂禪師三住名刹，據大床座，以直指之道，開示學者，望重於海內。禪師之視於詩，猶土苴耳。况夫以蕉堅擬之，奚肯沉泥於吟詠者哉？無非遊戲三昧而已也。噫！為禪師之後，有尚於詩者，當以禪師為法，慎毋效留連光景，取快於一時，則去道遠矣。去道遠矣，無非玩物喪志，亦何益之有哉？故余序於篇端，使學者觀之，蓋亦有所警焉。

永樂元年倉龍癸未十一月既望，僧録司左善世道衍序。①

這兩篇文章都是姚廣孝六十九歲時所作，而且前後相隔不過幾天（一寫於『永樂元年倉龍癸未冬十一月十一日』，一作於『永樂元年倉龍癸未十一月既望』）。彼此對讀，再輔以相關的資料，我們就不難看出以下幾點：

首先，《〈續稿〉題記》中的『扶桑小比丘等聞』顯然就是《〈蕉堅稿〉序》中的那一位將『廼師』文稿『裒為一帙』的『其徒等聞』。在天竺如蘭的《書〈蕉堅稿〉後》中亦有：『其徒等聞上人又為之請，輒贅語於卷末云。』②可見現有的書、文點斷為『扶桑小比丘等』、『聞』屬下句，均為誤讀。關於這位『扶桑小比丘等聞』，明代詩僧天竺如蘭在《奉同蕉堅大士韻，就贈龍溪知藏還日東》一詩下有簡要的介紹：『龍溪，名等聞，絶海法嗣，應永中入明。』③所謂『應永中入明』，具體來説指的是『應永十年』，亦即明朝永樂元年（1403）。此前一年，大明的天寧天倫禪師、上竺一庵講師訪日，為此，絶海中津曾寫下《和韻謝天寧天倫禪師、上竺一庵講師過訪》一詩④，其中有云：『吾國山川靈異甚，好風十日送君

① （日）伊藤松輯，王寶平、郭萬平等編：《鄰交徵書》，上海辭書出版社，2007年，第142—143頁。
② （日）伊藤松輯，王寶平、郭萬平等編：《鄰交徵書》，上海辭書出版社，2007年，第144頁。
③ （日）伊藤松輯，王寶平、郭萬平等編：《鄰交徵書》，上海辭書出版社，2007年，第270頁。
④ 史及偉編：《杭州研究2006》，杭州出版社，2007年，第414頁。

回。』次年，受幕府將軍足利義滿之命，由天龍寺堅中圭密等人組成的遣明使一行來華，其中就有絶海中津的弟子龍溪等聞。臨行前，絶海和尚曾贈詩一首以勉其行，詩曰：

萬里南遊隨使臣，觀光正際太平辰。石城虎踞山河壯，易水龍飛氣象新。撥草尋師先哲軌，皇華報國丈夫身。公私事辨歸須速，指背他年切要人。①

詩中所言之『公事』，指的是禮節性的回訪，而『私事』就是為廼師的《蕉堅稿》請明代著名詩僧題序或作跋，用姚廣孝《〈蕉堅稿〉序》中的話來説，就是『來求余序其卷首』。攜帶詩集、文稿，或行狀、語録等，祈請大明的高僧、碩儒題序作跋，正是當時日本禪林甚為流行的一種風尚。如宋濂就寫過《跋日本僧汝霖文稿後》②。姚廣孝本人就曾於永樂二年（1404）為日本智覺普明國師的《語録》寫過序③，在《逃虚類稿》卷三中亦收《送日本動藏主序》，在《逃虚子詩集》卷二中收《送僧榮歸日東》，可見其與

---

①（日）伊藤松輯，王寶平、郭萬平等編：《鄰交徵書》，上海辭書出版社，2007年，第270頁。書中『壯』誤作『莊』、『揩』誤作『搭』、『軌』作闕文，此據原典影印本以及《大正藏》第八十册《絶海和尚語録》改、補。另，史及偉《杭州研究2006》（杭州出版社，2007年，第414頁）、陳小法、江静《徑山文化與中日交流》（上海辭書出版社，2009年，第88頁）引此詩『揩』誤作『搭』、『辨』誤作『辦』。

②（日）伊藤松輯，王寶平、郭萬平等編：《鄰交徵書》，上海辭書出版社，2007年，第144—145頁。

③（日）伊藤松輯，王寶平、郭萬平等編：《鄰交徵書》，上海辭書出版社，2007年，第36頁。

日僧間的交往是頗為頻繁的。

再來説廼師絶海和尚（1336—1406），他是『土佐』（今日本高知縣）人，俗姓津野。其生平明僧天竺如蘭在《書〈蕉堅稿〉後》亦有簡介：『絶海，名中津，號蕉堅，謚佛智廣照，南禪寺僧，夢窗法嗣，應安中游明。』《〈蕉堅稿〉序》中所説的『壯歲挾囊乘艘，泛滄溟來中國』，就是指他於應安元年（1368）入明。『遊明』之後，曾蒙明太祖召見，且有唱和的詩作。又從臨濟宗大慧派的季潭宗泐受法。此即《〈蕉堅稿〉序》中所云之『客於杭之千歲巖，依全室翁以求道』。季潭之師是笑隱大訢，別號蒲室，其《蒲室集》講四六句駢文的作法，被稱為『蒲室四六』，為日本五山文學中期駢文作法之規範。絶海在明受此文法，並深受明代文學之潤澤，於永和四年（1378）回國，對推動五山文學發展起了很大作用，其詩才與義堂周信之學才，並稱為五山文學之『雙璧』①。《〈蕉堅稿〉序》中所説的『暇則講乎詩文，故禪師得詩之體裁』，就是指此而言的。他曾任等持寺、相國寺住持，任僧録，亦即《〈蕉堅稿〉序》中所説的『三住名刹，據大床座，以直指之道，開示學者，望重於海内』。應永十年（即永樂元年，1403），其弟子龍溪等聞隨堅中圭密等遣明使來華，臨行前，絶海和尚特意叮囑他要『公私事辨（通『辦』）歸須速』。這一方面是由於自己健康方面的原因（『歸須速』），另一方面也是希望能儘早得到中國高僧的墨寶，得到他們的首肯。這在當時無疑是一件很榮耀的事。

① 楊曾文：《日本佛教史》，浙江人民出版社，1995年，第502頁。

那麼，姚廣孝又為何要把自己的『《續稿》二册』『付與等聞持歸本國』『出似（示）』給『絶海和尚』呢？細加分析，原因也有幾個：

其一，是因為龍溪等聞將『迺師絶海和尚』的生平詩作整理成帙，題曰《蕉堅稿》，來求姚廣孝『序其卷首』。求序者心切，拒之者不恭，遂有『付與』之舉。對求序者而言，這叫如願以償；而對姚廣孝來説，這叫禮尚往來。

其二，姚廣孝樂於『出似（示）』自己的『《續稿》』，是因為『絶海和尚』的詩作『幽閒夷曠，以道自樂』，『清婉峭雅』、『出於性情之正』，而非『去道遠矣』、『玩物喪志』之作，這和姚廣孝為詩、為文的旨趣頗相吻合，且二人同是『處山林草澤之間，煙霞泉石之上』的『浮屠氏』，於詩、於文又都是『尚之而善鳴者』。故其也樂於『出似』，並相信對方『必有以見教也』。這也從一個側面表明，《〈續稿〉題記》中的『出似』是不可點斷開的。

其三，『絶海和尚』的老師是季潭宗泐，而宗泐對姚廣孝本人曾有薦舉之大恩（此見於清鈔本明姚廣孝《逃虚子集·補遺》《相城妙智庵姚氏祠堂記》、明幻輪彙編《釋鑒稽古略續集》等），這恐怕也是姚廣孝樂於寫序並『出似』自己的『《續稿》』的另一個原由。

如此看來，姚廣孝把自己的『《續稿》二册』『付與等聞持歸本國』『出似』給『絶海和尚』，實在是事所必然、情所宜然、理所當然的了。

我們今天所能看到的姚廣孝的《獨庵外集續稿》本就是和刻本，其《〈外集續稿〉題記》《〈蕉堅稿〉

序》以及為日本智覺普明國師的《語錄》所寫的序文在大陸均未見流傳，由此而串聯起的中、日高僧間的一段文緣佳話，實在是值得我們深長思之的。至於《〈續稿〉題記》中明言『《獨庵外集續稿》已謄入梓』，但在我們大陸卻又為何失傳，這應該是下一個值得關注的話題。

由此也越發堅定了我對姚廣孝作品作一通盤整理的信心。此次整理對原著之訛誤者正之，可疑者校之，異文者列之，遺漏者補之。所據版本主要有：南京圖書館藏清抄本、遼寧省圖書館藏和刻本。出版採用繁體豎排形式，除少數過於生僻的字略作處理外，其餘文字一仍其舊，版面亦儘可能貼近原著格式。付梓前，欣聞我院將成立『傳統文化與佛典研究中心』，則本書或可成為『引玉』之『磚』也歟？

最後，對我院詩學中心的慨然資助、校出版社編輯的辛苦工作表示感謝。